Collection
Rolf Heyne

DER GLANZ DES REICHTUMS

ALEXIS GREGORY

DER GLANZ DES REICHTUMS

Wie die großen Vermögen entstanden

WILHELM HEYNE VERLAG
MÜNCHEN

Titel der amerikanischen Originalausgabe:
FAMILIES OF FORTUNE. Life in the Gilded Age
Ins Deutsche übertragen von Christian Barth und Hedda Pänke

Die Originalausgabe erschien 1993
im Verlag Rizzoli International Publications, Inc., New York

Buchgestaltung: Marc Walter
Umschlaggestaltung der deutschen Ausgabe: Christian Diener
Herstellung: Bernd Walser
Satz: Compusatz, München
Printed by Artegrafica, Verona

ISBN 3-453-06934-X

Inhalt

7
John Kenneth Galbraith
„Die Illustration der demonstrativen Verschwendung"

9
Einleitung

21
Immobilien

35
Beförderungsmittel

57
Entdecker, Einiger und Monopolisten

81
Bankiers

103
Die Häuser der Millionäre

133
Sammler

163
Reisen

185
Gesellschaft

218
Epilog

219
Bibliographie

220
Register

223
Bildquellen

224
Danksagung

John Kenneth Galbraith

Die Illustration der demonstrativen Verschwendung

Es ist nun beinahe hundert Jahre her, seit Thorstein Veblen, der damals an der Universität Chicago lehrte, *The Theory of the Leisure Class* veröffentlichte. Entrüstung und Zorn bildeten den Tenor in den damaligen und den späteren Schriften über die Goldene Gründerzeit, jene Epoche der großen Grundstücksspekulanten und der Transport- und Industriekapitäne des 19. Jahrhunderts. Unglaublich reich, wie sie waren, stellten sie für Theodore Roosevelt Wohlstandsübeltäter dar – gleich jenen, die in schrecklicher Majestät über den Dschungel Upton Sinclairs herrschten. Von den Schriftstellern, die Entrüstung und Zorn gegen sie schleuderten, hob sich Veblen als bemerkenswerte Ausnahme ab. Er betrachtete die Exzesse der extrem Reichen mit einer Art distanzierter Belustigung. Seine Richtschnur war die Anthropologie, nicht die Wirtschaft oder die soziale Gerechtigkeit. Das war weitaus interessanter und in seiner Wirkung auch um vieles vernichtender. Die zornigen Männer sind samt Ida Tarbell vergessen, doch Veblens unsterbliche Begriffe der aufwendigen Lebenshaltung aus Prestigegründen und der demonstrativen Verschwendung sind bis heute am Leben geblieben.

Besonders lebendig zeigt sich das in diesem schönen Buch, vor allem wegen eines Vorteils, den Veblen nicht genoß. Er analysierte und beschrieb, doch er konnte nichts mit Illustrationen belegen. Hier sehen wir die demonstrative Verschwendung nun deutlich vor uns – Veblen umgesetzt ins Bild.

Aber das ist längst nicht alles. Alexis Gregory ist ein gewissenhafter, sehr beschlagener Gelehrter. Im ersten Teil des Buches berichtet er, wie die Reichen ihr Geld verdienten – Geld, das im Rahmen einer viel bescheideneren Wirtschaft und Politik als heute in einem wahrhaft erstaunlichen Umfang angehäuft wurde. Die Besteuerung, der es unterlag, wäre sogar Ronald Reagan und seinen wirtschaftspolitischen Anhängern zu niedrig gewesen. Eigentlich gab es bis zur Einführung der Einkommenssteuer durch Präsident Robert Taft überhaupt keine Besteuerung.

Gregory berichtet spannend und prägnant über die Quellen des Reichtums wie Eisenbahnen, Erdöl, Grund und Boden und wendet sich dann seinem Hauptthema zu, wie das so erworbene Geld ausgegeben wurde. Vor allem hier sorgen die Illustrationen für eine neue Dimension.

Illustrationen und Text spiegeln des Autors genaue Kenntnis der Kunst und der höchst unterschiedlichen Geschichte der einzelnen Kunstwerke wider. Er schreibt ebenso informativ wie lesbar. Aber es kommt auch auf die Tonart an. Gregory betrachtet gar nicht wenige dieser Aktivitäten als nahezu verrückt. Es war nicht genug, reich zu sein; der Reichtum mußte vor allem zelebriert werden. Das geschah, indem man ein größeres Haus oder eine längere Jacht bauen ließ oder sich einen luxuriöseren Eisenbahnwaggon (oder sogar -zug) zulegte als irgendein Konkurrent.

Es war also – auf eine ganz eigene Weise – eine Welt der konkurrierenden Prachtentfaltung, in der Qualität und Stil stets der bloßen Größe oder einer anderen deutlich sichtbaren Form der Verschwendung geopfert wurden. Darauf richtet der Autor sein wohlunterrichtetes, geschultes Auge und seinen gelösten Blick; er schreibt mit amüsiertem Augenzwinkern.

Vieles von dem, was die Superreichen taten und wofür sie viel Geld ausgaben, wird natürlich bewundert. Es gibt auch ein Vermächtnis ihrerseits, das wir heute gelegentlich durchaus schätzen und genießen. Wie etwa Dinge, die dem Gemeinwohl nützen. Aber es gibt auch vieles, was eher ein mildes, aber verdientes spöttisches Lächeln hervorruft; das hätten die großen Unternehmer allerdings nicht ertragen können. Doch von woher sie jetzt auch zuschauen mögen, sie werden feststellen, daß der Leser dieses Buches oft lächelt, ja manchmal fast in Gelächter ausbricht. Das bereitet ihnen sicher mehr als nur ein leichtes Unbehagen. Sollte es ihnen tatsächlich gelungen sein, durch jenes ominöse Nadelöhr zu schlüpfen, dann dürften sie nun wohl mit einer gewissen Unzufriedenheit von oben mit ansehen, wie man auf ihre Hinterlassenschaft reagiert.

Kurzum: Veblen hätte gewiß seine Freude daran gehabt, wie die demonstrative Verschwendung der Reichen hier in diesem Buch üppig illustriert zum Ausdruck kommt.

Einleitung

Bei diesem Buch dreht sich – schlicht gesagt – alles um Geld. Fast jedermann ist unablässig damit beschäftigt, Geld zu beschaffen oder es auszugeben. Der Hauptunterschied zwischen jedermann und den hier geschilderten Giganten liegt in der Größenordnung, denn weder vor noch nach den Neureichen der Goldenen Gründerzeit war ein einzelner Mensch in der Lage, derart unvorstellbare Reichtümer anzusammeln. Zwar schienen in den pfiffigen achtziger Jahren, die gerade hinter uns liegen, eine Menge neuer Milliardäre aus dem Boden zu schießen – bis sie ihre Kredite zurückzahlen oder von ihren Jachten springen mußten. Zudem war ein Multimillionär der neunziger Jahre des 19. Jahrhunderts im Grunde wesentlich reicher als ein Milliardär der achtziger Jahre des 20. Jahrhunderts, der sich mit Einkommenssteuer, Erbschaftssteuer sowie einem Wust von Gesetzen und Bestimmungen herumschlagen mußte, die ihn – was vor einem Jahrhundert noch unvorstellbar war – hinter Gitter bringen konnten, sobald ihn sein Glück verließ. Darüber hinaus gehörte ein Wirtschaftskapitän vor rund hundert Jahren, wenn man die tiefe Kluft zwischen Arm und Reich in Betracht zieht, einer sehr viel selteneren Spezies an. Diese Kluft konnte von einer noch in den Kinderschuhen steckenden Mittelschicht nur ansatzweise überbrückt werden.

Die Zeitspanne, um die es hier geht, umfaßt rund 75 Jahre: von der zweiten Hälfte des 19. Jahrhunderts bis zum Börsenkrach von 1929, auch wenn einige der Protagonisten, etwa John Jacob Astor und Cornelius Vanderbilt, ihre Karriere früher begannen, während andere – wie Andrew Mellon – noch mit der Weltwirtschaftskrise fertig werden mußten. Macht und Einfluß dieser Millionäre – die man Emporkömmlinge, Parvenüs und skrupellose Kapitalisten hieß, bevor sie und ihre Nachkommen als Magnaten, Größen und Stützen der Gesellschaft bekannt wurden – hatten ihren Höhepunkt in einer relativ kurzen Phase, in den Jahren nach 1870 bis zum Ausbruch des Ersten Weltkrieges, der die alte Ordnung überhaupt zerstörte. Diese Goldene Gründerzeit nannte man in Großbritannien *Edwardian Period*, in Frankreich *Belle Époque* und in Deutschland zunächst Gründerjahre, danach Wilhelmi-

Gegenüber: **Das Symbol schlechthin für die Goldene Gründerzeit stellte der Kristallpalast dar, den Joseph Paxton für die Londoner Weltausstellung 1851 entwarf. Die gewaltige, gewächshausartige Eisen- und Glas-Konstruktion, die ungeheure Vielfalt der darin gezeigten Industrieprodukte und Luxusgüter sowie weitere atemberaubende Wunder aus allen Winkeln des Erdballs schufen für die Weltausstellung eine Atmosphäre voll ungehemmter Zukunftsbegeisterung.**

Unten: **Eine fiktive Zusammenkunft der herrschenden Industrie- und Finanzmagnaten der USA um die Jahrhundertwende vereint Helden und Schurken. In Wirklichkeit wäre es unmöglich gewesen, sie alle an einen Tisch zu bringen, da einige von ihnen nicht miteinander reden wollten.**

Seite 6: **Diese Studie des Bankiers J. P. Morgan in seiner Bibliothek an der 36th Street/Ecke Madison Avenue in New York versinnbildlicht die Macht und die Opulenz der Goldenen Gründerjahre. Von diesem würdevollen Zimmer aus regierte der große Finanzier – dessen Porträt über dem Kamin hängt – ein riesiges Imperium miteinander verflochtener Trusts, Monopole und Unternehmen. An den Wänden hängen Meisterwerke aus der Renaissance.**

Armut und Unterdrückung in der Alten Welt und die Vorstellung von einer Neuen Welt der unbegrenzten Möglichkeiten ließen die Einwanderer in hellen Scharen über den Ozean kommen – alle auf der Suche nach einem besseren Leben. Die Überfahrt legten sie unter fürchterlichen Bedingungen im Zwischendeck zurück, wo sie sich von Schweinefutter ernährten und auf verlausten Matratzen schliefen; auf Ellis Island im Hafen von New York wurden sie ausgeladen und für die Einreiseerlaubnis aussortiert. Danach kamen sie in die Battery zur ärztlichen Untersuchung.
GEGENÜBER: **Wer eine ansteckende Krankheit hatte, wurde mit dem nächsten Schiff zurückgeschickt; die übrigen begannen ihr neues Leben mit ein paar Dollar in der Tasche und wenigen persönlichen Habseligkeiten in Koffern aus Korbgeflecht.**
RECHTS: **Wenn nach Jahren harter Arbeit die Erfolgreichen unter ihnen im Sommer Europa besuchten, reisten sie Erster Klasse und hatten ihre teuren Besitztümer in Schiffskoffern von Louis Vuitton verpackt.**

nische Zeit; nie wieder hat die Welt einen solchen Glanz und eine solche Verschwendung erlebt.

Die Goldene Gründerzeit hatte ihren Ursprung in der Auseinandersetzung zwischen Autoritarismus und Demokratie, im Niedergang der alten Regierungsform und dem Sieg des Bürgertums, in der industriellen Revolution, im Aufstieg der Vereinigten Staaten zu einer wirtschaftlichen und politischen Großmacht, in der Entdeckung und Förderung von Rohstoffen für die schnell aus dem Boden schießenden Fabriken, in der Krise der Landwirtschaft und dem damit zusammenhängenden Wachstum der Städte sowie in den anhaltenden Wanderzügen eines verarmten und oft unterdrückten Proletariats auf der Suche nach Freiheit und einem besseren Leben. Besonders bedeutsam war die Befreiung der europäischen Juden aus ihren Ghettos und der bemerkenswerte Aufstieg dieser Unternehmer zum Gipfel der internationalen Finanzwelt sowie in die Führungspositionen von Kunst und Wissenschaft sowohl in Europa als auch in den Vereinigten Staaten.

Niemals hat es eine Zeit gegeben, in der so vieles möglich war; wer die Gelegenheit beim Schopfe packte, wurde enorm reich und mächtig. Im ersten Teil des Buches wird – ohne Anspruch auf Vollständigkeit – geschildert, wie es einigen der repräsentativsten Gestalten gelang, so wohlhabend zu werden. Dann folgt eine gleichermaßen wichtige Beschreibung, wie diese Tycoons und ihre Familien ihr Geld ausgegeben haben, indem sie palastähnliche Häuser errichteten, Kunstwerke zu deren Ausstattung erwarben, in großem Stil reisten, sich ebenso aufwendig wie modisch kleideten, Schmuck und Juwelen kauften sowie – und das vor allem – hohes gesellschaftliches Ansehen errangen.

Angesichts der überragenden Bedeutung, die dem Geld in diesem Buch zukommt, muß man sich den Reichtum von gestern in heutigen Begriffen verdeutlichen. Die Information, daß Commodore Cornelius Vanderbilt bei seinem Tod ein Vermögen von 100 Millionen Dollar hinterlassen hat, besagt an sich noch nicht viel. Nach einer Faustregel sollte ein Dollar aus dem 19. Jahrhundert mit 25 multipliziert werden, um den Gegenwert des aktuellen (abgewerteten) Dollars zu erreichen. Damit würde das Vanderbilt-Vermögen von damals heute 2,5 Milliarden Dollar entsprechen, und das würde seinen Begründer auf die Ebene von einigen hundert Milliardären heben, die kürzlich im *Fortune Magazine* genannt wurden. Vor einem Jahrhundert verdienten Mrs. Vanderbilts Zimmermädchen jedoch zwölf Dollar im Monat, was – multipliziert mit 25 – einen Monatslohn von 300 Dollar oder 24 Stunden Arbeit zum heutigen Durchschnittslohn ergeben würde. Die Anzüge, die sich der Commodore an der Savile Row in London anfertigen ließ, kosteten 3,50 britische Pfund; jetzt muß man 1750 Pfund für eine entsprechende Ausstattung hinblättern. Der durchschnittliche Preis für eine 75 Meter lange Jacht betrug 200 000 Dollar; heute würde ein schwimmendes Hotel in vergleichbaren Dimensionen 20–25 Millionen Dollar kosten. Die gesamte Kunstsammlung von Henry Clay Frick wurde zum Zeitpunkt des Todes des Stahlmagnaten auf 30 Millionen Dollar geschätzt, während allein Pontormos Porträt des Herzogs Cosimo I. de' Medici, das jahrelang als Leihgabe zur Sammlung Frick gehört hatte, 1989 bei Christie's für 35 Millionen Dollar unter den Hammer kam.

Infolgedessen wäre es keineswegs übertrieben, jeden von nun an hier erwähnten Dollar mindestens mit 100 zu multiplizieren und Angaben in britischen Pfund mit 500. Dabei gibt es allerdings den kleinen Pferdefuß, daß die Dinge des täglichen Bedarfs – Brot, Fleisch, Gemüse, Heizung, Seife – wesentlich mehr als ein Prozent ihrer heutigen Preise kosteten. Andererseits war der Brotpreis für den Millionär der Gründerzeit ähnlich uninteressant wie für den Milliardär von heute. Zieht man alles in Betracht, wären Vanderbilts hundert Millionen Dollar heute wohl soviel

BAGGAGE
EXAMINED
HERE

Die Goldene Gründerzeit läßt sich kaum treffender in ihrer Widersprüchlichkeit darstellen, als es ein zeitgenössischer Satiriker 1895 mit seinem Vergleich der Reichen (GEGENÜBER) und der Armen (RECHTS) tat. Außer der Kleidung schien kein großer Unterschied zwischen denen, die es geschafft hatten, und den Glücklosen zu bestehen – von den Spieleinsätzen abgesehen. Die Darstellungen sind mit *Bei den 400 werden die Karten aufgedeckt* (womit natürlich Mrs. Astors Auswahl der reichsten und angesehensten Bürger von New York gemeint ist) und mit *In der Bowery werden die Karten verteilt* (im ärmsten Viertel von Manhattan) betitelt.

wie zehn Milliarden, und selbst die Schätzung auf zwanzig Milliarden wäre keineswegs aus der Luft gegriffen. Zum Zeitpunkt seines Todes nahmen John Jacob Astor und der weniger bekannte Alexander T. Stewart – jeder von ihnen mit 40 Millionen Dollar – die nächsten Plätze in der Reihenfolge der US–Millionäre ein, doch in Europa überstieg das von den Rothschilds gemeinsam angesammelte Kapital die Summe der Vermögen dieser drei Amerikaner bei weitem.

Die Mentalität der Reichen

Die Anhäufung eines großen Vermögens scheint vor allem eine besondere Mentalität vorauszusetzen. Die Lebensgrundsätze eines John Jacob Astor unterschieden sich nicht von denen jüngeren Immobilienmakler wie den Brüdern Reichmann, dem verstorbenen William Zeckendorf oder Sir Charles Clore. Auch war der Viehhändler Daniel Drew, der das Gewicht seiner Rinder durch einen Trick beim Tränken kurz vor dem Verkauf erhöhte, vom gleichen Holz wie der Altmaterial-König Michael Milken, und der berüchtigte Spekulant Jay Gould hat in dem betrügerischen Arbitragehändler Ivan Boesky einen Nachahmer gefunden. Der Selfmade–Millionär denkt zunächst vor allem an Geld. Er ist Tag und Nacht unermüdlich auf der Suche nach neuen gewinnträchtigen Möglichkeiten. Kriege, Dürrezeiten und Revolutionen sind hervorragende Zeiten für Spekulanten, um billig zu kaufen, was sie später teuer verkaufen können. Jede Profitmöglichkeit – besonders jene, die sich anläßlich von Katastrophen bieten – zieht die Aufmerksamkeit des Unternehmers auf sich wie Wasser in einem Wüstengebiet die Wünschelrute. Dem großen Finanzmann klingt es beim Lesen komplizierter Bilanzen wie Musik in den Ohren, oder er sieht paradiesische Bilder vor sich, während der weniger Begabte dabei taub und blind bleibt. Eine derartige Mentalität ist vermutlich ebenso ein gottgegebenes Talent wie Musikalität oder eine wissenschaftliche Begabung. Allerdings muß diese angeborene Fähigkeit auch mit nahezu manischer Energie, eiserner Rücksichtslosigkeit, einem umfassenden Weitblick sowie einem ungewöhnlichen Sinn fürs Detail gepaart sein.

Die meisten Industriemagnaten neigen zudem zu Heimlichtuerei; sie sind verschwiegen oder zumindest doch sehr zurückhaltend. »Das ruhige Schwein setzt am meisten Fett an«, hat Daniel Drew dazu bemerkt. Der knickrige Millionär ist keineswegs von Natur aus geizig . Er möchte lediglich umfassende Kontrolle über die Welt ausüben, die er geschaffen hat. Der Krösus aus eigenen Gnaden ist weniger an Geld als vielmehr an Macht interessiert. Er kann sich stundenlang damit vergnügen, ein paar tausend Dollar einzusparen, um in den nächsten Minuten Millionen für wohltätige Zwecke auszugeben. In einer kapitalistischen Gesellschaft, in der risikobereite Schlauköpfe den größten Lohn einheimsen, wird der geldfixierte Unternehmer als Vorbild für Stabilität und Leistung betrachtet. Skrupellose Kapitalisten sind jedoch häufig ebenso exzentrisch oder »verrückt« wie große Künstler oder Wissenschaftler; letzteren wird ihr seltsames Verhalten jedoch nachgesehen, während der besessene Finanzmann als Spinner oder Geizkragen abgetan wird. Wer von all den herrlichen Dingen träumt, die man mit Millionen kaufen kann, wird sie höchstwahrscheinlich nie besitzen – oder bei dem Versuch, an die Millionen zu kommen, im Knast enden. Für einen Wirtschaftsmagnaten ist Geld abstrakt, sein einziges Ziel ist die Jagd danach, die Erweiterung seiner Macht. Selbst den reichsten Industriekapitän kann nichts mehr begeistern, als seine Konkurrenten auszuschalten, seine Regierung zu hintergehen, seine Angestellten auszubeuten, die kleinen Investoren durch Manipulation des Marktes und Massenaufkäufe von Anteilen zu Sonderpreisen zu ruinieren sowie seinesgleichen mittels günstiger An- und Verkäufe, Expansion, Spekulation, Bestechung, Fusionierungen und waghalsiger Unternehmungen zu übertreffen – und all das zu dem einzigen Zweck der Vergrößerung des eigenen Reichtums. Ob Boom oder Pleite – sein Bestreben richtet sich nur darauf, aus beidem Nutzen zu ziehen. Als der Börsenkrach von 1929 die ganze Welt in den Abgrund zu stürzen drohte, bestand der 90jährige George Baker, Vorstandsvorsitzender der National City Bank in New York und der wahre Nachfahre J. P. Morgans als Kaiser der Hochfinanz, darauf, sich von seinem Sterbebett

zu erheben und in sein Büro an der Wall Street zurückzukehren. Baker hatte neun große Finanzkrisen siegreich bestanden und keine Lust, sich diese entgehen zu lassen. Er ließ sich in die Stadt chauffieren, gewann Millionen und lebte danach höchst zufrieden noch zwei Jahre. Vermutlich hat ihm der akute Energieschub durch das Erfolgserlebnis geholfen, dem Sensenmann noch eine Weile zu widerstehen.

Ein derart bizarres Verhalten war typisch für die erste Generation der Reichen in der Gründerzeit. Ihre Nachkommen brauchten sich dann nur noch im Glanz ererbten Reichtums zu sonnen. Die männlichen Abkömmlinge konnten sogar sicher sein, daß ihnen Intelligenz, Klugheit und Führungskraft zugeschrieben wurden – Vorzüge, die mit einem dicken Bankkonto einhergehen –, vorausgesetzt, die Nutznießer blieben den Geschäften ihrer Väter treu oder engagierten sich für gemeinnützige Zwecke. Die Töchter der Wirtschaftsmagnaten heirateten in die Gesellschaft oder den Adel ein, rührten verstaubte Paläste mit dem Zauberstab ihrer Familienvermögen an und kehrten umgeben vom alten Glanz eines Ehemanns mit feudaler Vergangenheit nach Hause zurück. Im Familienleben der Superreichen spiegelte sich die Unterschiedlichkeit ihrer Konfessionszugehörigkeit. In der Regel hatten christliche Plutokraten wenig Vertrauen in die Fähigkeiten ihrer Erben und bezogen diese daher nur selten in ihre Geschäfte mit ein. Sie zogen es vor, ihr Vermögen in ausgeklügelter Weise treuhänderisch zu sichern. Ausnahmen von dieser Regel gab es nur, wenn ein Sohn bereits in sehr frühen Jahren eine ähnliche Neigung – oder Raffgier – wie sein Vater entwickelte, wie es bei Junius Morgan und seinem Sohn John Pierpont der Fall war. Puritaner schienen es auch für unabdingbar zu halten, daß es die Söhne aus eigener Kraft schafften. Oft verhätschelten sie sie als Kinder, um sie dann als junge Erwachsene ins kalte Wasser zu werfen. Juden wiederum hielten sich so streng an das Konzept der Mischpoche, der Sippe, daß große Dynastien wie die Rothschilds und die Guggenheims als gemeinsame Streitmacht unüberwindbar waren. Jüdische Väter weihten ihre jungen Söhne in alle Aspekte ihrer geschäftlichen Unternehmungen ein. Mit der Zeit vergrößerten die Söhne ganz selbstverständlich den familiären Reichtum und wuchsen in verzwickten multinationalen Unternehmungen zu gleichwertigen Partnern heran.

Die Wirtschaftsbosse der ersten Generation hielten sich bei der Wahl ihrer Frauen an kein besonderes Muster. Allerdings litten viele der Frauen unter der einzigen Leidenschaft ihrer Männer – dem Geld. Die zweite Generation jedoch suchte sich ihre Partner unter dynastischen Gesichtspunkten aus, vor allem mit dem Ziel, geschäftliche Verbindungen zu festigen oder eine höhere Stellung in der Gesellschaft zu erreichen. Auch der Luxus setzte in den meisten Fällen in der zweiten Generation ein. Die Ehefrauen beauftragten die Architekten, kauften die Einrichtung, erkämpften sich ihren Weg in die Gesellschaft, wählten den Schmuck aus und kümmerten sich um das Personal, um Festessen, Bälle und Reisen. Ihre Ehemänner sammelten im allgemeinen die Gemälde und waren ausnahmslos für Jachten und Rennställe zuständig. Man sollte annehmen, daß das alles eine große Genugtuung gewesen wäre, doch die Neureichen konkurrierten – Männer wie Frauen gleichermaßen – so verbissen mit ihresgleichen um den Vorrang auf der gesellschaftlichen Bühne, daß es für sie genausooft schmerzlich wie erfreulich war. Das arme reiche Mädchen, dessen Glück auf dem Altar der Familieninteressen geopfert wurde, war ebenso eine traurige Realität wie der arme reiche Junge, dessen Selbstbewußtsein von einem übermächtigen Vater zerstört wurde. Zudem erwies sich das von Kindermädchen und Privatlehrern bestimmte Leben in einem herrschaftlichen Haus an der Fifth Avenue als eine der Persönlichkeitsentwicklung eher abträgliche Art der Erziehung. Die Folgen ließen nicht auf sich warten. Protestantisch aufgewachsene Erben suchten oft Trost in der Flasche, während ihre jüdischen Pendants einer erklecklichen Anzahl von Freud-Schülern ein gutes Einkommen bescherten. John D. Rockefeller sprach die Wahrheit, als er einmal in einer Sonntagsschule sagte: »Die Annahme, ungeheuer reiche Menschen seien immer glücklich, ist falsch.«

In der Goldenen Gründerzeit wurden die eigentlichen Vermögen in der Wall Street in einer unaufhörlichen Schlacht zwischen den Bullen, die auf finanziellen Optimismus setzten, und den Bären, die sich auf Zusammenbrüche verließen, verdient. Auf diesem seinerzeit beliebten Bild freuen sich die Bären über die Folgen einer der zahlreichen Finanzkrisen, die die Goldene Gründerzeit erschütterten. Was für viele andere den finanziellen Ruin bedeutete, wurde mit Musik, Tanz, Essen und Trinken gefeiert. Es versteht sich von selbst, daß das von der unschuldigen Allgemeinheit verlorene Geld oftmals in die Taschen gerissener Spekulanten wanderte.

Die Extravaganzen der Reichen

Während die Wirtschaftsmagnaten in großem Luxus lebten – auch wenn sie mitunter nicht glücklich waren –, mußte sich die kleine Mittelschicht ihren Lebensunterhalt hart verdienen, und die zahlenmäßig große Arbeiterklasse vegetierte unter menschenunwürdigen Zuständen am Rande des Existenzminimums dahin. Richard Wagners *Ring des Nibelungen* war das Mysterienspiel jener Zeit, ein Musikdrama in vier Teilen, in dem Zwerge unter Tage arbeiten, um einen Schatz ans Tageslicht zu fördern, der nichts als Kummer bringt, denn er liegt unter dem kalten Bauch eines Drachen, zerstört wahre Liebe und führt zu dem spektakulären Brand von Walhall.

Zwangsläufig mußten die von den Superreichen bewirkten Mißstände einen Karl Marx und ein unzufriedenes Proletariat hervorbringen. Der Sozialismus schien eine Lösung zu sein, aber keinem System sind Entartungen fremd. Die des Kommunismus war die Elefantiasis, die des Kapitalismus ist noch immer eine manische Depression, die seit den 30er Jahren mit homöopathischen Dosen staatlicher Eingriffe behandelt wird. Vor der segensreichen Tätigkeit von John Maynard Keynes in den schwierigen 30er Jahren war der Kapitalismus katastrophalen Wirtschaftskrisen ausgesetzt. Die größte Panik brach 1873 als Folge einer Überkapazität der Landwirtschaft sowie Spekulationen mit Eisenbahnaktien aus. Auf den historisch tiefsten Stand fielen die Börsen jedoch am Schwarzen Dienstag des Jahres 1929. Börsenkrisen waren an der Tagesordnung und wurden oft von skrupellosen Spekulanten zu dem teuflisch einfachen Zweck inszeniert, ihre eigenen Bankkonten auf Kosten einer uninformierten und daher hilflosen Öffentlichkeit zu bereichern. Doch trotz der Mißstände, der Ungleichheit, der Ausbeutung und des schwindelerregenden Auf und Ab war die Gründerzeit eine Epoche voll ungeheurer Kreativität und grenzenlosen Optimismus, der sich nirgendwo anschaulicher zeigte als in den großen Weltausstellungen (erstmals 1851 in London). Sie stellten im Grunde Schaufenster für die neuen Wunder der industriellen Revolution dar und zeigten alles von schwergewichtigen Kanonen bis zu Lalique-Schmuck. Von allen Ecken und Enden der Welt kamen dank der neuen Verkehrsmöglichkeiten scharenweise Menschen, und da sie zeitweilig untergebracht werden mußten, entstanden die ersten der großen vornehmen europäischen Hotels. Auch wenn Paxtons Crystal Palace, der zur Weltausstellung 1851 in Battersea errichtet wurde, nicht überlebt hat, sind doch der Eiffelturm, die Pont Alexandre III., das Grand wie auch das Petit Palais heute noch Zeugen des Pomps dieser erstaunlichen Ereignisse. 1893 wurde die Weltausstellung in Chicago, der Mrs. Potter Palmer ihren Stempel aufgedrückt hat, zum Beweis für die internationale Anerkennung, die die Vereinigten Staaten als bedeutende Industriemacht genossen. In den Augen vieler schien die neoklassizistische Architektur, die von Richard Morris Hunt aus diesem Anlaß geschaffen wurde, den Glanz des antiken Rom zurückzubringen.

Die Weltausstellung in Chicago spiegelte sehr deutlich den Reichtum und die Ambitionen der jungen Nation wider. Keineswegs zufällig sind die meisten der in diesem Buch erwähnten Wirtschaftskapitäne Amerikaner. Die Möglichkeiten, die sich gewitzten Unternehmern in der Neuen Welt boten, waren denen in Europa um Lichtjahre voraus. In den Vereinigten Staaten gab es weder Zollschranken noch ein starres Kastensystem, das den Etablierten den Vorrang vor den Fähigen gegeben hätte. Von ähnlicher Bedeutung war es, daß das Land Millionen von Morgen fruchtbaren Bodens besaß sowie jede Menge angestauter menschlicher Energie, die mit dem Ende des Bürgerkriegs unvermittelt freigesetzt wurde. Die Republik mußte wiederaufgebaut werden, und zahllose Talente traten an, um diese Aufgabe zu erfüllen. Die Bundesregierung ermutigte Unternehmer auf großzügige Weise, während sich gleichzeitig Kongreßabgeordnete als bestechlich erwiesen; das lief darauf hinaus, daß zwischen einem potentiellen Banditen und seinem erklärten Ziel nur wenige Kontrollen und praktisch keine Durchführungsbestimmungen standen. Einen Großunternehmer unter diesen Voraussetzungen als *Robber Baron* (»Raubritter«) zu bezeich-

OBEN: Das Innere des Elektrizitätsgebäudes auf der *Columbian Exposition* 1893 in Chicago. Es war die erste in Amerika veranstaltete Weltausstellung; sie stellte einen Markstein beim Aufstieg der USA zu einer international anerkannten Macht dar. Auf dem annährend 250 Hektar großen Gelände standen 150 Gebäude, von denen viele mit weißem Marmor ausgekleidet waren. Die Aussteller kamen aus 72 Ländern; die faszinierten Besucher, 27 Millionen an der Zahl, mochten sich in die Pracht des alten Rom versetzt fühlen (UNTEN).

nen, scheint etwas unfair, da Raub – zumindest theoretisch – nicht illegal ist, wenn er stillschweigend geduldet wird.

Im 19. Jahrhundert fand der wirtschaftliche Liberalismus seine entschiedensten Verfechter in den Vereinigten Staaten, wo jeder aufgeweckte Kopf, der zu arbeiten bereit war, auch reich werden konnte. Die ersten großen amerikanischen Vermögen wurden ebenso mit Grundstücken, Verkehrsmitteln und Rohstoffen wie mit Banken gemacht, deren Vertreter zu phantastischem Einfluß gelangten, indem sie Trusts und Monopole für Unternehmer »strickten«, die ihrerseits Eisenbahnen bauten, Erz förderten und schmolzen, Öl raffinierten oder Stahl produzierten. Ein junger Mann mochte vielleicht mit nur wenigen Dollar in der Tasche von Bord eines Einwandererschiffs gehen, zunächst einen Hausiererjob auf der Lower East Side in Manhattan annehmen, dann auf der Suche nach Gold in den Westen reisen, um bei der Eisenbahn oder in einem Telegraphenbüro zu arbeiten und schließlich eine finanziell lohnende Karriere in relativ kurzer Zeit machen – vorausgesetzt, er stellte sich der Herausforderung mit klarer Zielrichtung und unermüdlichem Fleiß. Das Land war unterbevölkert und im wesentlichen das Lehen des Weißen Mannes, der es den ursprünglichen Bewohnern weggenommen hatte. Der unablässige Zustrom von Einwanderern aus Europa war der zuverlässigste Indikator dafür, wo die wirklichen Möglichkeiten lagen; die Schleusentore von Ellis Island schlossen sich erst nach dem Börsenkrach von 1929. Wenn es die Immigranten zu etwas gebracht hatten, kehrten sie nach Europa zurück, um oftmals Verwandte und Freunde zu veranlassen, ebenfalls am guten Leben jenseits des Großen Teichs teilzuhaben. Auf der Route in Richtung Osten blieb das Zwischendeck leer, während die Erste Klasse geradezu überquoll von amerikanischen Millionären, die sich anschickten, eine bedeutende Rolle in der britischen Gesellschaft zu spielen und wegen ihrer Extravaganzen in Europa ebenso zur Legende zu werden wie die Großfürsten des zaristischen Rußland.

Zwei Stiche von Gustave Doré zeigen die trostlose Welt der neuen Städte in England. Die Krise der Landwirtschaft und das Aufkommen neuer Industrien in Städten wie Liverpool und Manchester waren für Elendsviertel, Kinderarbeit, verrußte Luft, unmenschliche Übervölkerung und Verbrechen verantwortlich.

Das britische Empire

Da Großbritannien gegen Ende des 19. Jahrhunderts über ein Viertel der Weltbevölkerung herrschte, erscheint es nur allzu verständlich, daß das Empire auch eine neue und beträchtliche Plutokratie hervorbrachte. London war die Finanzkapitale der Welt, und das britische Pfund dominierte trotz der Milliarden, die in den Vereinigten Staaten verdient wurden. Ein Exporteur in Bombay, der einem russischen Kaufmann Baumwolle verkaufte, wurde höchstwahrschein-

lich mit Wechseln auf eine der großen Londoner Banken bezahlt. Auch die Geschicke des indischen Subkontinents, des riesigen australischen Hinterlands sowie der unbeschreiblich reichen Minen von Südafrika wurden in der Londoner City entschieden.

Großbritanniens *Nouveaux riches* unterschieden sich sowohl in ihrer Zusammensetzung als auch nach den Quellen ihres Reichtums beträchtlich von ihren Vettern jenseits des Großen Teichs. Der Erwerb gewaltiger Geldmengen durch britische Unternehmer erwies sich aber nicht weniger dramatisch, selbst wenn das Ausmaß dieser neuen Vermögen mit wenigen Ausnahmen wesentlich kleiner blieb als das der amerikanischen Rivalen. Keinem britischen Emporkömmling des 19. Jahrhunderts gelang es, solch ungeheure Vermögen wie John D. Rockefeller, John Jacob Astor oder Commodore Vanderbilt anzuhäufen – und das aus einer Vielzahl von Gründen. Zunächst einmal gehörte der Boden in Großbritannien vor allem Familien, die dem Adel angehörten und die Spitzen der Gesellschaft bildeten. Infolgedessen war für Immobilienspekulationen und Eisenbahnlizenzen wenig Raum, die die Grundlage der meisten amerikanischen Reichtümer bildeten. Zudem hemmte das rigide britische Kastensystem, das eine gute Ausbildung den Abkömmlingen aus vornehmen Familien vorbehielt, oftmals den Aufstieg jener, die sich keines bedeutenden Namens erfreuten.

LINKS: **Einen Großteil des neuen industriellen Reichtums verdankte England den Textilien; sie wurden mit Maschinen hergestellt, die von erschreckend unterbezahlten und überarbeiteten Fraune und Kindern bedient wurden.**

OBEN **und** LINKS UNTEN: **Einer der erfolgreichsten britischen Unternehmer der viktorianischen Ära war Sir Thomas Lipton, ein Schotte, der nach einem USA-Aufenthalt in jungen Jahren mit genug Kapital zurückkehrte, um in Glasgow ein Lebensmittelgeschäft eröffnen zu können. Allmählich baute er ein Monopol auf Tee auf; er produzierte und vertrieb damit eine der für das wachsende städtische Proletariat des Landes wichtigsten Waren.**

Gegen Ende des 19. Jahrhunderts begann sich jedoch ein grundsätzlicher Wandel in der Verteilung britischen Reichtums zu vollziehen, ein Wandel, der sich auf alle Schichten der Gesellschaft auswirkte. Als sich das Empire ausdehnte und der Überseeverkehr zunahm, wurden jene Handelsgüter – vornehmlich Getreide –, die lange Zeit die Landwirtschaft der Nation gestützt hatten, ernsthafter Konkurrenz ausgesetzt und unterlagen demzufolge einem Preisverfall. Zwischen 1855 und 1859 erwirtschaftete der Handel mit landwirtschaftlichen Produkten 20 Prozent des Nationaleinkommens; dann sackte er infolge des billigeren Weizenangebots aus Argentinien, Australien und vor allem aus den Vereinigten Staaten auf dem Weltmarkt auf sechs Prozent ab. Zur gleichen Zeit erblühten neue Industrien: Die Leistungsfähigkeit der Lokomotive wurde vervierfacht, und der Hochofen erreichte das Siebenfache seiner Kapazität. Kleine Pächter, die ihre Pacht nicht mehr zahlen konnten, zogen in die Industriezentren und großen Städte und bildeten dort das neue Proletariat, die schlecht untergebrachten und schlecht ernährten Bewohner einer übervölkerten, verworrenen, unmenschlichen, aber rasant wachsenden Stadtlandschaft.

Die Bevölkerung Großbritanniens stieg von neun Millionen im Jahr 1801 auf 36 Millionen im Jahr 1911; Liverpool, Manchester, Leeds und große Bereiche Londons verkamen unterdessen zu Slums. Der große Transfer des Reichtums vom Land in die Stadt und vom Landadel zum bindungslosen Unternehmer war das entscheidende historische Ereignis um die Mitte des 19. Jahrhunderts in Großbritannien.

Die Bevölkerungsexplosion begründete viele riesige Vermögen in Großbritannien. Napoleon hat England einmal bissig als Nation von Krämern bezeichnet. Wenn das der Fall ist, dann war der eigentliche Herrscher der Briten Sir Thomas Lipton, der als kleiner Angestellter eines Papierwarenhändlers in Glasgow begann und dank seiner brillanten unternehmerischen Fähigkeiten die führende Größe der Goldenen Gründerzeit und als Rennsegler ein Sportsfreund König Edwards VII. wurde. Er unterhielt den lebenslustigen Monarchen mit Schnurren seiner Anfänge in Amerika, wohin er sich im zarten Alter von 15 Jahren begeben hatte – auf der Suche nach besseren Aufstiegsmöglichkeiten, als sie das Großbritannien jener Zeit zu bieten hatte. Der junge Lipton schuftete auf Reisplantagen in South Carolina und in einem Lebensmittelgeschäft in New York, um sechs Jahre später nach Glasgow zurückzukehren und seine gesamten Ersparnisse – 100 Pfund – in einen kleinen Lebensmittelladen zu investieren. Er arbeitete wie besessen von halb neun Uhr morgens bis elf Uhr

Unten und rechts: **William Hesketh Lever, der spätere Viscount Leverhulme, erwarb sich ein Vermögen durch die Herstellung von Seife zu einem Preis, der vernünftig genug war, um die Fabrikarbeiter vor den üblen Folgen der schmutzstarrenden Umgebung, in der sie leben und arbeiten mußten, zu bewahren.**

abends, erweiterte sein Geschäft, eröffnete neue Läden und schuf so die erste Lebensmittelgeschäftskette der Geschichte. Lipton wandte sich nach der einleuchtenden Theorie, daß die 20 Shilling eines Armen genausoviel wert waren wie das Pfund eines Reichen, direkt an den aussichtsreichsten Markt, der ihm zu dieser Zeit zugänglich war: das neue städtische Proletariat. Schon bald war sein Einfluß als Einkäufer so groß, daß er es sich leisten konnte, den Zwischenhandel auszuschalten; das wiederum versetzte ihn in die Lage, seine Preise drastisch senken zu können. Lipton kaufte direkt auf den Hauptmärkten in England und Irland und zahlte bar, um die günstigsten Preise zu bekommen. Er erwarb auch ein Schlachthaus in Chicago und richtete eigene Teeplantagen in Indien ein, um das englische Nationalgetränk zollfrei importieren zu können. Bei diesem unverzichtbaren Bestandteil jedes britischen Haushalts, erreichte er quasi ein Monopol.

Während Sir Thomas Lipton für das leibliche Wohl von Millionen Briten sorgte, hielt Sir William Hesketh Lever, der spätere erste Viscount Leverhulme, sie sauber. Lever gab seiner Fabrik am Mersey den Namen Port Sunlight und schuf so die erste Modellstadt für Arbeiter in der industrialisierten Welt. Lever war davon überzeugt, daß gute Arbeitsbedingungen eine wesentliche Voraussetzung für ein funktionierendes und profitables Unternehmen sind. Er hoffte, daß die Arbeiter ihre volle Leistungskraft erreichten, wenn er sie vor der Verarmung bewahrte. Dieser Industrieboss sah die Millionen, die er für Unterkunft, Weiterbildung oder Erholung seiner Angestellten ausgab, nie als Philanthropie an; er glaubte vielmehr, dadurch den Unterprivilegierten helfen zu können, gesund zu bleiben und unabhängiger zu werden. (George Cadbury, der Schokoladen–König, setzte sich mit seiner Garden City in Bournville nahe Birmingham auf ähnliche Weise für seine Arbeiter ein.) Lever, ein Pionier des industriellen Paternalismus, kämpfte für den Achtstundentag, rief den Employees' Benefit Fund sowie den Employees' Holiday Club ins Leben und wurde dennoch enorm reich – vor allem durch die Lifebuoy–Seife (seit 1894 auf dem Markt), die Lux–Seifenflocken (1899) und zahlreiche weitere Artikel, die er überall in der Welt verkaufte. Wie Sir Thomas schaltete auch Lord Leverhulme beim Bezug seiner Rohstoffe den Zwischenhandel aus und erwarb Tausende Morgen Land im Kongo und auf den Solomon Islands, um dort das für seine Produkte Nötige anbauen zu lassen.

Große Vermögen wurden auch von jenen gemacht, die bereit waren, die Bedürfnisse der städtischen Massen zu befriedigen. So löschten Bass- und Guinness-Biere beispielsweise den Durst der Arbeiter – ein angenehmes, wenn auch potentiell schädliches Mittel, um das Elend ihres Alltags hinunterzuspülen. Harmsworth, Kemsley und Beaverbrook brachten neue Zeitungen auf den Markt und setzten durch die allgemeine Verständlichkeit ihrer Blätter die Maßstäbe des Mediums herab. W. H. Smith sorgte nicht nur für die Verbreitung der neuen Blätter, sondern auch für die von Tabakwaren und Süßigkeiten, während Thomas Cook Fluchtmöglichkeiten aus dem mit Kohlenstaub gesättigten Nebel von London, Liverpool oder Manchester bot, indem er Reisen an die Küste oder aufs Land organisierte. Bedingt durch die Angst des Durchschnittsbriten vor Eisenbahnfahrten, konnte Cook ganze Waggons extrem billig buchen; damit unterstützte er nicht nur das neue Verkehrsmittel, sondern leitete auch die Ära des Massentourismus ein.

Das ganz große Geld war für die Briten jedoch außerhalb der heimischen Inseln zu holen. Zwischen 1870 und 1900 nahm das bereits sehr ausgedehnte Empire noch einmal um die Hälfte zu und eröffnete jenen ungeheure Möglichkeiten, die bereit waren, die Grenzen der Zivilisation zu erkunden. In John Buchans *Prester John*, der 1910 veröffentlichten Geschichte über einen fiktiven weißen König von Abessinien, erzählt David Crawford seinem Onkel, daß er aufgrund seiner mangelhaften Ausbildung nur einen Job als einfacher Schreiber bekommen könne. »Wenn du eine bessere Zukunft anstrebst, mußt du ins Ausland gehen, wo der weiße Mann hoch im Kurs steht«, erhält er zur Antwort. Und genau das taten viele junge Leute in der zweiten Hälfte des 19. Jahrhunderts. Einige von ihnen erwarben die umfangreichsten der neuen britischen Vermögen, und zwar dank der Gold- und Diamantenminen in Südafrika sowie des Handels in Indien und im Fernen Osten.

Im Gegensatz zu den Vereinigten Staaten und zum britischen Empire bestand das kontinentale Europa aus einer Vielzahl souveräner Staaten und kleiner Fürstentümer, die kein gemeinsames Ziel verband und die einander oft tief mißtrauten. Diese Situation hinderte die dortigen Unternehmer daran, große Vermögen aufgrund der jeweiligen nationalen Wirtschaft anzuhäufen. Deutschland errang die gewaltige Machtstellung erst nach der Einigung durch Bismarck, die den Erwerb großer Vermögen vor allem im Bereich von Stahl, Bankwesen und Rüstung ermöglichte. In den ungeheuren Weiten des zaristischen Rußland warteten bisher unentdeckt gebliebene, unermeßliche Schätze darauf, daß der russische Bär endlich aus seinem langen Winterschlaf erwachte. Als das dann schließlich geschehen war, nahm Rußland mit erstaunlicher Intensität an der industriellen Revolution teil und übertraf mit seinen Wachstumsraten sogar Großbritannien. Die herrschenden Kreise im kontinentalen Europa wie in Rußland waren zu sehr mit der Verwaltung ihres Besitzes und dem Leben bei Hofe beschäftigt, um von schmutzigen Fabrikproduktionen angezogen zu werden. Sie überließen die Früchte der Industrie bereitwillig Unternehmern einfacher Herkunft, die in den meisten europäischen Ländern (mit Ausnahme von Österreich und Rußland) schließlich entweder durch Heirat oder Adelsprädikate den Weg ins Establishment fanden. Die einzige europäische Erfolgsstory in amerikanischem Maßstab schrieben die Rothschilds, weil sie staatliche Grenzen überwanden und Familienmitglieder nach Frankfurt, Paris, London, Wien und Neapel schickten; so wurden sie schließlich das erste mutinationale Unternehmen.

Die Goldene Gründerzeit war die beste und die schlimmste aller Zeiten, um Charles Dickens zu zitieren, der sich einmal ähnlich über die luxuriöse und unheimliche Ruhe vor dem Sturm der Französischen Revolution geäußert hat. Eine herrliche Ära für die Reichen, aber eine schreckliche für die Armen. Vor allem war es ein Zeitalter furchtloser, unbezwingbarer Giganten – und ich kann nur hoffen, daß jene, für die auf den folgenden Seiten kein Platz mehr war, nicht zurückkommen, um mich zu vernichten.

UNTEN: Wie Lever verdiente George Cadbury ein ungeheueres Vermögen, indem er die Massen des Industriezeitalters mit einem viel begehrten und billigen Artikel versorgte. Auch er huldigte einem aufgeklärten, wohltätigen Paternalismus gegenüber seinen zahlreichen Angestellten.

LINKS: Thomas Cook entwickelte das Geschäft mit den Gruppenreisen zu einer Zeit, als die Industrialisierung sowohl bei den Wohlhabenden als auch bei den Werktätigen den Wunsch weckte, »das alles« hinter sich zu lassen.

Immobilien

Die leichteste Möglichkeit, in der Goldenen Gründerzeit zu großen Reichtümern zu gelangen, bot unbestritten der Grundbesitz. Immobilien waren im Grunde schon immer eine Basis für umfangreiche Vermögen und eine altbewährte Quelle großen Reichtums. Rein wirtschaftlich betrachtet, besteht die Zauberkraft von Grundbesitz – zumindest bis zur anhaltenden Rezession seit Anfang der neunziger Jahre unseres Jahrhunderts – darin, daß das Angebot nicht unbegrenzt erweitert werden kann, um eine steigende Nachfrage zu befriedigen. Ein Unternehmer kann jederzeit neue Fabriken errichten, um mehr Produkte auf den Markt zu werfen, aber es gibt keine Möglichkeit, die New Bond Street, die Rue de la Paix oder die Fifth Avenue zu verlängern. Als Folge steigender Bevölkerungszahlen und wirtschaftlicher Expansion haben die Kräfte des Marktes den Grundstückspreisen in den meisten Jahrzehnten des 19. Jahrhunderts eine stetige Aufwärtsentwicklung beschert. Nichts bedarf weniger Aufwand, als günstig gelegene Grundstücke zu kaufen und dann abzuwarten, daß sie im Wert steigen. Außerdem muß man sich glücklicherweise nicht mit Gewerkschaften, unzufriedenen Arbeitern, steigenden Materialkosten und den unzähligen anderen Problemen befassen, mit denen sich ein Industrieller praktisch in jeder Stunde seiner Berufstätigkeit konfrontiert sieht. Ein weiteres Geheimnis des Immobilienbesitzes besteht darin, daß nach seinem Erwerb nur ein Minimum an Intelligenz nötig ist, um ihn zu verwalten. Daher wurden Vermögen, die auf Grundstücken basieren, oft über mehrere Generationen – selbst wenig fleißige oder nicht besonders schlaue – weitergegeben, ohne verschwendet zu werden.

Inzwischen gibt es viele Bestimmungen zum Schutz von Mietern vor habgierigen Hausbesitzern, des weiteren Gesetze, die verhindern sollen, daß ganze Stadtviertel zu Slums verkommen, sowie hohe Grundstückssteuern, die vielerorts zur Haupteinnahmequelle kommunaler Haushalte geworden sind. Die Steigerung des Immobilienwerts hat natürlich keine wirtschaftsfördernde Wirkung – mit Ausnahme der Summen, die glückliche Besitzer ausgeben, um ihren Lebensstandard zu erhöhen. Doch sollten nur wenige von ihnen so großzügig vorgehen wie die Nachkommen des Königs des modernen Grundbesitzes, John Jacob Astor (1763–1848).

Vom Pelzhändler zum Grundbesitzer: John Jacob Astor

Die Massenzuwanderung der ländlichen Bevölkerung in die großen Städte stellte oftmals die Grundlage kolossalen Reichtums im 19. Jahrhundert dar; niemand nutzte dieses Phänomen jedoch besser als John Jacob Astor in der sich explosionsartig entwickelnden Stadt New York. Das Land, das Astor kaufte, ermöglichte es seinen Erben, an die Spitze der Gesellschaft in den Vereinigten Staaten aufzusteigen, in Großbritannien Adelstitel zu erwerben und die Londoner Gesellschaft zu beherrschen sowie über die Astor Foundation – auch heute noch – einen scheinbar endlosen Strom von Dollarmillionen fließen zu lassen. Daher ist es kaum verwunderlich, daß Astor an seinem Lebensabend sagte: »Könnte ich mein Leben mit meinem heutigen Wissen noch einmal beginnen und hätte ich das nötige Geld, so würde ich jeden Quadratzentimeter Boden auf der Insel Manhattan kaufen.«

Nichts bestätigt die amerikanische Saga des Aufstiegs vom Lumpensammler zum Millionär so sehr wie die Lebensgeschichte von John Jacob Astor, der zu Beginn seiner Laufbahn mit den Indianern um Felle schacherte (UNTEN).

GEGENÜBER: **Nachdem er sein erstes Vermögen in der Wildnis verdient hatte, kaufte Astor in New York Grundbesitz, dessen Wert sprunghaft anstieg. So gelangte seine Familie zu Ansehen und wurde zu den Grundbesitzkönigen der Moderne. In dem Ausschnitt aus der Hotelreihe an der Fifth Avenue sind hier das riesige, luxuriöse (nunmehr abgerissene) *Savoy Plaza* und das *Sherry Netherland* zu sehen; beide gehörten einst zum Astorbesitz. Dem *Sherry Netherland* gegenüber steht noch heute das *Plaza*, ein berühmter Luxusklotz, das eigens errichtet worden war, um dem großen, äußerst eleganten *St. Regis* der Astors, das vier Blöcke weiter unten an der Avenue lag, Konkurrenz zu machen.**

RECHTS: **Dieser nach einer Zeichnung von Frederic Remington angefertigte Stich zeigt Indianer beim Handel in einem Laden der Hudson Bay Company. Das Bild macht klar, warum der junge Astor sich bemühte, auf andere Weise Geld zu verdienen. Sich schwerbepackt durch die gefahrvolle, schneebedeckte Öde des Nordens zu schlagen, um Felle gegen Glasperlen einzutauschen, läßt sich nur als eine kraftzehrende und letztlich eintönige, wenngleich finanziell ergiebige Unternehmung beschreiben.**

UNTEN: **Patriarch John Jacob Astor als erfolgreicher Pelzhändler. Das wuchtige Kinn und die derben Gesichtszüge verraten sowohl seinen ausgeprägten Ehrgeiz als auch seine gewöhnliche Herkunft.**

Sein Biograph Harvey O'Connor schrieb, nach Astors Tod hätten »seine Nachkommen selbst hundert Jahre lang schlafen können, und dennoch würde das auf dem Felsen von Manhattan gegründete Haus Astor allen Anfechtungen widerstehen«.

Johannes Jacob Astor entstammte einer Familie namens Aschtor, Aschdour oder Aostor und wurde am 17. Juli 1763 in Walldorf, einem kleinen Dorf in der Nähe von Heidelberg, als Sohn eines Metzgers geboren. Seine Mutter starb, als er vier Jahre alt war. Bis zu seinem letzten Atemzug ist es ihm nicht gelungen, die englische Sprache zu beherrschen. Doch das schien nicht weiter von Bedeutung zu sein, denn bei seinem Tod im Jahr 1848 war Astor mit einem Vermögen von 20 bis 30 Millionen Dollar der reichste Mann der Vereinigten Staaten und gehörte zu den sechs kapitalkräftigsten Männern der Welt.

Schon früh erkannte Astor, daß vom Tranchieren der Fleischstücke im Laden seines Vaters nichts Großes zu erwarten war; daher begab er sich über London (wo er in der Flötenfabrik seines Bruders arbeitete) in die Neue Welt. Johannes Jacob sparte 15 Guineas zusammen, von denen er fünf für die Passage über den Atlantik ausgab, weitere fünf für den Kauf von sieben Flöten, die er in Amerika mit Gewinn zu verkaufen trachtete, während er die restlichen fünf als Startkapital für sein neues Leben betrachtete. Im Alter von 21 Jahren trug Johannes Jacob das Brot, die Semmeln und das Gebäck des deutschen Bäckers Georg Dietrich in New York aus. Er verkaufte die Flöten tatsächlich mit Profit, bekam eine neue Stellung bei Robert Borne, einem Quäker und Pelzhändler, und lernte schnell ein neues Gewerbe.

Sein erstes Vermögen scheffelte Astor nicht mit Grundstücken, sondern mit Fellen und Pelzen. Gegen Ende des 18. Jahrhunderts wurden die Felle im nördlichen Teil des Staates New York und in Kanada von Indianern geliefert. Pelze waren bei den reichen Damen und Herren in den Vereinigten Staaten, Großbritannien und dem größten Teil des kontinentalen Europa (mit Ausnahme von Rußland, das über eigene Nerze und Zobel verfügte) sehr begehrt. Die Indianer tauschten ihre Felle gegen Schießpulver, Gewehre, warme Decken, Tabak oder Alkohol ein. Und genau damit zog Astor durch die verschneite Wildnis, wo er mit den eingeborenen Amerikanern gut zurechtkam. Es war die Mühe wert, denn die durchschnittliche Handelsspanne bei Fellen betrug tausend Prozent; dieser Profit nahm sogar noch zu, als sich die Briten 1796 von ihren militärischen Außenposten zurückzogen und kanadische Pelze nicht erst nach Großbritannien geschickt werden mußten, bevor sie wieder in die Vereinigten Staaten oder in Europa eingeführt werden konnten. Das Handelsaufkommen war enorm, und durch harte Arbeit wurde Astor schnell zu einem beherrschenden Marktfaktor. Zu seinen Frühjahrs- und Herbstauktionen erschienen Käufer aus allen Teilen der Vereinigten Staaten und Europas, und er verkaufte oft mehr als 500000 Bisamfelle an einem Tag, ganz zu schweigen von den Pelzen von Bibern, Luchsen, Ottern, Nerzen sowie (gelegentlich) Füchsen und Wildkatzen.

Einige Jahre lang lagerte Astor die geruchsintensiven Felle im Keller seines Hauses in New York. Sein Wohlstand nahm weiter zu, als er die Waren, die er zum Handel mit den Indianern brauchte, in großen Mengen und zu billigeren Preisen in London einkaufte, seine Transportkosten senkte und mit seinen indianischen Freunden bessere Geschäfte abschloß als seine wenigen Konkurrenten. Dabei ging er ausgesprochen skrupellos vor. Er handelte beispielsweise ein Gewehr, das ihn vielleicht ein Pfund und sieben Schilling gekostet hatte, gegen 20 Biberfelle im Wert von rund 25 Pfund ein oder tauschte knapp zwei Meter Tuch im Wert von zwölf Schilling gegen sechs bis acht Biberfelle für acht bis zehn

Pfund. Wohl am anrüchigsten war sein Whiskeyhandel auf Mackinaw Island in Maine. Er stellte Feuerwasser für fünf Cent je Gallone her, verkaufte es aber für einen halben Dollar. Einer seiner Vertreter verriet das Rezept: »Man reichere dreißig Gallonen Wasser mit zwei Gallonen minderwertigem Whiskey oder undestillierten Spiritus an, füge ausreichend Cayennepfeffer wegen der Schärfe hinzu sowie Tabak, um eine berauschende Wirkung zu erzielen, und schon hat man ein Gebräu, das jeden Indianer dazu bringt, dem weißen Mann alles zu geben, was er besitzt.«

Im Jahr 1800 besaß John Jacob Astor, der nun 37 Jahre alt war, 250 000 Dollar. Das war damals ein ansehnliches Sümmchen. Rasch stieg er in den Handel mit China ein und exportierte seine Felle, ferner Ginseng, der in Indianerterritorien wuchs, sowie Sandelholz aus Hawaii; im Gegenzug führte er Tee, Seide, Gewürze und Porzellan ein. Schon bald gehörten ihm zwei Flotten: die eine segelte von der amerikanischen Ostküste nach Europa, die andere von der Westküste über Hawaii nach China. Die Gewinne aus diesen Ex- und Importen investierte er in den Kauf neuer, billigerer Waren in London, die wiederum weitere Felle einbrachten und diese noch mehr Geld. Es gab kein Geschäft, schrieb James Gordon Bennett, der Verleger des *New York Herald,* das »der selbsterfundene Geldautomat Astor« nicht abschließen würde, wenn es darum ging, sein Vermögen zu vermehren. Unterdessen stifteten seine Unterhändler ihre indianischen Freunde dazu an, alle Konkurrenten Astors – buchstäblich – zu skalpieren. Bald kontrollierte Astor 90 Prozent des Pelzhandels und hatte damit praktisch das Monopol. In wenigen Jahrzehnten war es ihm gelungen, die kanadischen Pelztierarten nahezu auszurotten. Nun war es an der Zeit, Investitionen für seine Profite zu finden.

Der Umstieg auf Immobilien

Astor hatte sich seit 1800 eher beiläufig für Grundstücke interessiert; erst 1834 begann er sich intensiv mit ihnen zu beschäftigen. In diesem Jahr starb seine Frau Sarah, die er 1785 geheiratet hatte, und im Alter von 71 Jahren fühlte er sich nicht mehr fit genug, in die Wildnis zu ziehen, um mit den Indianern zu feilschen. Zudem war der Pelzhandel in eine Flaute geraten, und im Geschäft mit China sah er sich zunehmender Konkurrenz ausgesetzt. Die Eröffnung des Erie-Kanals im Jahr 1825 brachte der Stadt New York einen rapiden Aufschwung, auf den Astor verblüffend simpel reagierte. Um die Wende vom 18. zum 19. Jahrhundert hatte das Zentrum der Stadt an der Südspitze der Insel Manhattan gelegen; dort, wo auch heute das Herz der Finanzwelt schlägt, war schon damals der Mittelpunkt von Handel und Schiffahrt gewesen. Nach Norden hin lagen große Farmen, und wenn sich die Stadt weiterentwickeln wollte, mußte sie sich ins unbebaute Land ausdehnen. Also erwarb Astor Farmland für kaum mehr als einen Heller und wartete ab, daß die Stadt näher rückte.

UNTEN: **Astor schloß seine ersten größeren Grundstücksgeschäfte mit dem US-Vizepräsidenten Aaron Burr ab, der hier dargestellt ist, wie er Alexander Hamilton in einem berüchtigten Duell tötet.**

Als er noch zu Anfang des 19. Jahrhunderts im Pelzhandel tätig gewesen war, hatte Astor bereits eine Menge Geld mit Immobilien im unteren Teil Manhattans gemacht. Der Grund gehörte der Trinity Church, und Astor übernahm ihn auf der Basis eines langfristigen Pachtvertrags von Aaron Burr, der als Vizepräsident der Vereinigten Staaten mit seinen Pachtzahlungen in Verzug geraten war. (Seine Situation hatte sich noch weiter verschlimmert, als Burr Alexander Hamilton 1804 in einem Pistolenduell tötete.) Astor verpachtete einzelne Grundstücke mit großem Gewinn kurzfristig weiter, wobei alle Verbesserungen, die von den Mietern vorgenommen und finanziert wurden, mit Ablauf des Pachtvertrags in Astors Besitz übergingen. Der Wert nahm zu, die Mieten stiegen, die armen Mieter wurden zur Räumung gezwungen und die wohlhabenderen übers Ohr gehauen. Kurz vor Astors Tod erbrachten diese Liegenschaften, die Astor für weniger als 100 000 Dollar (zuzüglich einer jährlichen Pacht von 269 Dollar an die Kirche) erworben hatte, 1,25 Millionen Dollar pro Jahr. »Kümmert euch nicht um die Grundstücke«, riet der glückliche Vermieter, »überlaßt die Wertsteigerungen jemand anderem.« Soviel über die Quellen, aus denen die Mittel für den Lebensstil der Astors kamen.

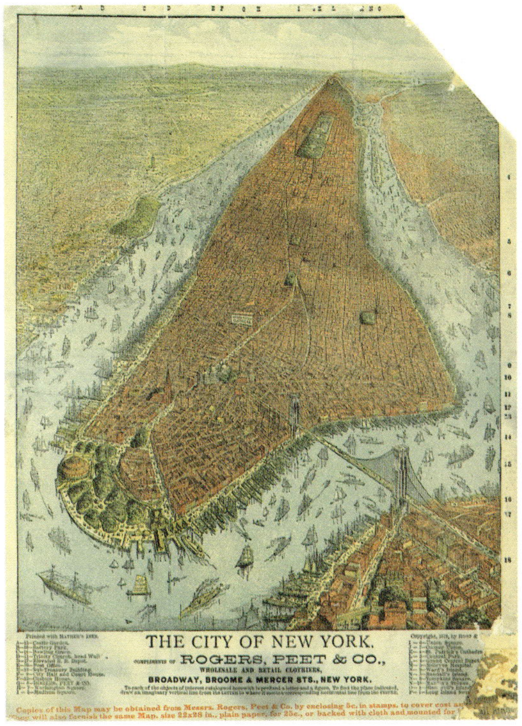

LINKS: **Auf die Spitze von Manhattan – hier mit Grün gedeckt wegen der Parks – konzentrierte sich Jacob Astor zunächst bei seiner Bodenspekulation. Für die damalige Zeit (das frühe 19. Jahrhundert) hätte die Karte die besiedelte Spitze allerdings sowohl orangefarben (Häuser) als auch grün (Ackerland) zeigen müssen. Astor begann mit dem Kauf von Boden etwa ein Drittel inselaufwärts und wartete dann die kommende städtische Ausdehnung ab. Er tätigte auch Grundstückskäufe in anderen Stadtvierteln von New York, die seinerzeit durch Fähren verbunden waren, ehe die großen Brücken die Bodenpreise hochschnellen ließen.**

Als Investition auf lange Sicht kaufte Astor 1803 die Eden Farm, einen landwirtschaftlich genutzten Grundbesitz außerhalb der Stadtgrenzen. Die Eden Farm erstreckte sich zwischen der 42nd und der 46th Street vom Broadway bis zum Hudson und kostete 25 000 Dollar. Kurz danach erwarb er angrenzende Grundstücke (wo später das Theaterviertel der Stadt entstand) für 9000 Dollar; 1809 schluckte er dann die Cosine Farm, die das ganze Gebiet vom Broadway bis zum Hudson zwischen der 53rd und der 57th Street umfaßte, für

UNTEN: **John Jacob Astor, nunmehr ein gesetzter, grauhaariger, unglaublich reicher Grundbesitzer, war Eigentümer eines Großteils des Bodens am mittleren Broadway** (RECHTS).

23 000 Dollar. Um die Zinsen zahlen zu können, verpachtete Astor das Land an Farmer und verkaufte dann ein paar kleinere Grundstücke, um das investierte Geld wieder hereinzubekommen. »Verkauf eine kleine Ecke, um ein ganzes Gelände zu kaufen«, erklärte er oft; nie verschwendete er auch nur einen Pfennig. Wenn man diese Preise mit dem Vermögen von 20 Millionen Dollar vergleicht, das er schließlich besaß, dann erhält man einen besseren Eindruck seines tatsächlichen Reichtums. Astor kaufte auch kleine Wasserflächen im unteren Teil Manhattans für wenige Dollar von bestochenen Behördenvertretern, ließ sie aufschütten und verkaufte sie zu horrenden Preisen, als die Stadt boomte. Ihm gehörten der größte Teil der Lower East Side, 500 Morgen in Greenwich Village, große Gebiete der Bowery, am Lafayette Place und am Astor Place ebenso wie Astoria in Queens, ein Vorort auf der anderen Seite des East River.

In der stetig wachsenden Metropole ließ Astor weite Bereiche seines Grundbesitzes mit Behausungen für die städtische Unterschicht bebauen und überließ es seinen Nachkommen, die ersten Slum-Vermieter der Weltgeschichte zu werden, gegen die von der Stadtverwaltung Verordnungen erlassen wurden, um das Los der Bewohner zu erleichtern. Oft waren mehrere Familien in wenigen dumpfen Räumen zusammengepfercht – richtige Feuerfallen, eine Gefahr für Leib und Leben, zu denen weder Luft noch Licht Zugang hatten. Infolge des ungenügenden Drucks gab es oberhalb des ersten Stockwerks kein Wasser; deshalb waren die sanitären Verhältnisse so verheerend, daß sich Ruhr und andere Infektionskrankheiten explosionsartig verbreiteten.

Im Gegensatz dazu bauten und besaßen die Astors einige der luxuriösesten New Yorker Grandhotels. Den Anfang machte John Jacobs *City Hotel*, das auf seinem Grundstück an der Ecke Broadway und Vesey Street stand. Es war jedoch eine eher bescheidene Herberge im Vergleich zum *Astor House*, das nach 1830 errichtet wurde. *Astor House* war sechs Stockwerke hoch und prunkte mit moderner sanitärer Ausstattung und Dampfheizung, die den Aufenthalt in den 300 Zimmern und 17 Bädern überaus behaglich machte. Für eine ganze Generation war das Hotel das gesellschaftliche und politische Mekka von New York City. *Tremont House* in Boston mag vielleicht das erste wirkliche Grandhotel des 19. Jahrhunderts gewesen sein, doch was den Komfort anbelangte, hatte es in Astors Palast einen ernsthaften Rivalen, denn der bot nicht nur Waschschüsseln und Wasserkrug in jedem Zimmer – ein großer Fortschritt für die Zeit –, sondern in der Halle gab es auch eine neuartige elektrische Signalanlage für den Kontakt mit den einzelnen Zimmern. Seine Luxushotels lenkten Astor jedoch nicht davon ab, seine Mieten einzutreiben, seine Mieter zu Verbesserungen zu verpflichten und weiteres Land zu Billigstpreisen während der Kriesen aufzukaufen, die die Finanzwelt erschütterten.

UNTEN: **Inzwischen hatte Astor die meisten seiner ungünstiger gelegenen Besitzungen an einkommensschwache Mieter vergeben; deren Häuser verkamen zu finsteren, überfüllten und verschmutzten Slums. Mehr durch Zufall als aus Absicht wurden so die Erben Astors zu den größten Hauseigentümern New Yorks in Elendsvierteln; um das Los dieser Mieter, die unter menschenunwürdigen Bedingungen dahinvegetierten, zu verbessern, mußte die Stadt zu gesetzlichen Maßnahmen greifen.**

LINKS: **Das Haus an der Ecke Fifth Avenue/45th Street (Foto von 1898) war nur eines von vielen prachtvollen Wohnhäusern, die John Jacob Astors Nachfahren gehörten. Der Patriarch selbst zog es – bis zu seinem Lebensende – vor, in einem weit schlichteren Sandsteingebäude in Greenwich Village zu leben.**
WEITER LINKS: **Ein Salon im Haus von William B. Astor jun.**
UMSEITIG: **Die Familie Astor in ihrer ganzen Pracht im Stil des ausgehenden 19. Jahrhunderts. William, der jüngere Sohn von William Backhouse, erbaute sich ein prachtvolles Haus an der Fifth Avenue/34th Street (wo jetzt das Empire State Building steht); hier sieht man ihn mit seiner Familie im herrschaftlichen Salon: Von links nach rechts: Seine Tochter Charlotte Augusta; sein einziger Sohn John Jacob IV., der mit der *Titanic* unterging; seine Frau Caroline Schermerhorn Astor, die in der Gesellschaft den Ton angab und sich selbst als *die* Mrs. Astor betrachtete, obschon der zeitliche Vorrang für diesen Anspruch ihrer Schwägerin zukam; seine Tochter Caroline. Dieses vorzügliche, noch im Familienbesitz befindliche Gemälde bringt in hervorragender Weise Stil und Auftreten der Oberschicht in der Goldenen Gründerzeit zum Ausdruck.**

Die zweite Generation

John Jacob Astor hatte drei Töchter und zwei Söhne (drei weitere Kinder starben früh). Zum tiefen Kummer seines Vaters war der älteste Sohn, John Jacob jr., Epileptiker und geistig behindert. Zunächst beharrte Vater John Jacob darauf, daß seine anderen Kinder ihren Bruder behandelten, als wäre er ganz gesund, doch schließlich mußte er ihn doch in einem eigenen Haus in die Obhut eines Arztes, eines Privatlehrers sowie anderer Angestellter geben, die ihm sein Leben so angenehm wie möglich machten. Deshalb setzte der Patriarch seine ganze Hoffnung auf seinen jüngeren Sohn William Backhouse (1792–1875), der seinen Namen nach einem englischen Pelzhändler erhalten hatte, der eine Art Mentor für seinen Vater gewesen war. William wurde in dem angesehenen Internat von Reverend Smith in Stamford, Connecticut, erzogen und besuchte dann die Universitäten von Heidelberg und Göttingen. Das machte aus ihm einen geschliffenen Gentleman – ganz das Gegenteil seines Vaters, der Erbsen auf seinem Messer balancierte und sich einmal bei einem Dinner die fettigen Finger an der Krinoline seiner Tischnachbarin abwischte. »William wird nie Geld verdienen«, erklärte sein Vater, »aber er wird das zusammenhalten, was er hat.« Um in dieser Hinsicht ganz sicherzugehen, hinterließ John Jacob seinen Erben, vor allem William, seinen ungeheuren Reichtum in Form eines Treuhandvermögens; damit wollte er verhindern, daß der Besitz aufgeteilt oder abgestoßen werden konnte. Das Treuhandvermögen wurde von fünf Freunden John Jacobs verwaltet, und deren Tätigkeit unterlag wiederum der Überprüfung durch das höchste Gericht des Staates New York. William genoß dennoch die Genugtuung, ein eigenes Vermögen von fünf Millionen Dollar zu horten, was ihn, wenn man die 15 Millionen Dollar unter Treuhand dazurechnete, zum reichsten Mann der Vereinigten Staaten machte.

Seine letzten Jahre verbrachte John Jacob Astor bei schlechter Gesundheit. Seine Verdauungsbeschwerden konnten nur gelindert werden, wenn er die Milch einer Amme zu sich nahm. Danach wurde er in eine Decke gehüllt. Während einer solchen Therapie informierte ein Mieteintreiber den alten Mann darüber, daß er aus einer mittellosen Witwe beim besten Willen kein Geld mehr herauspressen könne. »Aber sie muß die Miete zahlen, sie kann sie zahlen und sie wird sie zahlen. Sie packen sie einfach nicht richtig an«, meinte New Yorks bedeutendster Hausbesitzer. Der verzweifelte Mieteintreiber wandte sich an William, der ihm die Miete aus seiner Tasche gab und dem Mann sagte, er solle das Geld seinem Vater bringen. »Na also! Ich habe doch gesagt, daß sie zahlen wird, wenn Sie sie richtig anpacken«, sagte Astor befriedigt, bevor er in einen erquickenden Schlaf fiel.

John Jacob war auch ein Pfennigfuchser, wenn es um philanthropische oder mäzenatische Angelegenheiten ging. Nachdem er dem Künstler John James Audubon die Summe

Luis Rossi

Mehrere Mitglieder der Familie Astor verfügten sowohl über das Geld als auch die Muße, einen nahezu königlichen Lebensstil zu pflegen; sie verdankten das den enormen Einkünften, die sie aus den ihnen gehörenden Häusern und Hotels in New York bezogen.
UNTEN: **Die *Nahma*, die elegante dampfbetriebene Hochseejacht Vincent Astors.**
RECHTS: **William Waldorf Viscount Astor, das in den Adelsstand erhobene Oberhaupt des ausgewanderten britischen Zweigs der Familie, am Anlegeplatz der Cunard-Reederei in New York.**

von 1000 Dollar für die Veröffentlichung seines Werks *Birds of America* zugesagt hatte, wollte er später davon nichts mehr wissen. Beim sechsten Bittbesuch des Zeichners wandte sich der Alte jammernd an seinen Sohn im Nebenzimmer: »Haben wir überhaupt Geld auf der Bank?« William rief zurück: »Ja, Vater. Wir haben zweihunderttausend Dollar bei der Bank of New York, siebzigtausend bei der City Bank und neunzigtausend bei der Merchants Bank...« Höchst widerwillig rückte Astor die Summe schließlich heraus. Als er am 29. März 1848 starb, gab es wenige Trauernde; seine Kinder stritten sich über das Testament, das sich jedoch als wasserdicht und unwiderruflich erwies.

Der Aufstieg der Astors in die Gesellschaft

Mit dem zweiten Teil seines Urteils über William behielt John Jacob Astor recht: Er und seine Nachkommen kümmerten sich bis nach dem Ersten Weltkrieg um die Prosperität ihres Grundbesitzes, kassierten ständig steigende Mieten und wurden Säulen der Gesellschaft, Politiker und Philanthropen. Sie unterhielten und erweiterten die Astor Library (die später mit anderen Bibliotheken vereinigt zur New York Public Library wurde), die der Patriarch mit 400000 Dollar von den zwei Prozent seines Vermögens begründet hatte, die er für das öffentliche Wohl bestimmte. Es ist recht einfach, die Astor-Generationen zu verfolgen, da das Familienoberhaupt fast ausnahmslos nach dem Gründer der Dynastie benannt wurde – ganz so, als würde der Alte noch aus dem Grab heraus die Befehle erteilen. William heiratete Mary Armstrong aus der Familie Livingstone-Armstrong (damals die »aristokratischste« Familie in New York), und diese Verbindung schuf die Voraussetzung für den grandiosen sozialen Aufstieg der Astors. Ihr ältester Sohn John Jacob III. (1822–1890) wurde als der erste aristokratische Astor bezeichnet und sah in der Tat so aus, als wäre er der Nachfahre von englischen Landadeligen.

Der Wandel in nur zwei Generationen von einem vierschrötigen, scharfblickenden deutschen Metzger zu einem höflichen Gentleman mit tadellosen Manieren war verblüffend. John Jacob III. nahm sich die aus gutem Hause stammende Charlotte Augusta Gibbes zur Frau, die erste der großen Astor-Ladies. Sie wurde von vielen als *die* Mrs. Astor angesehen, die zusammen mit Ward McAllister, dem Richter über gesellschaftliche Belange, die berühmten »Vierhundert« bestimmte, jene Mitglieder von New Yorks *Crème de la crème*, die sich im privaten Ballsaal William Astors vergnügten. John Jacob III. und sein Bruder teilten das Familienvermögen auf, doch angesichts der Tatsache, daß sich dieses seit dem Tode des Patriarchen vervierfacht hatte, entstand kein großer Schaden. Als John Jacob IV. (1864–1912), der Sohn Williams, im Jahr 1892 das Erbe seines Vaters antrat, war er immer noch reicher als William K. Vanderbilt, Jay Gould oder der Neuling John D. Rockefeller.

»Treffen wir uns doch im Astor«, so lautete die Einladung zu einem gepflegten oder interessanten Abend, denn das *Astor House* bzw. Hotel war (auch in all seinen späteren Ausführungen) der politische und künstlerische Mittelpunkt New Yorks.

GANZ LINKS: Die schlichte klassizistische Fassade des ersten *Astor House* in Lower Manhattan.

UNTEN: Einige namhafte Männer, die im ersten *Astor House* dinierten, darunter links Thomas F. Byron, ehemaliger Polizeichef, eine Kaffeetasse mit den Astor-Initialen darauf, in der Hand; neben ihm Richter Joseph H. Choate, der spätere Botschafter in Großbritannien. Das Hotel besaß eine für damalige Zeiten ungewöhnlich große Anzahl von Zimmern, eine eigene Gasversorgung und ein ausgedehntes Dampfsystem, kraft dessen heißes Wasser nicht nur in die Zimmer, sondern auch in die Baderäume im Kellergeschoß gelangte.

OBEN: Ein Symphoniekonzert (um 1900) im großen Ballsaal des ersten *Waldorf-Astoria-Hotels*, das 1895–97 an der Ecke Fifth Avenue/34th Street, dem Platz des Wohnhauses von William B. Astor in New York, erbaut worden war.

»Hotel Madness«: Die verrückte Hotelkonkurrenz

John Jacob III. und sein Bruder William jun. ließen sich an der Fifth Avenue in Höhe der 34th Street prachtvolle Häuser nebeneinander errichten. Nach dem Tod John Jacobs III. beschloß William Waldorf Astor (1848–1919), sein Sohn und Erbe, den Familienpalast abzureißen, um an seiner Stelle das erste *Waldorf Hotel* zu erbauen, das prächtigste, berühmteste und modernste Hotel seiner Zeit auf der Welt. Sein Motiv war nicht nur das Geldverdienen, denn das war durch den kostspieligen Bau und den aufwendigen Unterhalt eines Luxushotels keineswegs garantiert. Ihn beflügelte beispielsweise die Eitelkeit, seinen Namen mit einem gesellschaftlichen und wirtschaftlichen Zentrum New Yorks zu verbinden (was ja letztendlich auch die treibende Kraft für die Entscheidung seines Urgroßvaters gewesen war, *Astor House* zu errichten). »Meet me at the *Waldorf*« (Wir sehen uns im *Waldorf*) sollte zu einem geflügelten Wort in den besseren Clubs, Büros und Häusern von New York werden. Auch wollte dieser Astor zu einem Zeitpunkt in den Vereinigten Staaten ein unübersehbares Zeichen setzen, als er in seiner Politikerlaufbahn gescheitert war und seine Tage mehr oder weniger müßig in Europa verbracht hatte. Zudem verabscheute er seine Tante Caroline, die seiner eigenen Frau auf der gesellschaftlichen Bühne von New York und Newport ernsthaft ihren Rang streitig machte. Er konnte sich keine bessere Rache denken, als neben dem Palast, in dem sie noch immer hofhielt, ein großes, lärmerfülltes Hotel in die Höhe zu ziehen. Das Hotel verschlang fünf Millionen Dollar an Baukosten und öffnete 1895 erstmals seine Tore. Zur Eröffnung erschienen 1500 Gäste aus allen Teilen der Vereinigten Staaten, und ihre Kutschen verstopften die Fifth Avenue zwischen der 59th Street und dem Washington Square ebenso wie jene der Schaulustigen. Walter Damrosch dirigierte die New Yorker Philharmoniker, während Astors Gäste durch den herrlichen überglasten Palmengarten schlenderten, den in Weiß und Gold gehaltenen Ballsaal und die einem florentinischen Palazzo nachempfundene Haupthalle, in der ein als Türke kostümierter dienstbarer Geist Mokka servierte.

RECHTS: Das *Astor Hotel* am Times Square, das als die Königin des Broadway und des New Yorker Theaterviertels betrachtet wurde, ehe es in den sechziger Jahren dieses Jahrhunderts abgebrochen wurde. Für Generationen genoß der große Palast im Louis-treize-Stil den Ruf, eines der beliebtesten und aufregendsten Grandhotels in Amerika zu sein, was es den Schauspielern, Musikern, Opernsängern und Hochzeitsreisenden, die sich dort drängten, zu verdanken hatte.

UNTEN: Das *St. Regis* an der Ecke Fifth Avenue/5th Street in New York; dieses äußerst aristokratische Hotel wurde zur Jahrhundertwende eröffnet.

William Waldorfs Rechnung ging auf, denn das Hotel wurde ein großer finanzieller Erfolg, und Tante Caroline zog aus. Sie ließ sich von Richard Morris Hunt ein gotisches Schloß an der Ecke Fifth Avenue und 65th Street errichten, einer inzwischen viel feineren Gegend. Angesichts des Erfolgs des *Waldorf* fühlte sich John Jacob IV. (1864–1912), Carolines und William jun.'s Sohn, bemüßigt, *sein* Hotel auf dem Grundstück des von seinen Eltern aufgegebenen Familiensitzes entstehen zu lassen. Als William Waldorf erfuhr, daß sein Vetter, der Jack gerufen wurde, das neue Grandhotel zu Ehren von Carolines Familie Schermerhorn nennen wollte, kündigte er an, genau gegenüber die größten Pferdeställe New Yorks zu bauen. Der angesehene Hotelier George Boldt aus Philadelphia brachte zwischen den Vettern einen Kompromiß zustande: Jack zeigte sich bereit, sein Hotel unter der Bedingung *Astoria* zu nennen, daß es drei Etagen höher als das *Waldorf* gebaut werden konnte. Dem stimmte Bill unter der Voraussetzung zu, daß beide Hotels im Fall neuer Streitigkeiten unter getrennter Leitung weitergeführt werden konnten. Die neue Luxusherberge wurde 1897 unter der Leitung von Boldt eröffnet, doch schon dreißig Jahre später wieder abgebrochen, um Platz für das Empire State Building zu schaffen. Gleichzeitig wurde in den Jahren der Weltwirtschaftskrise 1930/31 das zweite, noch weit luxuriösere *Waldorf-Astoria* an der Park Avenue zwischen der 49th und der 50th Street errichtet. Es erfreut sich noch heute großer Beliebtheit.

Das *Waldorf-Astoria* blieb nicht der letzte Hotelbau der Vettern. 1904 ließ William das *Astor Hotel* am Longacre Square (1905 in Times Square umbenannt, als die Zeitung dieses Namens dort ihre Redaktionsräume bezog) errichten. Es beherrschte das New Yorker Theaterviertel ein halbes Jahrhundert lang und trieb die Grundstückspreise der Umgebung steil in die Höhe – zum Nutzen der Familie, die den Löwenanteil daran besaß. Das riesige rote Backsteingebäude mit seinem Mansardendach war ebenso berühmt wegen der zahlreichen dort wohnenden Schauspieler und Musiker als auch für den Dachgarten mit seinen Restaurants, Cafés und von japanischen Lampions erleuchteten Terrassengärten, in denen Generationen von New Yorkern Zuflucht vor der schwülen Sommerhitze suchten. John Jacobs IV. Antwort darauf war das *Knickerbocker Hotel* an einer anderen Ecke des Times Square sowie das glanzvolle *St. Regis Hotel* an der Ecke der Fifth

UNTEN: Die Eingangshalle des ursprünglichen *Waldorf-Astoria-Hotels* (Fifth Avenue/34th Street), aufgenommen um 1903. Das an der Stelle von William B. Astors Wohnhaus, wo Caroline Astor »New York's 400« zu ihrem jährlich stattfindenden Ball versammelt hatte, errichtete Hotel erfreute sich eines derart glänzenden Renommees, daß die Astors selbst gern dort abstiegen und Gäste empfingen.
OBEN und MITTE: Der berühmte Dachgarten des *Astor Hotel* am Times Square, der auf die New Yorker, die während der berüchtigt heißen Sommermonate nach Abkühlung lechzten, wie ein Magnet wirkte.

RECHTS: **Als Erbauer und Besitzer des *Waldorf Hotels* (der ersten Hälfte des berühmten *Waldorf-Astoria*) hatte William Waldorf Astor Erfolg, als Politiker aber scheiterte er; er entschied sich deshalb für ein Leben als Gentleman in England, wo er Hever Castle in Kent erstand und schließlich die britische Staatsbürgerschaft erwarb und geadelt wurde (zuerst als Baron, dann als Viscount).**

UNTEN: **Eine Karikatur, die sich über den Eifer William Waldorf Astors, britischer Staatsbürger und Adliger zu werden, amüsiert.**

Avenue und der 55th Street. Bei der Ausstattung des letzteren frönte Jack seinem Hang zur Technik: In allen 18 Stockwerken des seinerzeit höchsten Hotels der Stadt gab es zum erstenmal Zentralheizung, Klimaanlagen sowie ein zentrales Entlüftungssystem. (Das berühmte *St. Regis* wurde 1991 mit einem Kostenaufwand von 100 Millionen Dollar renoviert.)

DIE ENGLISCHEN ASTORS

Um die Jahrhundertwende hatte sich die Familie Astor in zwei Zweige gespalten. Der englische Zweig wurde von William Waldorf begründet, dessen wohlmeinende Absichten bei der

Verfolgung einer Politikerlaufbahn recht kläglich im Sumpf der New Yorker Lokalpolitik gescheitert waren. 1890 entfloh er nach England, das seiner Meinung nach »ein passendes Land für einen Gentleman« war. Er kehrte jedoch immer wieder einmal in die Vereinigten Staaten zurück und residierte dann im *Waldorf-Astoria*. Er träumte davon, ein englischer Lord zu werden, und das setzte voraus, daß er Hever Castle in Kent erwarb, seine amerikanische Staatsbürgerschaft aufgab, während des Ersten Weltkriegs Hunderttausende Dollar wohltätigen Zwecken zur Verfügung stellte und sich eine Machtbasis durch den Kauf der Zeitungen *Pall Mall Gazette* und *Observer* schuf. Sein Sohn John Jacob Astor V. kaufte 1920 dann auch *The Times* und machte seine Familie damit zu einem entscheidenden Faktor im Journalismus und in der Politik des Landes. Die verdeckten Kosten für den Adelstitel erwiesen sich jedoch als enorm, da der englische Zweig der Familie nach dem Ersten Weltkrieg sowohl in den USA als auch in Großbritannien massiv besteuert wurde, ehe ein Steuerabkommen zwischen den beiden Staaten vereinbart wurde. Diese Doppelbelastung dezimierte das Familienvermögen so beträchtlich, daß sich die englischen Astors gezwungen sahen, einen großen Teil ihres Besitzes in den Vereinigten Staaten zu verkaufen. Doch auch die amerikanischen Astors erlitten einen schweren Verlust, als das Familienoberhaupt John Jacob IV. am 15. April 1912 mit der *Titanic* unterging. Nach Zeugenaussagen stand er im Abendanzug und in militärischer Haltung neben seinem Freund Major Archie Butt an Deck, als der Ozeandampfer von den Wellen verschlungen wurde.

DAS VERMÄCHTNIS DER ASTORS

Nach dem Tod John Jacob Astors machte sich die Dynastie, die er begründet hat, einen unauslöschlichen Namen in der Geschichte der amerikanischen Wirtschaft und der Gesellschaft durch die Errichtung von Hotels und anderen Prachtbauten. Keine andere Familie hat der Stadt, in der sie lebte, einen so nachhaltigen Stempel aufgedrückt; ihr Reichtum

UNTEN: **Eine weitere Karikatur William Waldorf Astors, hier als ein in Tweed gekleideter, monokeltragender britischer Lord, dessen amerikanische Millionen ein lebensrettendes Elixier für »Britannia« (England) zu sein versprachen (*Britannia* hieß zufällig aber auch die königliche Jacht).**
OBEN: **Das von Carrère und Hastings entworfene prächtige Gebäude für die New Yorker Public Library. Diese Bibliothek wurde großenteils aus dem Erbe des alten John Jacob Astor finanziert und wird noch immer von Brooke Astor, einer echten Königin der Gesellschaft im besten Sinn, gefördert.**

ließ so bedeutende Grundbesitzer wie Potter Palmer und Marshall Field in Chicago oder den Kaufmann Alexander T. Stewart, den Gründer von Wanamaker's (der mit J.J. Astor und Cornelius Vanderbilt einer der drei reichsten Männer der USA war), zwergenhaft klein erscheinen; das traf auch auf altehrwürdige New Yorker Patrizier wie die Goelets, Rhinelanders, Beekmans, Lorrillards und Schermerhorns zu.

In der Goldenen Gründerzeit Europas gab es niemanden, der mit Grund und Boden derartige Reichtümer hätte ansammeln können. Das hatte einen einfachen Grund: Die städtischen Grundstücke befanden sich in den meisten Fällen in den Händen adliger oder sonstwie herrschender Familien, die überhaupt keine Lust hatten, sich von ihnen zu trennen. Große Bereiche des Londoner West End gehören noch heute dem Herzog von Westminster, während Bedford Square und Tavistock Square schon mit ihren Namen auf ihre adlige Herkunft verweisen. Die vielleicht einzige Ausnahme von der Regel war Paris während und nach der Stadterneuerung durch Baron Haussmann, als einige entrechtete Adlige ihre Grundstücke in der sich rasant entwickelnden französischen Hauptstadt verkauften. Doch niemand, weder in Paris noch anderswo, könnte den Astors den Titel »Grundbesitzkönige der Moderne« streitig machen.

Beförderungsmittel

Die zwei angesehensten Familien in Amerika waren nach dem Bürgerkrieg die Astors und die Vanderbilts. Die ersteren betrachteten die letzteren als Emporkömmlinge, obwohl ihr eigenes Vermögen nur wenige Jahrzehnte früher entstanden war. Während die Astors ihren Grundbesitz vor allem durch das Abschlachten freilebender Tiere kaufen konnten, erwarben die Vanderbilts ihren ungeheuren Immobilienbesitz – darunter der New Yorker *Grand Central Terminal* und große Gebiete in der Mitte Manhattans – mit Geld, das sie mit Verkehrsmitteln erwirtschaftet hatten: zunächst mit Schiffen, später mit Eisenbahnen. Von 1850 an revolutionierte die Eisenbahn den Transport von Gütern und Passagieren und führte zur Bildung von einigen der größten Vermögen, die jemals zusammengescheffelt wurden. In einem Zeitraum von nur zehn Jahren (1880–1890) stieg die Länge der Bahntrassen kreuz und quer durch die Vereinigten Staaten von 186 120 auf 334 917 Kilometer. Neue Netze dieser Art verbanden nicht nur Nationen; sie machten auch ungeheure natürliche Reichtümer zugänglich, die bis dahin in den USA, Rußland und in geringerem Ausmaß in Europa auf ihre Erschließung gewartet hatten. Die Verbesserung der Transportwege war die Grundlage der industriellen Revolution.

Dank immer größerer und rationeller eingesetzter Ozeanfrachter sowie eines ständig dichter werdenden Eisenbahnnetzes sanken die Transportkosten – eine wesentliche Komponente jedes Warenangebots – gewaltig; das führte zur Entstehung der Theorie der komparativen Kosten. Wenn Weizen im fruchtbaren Boden der Vereinigten Staaten, der argentinischen Pampas oder im australischen Outback erfolgreicher angebaut und preiswert nach Europa verschifft werden konnte, dann konnten technologisches Know-how, die Konzentration von Kapital und eine ausgebildete Arbeiterschaft die Rohstoffe weniger entwickelter Länder der Industrialisierung zuführen. Infolgedessen würden zum Nutzen der Menschheit die Preise fallen und die Löhne steigen. Wohlstand würde bei denen Einzug halten, die bereit waren, auf dem Gebiet zu arbeiten, für das sie am besten geeignet waren. Gewiß waren soziale Verwerfungen nicht ganz zu vermeiden, aber die Produktion könnte leicht aus den Ballungsräumen an neue Grenzen verlegt werden, wo dann wiederum Menschen gebraucht wurden, um den Boden zu bearbeiten oder Wohn- und Produktionsstätten zu bauen, was letzten Endes zur Entfaltung einer neuen Gesellschaft voll Hoffnung und Wohlstand führen würde. So hörte es sich zumindest in der Theorie an. In der Praxis erlaubten die neuen Land- und Seerouten es zunächst einmal einigen wenigen skrupellosen *Robber Barons* (»Raubrittern«), einige der größten Vermögen aller Zeiten zusammenzuraffen – vor allem in den USA. Bis den größten Mißbräuchen ein gesetzlicher Riegel vorgeschoben wurde, dauerte es eine gewisse Zeit.

Durch Verschmelzungen, Fusionen und Preisabsprachen konnten Eisenbahnunternehmer Tarife verlangen, die in keinerlei Verhältnis zu den Betriebskosten standen. Großkunden konnten Sonderpreise oder sogar Rabatte nach geheimer Absprache mit den Besitzern der Bahnen erhalten, um so ihre kleineren Konkurrenten zu übervorteilen und schließlich zu ruinieren. Die Gegenleistung erfolgte häufig in Form von Wertpapieren neugeschaffener Monopole, die Eisenbahnerkönigen und Finanziers Anteile an Schlüsselindustrien verschafften – alles zum Schaden der Konsumenten. Schließlich

Gegenüber: Ausschnitt aus *La Gare Saint-Lazare* (1877, Musée d'Orsay, Paris) von Claude Monet (1840–1926). Als ein Maler des modernen Lebens wagte Monet den kühnen Schritt, eine Serie von Ölgemälden zu schaffen, die dem markantesten Symbol der Moderne im 19. Jahrhundert gewidmet waren: dem Bahnhof.

Unten: *The 9.45 Accomodation, Stanford, Connecticut* (1867, Metropolitan Museum of Art, New York) von Edward Lawson Henry (1841–1917). Dieses Gemälde über die Frühzeit der amerikanischen Eisenbahn entstand im Auftrag von John Taylor Johnston, dem Präsidenten der New Jersey Central. Die Fahrgäste treffen in ihren Pferdewagen ein, um das neumodische Verkehrsmittel zu besteigen.

Umseitig: Ausschnitt aus *The Rocky Mountains, Lander's Peak* (1863, Metropolitan Museum of Art, New York) von Albert Blerstadt (1830–1902). Eindrucksvoller als jeder andere Künstler seiner Zeit bannte Blerstadt, ein deutscher Einwanderer, die Großartigkeit und die Unberührtheit der amerikanischen Landschaft, wie sie vor der Ankunft der Europäer gewesen war, auf die Leinwand. Die neuen Amerikaner sollten sie mit einem Netzwerk von Schienen kreuz und quer überziehen, die einheimische Bevölkerung ausrotten und Grund und Boden zu ihrem eigenen, oft räuberischen Vorteil ausbeuten. Auf dem Gemälde sind Angehörige des Schoschonenstammes zu sehen; er siedelte am Green River, der am Fuß der Wind River Mountains in Wyoming entlangfließt.

RECHTS: **Die Durchquerung des Kontinents mittels der Eisenbahn stellte das große amerikanische Abenteuer in der zweiten Hälfte des 19. Jahrhunderts dar. Das kleine Mädchen auf dieser Reisewerbung scheint ganz erheblich von dem Hündchen angefeuert zu werden, das vor lauter Begeisterung für einen Ausflug mit der Chicago, Rock & Pacific Railway sogar seinen Ball vergessen hat.**

UNTEN: **Currier und Ives, die bekannten Grafiker, deren Werk die meisten Aspekte des Alltagslebens im Amerika des 19. Jahrhunderts widerspiegelt, nannten diese Darstellung *Across the Continent* (1869). Der Personenzug ist einfach mit »Durchgehend New York bis San Francisco« gekennzeichnet; die weniger glücklichen Reisenden dagegen strecken ihre Köpfe aus Postkutschen. Mit ziemlicher Gewißheit werden die Fahrgäste im Wilden Westen landen, der seit dem Goldrausch 1849 immer mehr Menschen anzog.**

wurde die Lösung dieses Problems durch strenge Kontrollen seitens einer Behörde wie der *United States Interstate Commerce Commission* versucht, die 1887 als Reaktion auf die empörten Proteste von amerikanischen Farmern, Produzenten im Westen und Frachtunternehmen gegen den Würgegriff der Eisenbahnen gegründet wurde. Lange Jahre sorgten jedoch korrupte Senatoren und Kongreßabgeordnete dafür, daß die ICC ein Papiertiger blieb. Eine Abnahme der himmelschreienden Verstöße brachte eigentlich erst die Fusion, Rationalisierung und Konsolidierung des großen Bankhauses J.P. Morgan mit dem Unternehmen Kuhn, Loeb & Co. von Jacob Schiff; dadurch kam Ordnung in einen ausgesprochen chaotischen Industriezweig. J.P. Morgan spielte auf dem Gebiet der Eisenbahnen in etwa die gleiche Rolle, die er im Stahlbereich gespielt hatte, aber seine potentiell gefährliche Macht wurde durch die Erfindung des Automobils beschnitten. Bald verkehrten Lastwagen auf Straßen. Diese neuen Transportmittel entthronten schließlich die Eisenbahnkönige und lockerten den Würgegriff, in dem sie lange Zeit jede wirtschaftliche Aktivität gehalten hatten.

Der Besitz einer Eisenbahn, die den Transport von Lebensmitteln, Öl, Erz oder Fertigprodukten von der Quelle zum Verbraucher monopolisierte, erwies sich als eine der sublimsten Formen gesellschaftlich erlaubter Übervorteilung, die je erdacht wurde; das Ringen um eine konzertierte Kontrolle des Transports in bestimmten Bereichen nimmt in der Geschichte der Goldenen Gründerzeit großen Raum ein. Um die Jahrhundertwende bestanden 85 Prozent aller in den USA gehandelten Aktien und Obligationen aus Anteilen an Eisenbahnen; als die Sowjetregierung nach der Oktoberrevolution den Verbindlichkeiten des zusammengebrochenen Zarenreichs nicht nachkam, hatten Banken und private Investoren in Europa und Amerika genügend wertlose Papiere, um sich die Wände mit Porträts von Nikolaus II., hübschen Eisenbahnwaggons und adrett gestochenen Ansichten sibirischer Berge und Seen tapezieren zu können. Für viele ruchlose Finanziers war der Besitz oder die Kontrolle einer Eisenbahn nur ein Ansporn, die Finanzmärkte zu erschüttern und ein Auf und Ab zu verursachen, bei dem sie Profit aus der Einfalt und Leichtgläubigkeit branchenfremder Investoren schlagen konnten. So verloren beispielsweise Europäer über 600 Millionen Dollar durch Beteiligungen an amerikanischen Eisenbahnen.

LANDERWERB FÜR DEN EISENBAHNBAU

In der Alten Welt entwickelte sich der moderne Verkehr auf gänzlich andere Weise als in der Neuen Welt, wenngleich dieser neue Industriezweig auf beiden Seiten des Atlantik tonnenweise neues Kapital schuf. Im größten Teil Europas

und in Rußland gehörten Grund und Boden selbstverständlich herrschenden Familien, deren Adel und – in wenigen Fällen – kleinen Bauern; dagegen nahm in Amerika die neue republikanische Regierung die große Landmasse ihren ursprünglichen eingeborenen Besitzern zwangsweise ab. Das Land wurde von Legislatoren in Washington an Eisenbahnunternehmer in der Hoffnung verteilt, daß sie als Gegenleistung ein leistungsfähiges Transportsystem auf die Gleise brachten. Doch wenn große finanzielle Entscheidungen von Bürokraten mit kleinen Gehältern getroffen werden, macht sie das oft anfällig für Korruption. Infolgedessen bezogen Firmengründer Gelder für Eisenbahnen, die nie gebaut wurden; Gleise wurden parallel zu bereits bestehenden verlegt; fiskalisch ungesicherte neue Bahnlinien brachen bald zusammen, ruinierten vorhandene Preisstrukturen und bewirkten ein absolutes Chaos sowohl im Eisenbahnbereich als auch auf den Finanzmärkten. Cornelius Vanderbilt traf genau ins Schwarze, als er einmal anläßlich einer der vielen Börsenpaniken, die als Folge wilder Spekulationen mit Eisenbahnpapieren auftraten, erklärte, daß der Bau neuer Strecken, die vom Nichts ins Nichts führen, keine vernünftige Geschäftspraxis sei.

Commodore Vanderbilt

Cornelius Vanderbilt (1794–1877) war weder der erste noch der letzte Eisenbahnmagnat, aber sobald er – erst relativ spät im Leben – erkannt hatte, daß er die einzigartige Fähigkeit besaß, auf geradezu magische Weise Eisenbahnanteile in eine unvergleichliche Geldproduktionsmaschine zu verwandeln, vergeudete er keine Zeit. In der erstaunlichen Karriere Vanderbilts spielten auch einige der zweifelhaftesten Gestalten eine Rolle, die je auf der Finanzbühne agierten; der letztliche Triumph des Commodore als einer der reichsten Männer der Welt stellt nicht nur ein Denkmal für physischen Mut, brillanten Intellekt und ein eher bescheidenes Ethos nach Räuberart dar, sondern auch eines für die unbeirrbare Entschlossenheit, zu sagenhaftem Reichtum zu kommen. Wenn John Jacob Astor der König der Grundbesitzer war, dann wurde Commodore Vanderbilt der Titan des modernen Transportwesens.

Cornelius van Derbilt, wie er seinen Namen in jungen Jahren buchstabierte, wurde am 27. Mai 1794 auf Staten Island im Staat New York geboren, wo er ohne große Schulbildung aufwuchs. Auf dem Höhepunkt seiner Karriere schrieb der Reichste aller Reichen Englisch noch immer auf phonetische Weise. Er verfügte jedoch über ein so ausgezeichnetes fotografisches Gedächtnis, daß sich auf der glänzenden Platte oder in der kleinen Schublade seines Schreibtischs nie irgendwelche Papiere befanden. Er schloß nämlich die meisten Geschäfte mündlich ab und schien sich an die abwegigsten und kompliziertesten finanziellen Informationen haargenau erinnern zu können. Von allen amerikanischen Wirtschaftskapitänen war der Commodore im Hinblick auf physische Stärke, Mut zur Auseinandersetzung, absolute Hingabe an den Erwerb von Reichtum, furchtlose Risikobereitschaft und unverblümte Killerinstinkte vermutlich die heroischste Gestalt.

Der junge Cornelius, der seine Freunde in sportlichen Kampfspielen mit Leichtigkeit besiegen konnte, entwickelte eine Liebe zum Meer. Sicher trug dazu bei, daß sein Vater, der auch Cornelius hieß, ein kleines Segelboot besaß, mit dem er die Erzeugnisse seiner Farm von Staten Island nach Manhattan hinüberbrachte. Im Alter von 16 Jahren stellte Corneel, wie er von seinen Eltern gerufen wurde, fest, daß er mit einer kleinen, zum Verkauf stehenden, zweimastigen Piragua Passagiere von Staten Island nach Manhattan und zurück transportieren konnte – und das mit Gewinn. Sein Vater war bereit, ihm 100 Dollar unter der Voraussetzung zu leihen, daß er vor seinem Geburtstag ein kleines, steinübersätes Stück Land mit Mais bestellte. Corneel trommelte seine Freunde zusammen und versprach ihnen Freifahrten und vielleicht auch Beteiligung an seinem Profit, wenn sie ihm halfen, die Steine zu entfernen und den Mais zu säen. Im Handumdrehen war er wieder bei seinem Vater, forderte das Geld ein und eröffnete schon bald einen kleinen Fährbetrieb, wobei er 18 Cents für die

einfache Tour und einen Vierteldollar für die Hin- und Rückfahrt berechnete. Vanderbilt steuerte sein Boot so sicher und fähig, daß man auf Staten Island die Uhren nach seinem An- und Ablegen vom kleinen Dock stellen konnte. Um durch eine Flautezone zu kommen, stakte er einmal so heftig, daß er sich den Oberkörper bis auf die Rippen aufriß. Nur selten wurde die See zu bewegt für ihn – vorausgesetzt, es gab Passagiere, die bereit waren, das Risiko einzugehen. Nach seiner ersten Saison konnte Corneel nicht nur die 100 Dollar zurückzahlen, sondern auch noch zwei weitere Boote eines Typs zu kaufen, der sich 1812, als die Briten den Hafen von New York blockierten, beim Navigieren in Küstennähe überaus bewährte.

Unterdessen war das Zeitalter der Dampfschiffahrt angebrochen – dank Robert Fultons historischer Fahrt mit dem Raddampfer *Clermont* im Jahr 1807 auf dem Hudson. Fulton und sein Partner Robert R. Livingston hatten ein Monopol auf die Dampfschiffahrt auf den New Yorker Gewässern erworben, das alle Konkurrenten zwang, ihnen eine Gebühr zu zahlen. Corneel unternahm eine Fahrt auf einer von Fultons Fähre und erkannte auf Anhieb, daß die Ära der Segelschiffe bald zu Ende gehen würde – mit Ausnahme des sportlichen Bereichs. Etliche Unternehmer versuchten das Monopol zu brechen, vor allem Thomas Gib-

Links: Das bescheidene Haus, in dem Commodore Vanderbilt 1794 geboren wurde. Dem Begründer des Vanderbilt-vermögens, das ihn zu einem der reichsten Männer seiner Zeit machte, konnte kaum nachgesagt werden, er sei schon mit einem silbernen Löffel im Mund zur Welt gekommen. Der auf Staten Island aufgewachsene Cornelius Vanderbilt hegte bereits in jungen Jahren eine große Liebe zur See.
Unten: Rauhbeinig, zäh und beherzt, wie der junge Cornelius Vanderbilt war, bezwang er die stürmische See in einem Ruderboot, um während der britischen Blockade des Hafens von New York im Krieg von 1812 Lebensmittel zu transportieren.

bons ein Rechtsanwalt, der später Gouverneur von New Jersey werden sollte. Gibbons suchte einen zähen und geschickten Kapitän für seinen kleinen Raddampfer *Stoudingen*, der scherzhaft »Bergmaus« genannt wurde. 1818 heuerte er Corneel an, der damals ein junger Idealist war und jedes Monopol prinzipiell ablehnte; er war der Ansicht, daß »kein Mensch je mehr als zwanzigtausend Dollar sein eigen nennen sollte«. Er sollte seine Ansichten bald radikal ändern. 1824 erklärte der Oberste Richter John Marshall das Monopol für illegal und übertrug dem Kongreß die Verantwortung für die Regelung des zwischenstaatlichen Wirtschaftsverkehrs. Als Konsequenz dieses historischen Richterspruchs wurde New York ein Freihafen; die amerikanische Seefahrt trat in eine Phase gewaltiger Expansion ein – eine Entwicklung, an deren Spitze schon bald Vanderbilt zu finden sein sollte.

Vier Jahre später eröffnete der 35jährige Vanderbilt eigene Dampfschiffahrtsrouten nördlich und südlich von New York. Daraus wurde ein stetig größer werdendes Unternehmen. Sobald eine Konkurrenz auftauchte, senkte er seine Preise und zwang seine Herausforderer so zur Fusion oder zum Konkurs. Auf der Route zwischen den Counties Westchester und Putnam im Staat New York lernte Vanderbilt dann den nur wenig jüngeren Daniel Drew (1797–1879) kennen, einen Viehdieb und Pferdehändler, der für mehr als vier Jahrzehnte sein Partner, Rivale und Gegner in einer der eigenartigsten Geschäftsbeziehungen wurde, die es je gegeben hat. Drew, der auf dem Höhepunkt seiner Karriere angeblich mehr Bargeld für Spekulationen flüssig hatte als jeder sonst in den USA, und Vanderbilt, der in seinen Eisenbahntagen vor allem ein genialer Aktienspekulant war, standen sich an Schläue in nichts nach und versuchten mehrfach, einander zu ruinieren – offenbar nur so zum Spaß. Ganz nebenbei vernichteten sie dabei die Vermögen von kleinen und großen Anlegern.

Neben anderen bemerkenswerten Beiträgen zum Wirtschaftsleben beherrschte Drew auch den Trick, sein Vieh so lange vom Wasser fernzuhalten, bis es in der Nähe der

Die Clermont **(New York Historical Society) von Henry A. Ogden. Robert Fulton (1765–1815) war Büchsenmacher, Maler, Ingenieur, Erfinder und eine der schillerndsten Gestalten im Amerika seiner Zeit. Die Volksmeinung verband ihn vor allem mit der Entwicklung des Dampfschiffs, die er zusammen mit Robert L. Livingston, einem reichen und angesehenen Grundbesitzer, auf dem Hudson vorantrieb. Auf einem zeitgenössischen Stich wird aus der »Narrheit Fultons« der »Triumph Fultons«, als der Dampfer *Clermont* seine Jungfernfahrt auf dem Hudson von New York nach Albany zurücklegt. Das Fahrzeug wurde beschrieben als »ein seltsam aussehendes Ding, das sich kraft seiner zwei großen Arme, die an die Räder einer Getreidemühle erinnerten, durch das Wasser wälzte«. Trotz dieser Skepsis verschaffte die erfolgreiche Fahrt dem Erfinder und Livingston ein Monopol auf den Verkehr auf dem Hudson, das erst der spätere Commodore Vanderbilt brechen sollte.**

Schlachthäuser war. Dort ließ er die Tiere zuerst reichlich Salz schlecken und dann aufgrund ihres fürchterlichen Dursts riesige Mengen Wasser trinken. Danach wurden sie auf die Waage getrieben. Dieses »Verwässern« von Vieh war eine frühe Variante des Verwässerns von Aktienkapital, einer beliebten Methode, mit deren Hilfe Unternehmer und ihre Banken den Preis der Anteile, die sie auf dem Markt anboten, unmäßig in die Höhe trieben. Damit erhöhten sie die eigenen Finanzreserven und behielten auf Kosten des Publikums doch die Kontrolle über das Aktienkapital. Auf dem Hudson machte Drew Vanderbilt zunächst Konkurrenz, doch bald schlossen sich beide zusammen. Daraufhin kassierten beide enorme Bestechungsgelder dafür, daß sie ihre Schiffe von bestimmten Routen fernhielten. Schon bald beherrschte Vanderbilt den Flußverkehr Hudsonaufwärts, hinunter bis Philadelphia und über den Long Island Sound, und zwischen seinem Geburtsort und Manhattan verkehrte nun die von ihm betriebene Long Island Ferry – Zeit für den Captain, der im Beförderungswesen inzwischen als »The Commodore« bekannt war, sich weiter auf See hinauszuwagen.

Der Goldrausch

Der Commodore richtete seinen Blick zunächst nach Westen, wo der Goldrausch 1849 ausgebrochen war, der unzählige Glücksritter aus Europa und von der Ostküste anzog. Wer schneller nach Kalifornien kam, hatte eine größere Chance, einen guten Claim abzustecken. Doch die Segelroute um Kap Horn war ein riskantes Unterfangen und nahm einige Monate in Anspruch. Eine Abkürzung über Nicaragua oder Panama konnte die Reisezeit auf weniger als einen Monat verkürzen. Infolgedessen zog es George Law, einen der fähigsten Konkurrenten Vanderbilts in der Flußschiffahrt, nach Panama, während sich der Commodore auf Nicaragua fixierte. Dort entstand vor seinem geistigen Auge ein kleiner Kanal, über den Schiffe aus der Karibik in den San Juan River und den Lake Nicaragua gelangen konnten, sowie ein weiterer Kanal, der den See mit dem nicht weit entfernten Pazifischen Ozean verbinden sollte.

Vanderbilt rief die »Accessory Transport Company« ins Leben. Sie setzte zu beiden Seiten der Landenge außerordentlich schnelle Dampfschiffe ein und sorgte für den Transport der Passagiere über Land und per Fähre über den Lake Nicaragua. Diese Route war 600 Kilometer und einige Tage

Oben: **Nachdem er Fultons Schiffahrtsmonopol auf dem Hudson gebrochen hatte, wurde Vanderbilt zum König des Flußverkehrs im Norden, was Erfolg und Reichtum bedeutete. Er blieb jedoch nicht ohne Konkurrenz, vor allem von seiten Daniel Drews (**links**); zu beiderseitigem Nutzen teilte sich der mächtige Vanderbilt die Verkehrswege mit ihm auf.**
unten **und** umseitig: **Größe und Bequemlichkeit der Raddampfer, die von Vanderbilt und Drew betrieben wurden, ließen eine Fahrt auf dem schönen Hudson zwischen dem rasch anwachsenden Hafen von New York und der Staatshauptstadt Albany zu einer reinen Vergnügungsreise werden.**

RECHTS: Die *C. Vanderbilt* wog über 1000 Tonnen, erreichte eine Höchstgeschwindigkeit von 25 Meilen und prunkte mit elegant gearbeiteten Rosenholzmöbeln.

UNTEN: Commodore Vanderbilts Privatjacht, die *North Star*, war ebenso lang wie die *Victoria and Albert*, die königliche Jacht Großbritanniens; sie beeindruckte die Europäer so, daß ein britischer Journalist meinte, es sei höchste Zeit, den Ausdruck »Parvenü« eher als Lob denn als Geringschätzung zu werten. Da Vanderbilt keine Aktiva ungenützt liegen ließ, wandelte er seine Jacht in das Flaggschiff einer relativ kurzlebigen, erfolglosen Transatlantikflotte um, die es mit so erfahrenen Reedern wie dem Kanadier Samuel Cunard und George K. Collins aufnehmen sollte. Nachdem er 1864 seine »Atlantic and Pacific Steamship Company« verkauft hatte, nutzte Vanderbilt seinen Gewinn von 20 Millionen Dollar, um bei der Eisenbahn einzusteigen.

UNTEN: *Ruiniert: Der Kurssturz von 1869.* Schon der Titel dieses Stichs (nach einer Zeichnung von G. C. Bush) bringt zum Ausdruck, was für Folgen die von den »Raubrittern« der Goldenen Gründerzeit zum Zweck der eigenen Bereicherung praktizierten Manipulationen auf die kleinen Geldanleger hatten.

kürzer als der kompliziertere Weg durch Panama. Jeder Tag konnte schließlich eine Goldmine bedeuten. Schon bald brachte die Nicaragua-Route enorme Geldsummen ein, und das trotz einer Senkung der Passagepreise auf die Hälfte ihrer ursprünglichen Höhe. Die Briten lehnten eine Finanzierung des Kanals ab, und Vanderbilt verlor das Interesse an Nicaragua; seine Dampfschiffe verkaufte er 1852 mit gutem Gewinn. Er blieb Direktor der Gesellschaft und ihr New Yorker Vertreter. Nun rangierte er auf der Vermögensskala bei 11 Millionen Dollar und konnte es sich leisten, eine Urlaubsfahrt auf seiner *North Star*, der größten Privatjacht, die es gab, zu unternehmen.

DER GROSSE EISENBAHNUNTERNEHMER

Wie John Jacob Astor, der sich neben seinem Pelzhandel bereits mit Grundstücken beschäftigt hatte, befaßte sich auch Cornelius Vanderbilt bei seinen maritimen Unternehmungen schon ein wenig mit Eisenbahnen. Und gleichfalls wie Astor sollte der Commodore sein bereits angesammeltes Vermögen als Sprungbrett zu weit größerem Reichtum nutzen. Schließlich begannen beide Wirtschaftsmagnaten ihre eigentliche Karriere erst im Alter von über 70 Jahren. Im Fall Vanderbilt wurde das sechsteilige Rezept fürs Reichwerden im zweiten Ansatz – hier auf Gleisen – von einem zeitgenössischen Bewunderer so zusammengefaßt: Kauf dir eine Bahn; unterbinde die Diebstähle, die unter der bisherigen Leitung vorgekommen sind; baue sie unter vernünftigem Kostenaufwand so gut wie möglich aus; fusioniere mit anderen Bahnen aus Gründen der Wirtschaftlichkeit; verwässere das Aktienkapital; sorge für eine große Gewinnausschüttung.

Der erste neue Spekulationsgewinn, den Vanderbilt erzielte, betraf die Harlem Railroad. Nachdem er zusammen mit seinem alten Freund Daniel Drew Direktorenposten bei dieser Bahnlinie übernommen hatte, begann er 1857 deren Aktien zum Preis von je zehn Dollar aufzukaufen. Während der Börsenpanik im selben Jahr übernahm Vanderbilt eine große Position Obligationen der Harlem Railroad, was nicht allzu aufregend war, da die Bahn regelmäßig 13 Prozent Dividende an ihre Aktionäre ausgezahlt hatte. Aber die Harlem Railroad besaß auch die Verkehrsgenehmigung für New York City sowie das Privileg der Zufahrt aus dem Norden und dem Osten; das räumte ihr theoretisch die Möglichkeit ein, eine Straßenbahnlinie durch ganz Manhattan einzurichten. Die beiden Direktoren beredeten und bestachen die Vertreter der Stadt – besonders den berüchtigten Politiker »Boss« Tweed –, worauf in den Jahren 1862/63 die Aktien einen geradezu sensationellen Wertzuwachs erlebten. Insider kauften wie im Rausch, und als die Stadtverwaltung sich schließlich gegen die Pläne der Harlem Railroad aussprach, war der Preis einer Aktie auf 50 Dollar gestiegen. Am folgenden Tag schoß er auf 70 Dollar. Unterdessen betätigte sich George Law, der Vanderbilts Rivale um die schnellste Route nach Kalifornien gewesen war, als Lobbyist in Albany, der Hauptstadt des Staates New York, um die Genehmigung aufheben zu lassen. Als er damit scheiterte, stiegen die Aktien auf 100 Dollar. Vanderbilt ließ sich zum Vorstandsvorsitzenden wählen, und der Preis kletterte auf 116 Dollar. Drew, der seine Posten im

Geschäftsführungs- und Finanzausschuß aufgegeben hatte, verkaufte seine Aktien mit immensem Profit. Fast unmittelbar danach beging er einen krassen Treubruch; er versuchte nämlich Tweed, der damals für den Straßenverkehr in New York zuständig war, zu einer Rücknahme der Genehmigung zu bewegen, um zusammen mit ihm einen Spekulationsgewinn zu erzielen, indem sie das Aktienkapital der Harlem Railroad fixten*. Als sich das im Juni herumsprach, begannen die Anteile auf 73 Dollar zu sinken, aber so leicht gab der gerissene Vanderbilt nicht auf. Er und seine Direktoren hatten die Mittel, alle jene Aktien aufzukaufen, die von beunruhigten Anlegern veräußert worden waren. Sie erwarben sogar alle verfügbaren Aktien ebenso wie die ohne Deckung verkauften Anteile. So erzwangen sie eine Wertsteigerung, da nun für Drew und dessen Geschäftsfreunde keine Anteile mehr verfügbar waren, um ihr Manko auszugleichen. Im August stand die Aktie bei 179 Dollar.

Drew verlor seine Position bei der Harlem Railroad, und William Henry Vanderbilt (1821–1885), der Sohn und Erbe des Commodore, übernahm die Leitung der Eisenbahn, während sich sein nimmermüder Vater der Hudson River Railroad zuwandte. Diese Bahnlinie verlief parallel zur Harlem Railroad am anderen Ufer des Flusses, und das machte sie zum Hauptkonkurrenten um Fracht und Fahrgäste. Wenn es der Vanderbilt-Gruppe gelang, beide Linien zu kontrollieren, würde ihnen das einen nahezu monopolistischen Zugriff auf den Verkehr nach New York City erlauben. 1863 begann der Commodore mit dem Ankauf von Hudson-Aktien. Aufgrund von Gerüchten über Absichten der Stadt, die geplante Übernahme zu verhindern, fingen Anleger an, das Aktienkapital zu fixen*, wie es schon bei der Harlem Railroad geschehen war. Auch diesmal stellte der Commodore eine Falle und heimste den großen Gewinn ein. Selbstverständlich brachte er die Hudson River Railroad unter seine Kontrolle, feuerte deren Direktoren und ersetzte sie durch William, um sich nun der reichsten Beute von allen zuzuwenden: der New York Central Railroad, deren größte Anteilseigner der Schiffsmagnat Edward Cunard und kein anderer als John Jacob Astor jun. waren.

Zur Central gehörten unter anderem auch neun kleine Bahnlinien zwischen Albany und Buffalo, die dem Commodore schon längst ein Dorn im Auge waren, da sie seinem Ziel eines vollständigen Monopols im Wege standen. Ihr Kapital betrug insgesamt 25 Millionen Dollar – ein selbst für die Vanderbilt-Gruppe zu großer Happen. Doch wenn es ihnen gelang, einen Fuß in die Tür zu bekommen, gab ihnen das vielleicht die Möglichkeit, das Management unter Druck zu setzen, um letztendlich Hudson, Harlem und Central zu einem der mächtigsten Eisenbahnunternehmen des Landes verschmelzen zu können. Vanderbilt gehörte eine Brücke über den Hudson, die von der Central gegen Zahlung einer Gebühr genutzt wurde. Als seine anvisierten Rivalen nun klarstellten, daß jeder Versuch einer Übernahme auf ihren entschlossenen Widerstand stoßen würde, zwang Vanderbilt die Fahrgäste der Central, mit ihrem gesamten Gepäck den gefrorenen Fluß zu überqueren, um zu einem Zug zu gelangen, der am anderen Ufer auf sie wartete. Dies nötigte, zusammen mit Aktienaufkäufen, Erpressung, Einflußnahme auf die Behörden und der Weigerung, die Central bestimmte Strecken der Hudson River Railroad benutzen zu lassen, die Leitung der New York Central Railroad schließlich dazu, Vorstandswahlen auszurufen. Dabei errang die Vanderbilt-Gruppe eine Mehrheit im Vorstand – mit dem Commodore als Vorsitzendem. Unter der neuen Leitung prosperierten die Eisenbahnlinien und wurden schließlich fusioniert. Daraufhin stieß Vanderbilt mit finanziellen Taschenspielertricks Aktien in Höhe von 90 Millionen Dollar und verwässerte mit fast 50 Millionen Dollar ab – also mehr als 50 000 Dollar für jede Gleismeile zwischen New York und Buffalo. Selbst den abgebrühtesten und raffiniertesten Finanziers verschlug dieser Coup den Atem; er führte zu noch größeren Spekulationen mit Eisenbahnanteilen und ruinösen Übernahmen.

OBEN: **Daniel Drew. Nach seiner Trennung vom Commodore wurde aus dem ehemaligen Partner ein unversöhnlicher Rivale.**

Das üble Trio

Doch ein Wirtschaftsmagnat kommt nie zur Ruhe. Nun dachte Vanderbilt an eine Expansion nach Westen in Richtung Chicago; er wußte, daß die Erie Railroad auf die gleiche Idee

* fixen (Kaufmannsspr.): auf Zeit verkaufen, auf Baisse spekulieren; auch: ohne Deckung verkaufen (A. d. Ü.)

OBEN: Commodore Vanderbilt, nunmehr einer der Granden von New York, auf der Kreuzung der New York Central und Hudson River Railroads, die beide unter seiner Kontrolle waren. Auf dieser Karikatur »wässert« er mit Eifer seine Gleise – eine Anspielung auf die gewaltigen Summen, die er auf Kosten der Anteilseigner entnahm, als die Eisenbahn eine Aktiengesellschaft wurde. Ein Vanderbilt-Dampfer gleitet im Hintergrund fort, und ein Vanderbilt-Zug rollt auf den Schienen. Auch John Fisk, einer von Vanderbilts weniger bedeutenden Konkurrenten, »wässert« emsig die Erie Railroad, während er verärgert auf den hochmütigen König der Schienen blickt.
RECHTS: Die erste Grand Central Station in New Yorks 42nd Street East wurde 1869 von Vanderbilt in Auftrag gegeben und von Isaac C. Buckhout entworfen. Die neubarocke, mit Mansarden versehene Fassade verdeckt eine extrem moderne Zughalle (siehe gegenüber).
UNTEN: Auf dieser Karikatur verbleut Jay Gould Daniel Drew in der Wall Street; im Hintergrund lauert ein Polizist darauf, ihn zu festzunehmen.

gekommen war. Die Erie, bekannt als »Hure der Wall Street«, hatte keinen anderen als Daniel Drew zum Schatzmeister, der den größten Teil seiner Zeit damit verbrachte, das Aktienkapital zu manipulieren. Seine Aktivitäten inspirierten seine Bankiers zum Absingen des folgenden Liedchens:

Daniel says up – Erie goes up
Daniel says down – Erie goes down
Daniel says wiggle-waggle – it goes both ways.

(Daniel sagt: Rauf – Erie steigt. Daniel sagt: Runter – Erie sinkt. Daniel sagt: Schwanken – Erie geht rauf und runter.)

Drews Spießgesellen bei dem Erie-Abenteuer waren Jay Gould (1836–1892), der »Mephisto der Wall Street«, und James Fisk, der seine Laufbahn mit dem Schmuggel von Baumwolle während des Bürgerkriegs begonnen hatte. Eine der »Heldentaten« dieser trickreichen Geschäftsleute bestand in dem Versuch, die gesamten Goldreserven der USA aufzuschwänzen* und damit die Währung, die diese stützten. Mit von der Partie war dabei der Lobbyist A. R. Corbin, der Schwager von US-Präsident Ulysses S. Grant. Der Versuch bescherte der Wall Street am 24. September 1869 einen der schwärzesten aller Schwarzen Freitage. Der Tumult, den »Jubilee Jim« Fisk und Gould damit auf den Finanz- und Warenmärkten verursachten, führten dazu, daß sich danach keiner der bei-

* Aufkauf zwecks Monopolbildung (A. d. Ü.)

A "NORTHWESTERN" BLOW.
"When Rogues fall out, will Honest Men have their dues?"

den mehr ohne Leibwächter in der Öffentlichkeit sehen lassen konnte. 1872 wurde Fisk auf der Treppe des protzigen Opernhauses, das ihm als Kommandozentrale diente, von einem Rivalen um die Gunst seiner Geliebten erschossen. Vanderbilts Übernahmebemühungen zogen sich über einige Jahre hin und erlangten eine gewisse Berühmtheit, weil es die einzige Niederlage war, die der Commodore je einstecken mußte. Das Gaunertrio fixte das Aktienkapital der Erie die ganze Zeit hindurch, während Vanderbilt bemüht war, es unter seine Kontrolle zu bekommen. Trotz seiner massiven Aufkäufe fiel der Wert ständig, weil Drew & Co. illegal Wertpapiere druckten. Je mehr Anteile der Commodore kaufte, desto mehr druckten sie nach. Jim Fisk verkündete den Zeitungen stolz: »Wenn diese Druckpresse nicht den Geist aufgibt, will ich verdammt sein, wenn ich dem alten Ganoven nicht alles von Erie gebe, was er haben will.« Vanderbilt erwirkte eine Einstweilige Verfügung, und als die Polizei einschritt, wich das Trio nach New Jersey aus – mit Koffern voller Bargeld und dem Aktienbuch. Die drei verschanzten sich mit einer Armee von Leibwächtern in einem Hotel, woraufhin Vanderbilt seine Männer dorthin in Marsch setzte, um die Angelegenheit auszuschießen. Schließlich verlor der Commodore die Lust daran, es Fisk und Gould heimzuzahlen. Er hatte den Kampf um die Erie Railroad verloren und wollte die Zeche zahlen. Er lud seine alte Nemesis Drew zu sich ein, um sich mit ihm zu vergleichen. Nachdem die Sache bereinigt war und er sogar einige seiner Verluste wieder wettgemacht hatte, stellte er mit philosophischer Gelassenheit fest, daß es sich nicht bezahlt mache, einem Stinktier einen Tritt zu verpassen.

Obwohl er sich seinem 80. Lebensjahr näherte, kaufte Vanderbilt auch weiterhin kleinere Eisenbahnunternehmungen auf. 1869 ließ er für die Harlem Railroad den größten Bahnhof der Welt errichten: das *Grand Central Terminal* an der 42th Street östlich der Fifth Avenue. (Dieses prachtvolle Gebäude wurde abgerissen, um Platz für den jetzigen, fast noch großartigeren Bahnhof zu schaffen, der 1913 eröffnet wurde.) Der New York Central Railroad gehörten auch die meisten Grundstücke der Umgebung, und als deren Wert stieg, wurde Vanderbilt zu einem der bedeutendsten Immobilienmagnaten in der rapide wachsenden Stadt. In seiner kargen Freizeit frönte der Commodore seiner Leidenschaft für Trabrennen, die ihn praktisch bis zuletzt – mit der Reitgerte in der Hand – in der Nähe seiner Pferde hielt. 1869 starb seine Frau Sophia Johnson Vanderbilt, die er noch auf Staten Island kennengelernt hatte, und ein Jahr später heiratete er noch einmal, diesmal eine Frau, die fünf Jahrzehnte jünger war als er selbst. Vanderbilt nahm gern an spiritistischen Sitzungen teil und machte dabei die Bekanntschaft von zwei altjüngferlichen Medien – Victoria und Tennie Williams –, denen er 7500 Dollar schenkte, damit sie sich selbständig machen konnten. Ansonsten lehnte er jede Bitte um finanzielle Unterstützung rigoros mit dem Hinweis ab: »Es tut mir leid um die Leute, aber wenn ich so etwas anfange, würde sich vor meiner Tür eine Schlange bis zum Broadway bilden, und ich müßte die Polizei zu Hilfe rufen, damit ich überhaupt in mein Büro

LINKS: **Die radikal moderne Zughalle aus Glas und Eisen hinter der verzierten Fassade der ersten Grand Central Station in New York. Das hohe Tonnengewölbe überspannte den größten umbauten Raum jener Zeit in den USA.**

UNTEN: **James Fisk, der mit Jay Gould und A. R. Corbin, dem Schwager Präsident Grants, die Absprache traf, den Goldmarkt der USA aufzukaufen; dadurch wurde der schlimmste Börsenkrach des 19. Jahrhunderts ausgelöst. Indem sie immer mehr Aktien der Erie Railroad ausgaben, besiegten die *Robber Barons* Commodore Vanderbilt bei seinem Versuch, die Eisenbahngesellschaft zu übernehmen.**

WEITER LINKS: **Obwohl Jim Fisk sich mit Leibwächtern umgab, was er wegen seiner gefährlichen Manöver auf den Finanzmärkten zu tun gezwungen war, ereilte ihn sein Schicksal, als er auf den Stufen zum Grand Central Hotel von einem eifersüchtigen Nebenbuhler um seine Geliebte erschossen wurde.**

RECHTS: **Ein Werbeplakat des 19. Jahrhunderts, das die Erie Railroad anpreist, die von drei der schlimmsten Spekulanten in der amerikanischen Finanzgeschichte geleitet wurde: Daniel Drew, Jay Gould und James Fisk.**
UNTEN: **Eine Karikatur, die sich über die Bestrebungen mokiert, die Commodore Vanderbilt, der Hauptanteilseigner von Hudson River und New York Central Railroad, unternahm, um die Kontrolle über James Fisks Erie Railroad und damit den Zugang zu Chicago zu erlangen. Wie man hier sieht, vermehrten beide Wirtschaftsbosse ihre Macht und ihren Reichtum, indem sie das Aktienkapital »wässerten«.**
UNTEN RECHTS: **Die Karikatur stellt den alten Commodore Vanderbilt dar, wie er verkündet, sich aus seinen Spekulationsgeschäften zurückgezogen zu haben, obwohl er ihnen fast bis zum Lebensende – er starb mit 83 – huldigte.**

komme.« Unter dem Einfluß der neuen Mrs. Vanderbilt spendete der Commodore ihrem Pfarrer jedoch 50000 Dollar für den Bau einer neuen Kirche und trennte sich sogar von einer halben Million Dollar für die Errichtung der Central University in Nashville, Tennessee, die später den Namen *Vanderbilt University* erhalten sollte.

Am 4. Januar 1877 starb der Commodore im Alter von 83 Jahren. Er hinterließ ein Vermögen in Höhe von 100 Millionen Dollar, wovon 60 Prozent in Anteilen an den beiden Eisenbahnen New York Central und Hudson River bestanden. Seine Nachkommen wußten, wie man das Geld ausgeben konnte, aber das Erstgeburtsrecht hielt den Reichtum zusammen.

Das kalifornische Quartett

Daß der Eisenbahnbau eine Einladung zur persönlichen Bereicherung war, fand nirgends eine bessere Bestätigung als in den Karrieren der berühmt-berüchtigten kalifornischen »Big Four«: Charles Crocker, Mark Hopkins, Collis P. Huntington und Leland Stanford. Crocker setzte sich mit seiner Bank ein dauerhaftes Denkmal, Hopkins mit einem der prächtigsten Hotels in San Francisco, Stanford durch seine Universität und Huntington – wenn auch indirekt – durch die *Henry E. Huntington Library*, die den Namen seines Neffen, Teilhabers und Haupterben erhielt. Huntington war zusammen mit seinem im Osten geborenen Partner Hopkins mit einem Eisenwarenladen zu Geld gekommen, Stanford war Anwalt gewesen sowie von 1861–1863 Gouverneur von Kalifornien (eine nützliche Position zur Ausbeutung seiner Wählerschaft), und Crocker hatte als Eisenwarenhändler und Goldschürfer begonnen. Um in Vorhaben zum gemeinsamen Nutzen investieren zu können, gründeten die vier erfolgreichen Freunde die »Pacific Associates«. Theodor Dehone Judah, ein einheimischer Ingenieur, beflügelte ihre Phantasie mit seiner Schilderung einer transkontinentalen Eisenbahnlinie, die es ermöglichen konnte, die Rocky Mountains und die Sierra Nevada zu durchqueren. Sie begaben sich zu Pferde in die Wildnis und machten sich schnell klar, welches Vermögen für sie in greifbarer Nähe lag, wenn sie die Reichtümer der Goldschürfer beförderten.

Die »Pacific Associates« verfügten insgesamt über 200000 Dollar; Huntington packte sie 1861 zusammen mit einer Reihe von Plänen in seinen Koffer und begab sich nach Washington. Dort behauptete er, der Geschäftsführer der Central Pacific Railroad zu sein, die über ein Kapital von 8,5 Millionen Dollar verfüge – von denen noch kein Cent eingezahlt war. Dank der Überredungskünste Huntingtons und der anderen wurde der *Pacific Railway Act* 1862 verabschiedet. Er gab den »Pacific Associates« die Bundeslizenz zum Bau der Central Pacific Railroad von der Westküste aus in östlicher Richtung. Die Gesetzesvorlage verlangte, daß sich die Gleise der Central Pacific mit denen der ähnlich aufgezogenen Union Pacific Railroad von Thomas Durant und den Brüdern Ames trafen. Letztere Linie sollte vom Missouri aus nach Westen gebaut werden. Die Union Pacific erhielt zwölf Millionen Morgen Land und 27 Millionen Dollar in Obligationen, rückzahlbar innerhalb von 30 Jahren bei einer Verzinsung von sechs Prozent. Die Central Pacific bekam neun Millionen Morgen und 24 Millionen Dollar. Niemand konnte Huntington vorwerfen, die 100000 Dollar seiner Interessengruppe schlecht genutzt zu haben; er kabelte Stanford denn auch frohgemut: »Wir haben den Elefanten (das Wappentier der damals regierenden Republikanischen Partei) am Zügel.« Doch die Genehmigung war an sichtbare Baufortschritte geknüpft, und die Gruppe mußte Geld auftreiben, um anfangen zu können. Nachdem sie bei den konservativen Banken von San Francisco auf taube Ohren gestoßen waren, mußten sie ihre Obligationen verkaufen und erzielten schließlich die Gesamtsumme von 27 Millionen Dollar. Unterdessen begann Gouverneur Stanford damit, den Orten und Städten entlang der geplanten Trasse unter Drohungen Geld abzuschwatzen. Um zum Beispiel zu verhindern, daß die Bahn Los Angeles, damals eine Kleinstadt, links liegen ließ, sahen sich die Bewohner gezwungen, der Eisenbahn die Erlöse aus einer Obligationsanleihe zu übertragen, die fünf Prozent des geschätzten Grundwerts des ganzen County entsprach. William Z. Ripley, eine Kapazität auf diesem Gebiet, schätzte, daß die Regierung 60 Prozent der Kosten des Eisenbahnbaus übernahm und daß große Teile dieser öffentlichen Gelder direkt in die Taschen der Unternehmer flossen. Counties und Städte zahlten zusätzlich, als die Gleise näherrückten, und finanzierten das Unternehmen damit gleichfalls erheblich. Am 8. Januar 1863 begannen die Bauarbeiten. 3000 Iren und 10000 Chinesen gingen ans Werk. Die letzteren waren eigens aus China geholt worden und erhielten einen Dollar pro Tag, während die Iren zwei Dollar bekamen. Die Trasse führte durch das Summit Valley und stieg in der zentralen Sierra auf fast 2200 Meter Höhe, durchquerte die Goldminengegend in der Nähe von Carson City, Nevada, und führte dann nach Salt Lake City, Utah. Berge wurden weggesprengt oder durchtunnelt und Schluchten mit schwankenden Brücken überspannt. Während dieser Wundertaten kamen Gleisarbeiter durch La-

GANZ LINKS: **Das berühmte kalifornische Quartett im Uhrzeigersinn: Mark Hopkins (1802–1887), Leland Stanford (1824–1893), Charles Crocker (1854–1897) und Collis P. Huntington (1821–1900). Ihre Central Pacific Railroad, die mit der Union Pacific (**LINKS**) vereinigt worden war, wurde zu einem der größten Unternehmen der amerikanischen Industriegeschichte.**

Der Eisenbahnbau im Westen stellte eine gewaltige Herausforderung dar.
RECHTS: Ein Bautrupp legt in der Nähe des Green River am Westabhang der Carcade Mountains eine Ruhepause ein, nachdem er eine Strebpfeilerbrücke über eine Schlucht errichtet hat und bevor er den Stampede-Tunnel in Angriff nimmt. Links ein chinesischer Arbeiter.
RECHTS UNTEN: Riesige Räder, wie sie zum Transport von Baumstämmen bei Redding (Kalifornien) nötig waren.
UNTEN: Ein irischer Arbeiter, durchlöchert von Pfeilen; die Indianer, von denen sie stammen, reiten im Hintergrund davon.
GEGENÜBER: Dieses berühmte Foto von William H. Jackson zeigt die Winzigkeit menschlichen Werks angesichts der Natur. Die Durchquerung der Rocky Mountains in Colorado war zweifellos eine Herkulesarbeit.

winen aus Schnee und Geröll um, starben bei Überflutungen und Indianerüberfällen ebenso wie durch Dynamitexplosionen und Krankheiten. Die Kosten schienen kein Thema zu sein. Nach späteren Regierungsberechnungen überstiegen sie die von anderen vergleichbaren Bauvorhaben um 75 Prozent. Das hatte jedoch eine gewisse Logik, die auf einem Trick beruhte, der von der Central Pacific ausgebrütet worden war.

Das kalifornische Quartett hatte eine Baugesellschaft gegründet, die »Credit and Finance Corporation«, die über den Eisenbahnbau einen Vertrag mit der Central Pacific abschloß, einem Unternehmen, das den findigen Vier gleichfalls gehörte. Die Eisenbahn zahlte an die 79 Millionen Dollar an das Bauunternehmen aus den Mitteln, die sie von Aktionären und der Regierung erhalten hatte. Fast die Hälfte dieser Summe scheint spurlos verschwunden zu sein; zumindest konnten keine Nachweise über ihren Verbleib geführt werden. Daher scheinen die fehlenden Finanzen direkt in die Brieftaschen der Anteilseigner geflossen zu sein. Die Wahrheit wurde nie herausgefunden, weil die maßgeblichen Unterlagen durch ein Feuer im Hauptbüro der Eisenbahngesellschaft vernichtet wurden. Im Jahr 1867 erhielt die Baugesellschaft der Union Pacific den beeindruckenden Namen »Crédit Mobilier«, eine Entscheidung, die eindeutig auf den soliden französischen Franc im Zweiten Kaiserreich zielte. Die Rechnung ging auf: Schätzungsweise zehn Millionen Dollar wurden so eingenommen. Zu den Aktionären der »Crédit Mobilier« gehörten Mitglieder der Regierung sowie etliche Kongreßabgeordnete und Senatoren. Skrupellose Spekulationen mit diesen Aktien und Informationen über Bestechung trugen entscheidend zum Börsenkrach von 1873 bei, der für das 19. Jahrhundert ähnlich katastrophal war wie der Schwarze Dienstag anno 1929. Als die Rolle der Regierung bei der Finanzierung des Eisenbahnbaus untersucht wurde, sprach man allgemein von einem Skandal, der negative Auswirkungen auf den Markt für Eisenbahnpapiere hatte. Doch da waren die Unternehmer bereits so reich wie Krösus. Die 20000 Arbeiter der Union Pacific bahnten sich ihren Weg ebenso weiter voran wie die Mannschaft der Central Pacific – ungeachtet aller Beschwerlichkeiten durch die Hitze und ständige Überfälle. Schließlich wurden Truppen zum Schutz der Arbeiter eingesetzt. Die Arbeiter lebten in Elendsquartieren, die sich schnell mit Prostituierten, Glücksrittern und Gaunern füllten. Die beiden Eisenbahnunternehmen trieben einander hektisch zum Endspurt an, da die Höhe der Subventionen von der Länge der Strecke abhing, die die Gleise bedeckten. 1869 traf die Central Pacific in Promontory, Utah, mit der Union Pacific zusammen. Das historische Ereignis wurde mit einer Zeremonie begangen, bei der ein goldener Nagel in die Gleise getrieben wurde.

»DER BANANENGÜRTEL«

Unterdessen wurden auch anderswo dunkle Pläne ausgebrütet. Eine Gruppe von Finanziers aus Pennsylvania, darunter auch der Stahlkönig Andrew Carnegie, erhielten die Baugenehmigung für die Texas & Pacific Railroad, während der Bankier Jay Cooke den Zuschlag für die Northern Pacific zuzüglich 47 Millionen Morgen Land bekam. Geplant war nicht weniger als eine zweite transkontinentale Bahnlinie, die von Duluth in Minnesota zur Mündung des Columbia River führen sollte, um so riesige Landflächen in Dakota, Idaho, Washington und Oregon zu erschließen.

UNTEN: **Henry Villard, ein Veteran des Eisenbahnbaus, legte Wert darauf, Siedler aus Europa herbeizuschaffen, um die Wildnis zu bevölkern, in der er und seine Kompagnons Grund und Boden für das Versprechen erhalten hatten, die USA mit einem Schienennetz zu versorgen. Das Land, das Villard wiederverkaufte oder erschloß, lieferte einen Teil der erforderlichen Mittel für den Eisenbahnbau. Der Rest kam aus Obligationen und von kommunalen Repräsentanten, die Schmiergelder bezahlten, damit ihre Orte bei der Streckenplanung berücksichtigt wurden.**
LINKS: **Voller Hoffnung durchquerten Siedler das Land in Planwagen, da es oft noch keine Zugverbindungen gab.**
GEGENÜBER: ***The Old Stage Coach of the Plains*** **(1901, Amon Carter Museum, Fort Worth) von Frederic Remington.**

Die Regierung der USA hielt ihre Landzuweisung für so großzügig, daß keine zusätzliche finanzielle Unterstützung notwendig war. Die Beamten in Washington rechneten wahrscheinlich damit, daß der Großkaufmann mit einer Anleihe hausieren gehen würde. Genau das tat er auch – in Höhe von 100 Millionen Dollar. Deutsche, britische und niederländische Bankiers wurden in seinen Palast gebeten und in die Wildnis gekarrt, damit sie das reiche Land in Augenschein nehmen konnten, das der Erschließung harrte. Cooke nutzte seinen Einfluß dazu, sein Projekt mit Hilfe aller größeren Zeitungen des Landes publik zu machen, und schreckte dabei auch nicht vor Bestechung der Journalisten zurück. Er engagierte das journalistische Genie Sam Wilkenson, der die Naturwunder entlang der Streckenführung der Northern Pacific in derart glühenden Farben schilderte, daß viele sich das Gebiet als eine Welt ausgedehnter Orangenhaine und Bananenplantagen mit Affen und anderem exotischen Getier vorstellen, obwohl das Land dort für einen großen Teil des Jahres unter Schnee und Eis verschwand. Da die geplante Trassenführung auch noch einer Banane ähnelte, wurde »Jay Cookes Banana Belt« (Jay Cookes Bananengürtel) an der Wall Street bald zu einem geflügelten Wort für Werbemätzchen. Immerhin lockte Jay Cooke damit Tausende von Menschen aus Europa herüber, um sein Land zu besiedeln. Er begann mit dem Eisenbahnbau, bekam aber schnell große Probleme. Die Kosten stiegen ins Unermeßliche, die statischen Berechnungen erwiesen sich als so schlampig, daß ein großer Streckenabschnitt in einem See versank – und zu allem anderen Übel sank als Folge des Skandals um die »Crédit Mobilier« das Interesse an seinen Obligationen auf Null.

Zur gleichen Zeit hatte sich der große Finanzier John Pierpont Morgan mit Anthony Drexel zusammengetan, der Nummer zwei in den Bankkreisen von Philadelphia, um die Drexel, Morgan and Company zu gründen. Jetzt faßten sie den Entschluß, Cooke zu ruinieren, um sich dessen Quasi-Monopol auf Regierungsdarlehen anzueignen. Cooke rechnete mit einem Profit aus 300 Millionen Dollar neufinanzierter Bundesschulden, um die Lücke in seiner Eisenbahnfinanzierung überbrücken zu können. In Kenntnis seiner Nöte lancierten Drexel, Morgan and Company eine Presseveröffentlichung im *Public Ledger* in Philadelphia, in der bewiesen wurde, daß der »Bananengürtel« auf dem besten Weg war, sich als Seifenblase zu entpuppen. Das gab Jay Cooke den Rest. Am 18. September 1873 schloß seine Bank ihre Pforten; um ein Haar wären auch die Türen der gesamten Finanzwelt zugegangen. An diesem Tag brachen 37 Banken und Maklergeschäfte in New York zusammen, die Börse stellte den Betrieb ein, die Kunden stürmten die Banken, und bei der Northern Pacific kamen die Bauarbeiten ebenso wie bei allen anderen Eisenbahnen des Landes zu einem abrupten Abbruch. Die Nation brauchte sieben Jahre, um sich von diesem Schlag zu erholen. Im Jahr 1883 konnte die Northern Pacific schließlich doch fertiggestellt werden – allerdings unter der Leitung von Henry Villard, Cookes altem Angestellten, der einst das North West Territory mit Flüchtlingen besiedelt hatte und das nun erneut tat, diesmal zum Wohl seiner deutschen Obligationseigner. Villard schickte Hunderte von Vertretern nach Europa und konnte wieder zahlreiche Immigranten zur Besiedlung des amerikanischen Westens rekrutieren. Einmal zogen innerhalb weniger Tage 6000 Fuhrwerke mit Siedlern über die Rocky Mountains. Zur Feier der Fertigstellung der Eisenbahn holte Villard in seinem Privatwagen sogar Präsident Ulysses S. Grant und die meisten seiner Kabinettsmitglieder in den Wilden Westen. Sie sahen zu, wie er den letzten Nagel in die Gleise trieb – diesmal einen aus purem Gold. Der Anlaß war wichtig genug, um Sitting Bull aus dem Gefängnis zu entlassen, den Häuptling und Helden der Sioux; eine Reihe von eingeborenen Amerikanern, denen praktisch jedes Recht auf ihr Land genommen worden war, war ebenfalls bei der Zeremonie zugegen. Aber Villard hatte sich finanziell übernommen. Er ging noch im selben Jahr in Konkurs und setzte sich in seinem luxuriösen Herrenhaus in New York City zur Ruhe; heute befindet sich darin das *Helmsley Palace Hotel*.

Der Kampf der Titanen

Ein weiterer großer Eisenbahner war James Jerome Hill (1838-1916), ein Genie, der als »Commodore Vanderbilt des Westens« bekannt wurde. Der einäugige Kanadier hatte

UNTEN: **Jay Cooke, Bankier aus Philadelphia, suchte den Westen, wo er im Eisenbahnbau investiert hatte, mittels dieser exotischen Reklame zu bevölkern; viele Pioniere und Einwanderer stellten sich deshalb eher ein tropisches Paradies vor als die winterliche Wildnis, die sie nach ihrer Ankunft erwartete.**

RECHTS: **James Jerome Hill (fünfter von rechts) zusammen mit anderen Eisenbahnunternehmern vor einer der ersten Lokomotiven der Great Northern Railroad. Hill war für die Entwicklung der Bahn im Westen Kanadas ebenso wichtig wie Commodore Vanderbilt für die an der amerikanischen Ostküste.**

RECHTS UNTEN: **Edward Henry Harriman, der sein Vermögen beim Börsenkrach von 1869 verdiente, zählte zu den größten Eisenbahnunternehmern. Gegen Ende des Jahrhunderts umfaßten die Harriman-Linien u. a. die Central Pacific und die Southern Pacific, die ihrerseits Zusammenschlüsse verschiedener großer Verbindungen waren.**

St. Paul in Minnesota zu seiner Geschäftsbasis gemacht. Von hier aus gründete er mit seinen beiden Landsleuten Lord Strathmore und Lord Mount Stephen die Great Northern Railroad. Mit ihrer Streckenführung von St. Paul zum fernen Puget Sound verlief die Bahnlinie häufig parallel zur Northern Pacific, was deren neue Besitzer zu einem stetigen Preiskrieg veranlaßte. In dem Jahr, in dem Hill mit seiner Bahn den Puget Sound erreichte, gingen sowohl der Union Pacific als auch der Northern Pacific die Luft aus. Mit Unterstützung J.P. Morgans kauften die Kanadier große Mengen Aktien der Northern Pacific in der Absicht, die Bahnlinie in eine Tochter der Great Northern zu verwandeln, die den Zusammenbruch überlebt hatte. Die beiden Bahnlinien sollten als »Hill Lines« bekannt werden. Doch ähnlich, wie der Commodore bei seinem Blick nach Westen mit Daniel Drew zusammenprallte, tat Hill dies bei seinem Blick nach Osten mit Edward Henry Harriman (1848–1909).

In ihm traf Hill auf einen respektablen Gegner, und der sich anschließende »Hill-Harriman-Krieg« wurde die letzte große Eisenbahnschlacht. Harriman hinterließ ein geschätztes Vermögen von 75 bis 100 Millionen Dollar, während Hill es auf rund 55 Millionen gebracht hat. Beide Hinterlassenschaften waren zu groß, als daß sie von ihren Erben in den nächsten Generationen hätten ausgegeben werden können, und den Ambitionen der Erblasser war es zu danken, daß ungeheure Gebiete des Landes erschlossen werden konnten. Mit dem Tod der Eisenbahnpiraten kam die heroische Periode dieses Verkehrsmittels zu einem Abschluß, aber die Hauptdarsteller – Vanderbilt, Drew, Gould, Fisk, Hill, das kalifornische Quartett und Harriman – waren Beispiele für den Wagemut, die Gerissenheit und die Habgier, die auch in der amerikanischen Geschichte von heute noch eine wesentliche Rolle spielen.

Europäische Eisenbahnkönige

In Europa vergaben die Monarchen Eisenbahnkonzessionen; es war unvermeidbar, daß deren Bankiers, die Rothschilds, ein Stück vom Kuchen abbekamen. In London erkannte der sonst so scharfsinnige Nathan Rotschild die Möglichkeiten des neuen Verkehrsmittel nicht, das in Großbritannien seinen Ursprung hatte. Er reihte sich sogar in die verängstigte Mehrheit ein, die fest davon überzeugt war, daß Reisen mit derartigen Geschwindigkeiten der geistigen und körperlichen Gesundheit des Menschen schwer schaden würden. Als Folge davon verpaßte Nathan Rothschild den Absprung – oder besser: den Zug – zu einem der lukrativsten aller neuen Industriebereiche, der rasch von weitsichtigeren Unternehmern beherrscht wurde. So etwas war den anderen Rothschild-Brüdern nicht vorzuwerfen. Sie hatten den Vorteil, das englische Experiment mit der Eisenbahn verfolgen zu können, während das kontinentale Europa noch ziemlich zurückhaltend blieb. Trotz seiner eigenen Ängste ermutigte Nathan die Brüder, und schon in den vierziger Jahren des 19. Jahrhunderts waren die Rothschilds die Eisenbahnkönige des kontinentalen Europa geworden.

In der Hoffnung auf riesige Profite wurden Dutzende von privaten Gesellschaften gegründet. 1835 ersuchte Salomon Rothschild in Wien den österreichischen Kaiser um die Erteilung einer Lizenz für den Bau einer Eisenbahn, die Kohle und Salz aus Galizien nach Wien bringen sollte. Dank einer Intervention von Fürst Metternich konnte die – taktvoll Kaiser-Ferdinand-Nordbahn genannte – Strecke gebaut werden. Sie war die erste der unzähligen Linien, die schließlich das ausgedehnte und wohlhabende Kaiserreich Österreich-Ungarn durchqueren sollten. In Neapel stellte Carl Rothschild dem Papst große Summen zur Verfügung, da dieser hoffte, der Bau einer Eisenbahn durch die Länder des damals noch nicht existierenden Italien würde die Menschen zueinander bringen und Revolutionen vermeiden. In Frankfurt finanzierte der älteste Bruder Amschel Rothschild Hunderte deutscher Bahnkilometer. Für alle diese Unternehmungen wurden Aktien aufgelegt, die von der Familienbank der Rothschilds international gehandelt wurden. Eisenbahnanteile wurden in Europa fast so begehrt wie in den USA, und als Salomon Rothschilds Eisenbahn 1839 den Betrieb aufnahm, hatte sich der Preis ihrer Anteile am nächsten Tag verdreifacht.

In Paris setzte Jakob Rothschild (der seinen Namen später in James anglisierte) einen Meilenstein in der französischen Verkehrsgeschichte, als er 1837 mit dem Bau einer Eisenbahnverbindung zwischen Paris und St. Germain begann. Die Eröffnung wurde zu einem großen gesellschaftlichen Ereignis: König Louis-Philippe unternahm mit Königin Amélie auf Einladung seines Freunds Rothschild eine Fahrt, erklärte sich für überaus angetan und rief damit die *mania à la française* für die Eisenbahn ins Leben. 1839 ließ Rothschild eine weitere kleine Bahnlinie folgen, die Paris mit Versailles verband und sich gegen die Konkurrenzlinie seines erbitterten Rivalen Achille Fould behaupten mußte, die parallel am anderen Ufer der Seine verlief. Ein Jahr später bat Jakob Rothschild um eine Konzession größeren Ausmaßes: für eine Eisenbahnverbindung zwischen Paris und dem Norden Frankreichs, in dem die Schwerindustrie des Landes beheimatet war. Die neue Linie, die Chemin de Fer du Nord, erwies sich als außerordentlich profitabel. Aufgrund von Gerüchten und Spekulationen waren die Aktien der Chemin de Fer du Nord großen Schwankungen ausgesetzt. Das veranlaßte Jakob dazu, mit der für ihn typischen nüchternen Weisheit zu bemerken: Solange die Menschen mit dem Geldverdienen beschäftigt sind, hätten sie keine Zeit, Komplotte gegen die Regierung anzuzetteln.

Trotz ihrer unbestritten beherrschenden Position können die Rothschilds nicht als hauptberufliche Eisenbahnunternehmer wie Vanderbilt, Hill oder Harriman bezeichnet werden. Diesen amerikanischen Wirtschaftsmagnaten kommt auf europäischer Seite wohl Baron Maurice de Hirsch (1831–1896) am nächsten, der einer erfolgreichen Familie von bayerischen Hofbankiers entstammte. Bereits sein Vater hatte sich mit dem Eisenbahnbau befaßt: Er war für die Verbindung zwischen Moskau und Rjasan verantwortlich und hatte zusammen mit den Frankfurter Rothschilds die Ost-Bayerische Eisenbahn begründet. In jungen Jahren wurde Maurice zur Lehre in das Bankhaus Bischoffsheim und Goldschmidt nach Brüssel geschickt, wo er so vernünftig war, die Tochter des Chefs, Clara Bischoffsheim, zu heiraten. Das verleitete zwar

LINKS: **In dieser Szene wird das Umsteigen in der britischen Eisenbahn um 1880 satirisch dargestellt. Solche Probleme entmutigten manche Unternehmer, Geld in das neue Verkehrsmittel zu investieren.**

LINKS UNTEN: **Die Linie Paris–St. Germain, 1837 finanziert von Baron James de Rothschild, war der erste nennenswerte Einstieg der Familie in den neuen Industriezweig, dessen Financiers, Eigentümer und Versicherer sie dann wurden.**

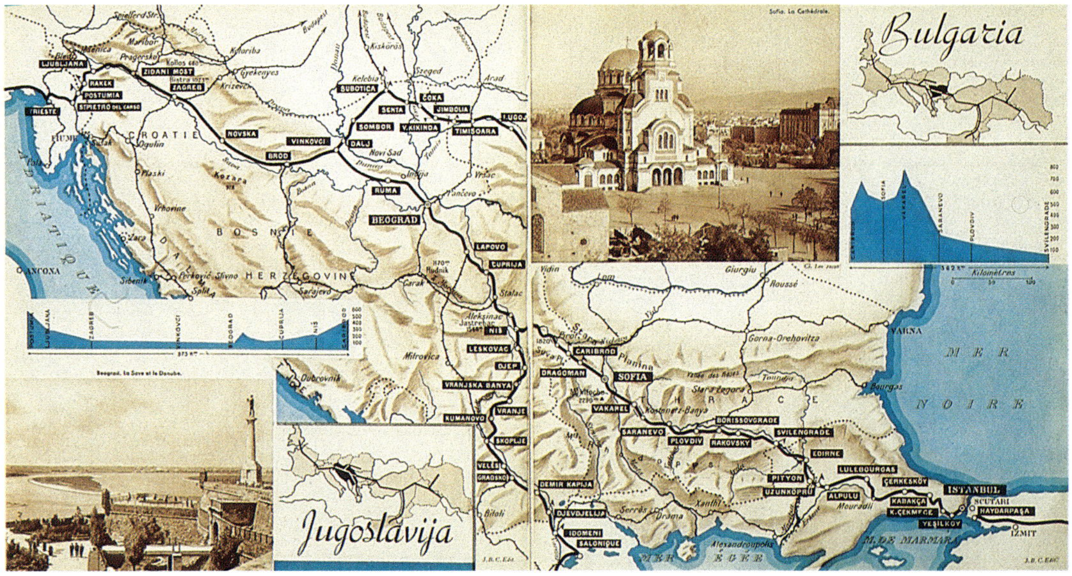

UNTEN: **Eine Karikatur von Maurice de Hirsch, dem bayerischen Eisenbahnmagnaten, in *Vanity Fair* (London 1890). Baron de Hirsch kniete sich so in sein umfangreiches Projekt einer Eisenbahnverbindung Wien–Istanbul hinein, daß er sich oft in türkische Beinkleider und einen Fez hüllte, wenn er eine Wasserpfeife rauchte. Der »Türkenhirsch«, wie er genannt wurde, war auch Mitglied des »jüdischen Hofkreises« um Edward VII. Er füllte die Taschen des Monarchen, organisierte verschwenderische Jagden und spielte insgesamt die Rolle eines Originals.**

RECHTS OBEN **und** UNTEN: **Vor dem großen Balkanabenteuer hatte die Familie Hirsch nur eine kurze Bahnstrecke in Rußland gebaut und die Rothschilds dabei unterstützt, die deutschen Eisenbahnen zu finanzieren.**

alle zu der Annahme, er sei immens reich, doch die Bank bot ihm nie eine Dauerstellung oder gar eine Partnerschaft an. Also tat sich Hirsch mit dem belgischen Abenteurer André Langrand-Dumonceau zusammen und gründete eine Versicherungsgesellschaft in Wien. Diese expandierte rasch mit eher dubiosen Landerschließungsgeschäften in Ungarn und Spanien, mit deren Hilfe etwas fragwürdige Konzessionen zum Eisenbahnbau in den Niederlanden, Belgien und auf dem Balkan erworben wurden. Mit Unterstützung Bischoffsheims erlangte Hirsch zudem die Lizenz für den Bau einer Eisenbahn im Osten Ungarns – mit der Anglo-Österreichischen Bank als Partner. Im Jahr 1868 bemühte er sich um Konzessionen für die Verbindung zwischen Wien und Konstantinopel. Die Entfernung von mehr als 1500 Kilometern machte sie zu der bis dato längsten Gleisstrecke. Außerordentliche Entschlossenheit, Schläue und Geduld waren vonnöten, um die Intrigen der osmanischen Sultane, der Russen (die an internationalen Verwicklungen interessiert waren, um einen Hafen am Schwarzen Meer zu gewinnen), der Briten (die darauf bedacht waren, das Osmanische Reich intakt zu halten, um sich den Weg nach Indien offenzuhalten) sowie Österreich-Ungarns (das die Außenposten des Reichs argwöhnisch schützte) zu überwinden. Zudem war man in Europa längst mit gewisser Berechtigung zu der Überzeugung gelangt, daß Gesetz und Ordnung jede Wirksamkeit verloren, sobald man einen Fuß auf den für Gewalttätigkeiten anfälligen Balkan setzte.

Die Lizenz des Osmanischen Reiches war die einzige, die Hirsch ernsthaft in Betracht zog. Er fand die Unterstützung der Österreicher, die an einer Entwicklung des Handels mit einem unsicheren Territorium interessiert waren (immerhin waren die Türken bei ihrem gescheiterten Versuch, die Weltherrschaft zu erringen, bis vor die Tore Wiens gelangt) und den Vormarsch der Russen bremsen wollten. Auch erfreute sich Hirsch der Gewogenheit einiger Sultane, darunter von Abdul Aziz, der nach seiner erzwungenen Abdankung Selbstmord beging, indem er sich die Adern mit einer Schere aufschnitt, ferner von Murad, dem Neffen des toten Sultans, der drei Monate nach der Amtsübernahme für geistig unzurechnungsfähig erklärt wurde, und von Murads Bruder Abdul Hamid, bekannt als »Abdul der Verfluchte« wegen des von ihm angestifteten Massakers an den Armeniern sowie der Liquidation aller Familienmitglieder, die ihn vielleicht von der Macht hätten verdrängen können. Hirschs Meisterschaft im Bestechen war gleichfalls von Nutzen, und seine Großzügigkeit gegenüber den Ministern des Sultans sicherte ihm sowohl Regierungsmittel (oder das, was im bankrotten Osmanischen Reich dafür gehalten wurde) sowie Unterstützung vor Ort. Während des Baus der Strecke, der zwei Jahrzehnte dauerte, verlor der Baron mehrmals sein Vermögen und einmal sogar die Konzession, scheint aber immer wieder auf die Füße gefallen zu sein. Nach Fertigstellung der Eisenbahnverbindung verlieh der Sultan ihrem Schöpfer die höchste türkische Auszeichnung für einen Ausländer, woraufhin der bayerische Baron im Volksmund den Namen »Türkenhirsch« bekam. 1890 verlor er das Interesse an dem ganzen Unternehmen, verkaufte es an eine Gruppe unter Führung der Deutschen Bank und erzielte dabei einen Gewinn, der auf sieben bis zehn Millionen Pfund geschätzt wurde. Seiner Herkunft gemäß verhielt er sich außerordentlich großzügig gegenüber unterdrückten und notleidenden orientalischen Juden, andererseits ließ er aus snobistischem Ehrgeiz Millionen in die aufnahmebereiten Taschen von Edward VII. fließen, um in seinen Kreis reicher jüdischer Bankiers aufgenommen zu werden. Unzweifelhaft hatte die Goldene Gründerzeit in diesem Eisenbahnbankier eine ihrer farbigsten Gestalten.

OBEN: **Ein Großteil der in der Goldenen Gründerzeit ausgegebenen Wertpapiere betraf die Eisenbahnen – wie hier diese russische Obligation.**

LINKS: **Die Welt, wie sie am Endpunkt der Pioniereisenbahn aussah, die Baron de Hirsch durch den von Räuberbanden verunsicherten Balkan von Wien nach Istanbul baute. Es gab wenig, was die Phantasie der Europäer im 19. Jahrhundert mehr anregte als der geheimnisumwitterte Orient; hier eine von Graf Amadeo Preziosi gemalte Ansicht über das Goldene Horn und den Bosporus, von der Terrasse eines türkischen Hauses in Galata (auf der Ostseite des Goldenen Horns) aus festgehalten.**

UNITED STATES
SOUTH AMERICA
MORGAN'S FENCE AROUND THE
LOCK

Entdecker, Einiger und Monopolisten

»Monopoly« wäre das richtige Spiel für die Goldene Gründerzeit gewesen. Ob Ölquellen oder Goldminen, Stahl oder Diamanten – Ziel des Spiels war es, einen Wirtschaftsbereich unter nahezu absolute Kontrolle zu bekommen. Durch Ausschalten des Wettbewerbs konnten die Monopolisten Produktion und Verbreitung beherrschen, um Preise festzusetzen und Gewinne maximieren zu können. Wegen ihrer Möglichkeiten zum Mißbrauch werden Monopole gemeinhin als gefährlich eingestuft, weil ihre Auswirkungen dem Wohl der Allgemeinheit zuwiderlaufen. Infolgedessen hat der Kongreß der Vereinigten Staaten seit Beginn des 20. Jahrhunderts eine ganze Reihe von Gesetzen erlassen, um die Macht der Trusts zu brechen, die am Ende des vergangenen Jahrhunderts entstanden waren. Die ersten Monopolisten haben jedoch auch eine eindeutig nützliche Rolle bei der Entdeckung von Rohstoffquellen, bei der Rationalisierung ihrer Ausbeutung und bei der Grundsteinlegung für eine moderne Industrie gespielt. Daneben haben sie gigantische persönliche und finanzielle Imperien geschaffen. Der Ehrenplatz in der Reihe der großen Monopolisten gebührt John D. Rockefeller, dessen Name gleichbedeutend mit dem Monopolsystem geworden ist. In der modernen Geschichte gibt es Handelsfürsten, Wirtschaftskapitäne, Industriebosse und *Robber Barons* in Hülle und Fülle, aber den Rockefellers ist es gelungen, sich über diese zu erheben und ihrer Familie einen geradezu mystischen Glorienschein zu verleihen. In praktisch jeder Ecke der Welt erweckt schon die Erwähnung ihres Namens spontane Visionen von unvorstellbaren Reichtümern. Während andere Neureiche ihre Erfolge zur Schau stellten, wahrten die Rockefellers in so hohem Maß puritanische Diskretion, daß sie stets eher eine Welt gutgebügelter dunkelgrauer Flanellanzüge zu bewohnen schienen als eine von Samt und Seide. Der gesamte Besitz der Familie stellt alles in den Schatten, was sonst privat je angehäuft werden konnte, und nach dem Tod des Patriarchen 1937 waren seine Erben von dem Wunsch beseelt, die Fülle, die er aus dem Boden gestampft hatte, in ähnlicher Fülle auszugeben.

John D. Rockefeller

John Davison Rockefeller, der Schöpfer der Wirtschaftskonzerne und Gestalter moderner monopolistischer Methoden, wurde am 8. Juli 1839 in Richford, New York, als Sohn eines Quacksalbers geboren. 1859 gründete John D. Rockefeller Clark & Rockefeller, ein kleines Kommissionsgeschäft in Cleveland. Am Ende des ersten Geschäftsjahres verzeichnete der sparsame, bescheidene und religiöse Rockefeller den nicht unbeträchtlichen Umsatz von 500 000 Dollar. Wenig später lud ihn eine Gruppe von Geschäftsleuten zur Besichtigung einiger neuer Ölfelder in Pennsylvania ein. Sie standen vor der Frage, ob sie in das schwarze Gold investieren sollten, das zu dieser Zeit die gleiche Aufregung hervorrief wie die kalifornischen Goldfunde ein Jahrzehnt zuvor. Damals wurde Öl als Schmiermittel oder in raffinierter Form zur Beleuchtung von Räumen ebenso verwendet wie zur Herstellung von Paraffin und Naphtha. (Die industrielle Nutzung, besonders zum Antrieb von Automobilen, sollte noch einige Jahrzehnte auf sich warten lassen.) Rockefeller riet der Gruppe, auf die Förderung von Öl zu verzichten, statt dessen aber die Möglichkeit der Raffinierung zu erwägen. 1863 beherzigte er selbst diesen Rat, machte Teile seines finanziellen Engagements an Clark & Rockefeller flüssig und kaufte sich mit seinem Teilhaber für ein paar tausend Dollar in eine kleine Raffinerie ein, die dem Ingenieur Samuel Andrews gehörte. Bald darauf zog er sich ganz von Clark & Rockefeller zurück, kaufte Clark dessen Anteile an der Raffinerie ab und widmete sich ausschließlich dem Öl. Andrews' Methoden der Ölraffinierung waren besser als die seiner Konkurrenten, und Rokkefeller hatte genug Kapital, um sein Unternehmen in größerem Maßstab arbeiten zu lassen als seine weniger betuchten Rivalen. Als nächstes sicherte er sich das Kapital und die Fähigkeiten eines früheren Kunden von Clark & Rockefeller, Henry Morrison Flagler, der eine Nichte des reichen Whiskey-Herstellers Stephen V. Harkness aus Ohio geheiratet hatte. Nach vielen Verrenkungen gab Harkness schließlich widerwillig nach und spuckte 100 000 Dollar aus. Die neue Firma Rockefeller, Andrews & Flagler wurde gegründet – und die Ölbranche damit auf Dauer verändert.

Der gepflegte und penible John D. haßte Unordnung, war sehr direkt, zählte jeden Cent und gab sich einer großen

UNTEN: Die Erdölindustrie in ihren Kinderschuhen: ein Texaco-Händler, der Kerosin in Kannen für Wohnungslampen verkauft.

GEGENÜBER: Als die Erdölindustrie noch lange nicht ihr ganzes Potential erkannt hatte, begriff John D. Rockefeller bereits, daß der Schlüssel zu einem Riesenvermögen darin lag, ein Monopol aufzubauen. Doch sobald die Industriekapitäne für die nötigen Voraussetzungen gesorgt hatten, übernahmen Bankiers eine führende Rolle beim Zusammenzimmern der gigantischen Konzerne. Der Großmeister in diesen Dingen war J. P. Morgan. Hier sieht man ihn, wie er Sonne, Mond und Planeten beschwört. »Wenn ich euch Burschen im Beleuchtungsgeschäft unter einen Hut bringen könnte, dann würde für uns alle ein Haufen Geld herausspringen!« schreit er durch ein Megaphon.

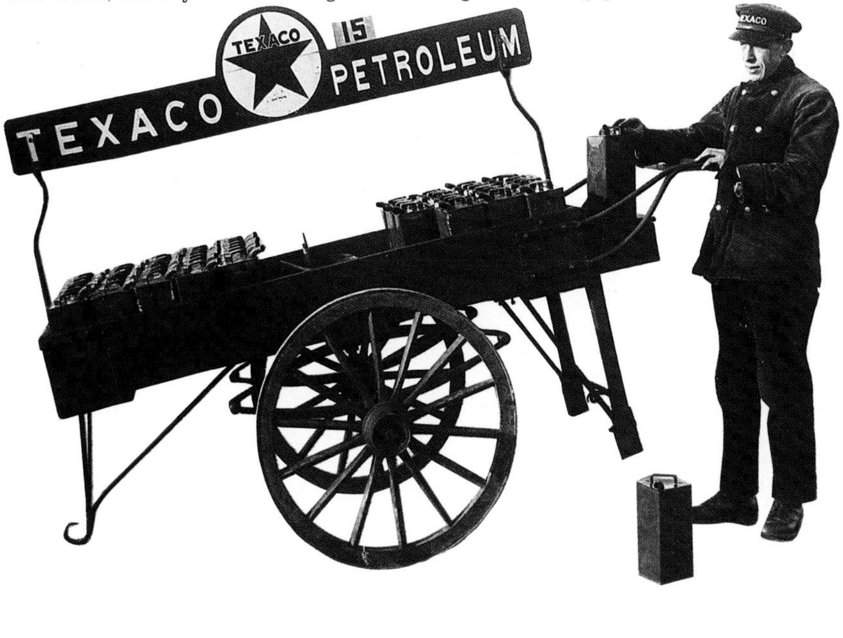

RECHTS: **Die ersten Ölquellen in West-Virginia.**
UNTEN: **Eine Karikatur in *Vanity Fair* vom 20. April 1861 zeigt einen großen Ball, den die Wale geben, um die Entdeckung von Erdöl in Pennsylvania zu feiern. Obwohl Tran allmählich durch Petroleum ersetzt wurde, hat das Abschlachten der Wale bis heute noch kein Ende gefunden (vor allem wegen des für die Parfümherstellung benutzten kostbaren Ambra). Die Aufschrift »Ende gut, weil Öl gut« erwies sich als übertrieben optimistisch.**

Vision hin. Öl war ein brandneuer Industriezweig. Die Ölquellen gehörten einer Reihe streitlustiger Spekulanten; vielerorts waren kleine Raffinerien entstanden, ohne daß eine Strategie dahinter zu entdecken gewesen wäre. Als Ergebnis davon befand sich der Markt in einem chaotischen Zustand – eine Situation, die John D. durch ein Monopol, das die Förderung, die Raffinierung und den Verkauf von Ölprodukten in aller Welt kontrollierte, zu beenden hoffte. Am 10. Januar 1870 übernahmen Rockefeller und seine Partner mit einem Kapital von einer Million Dollar die Standard Oil Company of Ohio. Rockefeller zählte auf das große Ansehen, das er in Cleveland genoß, sein Bruder William umgarnte Politiker und Bankiers, während Flagler wie besessen schuftete. (Selbst in hohem Alter und im Besitz eines kolossalen Ölreichtums setzte sich Flagler intensiv für eine Eisenbahnlinie über die Keys, die Florida vorgelagerte Inselkette, ein – eine der größten technischen Leistungen der Zeit.)

Mit großem Geschick, aber auch mit List und Tücke, gelang es dem Trio, nach und nach die besten Raffinerien in Cleveland aufzukaufen. Rockefeller überzeugte die Lake Shore Railroad, die das Rohöl aus Pennsylvania zu den Raffinerien in Cleveland transportierte, daß er ihr weit lukrativere Frachtaufträge geben könne als jeder sonst – vorausgesetzt, ihm wurde ein beträchtlicher geheimer Preisnachlaß gewährt. Der Transport machte nämlich einen erheblichen Teil der Rohstoffkosten aus. Der Rabatt von 50 Cent pro Barrel gab Rockefeller einen Vorteil von 25 Prozent gegenüber seinen Konkurrenten. Kleinere Raffinerien mußten sich entweder dem Kartell anschließen oder ihre Geschäfte einstellen. Nachdem diese Rechnung in Cleveland aufgegangen war, gründete Flagler die South Improvement Company und kam zu ähnlichen Absprachen mit der Erie-, der Pennsylvania- und der New York Central Railroad. Noch schlimmer war, daß diese Abkommen der Standard Oil auch einen Rabatt auf alle Transporte unabhängiger Ölproduzenten einräumten – und ihr damit auch Informationen über deren Förderung lieferten. Daraufhin sahen sich viele Raffinerien in Pittsburgh, Philadelphia und New York gezwungen, Standard Oil beizutreten.

1878 kontrollierte der 39jährige John D. 95 Prozent der Pipelines und Raffinerien in den USA, die ihn wie auch seine Partner unvorstellbar reich machten. Standard Oil bestimmte den Markt auf eine Weise, daß nur minimale Schwankungen bei der Lieferung und im Preis von Öl auftraten, das inzwischen ein unverzichtbarer Bestandteil des Lebens geworden

war, weil es die überwältigende Mehrheit der Häuser und Arbeitsstätten der Nation beleuchtete. Benzin, das Hauptprodukt der Ölindustrie, ergoß sich aus den Raffinerien, um den Durst einer zunehmend motorisierten und energiehungrigen Welt zu stillen, ebenso wie Leichtbenzin, Petroleum und Schmieröl. (Später sollte aus Öl von Lackfarben bis zu Medikamenten nahezu alles hergestellt werden.) Wenn ein unabhängiger Lieferant aus der Reihe tanzen wollte, verweigerte ihm die Rockefeller-Front den Vertrieb und ließ sein Öl ungenutzt im Boden versickern. Sobald eine Gruppe versuchte, den von Rockefeller kontrollierten Bahntransport durch den Bau einer Pipeline über die Täler und Hügel von Pennsylvania nach New Jersey zu umgehen, schlug sie Rockefeller mit seinem eigenen Pipelinesystem, wodurch er zusätzlich eine gewisse Unabhängigkeit von den Eisenbahnen erlangte. Inzwischen besaß er die Macht und die Möglichkeiten, den Preis für alle Unternehmen zu diktieren, die mit der Förderung, der Raffinierung und dem Verkauf von Öl zusammenhingen. Wenn Rockefeller erst einmal seinen messerscharfen Blick auf etwas gerichtet hatte, blieb dem schlotternden Besitzer nur die Wahl zwischen Bankrott oder Verkauf, und der erzielte Preis war eher dazu angetan, sich einen Verbündeten als einen Gegner zu schaffen – falls der Manager den Vorstellungen Rockefellers entsprach.

1882 wurden die 40 von John D. und seinen Partnern kontrollierten Unternehmen durch einen komplizierten Austausch von Anteilen miteinander verwoben. Rockefellers Anwalt Samuel C.T. Dodd entwarf den Plan einer Dachgesellschaft: Die 37 Aktionäre übergaben ihre Anteile neun Verwaltern »zu treuen Händen« im Austausch gegen »Treuhand-Zertifikate«, während die Treuhänder, die die Anteilsmehrheit kontrollierten, Aktionäre aller zum Verbund gehörenden Unternehmen wurden. Mit überwältigender Macht ausgestattet, hatten die Treuhänder nun die Freiheit, den Trust im Interesse seiner Aktionäre zu reorganisieren.

Die Gründung des Rockefeller Trust war ein historisches Ereignis im amerikanischen Wirtschaftsleben und diente allen Industriebranchen, die bemüht waren, eine gewisse Struktur in das vorherrschende Chaos zu bringen, als Beispiel und Anregung. Die zugrundeliegenden Dokumente waren so brillant konzipiert, daß die Produzenten von Cottonöl 250 000 Dollar zahlten, nur um einen Blick in sie werfen zu dürfen. In kürzester Zeit gab es dank der Grundlage, die von Rockefeller und seinen Anwälten geschaffen worden war, Trusts in allen Produktionsbereichen von Leinöl bis Stahl. Rockefellers Leistung ist angefeindet, beneidet und bewundert worden – ihre größte Würdigung kam wohl von William Vanderbilt: »Es besteht keinerlei Zweifel daran, daß diese Männer ein gutes Stück schlauer sind, als ich es bin… Nie bin ich Menschen

Unter den vielen Begabungen, die John D. Rockefeller besaß, mag die größte seine Spürnase gewesen sein, mit der er brillante Mitarbeiter aussuchte, die er dann zu seinem und ihrem Vorteil zu motivieren wußte.

GANZ OBEN LINKS: **Henry Rogers war Partner von Charles Pratt, einem großen unabhängigen Erdölunternehmer, der ein Syndikat aufzubauen suchte, das Rockefellers Monopol dadurch brechen sollte, daß das Öl mittels einer Pipeline anstatt per Bahn transportiert wurde. Rockefeller errichtete eine noch längere Pipeline, untergrub Pratts Unternehmen und schluckte die Firma samt Rogers, der daraufhin einer der zuverlässigsten Manager Rockefellers wurde. Auf der Abbildung sieht man die Bronze-(oder Gold-)Figur von Rogers, wie sie von Uncle Sam bewundert wird.**
LINKS: **Henry Morrison Flagler (vierter von links) war Rockefellers Kompagnon bei der späteren Standard Oil. Das durch die Ölgeschäfte erworbene Vermögen benützte Flagler dazu, praktisch im Alleingang Palm Beach und Miami zu bekannten Ferienorten zu machen.**
OBEN: **Standard Oil wurde (unter der Leitung des gewaltigen Hauptquartiers in New York) zum größten Monopolunternehmen der Welt.**

RECHTS: **Es war John D. Rokkefellers Idee, eine weltumspannende Ölindustrie zu schaffen; sie verhalf jenen, die in Rockefellers Trust mitmachten, zu gigantischen Vermögen. Der große Monopolist konnte sagen: »Ich bin vor einen Wagen gespannt, auf dem Leute sitzen. Ich muß für sie arbeiten.« Allerdings war es so, daß seine Fahrgäste (d.h. seine Partner) kaum eine andere Wahl hatten, als auf seinem Wagen mitzureisen.**

UNTEN: **Rockefeller lebte äußerst ruhig, zeigte stets ein untadeliges Benehmen, besuchte regelmäßig die Kirche und mochte es, wenn man sah, daß er Zehncentstücke an Kinder verteilte.**

RECHTS UNTEN: **Eines der wenigen Vergnügen, die sich J. D. R. gönnte, war das Golfspiel auf seinem privaten Golfplatz auf dem Rockefellergut *Pocantico Hills* (New York).**

begegnet, die bei ihrem Geschäft so scharfsinnig und aufgeweckt sind wie sie.«

John D. Rockefeller wurde mit Würde und sogar Eleganz alt, umgeben von seiner Familie, gefeiert von denen, die er reich gemacht, und verabscheut von jenen, die er ruiniert hatte. 1896 zog er sich aus der Geschäftsleitung von Standard Oil auf das Anwesen zurück, das er sich errichtet hatte – *Pocantico Hills* im Westchester County im Staat New York, das noch immer im Besitz der Familie ist –, und konzentrierte sich im Laufe der nächsten 41 Jahre auf die weitere Vermehrung seines Reichtums. Der Patriarch trieb auch dann und wann einen Golfball über seinen 18-Loch-Platz und erklärte in einer Sonntagsschule: »Die Annahme, ungeheuer reiche Menschen seien immer glücklich, ist falsch.« Als er sich zur Ruhe setzte, betrug John D. Rockefellers Vermögen sagenhafte 200 Millionen Dollar, und die gesamten Reichtümer seiner Partner dürften die gleiche Summe erreicht haben. 14 Jahre später, als der Verbrennungsmotor die Nachfrage nach Benzin sprunghaft in die Höhe gejagt hatte, näherte sich der Rockefeller-Schatz der Milliarden-Dollar-Marke. Er nahm weiterhin beträchtlich zu, als sich der Familientrust auf Immobilien und Minen verlegte und bedeutende Holdings in die großen amerikanischen Unternehmungen einbrachte, die das Wachstum der Nation beeinflußten. Das Ansehen des Namens Rockefeller ist noch immer so groß, daß der Verkauf eines Anteils des *Rockefeller Center* in New York Ende des vorigen Jahrzehnts an die Japaner als Verrat an der amerikanischen Sache betrachtet wurde. Diese Entscheidung erwies sich jedoch als überaus klug, denn kurz danach brach der Immobilienmarkt von New York zusammen.

Royal Dutch Shell

Es war bereits eine Herkulesarbeit, alle amerikanischen *Wildcatters* – die spekulativen Ölförderer – unter einen Hut zu bringen. Das Unterfangen jedoch, jene des Nahen Ostens, Asiens und Rußlands zu vereinen, hätte wohl selbst Herkules

entmutigt. Deshalb bedurfte es auch der gemeinsamen Anstrengung etlicher kühner Unternehmer. Im Prinzip gab es drei wichtige Gruppierungen. Das Monopol der Ölförderung in Baku im (russisch beherrschten) Aserbaidschan hatten ursprünglich die armenischen Brüder Mirzoieff, die 1871 lediglich 24 000 Tonnen förderten. Es wurde 1875 von Robert Nobel aus der berühmten schwedischen Familie von Industriellen, Finanziers und Erfindern, gebrochen. Sein Vater war maßgeblich an der Erfindung des Torpedobootes beteiligt, ein Bruder erfand das Dynamit, bevor er den Nobelpreis ins Leben rief, während zwei andere Brüder die Werften in St. Petersburg bauten. Im Jahr 1885 wurden auf den Ölfeldern um Baku 2,5 Millionen Tonnen gefördert, was vor allem dem Einfallsreichtum und der Dynamik Nobels zu verdanken war, dem 70 Prozent der außerordentlich ergiebigen Quellen gehörten; sie produzierten zu dieser Zeit fast halb soviel Petroleum wie die Vereinigten Staaten. Die Nobels, die als einzige

Ölförderer in Rußland ihre Bohrlöcher auf die amerikanische Art verschlossen, bauten auch Pipelines und Tanks und stellten die ersten Öltanker in Dienst.

Der zweite Gigant, die Royal Dutch Petroleum Company, wurde 1890 zu dem Zweck gegründet, in Niederländisch-Ostindien Petroleum zu gewinnen. Ihr Leitstern war von 1896 an Hendrik W.A. Deterding, der zuvor bei der Netherlands Trading Society gearbeitet hatte, einer Handelsbank, die sich der Förderung der niederländischen Außenposten in der Südsee widmete. Außerdem gab es da die Shell Transport & Trading Company, die 1897 als Geistesprodukt von Marcus Samuel, dem späteren Viscount Bearstead, ins Leben gerufen worden war. Samuel hatte als Muschelhändler in London begonnen, Schiffe gebaut, sich dann auf spekulative Ölbohrungen auf Borneo spezialisiert und den Rohstoff nach Japan verschifft. Die britischen Rothschilds unterstützten seine Bemühungen im Fernen Osten, während deren französische Vettern in das russische Ölgeschäft einstiegen.

Die Deutschen beteiligten sich als Nebengeschäft ihrer Kontrolle der Anatolischen Eisenbahn an Ölfeldern in Mesopotamien. Schließlich gab es auch noch die extrem farbige Gestalt von Calouste Gulbenkian, der sich im Zentrum einer Vielzahl wirtschaftlicher Transaktionen zu befinden schien. Er war Abdul Hamids Massaker an den Armeniern mit dem Orient-Express entkommen, wobei er seinen Sohn Nubar in einen Orientteppich gerollt und so versteckt hatte. Obwohl sich sein Hauptinteresse auf die Türkei und den Irak konzentrierte, tauchte Gulbenkian mit einer Blume im Knopfloch bei jedem Ölgeschäft auf und schloß für gewöhnlich einen Handel ab. Als »Mr. 5 Percent« bekannt, sorgte Gulbenkian dafür, daß er an der größten Fusion der Ölbranche seit Rockefeller beteiligt war.

Standard Oil hatte begonnen, überall auf der Welt Schatten zu werfen, und die europäischen Ölgesellschaften riskierten, in ihre Fänge zu geraten, wenn sie sich weiterhin unterboten. Die einzig logische Lösung bestand im Zusammenschluß zu einem gigantischen Kartell, das mächtig genug war, Standard Oil in die Schranken zu verweisen. 1903 machte Deterding einen Besuch bei Frederick Lane, dem führenden Kopf aller Ölgeschäfte der Rothschilds und Gründer der Europäischen Petroleum Union, die Öl der Rothschilds, von Nobel und deutsche Anteile unter dem Dach der Shell auf den Markt brachte. Deterding holte seinen goldenen Stift hervor und zog auf einem Blatt Papier einen geraden Strich. In seinen Memoiren schrieb er darüber: »Ich erklärte (Lane), daß dieser Strich eine Preisebene sei – so fest und solide, wie sie unter anständigen und vernünftigen Ölhändlern nun einmal sein sollte. Dann ließ ich meinen Stift willkürlich über den Strich zucken – ihn einmal unter-, einmal überschreiten. ›Das ist die augenblickliche Entwicklung des Preises. Ständig ist er Schwankungen unterworfen und niemand weiß, wie er in der nächsten Stunde aussehen wird. Wenn wir diese Halsabschneidermethoden noch zwanzig Jahre lang mitmachen, werden sich auch die mächtigsten überlebenden Firmen in der gleichen Sackgasse sehen, in der wir uns heute schon befinden.‹«

Im Grunde schlug Deterding eine Fusion zur Preisabsprache zum gegenseitigen Nutzen aller Beteiligten vor. Er riet dazu, Förderung, Transport und Verkauf zu vereinen, um jeden Markt durch die nächstgelegene Quelle zu einem festen Preis zu beliefern, Verschwendungen und Überschneidungen zu vermeiden und die junge Branche so zu rationalisieren, wie es Rockefeller in den USA getan hatte. Mit einem Kapital von zwei Millionen britischen Pfund gründeten die beiden Titanen die Asiatic Petroleum Company, die letztendlich die Holding für den ersten Schritt zur Fusion von Royal Dutch und Shell war. Dieses konsolidierte Unternehmen wurde die einzige europäische Institution mit einem weltweiten System für die Förderung, Raffinierung und Vermarktung von Öl. Gulbenkian brachte jene russischen Öl-Anteile ein, die nicht den Rothschilds gehörten – bedeutende Produzenten, die dem Monopol andernfalls große Probleme hätten bereiten können. Vier Jahre nach der Gründung der Asiatic Petroleum riefen Lane, Gulbenkian, Samuel und Deterding eine Produktionsgesellschaft in Den Haag ins Leben sowie ein Transport-, Lager- und Vertriebsunternehmen in London – beide gehörten zu 60 Prozent Royal Dutch, zu 40 Prozent Shell – und kamen der Fusion damit einen weiteren Schritt näher.

LINKS: **Die Erdölraffinerie der Brüder Nobel befand sich im russischen Baku, der ergiebigsten Erdöllagerstätte außerhalb der USA vor der Entdeckung der riesigen Ölquellen auf der arabischen Halbinsel. Die an der Westküste des Kaspischen Meeres gelegene Hauptstadt Aserbaidschans, das einst ein Vasallenstaat der Schahs von Persien gewesen war, stellte das Erdölzentrum der Sowjetunion bis zum Zweiten Weltkrieg dar.**

OBEN: **Die Ölfelder von Baku bildeten auch den Hauptbestandteil des großen Royal Dutch Shell Trusts, den der geniale Bankier Sir Henry Deterding (1865–1939) geschaffen hatte; er ist hier unter einem Anteilschein der Royal Dutch Shell aus den Anfängen zu sehen.**

UNTEN LINKS: **Das »Shell« in der Royal Dutch/Shell hatte Marcus Samuel eingebracht, ein kleiner Londoner Muschelhändler, der sich als einer der zähesten Geschäftemacher im Fernen Osten erwies; seine Handelsinteressen lagen in Südostasien, besonders Borneo und Java, wo bedeutende Ölquellen entdeckt wurden.**

OBEN: **Das Innere einer in Betrieb befindlichen Bohrinsel (Sumatra in Niederländisch-Ostindien, 1898), die Samuel gehörte. Nachdem er ein angesehener Wirtschaftskapitän geworden war, wurde Samuel geadelt (Viscount Bearstead).**

UNTEN RECHTS: **Nach dem Beispiel auf dem Erdölsektor folgte das nächste große Monopol bei Stahl, einer im 19. Jahrhundert entwickelten Eisenlegierung mit einer viel höheren Dehnbarkeit, einer größeren Formbarkeit und einem niedrigeren Kohlegehalt. In dem Meisterwerk *Forging the Shaft*, 1874–1877, von John Ferguson Weir (Metropolitan Museum of Art, New York), ist geradezu die Hitze zu spüren sowie die Kraft, die nötig ist, um einen Eisenzylinder aus dem altmodischen Hochofen zu ziehen.**

Jetzt war es an der Zeit, Standard Oil Paroli zu bieten – ein visionäres Projekt, das von Deterding und Lane geplant war, aber größtenteils von Gulbenkian durchgeführt wurde. Wenn es Royal Dutch/Shell nicht gelang, ein weltweites Produktions- und Verkaufsnetz aufzuziehen, könnte Standard Oil Öl zu Dumpingpreisen auf den Markt werfen und die Verluste durch die monopolisierte Situation zu Hause wettmachen. Um diese Möglichkeit auszuschalten, rückte Gulbenkian mit dem kühnen Vorschlag heraus, Kapital bei amerikanischen Banken aufzunehmen und die Geschäfte direkt unter Rockefellers Nase abzuwickeln. Bald war Royal Dutch/Shell ein beachtlicher Verkäufer in den USA.

Als neue Felder entdeckt wurden und die Nachfrage stieg, engagierten sich die europäischen und amerikanischen Ölgesellschaften gleichermaßen bei den Ressourcen in Ägypten, Mexiko, Venezuela, Argentinien und selbstverständlich Saudi-Arabien, den Emiraten und Persien. Die Regierung der USA zwang Standard Oil schließlich dazu, sich in verschiedene Gesellschaften zu spalten. Dennoch blieb der riesige Konzern das, was er gewesen war: ein Konzern. Später nannte man ihn die »Seven Sisters«; diese sieben Schwestern warfen lange Schatten auf die Zeitgeschichte und ermöglichten es den Wirtschaftsmagnaten, die sie geschaffen hatten, unermeßliche Reichtümer anzuhäufen.

MÄNNER DES STAHLS

Das vorrangige Ziel jedes Landes, das seine Wirtschaft entwickeln und industrialisieren will, besteht in einer unabhängigen Stahlproduktion. Eisen, ein Metall, das seit grauer Vorzeit bekannt ist, wird aus Eisenerz mit Hilfe von Koks gewonnen, während Stahl – eine Erfindung des 19. Jahrhunderts – im Grunde verbessertes Eisen ist. Der sich entwikkelnde Eisenbahnbau benötigte Hunderttausende Tonnen Eisen für die Gleise, die durch den dauerhafteren und härteren Stahl ersetzt werden konnten, sobald dessen Produktion erst einmal voll angelaufen war. Als sich die Schiffsindustrie von Holzrümpfen auf Dampfschiffe und Eisentakelung umstellte, brauchte sie große Mengen von Hartmetall und entwickelte ein Seefahrzeug, das die Eleganz der großen Ära der Segelschiffe mit der Größe und Kraft der Moderne verband. Schon bald trugen die ersten Wolkenkratzer zu einer Steigerung der Nachfrage ebenso bei wie das zunehmende Verlangen der Industrie nach Röhren, Rohrleitungen, Draht und anderen Metallprodukten.

Der unbestrittene Eisen- und Stahlkönig der neuen Welt war Andrew Carnegie (1835–1919), der 1848 mit seinen Eltern aus Schottland nach Allegheny in der Nähe von Pittsburgh ausgewandert war. Im Alter von 14 Jahren begann Carnegie zwölf Stunden am Tag in einer örtlichen Tuchspinnerei zu arbeiten, um dann einen Job in einem Telegrafenbüro anzunehmen, wo die neue Technik auf ihn großen Eindruck machte. Thomas A. Scott, der mit seiner Empire Transportation Rockefellers Monopol herausgefordert hatte und nun als Direktor der Pennsylvania Railroad in Pittsburgh tätig war, las in einer Lokalzeitung von einem ehrlichen Telegrafenboten, der auf der Straße eine Zahlungsanweisung über 500 Dollar gefunden und dem rechtmäßigen

Besitzer überbracht hatte. Da er jemanden zur Bedienung seines Telegrafen suchte, stellte Scott Carnegie ein und machte den »weißhaarigen schottischen Teufel« bald schon zu seinem persönlichen Assistenten. Während Carnegie schnell weiter aufstieg, um schließlich Leiter der Niederlassung Pittsburgh der Pennsylvania Railroad zu werden, hielt er seine Augen und Ohren offen, wenn Geschäftsleute im Büro auftauchten. Nachdem er einiges über American Express-Aktien erfahren hatte, nahm er Hypotheken auf das Haus seiner Mutter auf und kaufte AmEx-Aktien auf Einschuß. Die Aktien vervielfachten sich zügig im Wert, woraufhin Carnegie die Hypotheken auslöste und mit dem Überschuß Anteile an der Woodruff Palace Car Company im Wert von 127 Dollar erstand, die ihm in zwei Jahren 5000 Dollar an Dividenden bringen sollten.

Schnell begriff Carnegie, daß er kein Angestellter anderer Leute bleiben sollte, denn als er es mit einer Ölbohrung versuchte, stieß er prompt auf eine Springquelle. Sie brachte ihm einen kleinen Gewinn, mit dem er sich bei Kloman Brothers in Pittsburgh einkaufte. Die Firma stellte die besten Achsen für Eisenbahnwagen her, die auf dem Markt erhältlich waren. An diesem Schachzug des künftigen Wirtschaftskapitäns beteiligten sich sein Bruder Tom sowie Tom Miller und Henry Phipps, zwei seiner Freunde. Zudem nahm Carnegie ein Darlehen auf, um ein kleines Unternehmen zu erwerben, das Eisenbrücken konstruierte, und verschmolz es mit den ehemaligen Kloman-Werken zur Union Iron Mills. Der kleine, drahtige Schotte war ein Verkaufsgenie, während Miller ein Eisenbahn-Einkäufer war. Seine Überzeugungskraft führte dazu, daß das neue Unternehmen bald mehr Aufträge erhielt, als es ausführen konnte. Die Firma blühte auf und expandierte. 1867 eröffnete Carnegie an der Broad Street in New York ein Büro und hängte ein Firmenschild hinaus, auf dem in schlichter Maßlosigkeit stand: »Andrew Carnegie, Investments«. Ein Jahr später konnte er bei einem jährlichen Einkommen von 50 000 Dollar erwägen, in zwei weiteren Jahren das Leben eines Gentleman zu führen.

Bis zum Jahr 1872 war Andrew Carnegies Leben ein voller Erfolg; er war ein meisterhafter Geschäftsmann im Umgang mit Aktien, Obligationen, Öl und Eisenprodukten. Doch bisher hatte er noch nichts so Bedeutendes getan, daß es ihn in die Reihe der wirklich Großen katapultiert hätte. Auf einer Reise nach London lernte er Henry Bessemer kennen, der 1856 ein Verfahren entwickelt hatte, mit dem innerhalb von zehn Minuten aus Roheisen Stahl gewonnen werden konnte – den Bessemerkonverter. Durch die Dehnfestigkeit des Stahls könnten neue Gleise mehr Fracht und schwerere Lokomotiven tragen, und es könnten tragfähigere Brücken gebaut werden. Das bedeutete wiederum niedrigere Frachttarife. Die Möglichkeiten schienen unabsehbar, besonders auf einem amerikanischen Markt, der vor dem Import britischen Stahls durch einen hohen Zoll geschützt wurde.

Andrew Carnegie und seine verbliebenen Partner bei Union Iron Mills (Miller war schon früh hinausgedrängt worden,

GANZ LINKS: **In diesem Häuschen in Dunfermline (Schottland) wurde 1835 Andrew Carnegie geboren. Als 13jähriger wanderte er mit seinen Eltern nach Amerika aus, wo er schließlich den wichtigsten Industriegiganten der Welt, die United States Steel (die erste Milliarden-Dollar-Gesellschaft), auf die Beine stellte.**

UNTEN: **Eine Gruppe rauhbeiniger Arbeiter bei Jones and Laughlin Steel (1891). Carnegie entfaltete seine wahre Begabung auf dem finanziellen Sektor, während er kaum Interesse an den Arbeitsbedingungen oder am allgemeinen Wohl seiner zahlreichen Angestellten zeigte.**

Nichts gefiel erfolgreichen Auswanderern mehr, als ruhmbedeckt nach Europa zurückzukehren und mit ihrem Erfolg vor den weniger Glücklichen, die zu Hause geblieben waren, anzugeben.
RECHTS: **Geschniegelt kommt der triumphierende Andrew Carnegie in Schottland an; befördert wird er von einer vierspännnigen eleganten Karosse, von der die livrierten Diener abgestiegen sind, damit sich ihr Herr mit den Zügeln in der Hand (vielleicht symbolisch) in Pose setzen kann. Carnegie errichtete ein gewaltiges Bauwerk in Schottland, Skibo Castle, von wo aus er sein Imperium per Brief oder Funktelegramm lenkte.**
UNTEN: **Carnegie träumte davon, sich der Philantropie zu widmen. Nachdem er 1900 seine Geschäftsanteile an J. P. Morgan für angeblich 492 Millionen Dollar verkauft hatte (was ihn zum reichsten Mann der Welt machte), gab er das meiste davon für kulturelle Zwecke aus.**
UNTEN RECHTS: **Carnegie am Schreibtisch in seinem erstaunlich bescheidenen Büro in Pittsburgh. Anders als die Wirtschaftsbosse von heute wollten die von damals kein Geld für aufwendig ausgestattete Arbeitsräume verschwenden.**

nachdem er seine Kunden vermittelt hatte, und Kloman war als Folge der Panik von 1873 ausgeschieden) begannen mit einer Stahlfabrik in Braddock, einem Vorort von Pittsburgh, und gaben ihr den Namen ihres potentiell wichtigsten Kunden: J. Edgar Thomson. Er war Präsident der Pennsylvania Railroad. Leiter der Produktion wurde der legendäre Captain Bill Jones, der unangefochten brillanteste Stahlexperte seiner Zeit, dessen zahlreiche Erfindungen und Verbesserungen die Branche enorm voranbrachten. Carnegie konnte sich glücklich schätzen, diesen Mann zu haben, da er seine Fabrik nur selten aufsuchte und technischen Dingen absolut nichts abgewinnen konnte. Für Menschen besaß er jedoch einen sechsten Sinn, und er hatte einen Röntgenblick für Zahlen sowie die Eigenschaft, nie zufrieden zu sein – egal, wie das Ergebnis auch ausfallen mochte. Vier Jahre nach Eröffnung der Fabrik produzierten Carnegie Brothers & Company 10 000 Tonnen Stahl im Monat und verdienten jährlich 1,6 Millionen Dollar. Dank Jones' Bemühungen ließen sich die Herstellungskosten weit unter die der Konkurrenz senken. Das Unternehmen wurde schnell weltweit das beste seiner Art, und der Produktionsumfang sorgte dafür, daß Carnegie seine Rohstoffe billiger als jeder andere einkaufen und transportieren konnte. Zudem wurden ihm insgeheim von den Eisenbahnen Rabatte gewährt. Während der folgenden 25 Jahre war die Expansion von Carnegies Stahlunternehmen nur mit der von Standard Oil zu vergleichen.

Der Koks-König

Ähnlich wie Rockefeller wollte auch Carnegie die Kontrolle über die zur Produktion benötigten Rohstoffe erringen, darunter auch Tausende Tonnen Koks im Jahr. Koks aus Connellsville war der beste und gehörte zu 80 Prozent Henry Clay Frick (1849–1919), einem der wenigen *Robber Barons*, die als Kind reicher Eltern zur Welt gekommen waren. (Ein weiterer war J.P. Morgan.) Sein Großvater war ein Whiskeybrenner gewesen, dessen Fabrik in Pennsylvania auf einem großen Steinkohlevorkommen stand. Dieses Kapital vergrößerte die Familie dadurch, daß sie beträchtliche Kohleflächen hinzukaufte. Der junge Frick erwarb auf Kredit weitere Kohleminen im Gebiet von Connellsville. Im Alter von 21 Jahren lieh er sich von der Mellon Bank in Pittsburgh 10 000 Dollar, um Koksöfen anschaffen zu können.

Neben der Plackerei für seine Kokerei gelang es dem jungen Frick als Mittelsmann bei dem Verkauf eines Eisenbahnunternehmens einen Gewinn von 50 000 Dollar einzustreichen, die seinem Betrieb in Krisenzeiten sehr hilfreich waren. Selbstbewußt und seiner Zukunft sicher, nahm er bei Mellon selbst in Krisenzeiten Kredite auf und kaufte bedrängte Konkurrenten rücksichtslos auf, bis er über ein Monopol mittlerer Größe verfügte und den Markt beherrschen konnte. Frick war für seine wortkarge Art berühmt. Als er in einer finanziellen Krise von einem Wirtschaftsreporter um eine

UNTEN: **Von Haus aus wohlhabend, zeigte sich Henry Clay Frick als energischer, hart zupackender Unternehmer, der das kleine Kohlenbergwerk seiner Familie zu einer Hauptstütze der United States Steel ausbaute.**

LINKS OBEN: **Ein Bergmann kommt auf seinem kohlenbeladenen Fuhrwerk aus einer von Fricks reichen Minen.**

LINKS UNTEN: **Frick stellte aus seiner Kohle Koks her, der für die Eisenverhüttung benötigt wird. Als Carnegies Hauptlieferant war er in die industriellen Ambitionen des Schotten verwickelt. Ohne Frick hätte Carnegie sein weitverzweigtes Imperium nicht lenken können, doch die beiden Titanen gerieten wegen der Gewinnverteilung aus ihren gemeinsamen Unternehmungen zuletzt aneinander.**

Stellungnahme gebeten wurde, erhielt dieser sie in schriftlicher Form: »Die USA sind ein großes und expandierendes Land. Gez. Henry Clay Frick. P.S. Diese Information ist vertraulich und nicht für die Veröffentlichung bestimmt.«

Während des großen Börsenkrachs von 1873 geriet Frick in Schwierigkeiten, aber 1878 waren H.C. Frick and Co. wieder Hauptlieferant von Koks für die Stahlindustrie, die plötzlich von den inzwischen konsolidierten Eisenbahnen mit Aufträgen überschwemmt wurde. Pittsburgh brauchte dringend Koks, um seine Öfen anzuheizen, und als seine Einkäufer nach Connellsville kamen, stellten sie fest, daß ein Unternehmen 80 Prozent des Brennstoffs kontrollierte. Fricks Preis stieg schnell von 90 Cent pro Tonne auf zwei Dollar, dann weiter auf drei, vier und fünf Dollar, von denen 60 Prozent Reingewinn waren. 1879 hatte der 30jährige Millionär 1000 Arbeitskräfte und die Bewunderung seines größten Abnehmers. Carnegie schlug Frick eine Fusion

vor, und 1883 wurden beide Unternehmen vereinigt – eine der größten Vertikalverflechtungen, die es je gab.

Im Jahr 1892 kam es zu dem historischen Streik in Carnegies Homestead-Stahlwerken. Er wurde zu einer der blutigsten Auseinandersetzungen zwischen Arbeit und Kapital. 300 bewaffnete Angehörige der Detektivagentur Pinkerton traten den streikenden Arbeitern entgegen, die keine Unterstützung durch die Gewerkschaften erhielten, da die Stahlwerke aus Prinzip keine organisierten Arbeiter einstellten. Bei den erbitterten Auseinandersetzungen, die sogar auf Booten auf dem Monongahela River ausgetragen wurden, verloren 14 Menschen ihr Leben, weitere 163 wurden schwer verletzt. Das Vorgehen der Firmenleitung erregte große Empörung in der Öffentlichkeit, und es kam sogar zu einem Attentat auf Frick. Der polnisch-russische Immigrant Alexander Berkman, nach eigenem Bekunden Anarchist sowie ein »entschlossener und destruktiver Gegner jeder Regierung«, schoß Frick in Ohr und Hals. Als der verletzte Wirtschaftsmagnat seinen 25jährigen Attentäter in seinem Büro zu überwältigen versuchte, stach der noch mehrmals auf ihn ein. Schließlich gelang es Frick und seinem Stellvertreter, Berkman niederzuringen. Frick warf sich auf den Körper des Angreifers und rief um Hilfe. Als ein Hilfssheriff hereingestürmt kam und den Attentäter erschießen wollte, sagte Frick: »Überlassen Sie ihn dem Gesetz. Aber heben Sie seinen Kopf hoch, damit ich ihm ins Gesicht sehen kann.« Sie stellten fest, daß Berkman die Kiefer bewegte, als ob er etwas zu kauen schien, und zwangen ihn, den Mund zu öffnen. Darin fanden sie eine Kapsel mit ausreichend Knallquecksilber, um jeden im Raum in die Luft zu sprengen.

Am Abend erklärte Frick in seinem Haus: »Ich glaube nicht, daß ich sterben werde, doch ob mir etwas zustößt oder nicht – die Carnegie Company wird auch weiterhin dieselbe Politik verfolgen und sich damit durchsetzen.« An Carnegie kabelte er: »Wurde durch zwei Schüsse verletzt, aber nicht

RECHTS: **Die Homestead Mill am Monongahela River in Pittsburgh (um 1892), wo das Epizentrum der United States Steel entstand.**

UNTEN: **J. P. Morgan gelang es, zerstrittene Wirtschaftsgiganten zur größten Fusion der Goldenen Gründerzeit zu bewegen. John W. Gates, ein Hasardeur, hatte eine kleine Drahtproduktion in Texas zur Federal Steel Company, seinem eigenen Konglomerat aus Eisen- und Stahlfirmen, ausgebaut; das hatte er den finanziellen Zauberkünsten Morgans und den Gesetzeskenntnissen von Elbert H. Gary, einem Richter in Illinois, zu verdanken. Unterdessen hatte George F. Baker, Morgans Konkurrent, zusammen mit den Moore-Brüdern, einem gewitzten Paar von Wall-Street-Spekulanten, eine Treuhandgesellschaft für Zinnblech, Stahlbänder und zahllose weitere Metallprodukte ins Leben gerufen. Baker und Morgan schlossen sich zusammen, um Carnegie und Frick zu vernichten, die mit einem ähnlich aggressiven Schlachtplan konterten. Die Wall Street zitterte, doch zuletzt rettete J. P. Morgan die Lage, wenngleich es – wie die Karikatur sagen will – ziemliche Mühe kostete, Aktienpakete in Bewegung zu setzen, damit die U. S. Steel entstehen konnte.**

gefährlich. Bin immer noch in der Lage, den Kampf auszufechten.« Der Koks-König war eindeutig ein Mann aus Stahl, und die Homestead Mill hielt sich die Gewerkschaften weitere Jahrzehnte fern. »Wenn seine Gesundheit gewahrt bleibt, sage ich voraus, daß kein Mann, der je in Pittsburgh gelebt und Geschäfte getätigt hat, besser gelitten sein und mehr bewundert wird als mein Freund und Partner Henry Clay Frick«, schrieb der dankbare Carnegie.

Die Milliarden-Dollar-Firma

Carnegies Stahl und Fricks Koks wurden die Basis von United States Steel, des größten Mischkonzerns und des ersten Milliarden-Dollar-Unternehmens. Der gewaltige Konzern war das Werk J.P. Morgans: er ist eine nahezu perfekte Demonstration der Methoden des großen Bankiers, seines Einflusses und der Macht, die von seinen Büroräumen an der Broad Street ausging, sowie der Kontrolle, die Banken über die Entwicklung von Industrie und Wirtschaft in den USA hatten.

Die Gründung von United States Steel mit 168 000 Arbeitskräften und einem Kapital von 1,4 Milliarden Dollar wurde am 1. April 1901 bekanntgegeben. Die materiellen Vermögenswerte betrugen etwa die Hälfte dieser Summe, und die Gesamtanteile der Syndikatoren kamen auf etwa 150 Millionen Dollar. Morgan erhielt ein Honorar von 12,5 Millionen Dollar, aber sein eigentlicher Lohn war das Steuerrad des größten Konzerns der Welt. Die führenden Köpfe des Unternehmens, die alle ausgekauft worden waren, hatten jeweils Millionen gewonnen. Viele hatten sogar Probleme damit, ihren Reingewinn zu errechnen, und die meisten zog es in die Wall Street, wo sie mit ihren Spekulationen weitere Paniken und Börsenkräche verursachten. Schlaue Füchse wie Frick und Henry Phipps verkauften unauffällig die Obligationen und Anteile, die sie erhalten hatten. Sie waren klug genug, den Unterschied zwischen Stahl und Wasser zu kennen. Carnegie witzelte, daß er sein Unternehmen wahrscheinlich durch eine gerichtliche Verfallserklärung zurückbekommen würde, da er einen großen Teil der Pfandbriefe für ihre erste Hypothek besaß. Doch letztlich entschied auch er sich für Bargeld. Es ist nicht ohne Ironie, daß ihre Erben noch reicher geworden wären, wenn sie alle die kommenden Börsenkrisen durchgestanden hätten. Andrew Carnegie bezog ein herrliches Schloß in Schottland und erfreute sich noch fast zwei Jahrzehnte seines Lebens, bis er 1919 starb. Mit 350 Millionen Dollar seines immensen Vermögens hat er 2811 Bibliotheken in Großbritannien, Irland, den britischen Kolonien und den Vereinigten Staaten, die *Carnegie Hall* in New York, Colleges und weitere gemeinnützige und kulturelle Einrichtungen gegründet.

Die Krupps

Als in der zweiten Hälfte des 19. Jahrhunderts immer mehr Eisenbahnen, Schiffe und Wolkenkratzer gebaut, aber auch zunehmend Kanonen und andere Waffen hergestellt wurden, führte die steigende Stahlnachfrage zu großen Stahlwerken überall in der Welt. Die Gründer dieser Konzerne – so Krupp und Thyssen in Deutschland, Schneider in Frankreich, Skoda in Pilsen in der späteren Tschechoslowakei – wurden zu Industriekönigen ihrer Länder und trugen zu deren wirtschaftlicher als auch militärischer Expansion bei. Sie alle verdienten an Kriegen, und der zunehmende Handel mit Waffen scheint die friedliche Nutzung ihrer ungeheuren Produktionskapazität bald in den Schatten gedrängt zu haben. Vorschub leisteten dabei auch solch zwielichtige Persönlichkeiten wie der in Rußland geborene Sir Basil Zaharoff, der angeblich an jedem im Ersten Weltkrieg getöteten Soldaten eine Guinea (ein Pfund und einen Shilling) verdient haben soll. Wie seine Lieferanten hatte Zaharoff keinerlei Skrupel, im Konfliktfall beide Seiten mit Waffen zu versorgen. Damit setzte er die langjährige Praxis des größten Rüstungskonzerns von allen fort, der Firma Friedrich Krupp in Essen. Geschäfte gingen über Politik, und sich »unpolitisch« zu verhalten, war eine Chance zur Profitmaximierung.

Anfang des 19. Jahrhunderts hatte sich ein junger Unternehmer aus Essen bereits einen gewissen Namen mit seinen Versuchen gemacht, die von Napoleon verhängte Kontinentalsperre zu umgehen und mit britischen »Kollegen« ins Stahlgeschäft zu kommen. Doch in einem in Kleinstaaten aufgesplitterten Deutschland war das ihm vorschwebende Riesenunternehmen noch nicht realisierbar. Sein Sohn Alfred (1812–1887) wurde nach Gründung des deutschen Zollvereins 1833 der erste Krupp, der in der Stahlbranche reüssierte. Innerhalb eines Jahres verdreifachte Alfred Krupp seine Belegschaft, um die Aufträge aus allen Teilen der neuen Handelsgemeinschaft ausführen zu können. In seiner Zeit wurde auch das Firmenzeichen der drei Räder kreiert, in denen später viele Kanonenmündungen zu erkennen glaubten. Die Firma beschränkte sich bis 1851 auf den deutschen Markt, zeigte dann aber auf der Weltausstellung in London einen Gußstahlblock mit einem Gewicht von 2150 Kilogramm – seinerzeit ein technisches Wunder – sowie einige Sechs-Pfünder-Kanonen aus Gußstahl. Krupp gewann den Grand Prix der Ausstellung und schlug damit die stahlerprobten Briten im eigenen Land. Schon bald erhielt er bedeutende Aufträge des preußischen Königs, des späteren deutschen Kaisers Wilhelm I., ebenso von den Regierungen Rußlands, der Niederlande, Großbritanniens, der Schweiz, Spaniens und Österreichs. Der »Kanonenkönig« war geboren.

In den sechziger Jahren des 19. Jahrhunderts wurden für die Schwerindustrie zwei wichtige Erfindungen gemacht: Sir Henry Bessemer entwickelte seine Methode, Stahl aus Flüssigeisen in einem Konverter zu gießen und nicht mehr in geschlossenen Hochöfen herzustellen, Friedrich Siemens erfand einen Regenerativschmelzofen, dessen Verbesserung schließlich zum Siemens-Martin-Ofen führte. Die Firma Krupp kaufte das Siemens-Patent und expandierte verblüffend schnell: von sieben Arbeitsplätzen im Jahr 1826 auf 1500 im Jahr 1859, 2000 im Jahr 1861, 4000 im Jahr 1863, 8000 im Jahr 1865 – und das war erst der Anfang. Wie Carnegie sicherte sich Krupp (mit Hilfe des preußischen Königs und des späteren Reichskanzlers Bismarck) den Zugriff auf die notwendigen Rohstoffe und landete mit seinen Waffen im Deutsch-Französischen Krieg von 1870/71 einen großen Treffer. Für die Geschütze, die Krupp an Frankreich verkaufte, ernannte ihn Napoleon III. zum Ritter der Ehrenlegion, während die Kanonen, die Krupp an die Deutschen verkaufte, die Befestigungen von Metz und Sedan ebenso zerstörten wie die Ballone, mit denen das umzingelte Paris versuchte, Kontakt zum Rest des Landes aufzunehmen. Nachdem mit Frankreich ein Haupthindernis ausgeschaltet war, bereitete sich das Deutsche Kaiserreich mit der Hilfe Alfred Krupps an der Spitze seiner Industrie darauf vor, die Vormachtstellung in Europa einzunehmen. Der Firmenchef identifizierte sich mit fast manischer Besessenheit mit den Kruppwerken und verzichtete buchstäblich auf jedes Privatleben – zum großen Bedauern seiner Frau Bertha und seines Sohns Friedrich Alfred.

Der Industrielle litt unter so großer Unruhe und Beklemmungen, daß Ärzte von einer »Hypochondrie« sprachen, »die an Geistesverwirrung grenzt«. In seiner latenten Rastlosigkeit war Krupp praktisch pausenlos in Deutschland und dem europäischen Ausland unterwegs und leitete sein riesiges Unternehmen mit schriftlichen Anweisungen, von denen 30 000 erhalten geblieben sind. Krupp führte seine Werke mit diktatorischer Strenge, und um sie über den Tod hinaus dirigieren zu können, verfaßte er eine Art Magna Charta für das Haus Krupp, das 22 Seiten umfassende *Generalregulativ*, das detaillierte Anweisungen für die Arbeit – und auch das Privatleben – der *Kruppianer* festlegte. Sie waren kaum mehr als Sklaven der Ambitionen eines autokratischen Besitzers und des Vaterlands, das durch Krupps größten Auftraggeber, Seine Majestät Kaiser Wilhelm I., verkörpert wurde.

Doch je länger die Arbeitskräfte in der Firma blieben, desto besser führten sie ihre Aufgaben aus, und entsprechend positiv war das Ergebnis für das Unternehmen. In dieser Hinsicht nahm Alfred Krupp die höchst erfolgreiche Arbeitsmoral, die langfristigen Beschäftigungsverhältnisse und den industriellen Erfolg Japans nach dem Zweiten Weltkrieg vorweg. Unter seinem strengen Paternalismus erfreuten sich die Kruppianer durchaus einer gewissen sozialen Fürsorge. Das führte zu einer großen Verbundenheit mit ihrer Arbeit und ihrem Arbeitgeber sowie zu großer Emsigkeit bei der Produktion von Stahlzylindern, Achsen, Rädern und Tausenden von Gleiskilometern für die schnell wachsenden amerikanischen

OBEN: Alfred Krupp war zwar nicht das erste Mitglied seiner Familie im Stahlgeschäft, trug aber entscheidend zu deren Erfolg in der Branche bei. Die Krupps kauften Kohlenbergwerke in Lothringen, Luxemburg und Deutschland und erwarben Eisenerzgruben in Spanien und Schweden, was die Friedrich-Alfred-Hütte rasch zum größten Eisenverhüttungswerk Europas werden ließ.

LINKS: Die Krupps spezialisierten sich auf die Rüstungsproduktion. In ihren Rüstungsfabriken (hier ein Bild vom Dezember 1917) wurden Geschütze aller Größen hergestellt; das berühmteste war die »Dicke Berta«, die in den blutigen Auseinandersetzungen des Ersten Weltkrieges ungeheuren Schrecken verbreitete.

Für die Krupps erwies sich die Rüstungsindustrie als eine unerschöpfliche Goldmine; sobald sie eine Garnitur von Tötungsmaschinen verkauft hatten, erfanden sie überlegenere Waffen, die alles zerstören konnten, was bisher produziert worden war. Mittels Aktienverkäufen kam Fritz Krupp in den Besitz der großen Grusonwerke, einer Waffenfabrik in Magdeburg, und der Germaniawerft an der Ostseeküste; dort forderte der Kaiser dazu auf, Großbritannien im Bau von Schlachtschiffen zu überrunden.

OBEN: Krupp stellte auch die gefährlichen U-Boote her, die eine Wende in der Seekriegführung bedeuteten, doch nicht immer zu Deutschlands Vorteil (siehe gegenüber).

UNTEN: Gustav Krupp von Bohlen und Halbach und seine Direktoren folgen den Särgen der bei einem Betriebsunglück im April 1923 umgekommenen Arbeiter.

Eisenbahnen. Sie waren jedoch ebenso tüchtig in der Herstellung immer größerer Mengen von Waffen für alle Mächte, die die Mittel aufbringen konnten, sie zu bezahlen.

Friedrich Alfred Krupp

Es ist nicht uninteressant, daß Alfreds Sohn Friedrich Alfred Krupp (1854–1902) im Jahr 1888 die Firmenleitung übernahm, also im selben Jahr, in dem Queen Victorias ältester Enkelsohn als Wilhelm II. den deutschen Kaiserthron bestieg. Angesichts seiner politischen Absichten, Großbritannien die Vormachtstellung auf den Weltmeeren abzujagen, Frankreich zu demütigen und Europa mit entschlossener Gewalt zu dominieren, war sich Wilhelm II. bewußt, daß seine Zukunft eng mit der industriellen Macht des Hauses Krupp verbunden war. Ihre Interessen waren wie die beiden Seiten einer Medaille; so expandierte das Unternehmen geradezu rasend schnell. Krupp kaufte Kohleminen in Lothringen, Luxemburg und Deutschland, erwarb Eisenerzvorkommen in Spanien und Schweden und begann mit dem Bau der Friedrich-Alfred-Hütte in Rheinhausen, dem größten Stahlwerk Europas. Durch Aktienmanipulationen brachte sich Krupp in den Besitz der großen Grusonwerke in Magdeburg-Buckau und der Germaniawerft in Kiel. Die Rüstungsindustrie erwies sich als unerschöpfliche Goldmine, denn kaum hatte Krupp neue Waffen an seinen internationalen Kundenkreis ausgeliefert, entwickelten er oder seine Konkurrenten bereits überlegeneres Kriegsgerät, um das bereits hergestellte zu zerstören. So wurde das System des Wettrüstens erfunden. Sobald Großbritannien sechs Schlachtschiffe in Dienst stellte, baute Deutschland acht, und beide Nationen waren hektisch bemüht, immer neue Geschütze mit immer größerer Reichweite und Treffsicherheit zu entwickeln; den Höhepunkt bildete Krupps berüchtigte »Dicke Berta« im Ersten Weltkrieg. Sein persönliches Vermögen konnte Friedrich Krupp von 119 Millionen Mark im Jahr 1895 innerhalb von sieben Jahren auf 187 Millionen Mark vergrößern. An der Trauerfeier nach seinem plötzlichen Tod im Jahr 1902 nahmen 43 000 Kruppianer und der Kaiser teil.

Die Krupps und der Erste Weltkrieg

In Ermangelung eines männlichen Erben ging die Unternehmensführung der Kruppwerke an Friedrichs Tochter Bertha über, nachdem lange Zeit ihre Mutter Marga die Geschäfte geführt hatte. Marga Krupp war von ihrem Mann in eine Nervenheilanstalt eingewiesen worden, verließ diese aber wieder, um ihre Tochter auf deren Aufgaben vorzubereiten. Während eines Empfangs in der Königlich-Preußischen Botschaft in Rom hatte Bertha den gutaussehenden jungen Attaché Gustav von Bohlen und Halbach kennengelernt, dessen Familie in die USA ausgewandert, dann aber wieder nach Deutschland zurückgekehrt war. Bertha und Gustav von Bohlen und Halbach wurden in der Villa Hügel in Essen in Anwesenheit des Kaisers getraut. In seiner Rede ermahnte Wilhelm II. die Braut, »unserem deutschen Vaterland auch fernerhin Schutz- und Trutzwaffen zu liefern, welche in Fabrika-

tion sowohl wie in Leistungen nach wie vor von keiner Nation erreicht werden«.

Ihren unübertroffenen Höhepunkt erlebten die Kruppwerke 1914. Zu Beginn des neuen Jahrhunderts hatte sich das Unternehmen nach und nach mit zwei Drittel seiner Produktion auf den deutschen Markt konzentriert. Mit Ausbruch des Ersten Weltkriegs gewannen die militärischen Ziele absoluten Vorrang, und die gesamte Produktion des größten Industrieunternehmens Europas diente nichts anderem mehr als den kriegerischen Bedürfnissen des »Vaterlandes«. Jetzt war es der Firma nicht mehr möglich, auch anderen am Krieg beteiligten Nationen Waffen zu liefern, obwohl sie noch kurz zuvor Patente zur Herstellung von Granatenzündern an Vickers verliehen hatte. Mit einer Belegschaft von 82 000 Arbeitskräften, neun Stahlwerken und Tausenden von Produktionsmaschinen war Krupp auf den Krieg gut vorbereitet. Entgegen den Vorhersagen des Kaisers war den deutschen Streitkräften aber kein unmittelbarer, entscheidender Erfolg beschieden. Die unvorstellbaren Grausamkeiten der kriegerischen Auseinandersetzungen hielten sogar über vier Jahre lang an – und damit auch die Nachfrage nach Waffen. Als sich der Erste Weltkrieg dem Ende zuneigte, hatte Krupp seine Belegschaft auf 170 000 erhöht, die monatliche Produktion betrug 14 000 Tonnen Sprengstoff, neun Millionen Granaten und 3000 Feldgeschütze. Dazu kamen U-Boote, Kriegsschiffe und Panzerplatten.

Nach dem Friedensschluß wurde der Rüstungsbetrieb der Kruppwerke auf Beschluß der alliierten Mächte demontiert; Deutschland hatte sich aller militärischer Aktivitäten zu enthalten. Gustav von Bohlen und Halbach wurde aus der Pracht der Villa Hügel herausgeleitet und von den Franzosen inhaftiert. Als ihn seine Frau und sein Schwager in der Haft besuchten, begrüßte er die beiden mit den Worten: »Jetzt kann ich mich mit Fug und Recht als wirklichen Kruppianer bezeichnen, nicht wahr?« Dann brach er in Tränen aus und erklärte seiner Frau, nun fühle er sich endlich ihrer Vorfahren würdig. Nach der Entlassung aus dem Gefängnis produzierte Gustav Krupp von Bohlen und Halbach zwar so friedliche Dinge wie Vorhängeschlösser und Lokomotiven, bereitete jedoch insgeheim die Infrastruktur für eine künftige Waffenproduktion vor. Im Jahr 1942 schrieb er in den *Krupp-Nachrichten*: »Ich wollte und mußte Krupp trotz aller Einwände als Rüstungsunternehmen erhalten, auch wenn das erst in ferner Zukunft bekannt werden durfte.« Als Adolf Hitler sich anschickte, die »Schmach« des Versailler Vertrages zu rächen, standen die Kruppianer bereit, ihn dabei nach Kräften zu unterstützen.

Andere Metalle

Der große industrielle Aufschwung während der Goldenen Gründerzeit führte ebenso wie viele neue Entdeckungen und Erfindungen zu einem enormen Bedarf an weiteren Metallen wie Zink, Zinn, Kupfer und Blei. Überall auf dem amerikanischen Kontinent kamen Schürfer, Minenbesitzer und Verhütter zu großen Vermögen. Doch niemand machte mit Metallen – die boomende Stahlbranche ausgenommen – mehr Geld als die Guggenheims, eine Familie jüdischer Emigranten aus dem Aargau in der deutschen Schweiz. Erst relativ spät, mit 55 Jahren, entschloß sich Simon Guggenheim zur Auswanderung und traf 1848 mit seinen zwölf Kindern in Philadelphia ein. Hier hausierte er eine Zeitlang mit Haushaltwaren, und sein Sohn Meyer (1828–1905) verkaufte sie auf dem Land an die Einwanderer aus Deutschland.

Meyer Guggenheim erfand ein Herdputzmittel, mit dem sich die Hausfrauen nicht mehr dic Hände schmutzig zu machen brauchten. Es brachte ihm genug Kapital ein, um damit ein kleines Lebensmittelgeschäft eröffnen zu können. Wie auch viele andere erfolgreiche Geschäftsleute jener Zeit verdiente er lieber Geld mit Spekulationen, als im Bürgerkrieg zu kämpfen. Fest davon überzeugt, daß einem »die gebratenen Tauben nicht in den Mund fliegen«, stürzte er sich unentwegt in neue Unternehmungen. Er betrieb einen Gewürzgroßhandel, stellte Seifenlauge her und importierte Spitzen und Stickereien aus Deutschland und der Schweiz. Im Alter von 50 Jahren hatte er es fast zum Millionär gebracht.

Der eigentliche Durchbruch gelang den Guggenheims mehr durch Zufall. Im Jahr 1881 steckte Meyer – wie alle anderen auch – seine Nase in Metallspekulationen, indem er

OBEN: Meyer Guggenheim, der Familienpatriarch, verdiente sein erstes Geld, indem er eine Herd- und Ofenpolitur erfand, die keinen Schmutz an den Händen der Hausfrauen zurücklassen sollte; danach verkaufte er Kaffee und Gewürze en gros, Industrielauge und importierte Spitzen aus seiner schweizerischen Heimat, bis er ein beachtliches Vermögen durch Bergwerke ansammelte. 1879 war der 51jährige Meyer beinahe Millionär, nachdem er 31 Jahre lang im Gelobten Land Amerika geschuftet hatte. Seine sieben Söhne arbeiteten alle im Geschäft mit.

UNTEN: Der Untergang der deutschen Kriegsschiffe *Scharnhorst* und *Gneisenau* (1914), dargestellt von dem Maler William Lionel Wyllie (National Maritime Museum, London).

Meyer Guggenheim (in der Mitte), umgeben von seinen Söhnen, im Sitzungszimmer seiner Firma. Als die Jungen noch klein waren, rief sie der Patriarch zusammen und gab jedem einen Stock mit der Aufforderung, ihn zu brechen. Dann band er sieben Stöcke zusammen, die keiner brechen konnte; so brachte er ihnen bei, daß jeder als einzelner angreifbar sei, sie zusammen aber unbesiegbar waren. Benjamin (ganz links) wandte sich zuerst dem Bergbau zu, zog sich dann aber in ein Leben voller Müßiggang zurück, das dramatisch endete, als er 1912 mit der *Titanic* unterging. Er war der Vater von Peggy Guggenheim, der großen Mäzenatin der modernen Kunst. Murray (zweiter von links), der ein beachtliches Talent für Zahlen hatte, baute einen verzweigten Trust auf, mit dem er das Monopol auf die Nitratlagerstätten in Chile errang. Isaac (dritter von links) stand im Schatten seiner Brüder; seine bedeutendste Leistung bestand im Bau des größten Guggenheimhauses auf Long Island. Daniel (vierter von rechts) war ein blendender Geschäftsmann und Diplomat, der Präsident Porfirio Diáz überreden konnte, den Guggenheims die Ausbeutung jeder beliebigen Mine in Mexiko zu gestatten. Solomon (zweiter von rechts) begründete das Solomon R. Guggenheim Museum in New York; sein Interesse galt mehr der Kunst als sonst etwas im Leben. Simon (zweiter von rechts) leitete für die Familie den ausgedehnten Silberabbau in Colorado, wo er auch viele Jahre Senator war. William (ganz rechts) schließlich ging ins Ausland, nachdem er auf dem Bergbausektor für die Familie gearbeitet hatte.

sich zu einem Drittel an zwei Blei- und Silberminen beteiligte. Kostenpunkt: 5000 Dollar. Schon bald spähte Meyer Guggenheim in seinem schwarzen Gehrock in Leadville, Colorado, in ein überflutetes schwarzes Loch. Das Auspumpen des Wassers kostete 25 000 Dollar, eine Summe, die nur Guggenheim zur Verfügung hatte. Also kaufte er einen seiner Partner auf, hatte nun die Majorität und kehrte nach Philadelphia zurück. Wenig später erhielt er ein Telegramm: »Großer Treffer. Fünfzehn Unzen Silber, sechzig Prozent Blei.« Damit hatte die Mine einen höheren Silberanteil als jede andere in diesem Gebiet reicher Silbervorkommen. Schon bald brachte die Ader Guggenheim monatlich 17 000 Dollar, und als die Minen ausgebeutet waren, hatten sie die Guggenheims um 15 Millionen Dollar reicher gemacht. Aber das war erst der Anfang für ihr ungeheures Vermögen. Inzwischen hatte Meyer erkannt, daß die Holden Smelter in Denver große Teile seines Gewinns einstrich. Meyer investierte 500 000 Dollar und eröffnete seine eigene Hütte in Denver.

Es war an der Zeit, die Fühler ins Ausland auszustrecken, und die Guggenheims zog es nach Mexiko, wo Minen unvorstellbar billig waren, Arbeitskräfte in großer Zahl zu niedrigen Löhnen zur Verfügung standen und Kapital fehlte. Meyers Sohn Daniel (1856–1930) begab sich 1890 in den Süden, um von Porfirio Diáz Konzessionen zu erlangen, dem bekannten Diktator, der eine entscheidende Rolle bei der Beendigung der europäischen Herrschaft in Mexiko unter dem unglücklichen Kaiser Maximilian und seiner Kaiserin Charlotte gespielt hat. Diáz, der einem guten Geschäft mit den richtigen Leuten nie abgeneigt war, räumte den Guggenheims das Recht ein, zwei Silberhütten in Monterrey und Aguascalientes zu bauen sowie »jede Mine, die sie in Mexiko pachten oder kaufen wollen, zu erforschen und auszubeuten«. Alle notwendigen Gerätschaften konnten zollfrei importiert werden, und alle Gelder, die in die Hütten investiert wurden, sollten unbesteuert bleiben. 1895 brachten die Hütten etwa eine Million Dollar jährlich ein, und die Familie Guggenheim war zur beherrschenden Kraft des Bergbaus in Mexiko geworden. Der erfreute Meyer bedeutete seinen Söhnen, es sei höchste Zeit, die Kontrolle über alle Verhüttungsunternehmen in Nordamerika zu erlangen.

Im Jahr 1889 gründeten die Guggenheims die Guggenheim Exploration Company (Guggenex), von der Anteile an der New York Stock Exchange angeboten wurden. Ihre Konkurrenz war die United Metals Selling Company, ein von William Rockefeller, dem Sohn des großen Monopolisten John D., seinem Partner Henry Rogers und den Brüdern Lewisohn ins Leben gerufener Trust. Die Rockefellers hatten die Amalgamated Copper Company (später Anaconda genannt) eingebracht und die Lewisohns große Beteiligungen an Kupfervorkommen. Das führte zu der Gründung der noch größeren ASARCO (American Smelting and Refining Company), unter deren Dach 23 verschiedene Hütten in dem Bemühen zusammengefaßt waren, den Guggenheims die Stirn zu bieten und alle ihre Beteiligungen zu schlucken. Dieses Szenario war praktisch eine Wiederholung des großen Stahlkriegs, der mit der Gründung von United States Steel geendet hatte, und die Wall-Street-Mafia trat auf den Plan. Zur Ausarbeitung einer Strategie und zur Sicherung der Finanzierung rekrutierten die Guggenheims Thomas Fortune Ryan und William Whitney, zwei brillante Wall-Street-Spekulanten, und nahmen sie als Partner in ihr Unternehmen auf. Und wieder hatte die Familie Glück: 1900 traten die ASARCO-Arbeiter für zwei volle Monate in Streik. Nachdem Daniel die Minenbesitzer davon überzeugt hatte, ihm ihr Erz zu verkaufen, erhöhte er die Produktion in Mexiko geradezu dramatisch, bot in aller Welt Metalle zu Dumpingpreisen an und begann ASARCO-Aktien zu kaufen, die auf dem Tiefstand waren. Die Rockefeller-Gruppe machte das Angebot, die Konkurrenz mit 45 Millionen Dollar aufzukaufen. Die Guggenheims akzeptierten – unter der Voraussetzung, daß der Vorstand des Hüttengigan-

ten mit Familienmitgliedern besetzt wurde, die 51 Prozent des Aktienkapitals in die Hände bekamen. Einer Einwandererfamilie von Putzmittelherstellern und Stickereiverkäufern war es gelungen, die weltweite Kontrolle über eine Industrie zu erlangen, die noch in ihren Kinderschuhen steckte. Ohne sich eine Pause zum Atemholen zu gönnen, heirateten die Guggenheims nun in die Crème der jüdischen Bankier- und Warenhauskreise von New York ein und begannen ein Leben »ganz oben«.

Nach Meyer Guggenheims Tod (1905) wurde Daniel der Chef der Sippe und erwies sich seinem rastlos ehrgeizigen Vater als durchaus ebenbürtig. Er engagierte den weltweit fähigsten Bergbaufachmann, John Hays Hammond, für ein seinerzeit ungeheures Jahresgehalt von 250 000 Dollar zuzüglich 25 Prozent jeder Mine, die er einbrachte. Hammond bewies, daß er jeden einzelnen Cent davon wert war, und brachte die Guggenheims zu einem Reichtum, den sie sich selbst in ihren kühnsten Träumen nicht hätten ausmalen können. Heute denkt man bei dem Namen Guggenheim fast automatisch an Kupfer, und das wegen der Bonanza-Mine oberhalb von Kennecot Creek in Alaska. Das Vorkommen in diesem Berg inmitten der nördlichen Wildnis war siebzig- bis fünfundsiebzigprozentig reines Kupfer, während das in Utah und Nevada geförderte Erz nur zwei bis drei Prozent Kupfer aufwies. Hammond war buchstäblich auf einen Kupferberg gestoßen, und um diesen Schatz zu bergen, bedurfte es einer Finanzierung, die nur J.P. Morgan und Jacob Schiff, die Herrscher der Wall Street, gewährleisten konnten. Mit ihrem Kapital war es möglich, Bahngleise zu verlegen, Flüsse mit Stahlbrücken zu überspannen, Häfen zu bauen und Dampfschifflinien in Betrieb zu nehmen. Es war, als würde eine neue Transsibirische Eisenbahn in jene Wildnis gebaut, die Rußland für nicht mehr als ein Monatseinkommen aus dem Bonanza-Kupfer an die USA verkauft hatte. Die erste Ladung Kupfer, die 1911 Alaska verließ, erbrachte 500 000 Dollar, woraufhin die Guggenheims beschlossen, daß alles auf und in alaskischem Boden ihnen gehören sollte.

Ihr weltweites Vorgehen war ebenso simpel wie rücksichtslos: Nur in Flautenzeiten kaufen, billige ausländische Arbeitskräfte ausbeuten, um die Löhne zu Hause zu senken, kein Risiko eingehen und die Unternehmen ausschließlich vertikal verflechten. Mit dieser Strategie machten sich die Guggenheims an die Eroberung Chiles ebenso wie an die Ausbeutung des Metallreichtums des Kongo und Angolas – mit Hilfe von Thomas Fortune Ryan und König Leopold von Belgien. Zu Beginn des Ersten Weltkriegs kontrollierte die Familie 75 bis 80 Prozent der weltweiten Silber-, Kupfer- und Bleivorkommen und konnte Produktion und Preise ganz nach ihrem Belieben bestimmen. Sie waren die unangefochtenen Metall-Monarchen.

Der Reiz des Goldes

Trotz der enormen Vermögen, die mit der Förderung anderer Bodenschätze erworben werden konnten, hat nichts den Menschen so sehr fasziniert wie Gold, das uralte Symbol für Reichtum. Es ist das erste Metall, das die Menschheit kannte, es kommt selten vor, es ist leicht zu verarbeiten, es oxydiert nicht, und es läßt sich verhältnismäßig leicht transportieren. Neben all diesen Vorzügen ist Gold ein Metall, aus dem sich wunderschöne Dinge herstellen lassen, die ihren Besitzern – den Reichen und Mächtigen – Ansehen und Prestige verleihen. Gold wurde in fast allen Teilen der Welt in Form von Nuggets in Flußbetten oder Goldadern gefunden, doch seine größten Konzentrationen – im Westen der USA und an der Südspitze Afrikas – kamen erst in der zweiten Hälfte des 19. Jahrhunderts ans Tageslicht.

Bis 1848 war Kalifornien ein eher uninteressantes nördliches Anhängsel von Mexiko, das die Region in diesem Jahr an die Union abtrat. In diesem *annus mirabilis* entdeckte der Schweizer Siedler Johann August Sutter Gold auf seinem Besitz im Sacramento Valley. 1834 war Sutter wegen eines Konkurses aus der Schweiz nach Amerika geflohen, wo er einige Jahre umherzog und sogar bis Hawaii kam, ehe er 1839 in Kalifornien eintraf und den mexikanischen Gouverneur Juan Batista Alvarado dazu bewog, ihm 50 000 Morgen Land am Zusammenfluß des Sacramento und des American River zu überlassen. Er stellte einige Indianer an, baute eine Sägemühle und hatte bald beachtliche Erfolge in der Landwirtschaft. Schließlich bebaute er 3500 Morgen mit Getreide, bepflanzte weitere Hunderte mit Obstbäumen und besaß einen

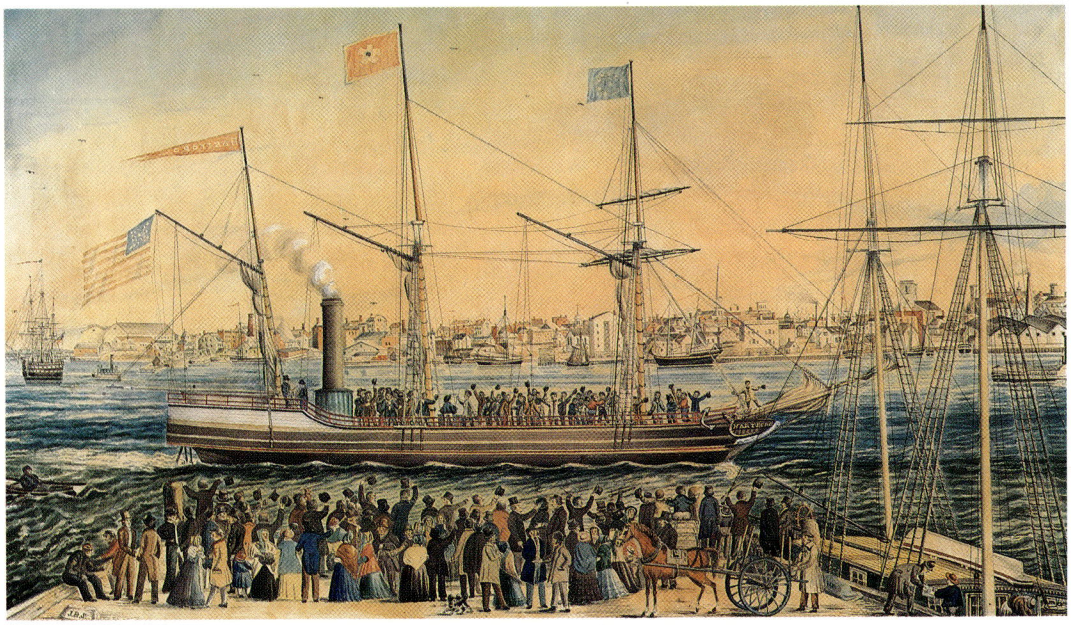

Als in Kalifornien Gold gefunden wurde, zog das eine große Wanderbewegung von der Ostküste in den Fernen Westen nach sich. Voller Hoffnung strebten die Schürfer in hellen Scharen dorthin – übers Land, auf dem Meer oder mittels einer Verbindung beider Wege. Kein anderes Ereignis sonst zog die uneingeschränkte Aufmerksamkeit der Schiffsreeder in stärkerem Ausmaß auf sich, den schnellsten, billigsten und günstigsten Weg zu finden, wie man die schmale mittelamerikanische Landenge überwinden könnte, die enttäuschenderweise das Karibische Meer vom Stillen Ozean trennte.

UNTEN: **Die *Hartford-Captain LeFèvre* dampft 1849 von New York nach Kalifornien. Unentwegt wurden Pläne geschmiedet, wie man Kanäle durch Nicaragua und Panama bauen könnte, um die lange riskante Reise um Kap Hoorn zu vermeiden. Unterdessen wurden die Passagiere von Schiffen an der einen Küste ausgeladen, per Eisenbahn, Maulesel, Kanu oder Raddampfer durch die mittelamerikanischen Dschungel, Sümpfe und Seen befördert und schließlich an der anderen Küste von anderen Schiffen eingeladen und nach San Francisco gebracht.**

OBEN: **Ein Plakat lockt Goldgräber an, eine Überfahrt auf dem Schnellsegler *Josephine* zu buchen.**

Eine Ausrüstung fürs Goldschürfen war ein teures Vergnügen. Hatte man gar etwas vergessen, mußte man es im Goldgräbergebiet von halsabschneiderischen Händlern erstehen.

UNTEN: **Eine zeitgenössische Karikatur zeigt einen hoffnungsfrohen Goldschürfer, mit Schaufel, Würsten, Teekessel und Wärmflasche ausgerüstet.**

GANZ RECHTS: **Am Vorabend seiner Abreise posiert George W. Northrup samt Spitzhacke, Pistolen und einem gefüllten Säckchen mit der optimistischen Aufschrift »Gold für 90 000 Dollar« für eine letzte Porträtaufnahme.**

OBEN: ***Pay Dirt* (Gilcrease Museum, Tulsa) von Charles W. Russell. Dieses Bild hätte in der zweiten Hälfte des 19. Jahrhunderts an jedem Ort im Fernen Westen gemalt worden sein können.**

GEGENÜBER OBEN: **Eine Goldmine in Alaska. Kennzeichnend dafür sind die primitiven, amateurhaften Bedingungen, unter denen das wertvolle Metall gefördert wurde.**

GEGENÜBER UNTEN: **Drei recht alte und verbissene Schürfer waschen Gold in Rockerville, Dakota, aus.**

Viehbestand von etlichen tausend Tieren. Als sein Sägemühlenpartner die ersten Nuggets aus dem Sacramento fischte, war das für Sutter kein Grund zum Frohlocken: »Das Ausmaß der Entdeckung war mir nicht bewußt, doch ich ahnte, daß sie meinen Plänen zuwiderlaufen würde.« Bald verkündeten Schlagzeilen: »Das ganze Land hallt vom Klang des Goldes wider: GOLD, GOLD, GOLD.« Der Goldrausch hatte eingesetzt, zunächst mit Nuggets im Wert von 25 000 Dollar, die von Einheimischen aufgelesen wurden. Ganze Karawanen machten sich zu Land auf den Weg nach Westen, während zu See Segelschiffe nicht einmal vor Kap Hoorn zurückschreckten. 1852, auf dem Höhepunkt des *goldrush*, schaufelten Optimisten ganze Berge weg und ließen Flüsse durch ihre Siebe laufen, um Goldstaub und Nuggets im Wert von 81 Millionen Dollar zu bergen. In weniger als einem Jahrzehnt wechselte Gold für 345 Millionen Dollar allein in San Francisco den Besitzer; der Ort mauserte sich dadurch von einem winzigen Nest namens Yerba Buena zu einer Boomtown mit Banken, Saloons und Bordellen.

Für die wahren Kapitalisten war Geld jedoch von eher nebensächlicher Bedeutung, und das aus mehreren Gründen. Zunächst einmal war das kalifornische Gold in großen Mengen so leicht zugänglich, daß es jeder mit einer Schaufel oder einem Sieb bekommen konnte. Die meisten Schürfer schöpften sozusagen den Rahm von ihrem Claim, zogen weiter und wurden so nie wirklich reich. Dann wurde der Goldpreis von der Regierung festgesetzt; damit entfiel für Konzerne und Trusts jeder Anreiz, Angebot und Nachfrage kontrollieren zu wollen. Der Goldrausch war tatsächlich eine Chance für jedermann, in der arme Einwanderer die Erfüllung ihrer Träume suchten. Für die meisten von ihnen bedeutete es eine anstrengende Reise, Wochen oder Monate der Enttäuschung, Krankheit oder sogar Tod, und eine demütigende Heimkehr. Der Lockruf des Goldes hatte jedoch auch ein Element des *machismo* und verhieß vielen jungen Männern, die ihren Lebensunterhalt mehr schlecht als recht in schmutzigen Fabriken verdienten, glanzvolle Abenteuer.

Das wirkliche Geld wurde mit dem »fleecing the Golden Fleecers« gemacht, mit dem Schröpfen der Goldsucher. In einer Atmosphäre des Wie-gewonnen-so-Zerronnen gab es nahezu keine Grenzen für das, was Halsabschneider für Nahrungsmittel, Getränke, Schürfausrüstungen und andere lebensnotwendige Artikel kassierten. Ein Händler, der 1500 Dutzend Eier von einem Küstenschoner kaufte und diese mit erklecklichem Profit zu 37 Cent das Dutzend verkaufte, mußte wenig später feststellen, daß sie zum Zehnfachen seines Preises erneut angeboten wurden. Eine Schöne der Nacht verdiente monatlich 50 000 Dollar an sexuell ausgehungerten Goldsuchern, die ihr ganzes Geld in der Annahme hinblätterten, in den Bergen der Umgebung befände sich ein unerschöpflicher Vorrat an Gold. Auch wenn die kalifornischen Wirtschaftsmagnaten ihr eigentliches Vermögen mit Eisenbahnen, Finanzierungen und Immobilien verdienten, kamen

No 5 ANVIL
PIONEER MINING Co

ihre ersten Einkünfte von der Ausbeutung der Träumer. Der *goldrush* war eine Geldspritze für die gesamte Nation, aber seine eigentliche Bedeutung liegt in der Tatsache, daß er die Menschen in den Westen zog. Viele der Goldsucher ließen sich dort nieder, gründeten eine Familie und trugen so zur Entstehung des amerikanischen Traums bei.

Silber und Gold: die Comstock-Mine

Das kalifornische Gold mag zwar nicht direkt zur Gründung wirklich großer Vermögen geführt haben, wohl aber das kalifornische Silber. Das geschah dank der unglaublich ergiebigen Minen, die im Schatten des Sun Mountain am Gold Cañon im kargen Washoe Valley in der Nähe von Virginia City, Nevada, entdeckt wurden. Die meisten der Goldrauschsüchtigen kamen auf ihrem Weg nach Kalifornien, wo sie die größeren Reichtümer vermuteten, auch durch den Gold Cañon. Sie holten mit ihren Messern Nuggets aus den Felsen und schürften einiges Gold aus den Bergen. Aber der Goldstaub war mit einem bläulichen Erz vermischt, das ihre Schwingkörbe verstopfte und das Quecksilber forttrug, das sonst das Gold leicht vom Erz trennte. Als eines Tages enttäuschte Schürfer die bläulichen Rückstände wegwarfen, rief ein verblüffter Mexikaner: »*Bueno, bueno. Mucha plata, mucha plata!*« Er deutete auf den Sun Mountain, doch niemand schenkte ihm Beachtung.

Im Frühjahr 1851 gaben die Brüder Allen und Hosea Grosch einer Ahnung nach, analysierten das bläuliche Erz und fielen fast in Ohnmacht. Es war nahezu reines Silber. Sie bewahrten mehr als vier Jahre Stillschweigen und versuchten in dieser Zeit genügend Geld zusammenzubekommen, um ausreichend große Claims abstecken zu können und das Kapital für deren Ausbeutung zu haben. 1857 starb Hosea an Wundbrand, nachdem er sich einen Fuß mit einem Pickel durchbohrt hatte, und Allen begab sich weiter nach Westen, um weiter nach Gold zu graben. In seiner Blockhütte hinterließ er einen verschlossenen Kasten mit seinen Erzproben und einer Karte der Silbervorkommen. Vor seinem Aufbruch hatte sich Allen George Comstock, einem anderen Goldsucher, gegenüber verpflichtet, diesen zu einem Viertel an seinen Claims zu beteiligen, wenn er bis zu seiner Rückkehr auf die Blockhütte und den schwarzen Kasten aufpaßte. Aber bedauerlicherweise wurde Allen Grosch ein Opfer des Winters in der Wüste, und als Comstock von seinem Tod erfuhr, brach er den schwarzen Kasten auf, konnte aber die Karte

Die »Big Bonanza« der Comstock Lode in Nevada war eine Erzader aus fast reinem Silber, die mehr als sechs Meter breit war. Nahe Virginia City stießen Bergleute bei ihrer Arbeit auf ein Naturwunder: In den unterirdischen Felsen schimmerte ein Spinnennetz aus Silber.
UNTEN: Ein Werbeplakat für die Comstock Lode stellt die Industrie dar, die aus der Entdeckung entstand. Bergleute wühlen sich durch den Felsen, den sie mit Balken in Form einer großen Bienenwabe abstützen, während aus den Schmelzhütten der Rauch in Schwaden in die Wüstenluft aufsteigt.
OBEN: Das fertige Produkt, eine Säule aus puren Silberbarren, die in Central City (Colorado) aufgeschichtet sind, um die Straßen für die Ankunft Präsident Grants 1873 zu pflastern. Zwei der Comstock-Magnaten, John Makkay und James Fair, führten das Präsidentenehepaar in die Minen. Die Reichtümer aus der Entdeckung überfluteten den Markt mit Silber und verursachten einen Börsenkrach, vergleichbar mit den Folgen, die im 16. Jahrhundert in Spanien eintraten, als riesige Mengen Gold aus der Neuen Welt ins Land strömten.

nicht entziffern. Wenig später wurde ein extrem reiches Vorkommen entdeckt, das Gold Hill genannt wurde. Comstock verglich es mit den Angaben auf Groschs Karte, verstand nun besser und steckte seine eigenen Claims ab.

Comstock begann mit der Ausbeutung, erkannte aber noch immer nicht, daß sein eigentlicher Reichtum in Silber und nicht in Gold bestand. Eine Zufallsbekanntschaft brachte eine Probe des bläulichen Zeugs zu einem Prüfer, und der erklärte: »Das Erz bringt 4791 Dollar die Tonne, 3196 Dollar für Silber, der Rest für Gold. Es ist nahezu gediegenes Silber.« Die Comstock-Mine wurde der größte Edelmetallfund im amerikanischen Westen und verwandelte Virginia City in eine Arena der Prostitution, des Glücksspiels und der Schießereien. Mit die größten Profiteure waren zwei Goldschürfer aus Dublin, John W. Mackay und James G. Fair, die sich mit James C. Flood und William S. O'Brien zusammentaten, zwei Börsenmaklern aus San Francisco; durch Manipulationen mit Bürgschaften wollten sie in den Besitz von Minen kommen. Sie entdeckten auch eine Ader nahezu reinen Silbers mit einem Durchmesser von mehr als sechs Metern: die Big Bonanza, mit Abstand das größte Edelmetallvorkommen der Geschichte. Während Fair Senator von Nevada wurde, stieg Mackay ins Telegrafengeschäft ein und wurde eine Stütze der New Yorker Gesellschaft. Flood und O'Brien, die anderen neureichen Magnaten, bauten sich ungeheuer große Paläste auf Nob Hill und wurden zu den angesehensten Bürgern San Franciscos. Wenn es dem kalifornischen Gold zu verdanken war, daß der Westen besiedelt wurde, dann brachte ihm das Silber aus Nevada die Zivilisation.

Es ist nicht alles Gold, was glänzt

Der burische Farmer Schalk Jacobus van Niekerk besuchte 1867 einen Nachbarn am Oranjefluß in Südafrika. Der Sohn des Gastgebers spielte mit Kieseln, und van Niekerk meinte scherzhaft, aus einem dieser Steine könne man eine hübsche Brosche machen. Ein paar Monate später analysierte ein Geologe in Colesberg den Stein als Diamanten von 21,25 Karat. Die Geschichte läßt unerwähnt, ob der kleine Junge einen Finderlohn bekam, aber als zwei Jahre später ein Schafhirt van Niekerk einen lupenreinen weißen Diamanten von 83,50 Karat brachte, gab der ihm 500 Schafe und zehn Ochsen. Richard Southey, der Vizegouverneur der Kapkolonie, verkündete vor der Cape Assembly, dies sei der Stein, auf den sich Südafrikas Zukunft gründe. Der Diamant, bekannt als *Star of Africa*, wurde schließlich für 30 000 Pfund Sterling an den Earl of Dudley verkauft, aber das Diamantenfieber brach jetzt erst richtig aus.

Die ersten Schürfer waren die Buren, und aus den ursprünglich wenigen Farmern wurden schnell mehr als zehntausend. Manche Glücksritter kehrten dem kalifornischen Goldrausch den Rücken und setzten unverzüglich Segel in Richtung Afrika; andere machten sich aus Großbritannien, Irland, Deutschland und Rußland auf den Weg. Bald wurden auf einem riesigen Gebiet Diamanten in der rötlichen Erde gefunden, eifrig ausgegraben und im nahe gelegenen Fluß gewaschen. Die Ausbeute war so groß, daß alle Steine unter einem Karat nicht für würdig befunden und weggeworfen wurden. Die Schürfer leerten ihre Siebe auf einen Sortiertisch, trennten Steine von Diamanten und jubelten jedesmal laut auf, wenn ein großer, weißer Stein zum Vorschein kam. Als diese Pioniere ihre Claims absteckten, hatten sie keine Ahnung, daß ihre Funde lediglich Abfälle der eigentlichen Vorkommen waren.

Bultfontein und Dutoitspan

Als die Schürfer auf ihrer Suche nach weiteren Steinen durch die Gegend zogen, fanden sie auf den Farmen Bultfontein und Dutoitspan gastfreundliche Aufnahme, ohne zu ahnen, daß diese sich genau über einer von vier großen Minen befanden, die Hunderttausende Karat von Diamanten jeder Größe, Farbe und Form enthielten. Als 1870 eine systematische Förderung begann, forderte Adriaan van Wyk, der Besitzer von Dutoitspan, ein Honorar in Höhe eines Viertels des Wertes der auf seinem Gelände gefundenen Diamanten. Doch bald darauf entschloß er sich zum Verkauf der Farm – für 2600 Pfund! Überall am Fluß ließen sich Schürfer nieder, und auch auf der nahe gelegenen Bultfontein-Farm begannen die Grabungen. 1871 wurde in knapp vier Kilometer Entfernung auf der De-Beers-Farm eine Diamantenmine entdeckt, während zwei Kilometer weiter Schürfer aus Colesberg auf ein weiteres Vorkommen stießen. Zunächst Colesberg Kopje genannt, wurde es dann unter dem Namen *New Rush* bekannt – wegen der Schnelligkeit, mit der die ersten 20 Meter abgetragen wurden, wobei man allmonatlich Diamanten im Wert bis zu 5000 Pfund förderte. Der Abbau war unglaublich simpel, da die

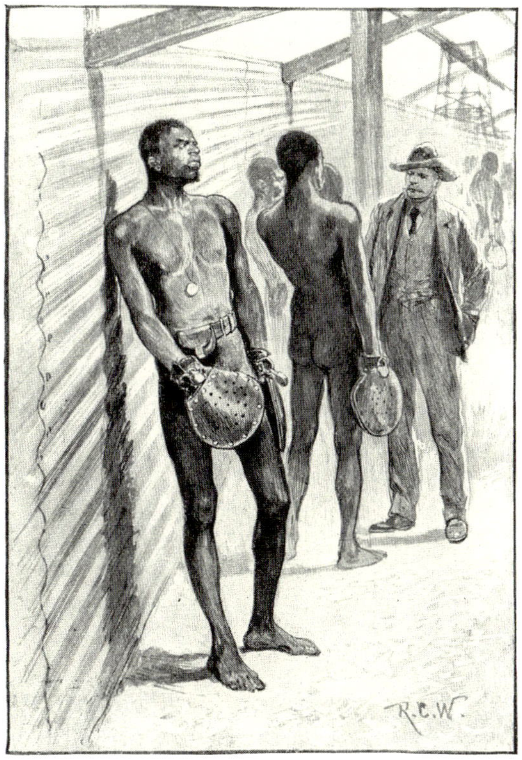

leichte Erde von Regenfällen fortgewaschen worden war und die Diamanten sichtbar zurückgelassen hatte. Nach gewisser Zeit stießen die Schürfer auf blauen Kimberlit und dachten, das Spiel sei aus. Aber als sie diesen mürben Stein abbrachen, stellten sie fest, daß er Diamanten in noch größerer Konzentration enthielt, die sogar um so mehr zunahm, je tiefer sie vordrangen.

Hunderte von Claims wurden auf diesen Diamantenfeldern abgesteckt – jeder in der Größe eines Squashfeldes. Auf ihnen schufteten die Afrikaner bei Temperaturen von 37 Grad

Der phantastische Reichtum der südafrikanischen Minenbesitzer wäre nicht möglich gewesen ohne die billige Arbeitsleistung der unterbezahlten und ausgebeuteten Afrikaner. Aus Basutoland, Zululand, Moçambique und weit entfernten Gebieten im Norden kamen Schwarze, um in den Diamantenminen und später in den Goldbergwerken am Witwatersrand (dem größten Goldvorkommen der Welt), wo Johannesburg entstehen sollte, Arbeit zu finden. Die afrikanischen Minenarbeiter, die, armselig ernährt und gekleidet, in großen Lagern (Townships) hausten, ertränkten ihren Trübsinn in Fusel, der ihnen von weißen Händlern bereitwillig angeboten wurde. Anstatt mit einem kleinen Verdienst, der sie für die Jahre des Elends entschädigt hätte, in ihre Dörfer zurückzukehren, starben viele an Überanstrengung und Alkoholvergiftung. Schwarze Arbeiter wurden von ihren Arbeitgebern als »Kaffer« bezeichnet; ebenso nannten Zyniker die südafrikanischen Aktien, die bald überall in der Welt in den Handel gelangten. Am Ende eines Arbeitstages in den Diamantenminen in Kimberley werden zwei Schwarzen auf dieser Darstellung die Hände in zwei große Boxhandschuhe gesteckt und diese an den Handgelenken angekettet – eine brutale Vorbeugung gegen Diebstahl.

UNTEN: **Barney Barnato in einer Karikatur aus *Vanity Fair* (1895). Barnato, der einst in englischen Varietés aufgetreten war, kam zu einem immensen Vermögen, indem er zuerst mit Diamanten aus Kimberley handelte und dann seine Besitztümer im späteren De Beers-Diamantenmonopol konsolidierte.**
OBEN: **Aus diesem seltenen Foto des »Big Hole« in der Diamantenmine von Kimberley (1879) sieht man die wie aus Lehmziegeln errichteten Hügel der verschiedenen Anteilseigner. Die spinnennetzartigen Schnüre dienten dazu, Lederkörbe mit diamantenhaltigem Material heraufzuziehen; die ganze Szenerie spiegelt das primitive Durcheinander vor der Gründung des Monopols durch De Beer wider.**
GANZ RECHTS OBEN: **Das bröklige Gestein wird in einem Förderkarren nach oben gezogen, wo es von völlig nackten Schwarzen in einer der ersten Drehwaschanlagen (erfunden 1874) gewaschen wird.**
GANZ RECHTS UNTEN: **Die herausgewaschenen Diamanten werden nach Größe und Qualität sortiert.**

Celsius. Feiner roter Staub drang ihnen in Augen, Mund und Nasenlöcher. Wenn sie ihre Arbeit beendet hatten, untersuchten Aufseher ihre Haare, Körperöffnungen, selbst offene Wunden, und flößten ihnen große Mengen Rizinusöl ein, um ganz sicher zu gehen, daß sie keine Diamanten stahlen. Nachts kehrten alle in die nahen Siedlungen zurück: nach Beaconsfield im Norden der Dutoitspan- und Bultfonteinfelder sowie in das wenige Kilometer entfernte Kimberley. Wie im Wilden Westen gaben sich die weißen Schürfer auch hier dem Alkohol, der Prostitution und dem Glücksspiel hin, während die schwarzen Sklaven sangen und tanzten, aber auch blutige Stammesfehden austrugen. Von Zeit zu Zeit brachten die Schürfer ihre gesäuberten und sortierten Steine zur örtlichen Poststation und vertrauten auf ihr Glück, daß ihnen die Diamantenhändler in Hopetown irgendwann einen Scheck zurückschickten – vorausgesetzt, die Päckchen waren nicht unterwegs von der Kutsche gefallen.

Es lag auf der Hand, daß eine gewisse Ordnung in dieses Chaos gebracht werden mußte. Ein Problem bestand in dem Überangebot an Steinen, das den Diamantenpreis drückte und in den Schürfern die Angst wachrief, daß diese einst so seltenen und kostbaren Edelsteine in einer solchen Fülle auf den Markt kommen könnten, daß sie bald den Wert von Topas haben könnten. Je weiter die Claims in den Boden vorgetrieben wurden, desto häufiger kam es zu Einbrüchen des Erdreichs. Die Besitzverhältnisse waren nicht mehr klar, und es kam aus Wut und Habgier zu Mord und Totschlag. So wurde die Förderung von Diamanten für eine Handvoll kleiner Unternehmer bei weitem zu riskant und kostspielig. In den achtziger Jahren des 19. Jahrhunderts ähnelte der Diamantenabbau den Verhältnissen in der amerikanischen Ölbranche, bevor John D. Rockefeller die zahlreichen kleinen Produzenten zu einem machtvollen Monopol zusammenschloß, das den Interessen aller diente. Die Goldene Gründerzeit hatte keinen Mangel an potentiellen Monopolisten, aber jene, die ihre Möglichkeiten in Südafrika nutzten, gehörten zu den schillerndsten.

Rhodes und Barnato

Cecil Rhodes (1853–1902) wurde als Sohn eines Pfarrers in einem kleinen Ort in Hertfordshire geboren. Da sein angeborener Herzfehler irrtümlich als Tuberkulose diagnostiziert wurde, konnte der Junge keine Schule besuchen. 1870 folgte der 17jährige Cecil seinem Bruder Herbert nach Natal, um dort auf einer Baumwollplantage zu arbeiten. Bald wurde Herbert vom Diamantenfieber gepackt, verließ mit Cecil 1871 die Plantage und zog zum Colesberg Kopje. Doch auch dort hielt es den ruhelosen Herbert Rhodes nicht lange. Er überließ seine drei Claims seinem Bruder und kehrte in die relative Sicherheit von Natal zurück. Trotz seiner eher spröden Art

LINKS: **Diamanten gibt es in allen Größen, Formen und Farben; sie zu sortieren ist eine Aufgabe, die Geschicklichkeit und Geduld erfordert. Das Bild zeigt, wie dies in Kimberley um die Jahrhundertwende vor sich ging. Diamanten sind das Endprodukt aus tiefen Kohlenlagern (mehr als hundert Kilometer unter der Erdoberfläche), die durch einen gewaltigen Druck zusammengepreßt und durch große Hitze geschmolzen worden sind. Als in prähistorischen Zeiten eruptive Tätigkeit die Erdkruste aufriß, wurde diamanthaltiges vulkanisches Material ausgeworfen, wobei einige Steine über die Oberfläche verstreut wurden und sich unter ihnen kegelförmige Röhren bildeten. Über diese Kegel trieben Wind und Druckwellen Steine in Flüsse; nur diejenigen ohne Sprünge gelangten unzerstreut in die Nähe des Ozeans.**

gelang es Cecil, sich eine Reihe von Freunden zu schaffen, die für ihn nahezu alles getan hätten. Zu ihnen gehörte auch der junge Charles Dunell Rudd, mit dem Rhodes Diamanten schürfte. Gemeinsam dehnten sie ihre Unternehmungen bis auf die Eisherstellung aus: Sie pumpten Wasser aus dem riesigen Krater, zu dem *New Rush* geworden war, und ließen es mit Hilfe einer von einem Muli aus Kapstadt herantransportierten Maschine gefrieren. Der Eisverkauf brachte ihnen 1500 Pfund ein – kein schlechter Profit, wenn man bedenkt, daß die beiden Partner für einen nicht ganz lupenreinen Diamanten von 17 Karat 150 Pfund erzielt haben. Mit diesem Geld kauften sie sich in einen großen Claim der De-Beers-Mine ein, und in den nächsten Jahrzehnten pendelte Rhodes zwischen Oxford, wo er das Leben eines Gelehrten genoß, und Kimberley, wo er und Rudd ein horrendes Vermögen anhäuften. Vermutlich hat Rhodes in Oxford seine seltsame Theorie entwickelt, große Teile der Welt zu einer britisch beherrschten Föderation zusammenzufassen – eine Art imperialistischer Alptraum mit faschistischen Zügen. Der erste Schritt dazu sollte darin bestehen, eine Eisenbahnlinie von Kapstadt nach Kairo zu bauen, die ganz Afrika unter den Einfluß der Briten bringen sollte.

Da war Barney Isaacs, ein Londoner Cockney, der ein Jahr vor Cecil Rhodes zur Welt kam, eine Persönlichkeit ganz anderer Art. Der Enkel eines Rabbi und Sohn eines Ladenbesitzers aus Algate arbeitete mit seinem Bruder Harry in einem Pub. Beide liebten das Varieté, in dem Harry einen Job als Handlanger des rückständigen Spießers »Barney« erhielt. Wenn Harry auf die Bühne gerufen wurde, schrie der Direktor: »Barney too«, und so wurde Barnett Isaacs zu Barney Barnato, eine der eigentümlichsten Gestalten der Goldenen Gründerzeit in Großbritannien. David Harris, einer der vielen Vettern der Brüder Isaacs, war nach Südafrika gegangen und schrieb von dort in begeisterten Tönen von den Möglichkeiten in diesem Landstrich. Also machte sich auch Harry in den »Schwarzen Kontinent« auf, wo er 1872 als »Signor Barnato« auftrat, »der Welt größter Zauberer«; gleichzeitig verdiente er sich als Preisboxer ein bißchen Geld nebenbei. Er zeigte seine Künste auf dem Gelände von *New Rush* und etablierte sich bald als »Kopje-Walloper«, einer jener kleinen Händler, die Steine von den Schürfern erwarben (wobei sich viele fragten, ob der »Zauberer« nicht mit gestohlenen Steinen handelte). Im folgenden Jahr traf auch Barney mit ein wenig Bargeld und 40 Kisten Billig-Zigarren in Südafrika ein. Mit diesem bescheidenen Anfangskapital, aber jeder Menge Chuzpe wurde 1874 das Unternehmen »Barnato Brothers, Dealers in Diamonds and Brokers in Mining Property« gegründet. Wegen ihres recht windigen Geschäftsgebarens wurden die Brüder Barnato in den Diamantenhändlerkreisen nie voll akzeptiert.

UNTEN: **Die Persönlichkeit, die man als erste mit Südafrikas Gold und Diamanten in Verbindung bringt, war Cecil Rhodes, der hier in *L'Assiette au beurre* (1900) als Kolonialist karikiert wird.**

Julius Wernher (OBEN) wie Alfred Beit (RECHTS) waren deutsche Juden, die mit dem größten Diamantenhändler Europas, Jules Porgès, in Verbindung standen; dessen südafrikanisches Hauptquartier in Kimberley (1870) ist hier abgebildet (RECHTS OBEN). Wernher, Beit und Porgès wurden durch die Entdeckung der Diamanten reich; danach steckten sie ihre gewaltigen Vermögen in die ergiebigen Goldminen bei Johannesburg. Ebenso verfuhren spätere deutsch-jüdische Ansiedler, besonders Sigismund Neuman und Hermann Eckstein; ihr »Corner House« wurde der Mittelpunkt des großen Goldimperiums im mittleren und östlichen Rand. 80 Prozent der Gewinne flossen Wernher, Beit & Company zu; ihr Umsatz im Jahr 1912 war höher als das Bruttosozialprodukt der zwei größten Provinzen Südafrikas. Das »Corner House« produzierte drei Millionen Unzen Gold im Jahr, dazu ungezählte Karat an Diamanten; so wurde Wernher der reichste Mann Großbritanniens. Er erlebte noch, wie sein Sohn die Nichte des russischen Zaren Nikolaus II. heiratete.

Dennoch waren sie es, die als erste die Notwendigkeit der Kartellbildung erkannten.

Wernher, Beit & Company

Zwei weitere Schlüsselfiguren des künftigen Diamantenkartells waren Alfred Beit und Julius Wernher, die sich schließlich zu einer der mächtigsten Banken ihrer Zeit zusammenschließen sollten. Wernher begann seine Berufslaufbahn als Südafrika-Repräsentant von Jules Porgès, dem Sohn eines Prager Juweliers, der in Paris zum größten Diamantenhändler Europas aufgestiegen war. Die direkte Beteiligung der europäischen *diamantaires* an den südafrikanischen Feldern war eine entscheidende Entwicklung. Zunächst einmal bestand eine kolossale Verdienstspanne zwischen dem Preis, den ein Schürfer für einen Rohdiamanten von einem Kopje-Walloper erhielt, und dem Preis des geschliffenen Edelsteins, der beispielsweise von Cartier zu einem Kollier verarbeitet wurde. Zudem hatten die europäischen Händler Zugang zum Großkapital und besaßen das finanzielle Know-how, das Preischaos in Südafrika in geordnete Bahnen zu lenken. Nur sie konnten das ganz große Geschäft machen. 1873 zog der knapp 21jährige Julius Wernher, ein stämmiger, muskulöser, vollbärtiger Dragoner aus Darmstadt, zum Kap.

Alfred Beit, sein künftiger Partner, war der Sohn eines jüdischen Seidenhändlers aus Hamburg. Er hatte bei einem Verwandten, David Lippert, in Amsterdam den Diamantenhandel gelernt. (Amsterdam und Antwerpen waren die europäischen Zentren der Diamantenschleiferei.) Der schüchterne, unauffällige, fast lethargische junge Mann veränderte sich radikal, als er 1875 nach Kimberley kam. Er begriff auf Anhieb, welche Chancen sich hier einem Diamantenhändler und -schleifer boten. »Ich erkannte sofort«, schrieb er später, »daß einige der Steine vom Kap von hervorragender Qualität waren, und ich erkannte auch, daß die Aufkäufer in ihrer Ignoranz grundsätzlich ein Zehntel dessen boten, was ein Stein in Europa wert war. Für jeden, der ein bißchen Geld hatte, war da ein Vermögen zu machen.«

Beit wurde der Nachfolger Wernhers als Südafrika-Repräsentant, da dieser inzwischen die meiste Zeit in London verbrachte, um das neugegründete Syndikat Wernher-Porgès auf Vordermann zu bringen. Ende der siebziger Jahre hatten ein paar große Fische der Diamantenfelder die kleineren verschlungen. Barney Barnato war inzwischen vermutlich der größte Hecht im Karpfenteich, und 1876 kaufte er weitere Claims von Kimberley für die beträchtliche Summe von 30 000 Pfund. Vier Jahre später begab sich der Cockney nach London und gründete dort vier neue Minengesellschaften, die eine verblüffende Vierteljahresproduktion von 10 328 Karat verzeichneten. Weitere Gründungen folgten, und innerhalb eines Jahres kam es zu 71 neuen Aktienausgaben. Anstatt mit Schaufeln und Pickeln aufeinander loszugehen, hatten sich Südafrikas Minenbesitzer offensichtlich entschlossen, ihren Kampf an der Börse und in den Vorstandsetagen der City von London auszutragen – auch wenn das daraus resultierende Chaos keineswegs angenehm war. Es verlagerte jedoch die Auseinandersetzung auf das Gelände jener *Randlords*, die Kontakte zu großen Bankiers wie den Rothschilds, Schröders und Barings hatten. Infolge einer Reihe von Übernahmen und Verschmelzungen durch Porgès, Rhodes und das Duo Wernher-Beit (Beit machte inzwischen Geschäfte sowohl mit

Rohdes als auch mit Porgès) gab es 1883 nur noch 46 Gesellschaften und 56 private Beteiligungen an den vier großen Minen. Doch die Überproduktion blieb weiterhin ein Problem. Zwei Jahre später kontrollierten nur noch sieben Gesellschaften und drei private Holdings die Kimberley-Diamantenfelder, während elf Gesellschaften und acht Private De Beers unter sich aufteilten. Im wesentlichen waren die Auseinandersetzungen auf den allmächtigen Barnato bei Kimberley und Rhodes bei De Beers reduziert worden.

Barnato, der ehemalige Preisboxer, war zäh. Er erhöhte die Förderung, senkte damit die Preise und setzte den ohnehin schon bedrängten Rhodes weiter unter Druck. Der Joker in diesem Spiel war eine Geschäftsbeziehung mit Porgès, die sowohl Barnato als auch Rhodes verzweifelt anstrebten. Als Rhodes in eine ernste Krise geriet, vermittelte ihm Beit eine Million Pfund von den Rothschilds in London. In einer vierundzwanzigstündigen Konferenz kamen Rhodes und Barnato zu einer Vereinbarung; von 1889 an wurden alle südafrikanischen Diamantenminen von einem Kartell kontrolliert, das die Förderung bestimmte und als Syndikat ausschließlich unter dem Namen De Beers an den Handel verkaufte. Die Produktion wurde um 40 Prozent gesenkt, der Preis schnellte sofort um 50 Prozent in die Höhe und blieb seither in einem beständigen Aufwärtstrend. Alle führenden Köpfe dieser Unternehmungen wurden immens reich. Porgès zog sich in den Ruhestand zurück, Wernher und Beit eröffneten ihre Bank, und Barnato wurde eine Londoner Berühmtheit. Noch heute kennt niemand ganz genau den Wert der Steine, die noch in der Erde oder in den Safes von De Beers verborgen sind.

Die »Randlords«

Cecil Rhodes und sein alter Partner aus der Diamantenbranche, Charles Rudd, kamen in Südafrika zu nahezu unvorstellbarem Reichtum. Rhodes gab den größten Teil seines Vermögens für den Versuch aus, die heutigen Länder Sambia und Zimbabwe zu kolonisieren (Zimbabwe hieß bis vor gut zwei Jahrzehnten noch Rhodesien). Er wurde 1890 Ministerpräsident der Kapkolonie und betrieb zunächst friedlich, dann aber im berüchtigten Jameson Raid mit Gewalt die Angliederung der Burenrepubliken Transvaal und Oranje-Freistaat an das britische Südafrika und die Absetzung von Präsident Krüger. Dieser Coup brachte eine der angesehensten Persönlichkeiten Südafrikas in Verruf, verursachte große Verlegenheit in Großbritannien sowie eine tiefe, dauerhafte Feindschaft zwischen Queen Victoria und ihrem Enkel Kaiser Wilhelm II., dessen offene Unterstützung von »Oom Paul« Krüger Rhodes' Tod beschleunigte. Kurz bevor Rhodes 1902 mit 48 Jahren starb, äußerte er die berühmten Worte: »So viel zu tun, aber so wenig Zeit.« Beit war über den Jameson Raid wie über den Tod seines alten Geschäftsfreundes so erschüttert, daß er kurz danach in Johannesburg einen Schlaganfall erlitt, an dessen Folgen er zwei Jahre später im Alter von 53 Jahren in seinem Landhaus in Hertfordshire starb. Barnato begab sich nach London, rühmte sich seiner Rennpferde und seiner Mätressen und trat im Varieté auf. Im Alter von 45 Jahren erlitt er einen ähnlichen Tod wie vor kurzem Robert Maxwell: Auf dem Weg vom Kap zum Diamantenen Thronjubiläum Queen Victorias in London sprang er vom Schiff – oder wurde über Bord gestoßen. Wernher konnte sich eines längeren Lebens erfreuen und hielt in seinen prachtvollen, maßgeschneiderten Geschäftsräumen in London Wall Nr. 1 ebenso hof wie in einem mit Kunstschätzen angefüllten Herrenhaus neben dem *Ritz*, das ursprünglich der Marquess of Bath gehört hatte, sowie in *Luton Hoo*, einem der schönsten von Adam im 18. Jahrhundert in England geschaffenen Häuser.

Die Herrscher über die südafrikanischen Diamanten- und Goldminen, die *Randlords*, entsprachen den amerikanischen Eisenbahnkönigen; ihre Vermögen waren oft ebenso groß. Viele nahmen aktiv am politischen Leben Südafrikas teil, und die meisten wurden vom britischen Königshaus geadelt – die Ausnahme von dieser Regel war Barney Barnato. Im Jahr 1917 sicherte sich Ernest Oppenheimer die Mehrheit an den riesigen Gold- und Diamantenminen De Beers', die er an seinen Sohn Harry weitergab, einen Gegner der Apartheid in Südafrika, einer Einrichtung, die auf vielerlei Weise eine Erfindung der ersten *Randlords* war.

***Queen Mary*, 1910, von H. Macbeth-Raeburn (House of Lords, Westminster, London). Dieses offizielle Porträt zeigt die Gemahlin von George V. im Glanz ihrer Diamanten, von denen die meisten aus den Minen Südafrikas stammten. Der Cullinan-Diamant, mit 3,025 Karat der größte jemals gefundene Edelstein (benannt nach Sir Thomas Cullinan aus Südafrika), wurde König Edward VII. als Geschenk überreicht; zwei der größten Brillanten, die daraus geschnitten wurden, sind in die Königskrone und in das Szepter eingesetzt.**

DELAWARE LACKAWANNA & WESTERN R.R. COMPANY SCRANTON COAL.
ATLANTIC MUTUAL INS. CO. MARINE & INLAND INSURANCE.
FIRE
GRAPH
DING
BROADWAY.

Bankiers

Eine Abhandlung über das moderne Bankwesen der Welt würde mit Leichtigkeit etliche Bände füllen, und die folgenden Skizzen der Branchengiganten sollten vielleicht eher als nostalgische Betrachtung denn als geschichtlicher Abriß des Finanzwesens angesehen werden. Hoffentlich geben diese Kurzbiographien dennoch einen Hinweis auf die Macht der großen Geldleute in der Goldenen Gründerzeit und auf ihren Beitrag zur Entstehung der modernen Gesellschaft.

Die Tradition des Bankgeschäfts in großem Stil reicht bis in die Renaissance zurück. Die berühmtesten dieser frühen Finanziers waren natürlich die Medici, die bedeutende Florentiner Familie, die zunächst mit Wolle handelte, um dann rasch zu den Bankiers von halb Europa zu werden. In Venedig waren es die Importeure der Schätze des Orients, die wichtige Einrichtungen für den Geldverkehr schufen, während der Reichtum der Genueser Handelsfürsten zunächst aus der Schiffahrt, dann aus Finanzierungsgeschäften kam.

In Deutschland begannen die Augsburger Fugger als Weber, kamen dann aber zu sagenhaftem Reichtum durch ihr Monopol im Bergbau und im Silberhandel. Mit wenigen Ausnahmen handelten die Kaufherren zunächst mit Waren und dann mit Geld; sie überließen den Güterverkehr nach und nach anderen, um sich ausschließlich der Finanzbranche widmen zu können. Kein Geschäft ging ohne schriftliche Vereinbarungen über die Bühne; da fanden es jene, die diese Dokumente ausfertigten, häufig bei weitem sauberer und profitabler, die Papiere zu kaufen und zu verkaufen, statt sich direkt mit der unhandlichen, verderblichen und Preisschwankungen unterworfenen Handelsware zu befassen, auf die sie sich bezogen.

Fast alle Stammväter der heute bedeutenden Bankiers waren im kontinentalen Europa des 18. Jahrhunderts Unternehmer geworden; viele von ihnen waren jüdischer Herkunft. In den folgenden hundert Jahren erlebte die City von London (das Finanzzentrum des britischen Empire) den Aufstieg der Barings und Rothschilds aus Frankfurt, der Lazards aus dem Elsaß, der Hambros aus Dänemark und der de la Rues aus Genua.

Das 19. Jahrhundert erwies sich als goldene Ära für jüdische Bankiers, die seit dem Mittelalter die Geldverleiher Europas gewesen waren – ein Gewerbe, das ihnen die christliche Abneigung gegen den Geldverleih und die damit zusammenhängenden Zinsen eröffnete. Die Nachkommen der Kinder Israel, denen in Europa lange Zeit die meisten Berufe verschlossen waren, die nachts in Ghettos gesperrt wurden und im allgemeinen Ruf von Shylocks standen, sahen sich zur Ausübung eines Gewerbes gezwungen, mit dem sie allmählich fast völlig identifiziert wurden und in dem sie sich im Lauf der Zeit besondere Fähigkeiten aneigneten. Jüdische Geldverleiher an den belebten Handelsrouten Deutschlands wurden zuerst Bankiers von Fürsten und dann Bankierfürsten, nachdem endlich die vielen Beschränkungen, denen sie im Hinblick auf Leben, Ausbildung und Bewegungsfreiheit unterworfen waren, aufgehoben oder zumindest gelockert wurden.

Viele deutsche Juden suchten Freiheit und Wohlstand in der Neuen Welt, während andere nach Großbritannien gingen, in dem die Benachteiligungen und Verfolgungen nicht so ausgeprägt waren wie im übrigen Europa und in Rußland. Die Juden, die auf dem Kontinent blieben, erhielten in der zweiten Hälfte des 19. Jahrhunderts mehr Rechte – vor allem als Konsequenz des beachtlichen Einflusses, den die Rothschilds durch die Finanzierung der Kriege und anderer Ambitionen europäischer Monarchen und Regierungen erlangt hatten. Es blieb auch nicht ohne Folgen, daß »unsere Leit« in New York und *la haute juiverie* in Europa zu einer geschlossenen Macht verschmolzen, die in der internationalen Finanzwelt zu einer entscheidenden Kraft wurde.

Die herausragende Ausnahme von dieser Regel waren die Rothschilds, die unter Wahrung ihrer überkommenen Identität schon früh zu Stützen der internationalen Gesellschaft wurden und die schließlich von den Herrscherhäusern Europas hofiert wurden. Doch ganz gleichgültig, ob Christen oder

UNTEN: **Nicht einmal ein Jahrhundert beträgt der Abstand zwischen dieser Darstellung einer Kaufmannsfrau in einem europäischen Land, die einem Soldaten Geld wechselt, und der Szene, die James Cafferty und Charles Rosenberg gemalt und *Wall Street, half past two o' clock, October 13, 1857* betitelt haben** (GEGENÜBER). **In dieser kurzen Zeit hatten sich Umfang und Struktur der Finanzmärkte ungeheuer verändert. In der Goldenen Gründerzeit bescherte die internationale Expansion von Handel und Industrie den Bankiers schwindelerregenden Reichtum. Sie kamen aber auch samt ihren Kunden oft zu Schaden, wenn sie von einem der vielen Schwindelgeschäfte und Zusammenbrüche betroffen wurden. Das Gemälde ist voll Ironie, denn es stellt die Ruhe vor dem Sturm dar – dem ärgsten Kurssturz innerhalb von 20 Jahren.**

Seit seinem Beginn im Mittelalter war das Bankwesen in Europa überwiegend zu einer Domäne der Juden geworden, da ihnen kaum etwas anderes erlaubt war, als mit dem »schnöden Mammon« Handel zu treiben; den Christen war das wegen der Sünde des Wuchers untersagt. Die Juden aller Schichten beharrten trotz des auf sie ausgeübten Drucks zum Glaubenswechsel auf ihrer Identität und Religion.
OBEN: Die Familie Rothschild beim Gebet, um 1800, dargestellt von Moritz Daniel Oppenheim.
RECHTS: *Der Marktplatz in Frankfurt* (Victoria und Albert Museum, London) von William Callow (1812–1908). Viele Juden lebten in bedeutenden deutschen Städten, etwa Frankfurt, deren schöne Straßen und Plätze sie nach Eintritt der Dunkelheit nicht betreten durften.

Juden – auf jeden Fall waren es die führenden Bankiers, die der Weltwirtschaft damals ihren Stempel aufdrückten.

Die Rothschilds

Der legendäre Reichtum der Rothschilds hat Monarchien und Regierungen gerettet, Paniken in der Wall Street ausgelöst und der Familie in der Welt des Geldes und der Banken Macht verliehen wie keiner anderen. Auf dem Höhepunkt ihres Einflusses, zwischen 1850 und 1900, wurde das gemeinsame Nettovermögen der Rothschilds auf mehr als 400 Millionen britische Pfund geschätzt (nach heutigen Begriffen also auf 20 Milliarden Dollar). Das ist eine phänomenale Leistung in Anbetracht der Tatsache, daß John D. Rockefeller fast ein halbes Jahrhundert später einige Jahrzehnte brauchte, um auf ein Zehntel dieser Summe zu kommen.

Den Einfluß der Familie auf das Schicksal von Nationen macht eine Antwort Gutele Rothschilds auf die besorgte Frage eines Nachbarn deutlich, ob es zwischen zwei europäischen Großmächten wohl zum Krieg kommen würde. Die Stammesmutter, die auch weiterhin im Ghetto von Frankfurt lebte, obwohl ihre Söhne inzwischen ungeheuer reich geworden waren, entgegnete bestimmt: »Krieg? Unsinn, meine Jungen würden ihnen gar nicht das Geld dazu geben.« Damit übertrieb sie keineswegs, denn die »Jungen« finanzierten Könige und Regime, Armeen, Handel und Wandel, den Suezkanal, Wellington, den Eisenbahnbau sowie jeden einzelnen, jede Gruppe oder jedes Projekt, das vielversprechend war, durch die Familienbanken in London, Paris, Wien, Frankfurt und für kurze Zeit sogar in Neapel. Vor Erfindung von Funk und Telefon hielten sich die Rothschilds mit Hilfe von Kurieren und Brieftauben über die Ereignisse so perfekt auf dem laufenden, daß Staatsoberhäupter zum Regieren ihrer Länder auf ihr überlegenes Nachrichtennetz angewiesen waren. Die Waffe rechtzeitiger Information ermöglichte es den Rothschilds, die Finanzmärkte zu manipulieren und unerhörte Gewinne einzustreichen – häufig auf Kosten anderer. Das berühmteste Beispiel dafür ist Wellingtons Sieg über Napoleon bei Waterloo. Die Bankiers erfuhren davon per Brieftaube, die ein auf dem Schlachtfeld geschickt plazierter Spion losgeschickt hatte. Unter der Vortäuschung einer Niederlage der Alliierten überfluteten die Rothschilds die Londoner Börse mit Aufträgen, konsolidierte Staatsanleihen abzustoßen, und lösten damit Panikverkäufe aus. Daraufhin kauften sie die Anleihen zu Billigstpreisen still und heimlich wieder auf. Als die offizielle Siegesmeldung kam, besaßen die Rothschilds praktisch die gesamten britischen Staatsanleihen.

Die Familie hat zu zahllosen Büchern inspiriert, zu einer musikalischen Komödie und einem Film ebenso wie zu Gestalten in Werken von Heinrich Heine und Honoré de Balzac. *Le style Rothschild* – die prachtvolle Ausstattung ihrer Häuser im Geschmack des 18. Jahrhunderts – gab der Goldenen Gründerzeit ihr typisches Gepräge. Die Rennpferde der Roth-

schilds traten gegen die der britischen Monarchen an, so etwa von Edward VII., und gewannen. Sie spielen auch heute noch eine große Rolle bei den Rennen von Ascot, Longchamps und Deauville, bei denen ihre Jockeys die Familienfarben tragen: Gelb mit blauen Punkten.

Die Rothschilds waren die ersten Juden, die – vom österreichischen Kaiser – in den Adelsstand erhoben wurden. Sie waren auch die ersten, die von den großen aristokratischen Familien Europas empfangen wurden, die wiederum ihrerseits Gäste der Rothschildschen Diners, Jagdgesellschaften und Bälle waren.

Als der erste jüdische Lord, Nathaniel Rothschild, eine Synagoge im Londoner East End besuchte, hieß es, der »Herr« sei gekommen. Prompt sanken einige Gottesdienstbesucher in der Annahme auf die Knie, der Messias sei erschienen... In gewisser Weise hatten sie gar nicht so unrecht, da die Balfour-Erklärung von 1917, die das Recht der Juden auf eine nationale Heimstatt in Palästina anerkannte, an den zweiten Lord Rothschild in seinen Geschäftsräumen am New Court gerichtet war. Im nächsten Jahrzehnt unterstützte sein Vetter Baron Edmond Palästina fast allein. Von allen Neureichen der Goldenen Gründerzeit waren die Rothschilds am extravagantesten, am empörendsten und – in einem Zeitraum von weniger als 50 Jahren – am erfolgreichsten im Erreichen dessen, was mit Geld zu kaufen ist: Macht, Einfluß, Status, Respekt bis hin zur Angst, prächtige Häuser, exquisite Möbel und Kunstwerke, schöne Frauen und herrliche Pferde. Sie haben sich jedoch bis zum heutigen Tag ihre Arbeitsmoral und ihre Verbundenheit mit der patriarchalischen Vergangenheit bewahrt.

Meyer Amschel, der erste Rothschild

Meyer Amschel Rothschild (1743–1812), der Patriarch, wurde im armseligen, überfüllten Frankfurter Ghetto geboren. Als Berufsmöglichkeiten standen Juden hier nur das Hausieren und der Geldverleih offen – eine Situation, die in Meyer Amschel den Wunsch weckte, ein Jeschiwot in der Nähe von Nürnberg zu besuchen, um einmal ein Rabbi zu werden. Als ihn der Tod seiner Eltern dann aber mittellos zurückließ, wurde er Lehrling im Bankhaus Oppenheimer in Hannover, in einer Stadt, in der Andersgläubige besser behandelt wurden als in Frankfurt, wo man sie nach Einbruch der Dunkelheit ins Ghetto einschloß und am Tag mit Aufforderungen wie »Jud, tu deine Pflicht!« verfolgte. Daraufhin hatten Juden vom Bürgersteig in den Rinnstein zu treten, den Hut zu ziehen und sich zu verneigen. Juden waren sogar eigene Namen verwehrt: Rothschild leitete sich von einem roten Schild ab, das sich an dem Haus befand, in dem die Familie einmal gelebt hatte.

Nach dem Ende seiner Lehrzeit verließ Meyer Amschel Oppenheimer und kehrte in die erbärmliche häusliche Umgebung der Rothschilds in Frankfurt zurück, wo seine beiden Brüder einen Gebrauchtwarenladen führten. Da er über geschichtliche Kenntnisse verfügte, begann er alte Münzen zu sammeln, um diese deutschen Adelsfamilien zum Kauf anzubieten.

Seinen bedeutendsten Kunden fand der junge Spekulant in dem immens reichen Landgrafen Wilhelm von Hessen-Kassel, dem er einige seiner Stücke mit geringem Verlust verkaufte, um sich so das Wohlwollen des großen Herrn zu sichern. Es war die erste von vielen Transaktionen zwischen einem Rothschild und einem Staatsoberhaupt.

Wilhelm mochte ein eher bescheidenes Reich sein eigen nennen, aber er verfügte über bedeutende Familienbeziehungen. Er war der Enkel von König Georg II. von England, ein Neffe des Königs von Dänemark und ein Schwager des Königs von Schweden, die ihm alle finanziell verpflichtet waren, da er ihnen seine männlichen Untertanen als Söldner verkauft hatte. »Die Hessen« kämpften nicht nur in Europa, sondern auch in den amerikanischen Kolonien. Wilhelm strich den Löwenanteil des Solds seiner Soldaten ein, und wenn sie im Kampf fielen, strich er auch noch eine Vergütung ein.

Das »Haus mit dem roten Schild« im Frankfurter Ghetto, von dem die geschäftstüchtigen Rothschilds ihren Namen hatten. Der Familienpatriarch, Meyer Amschel, zog aus einem kleinen Haus im Ghetto hierher um, nachdem er mit seinen Geldgeschäften mit dem Landgrafen von Hessen-Kassel ein beachtliches Vermögen gemacht hatte. Das Haus diente gleichermaßen Wohn- und Geschäftszwecken; das Untergeschoß bildete einen wahren Kaninchenbau mit geheimen Aufbewahrungsplätzen für Urkunden, Bargeld und alte Münzen. Die Nachfahren Rothschilds bauten, als sich ihr Reichtum mehrte (siehe Seite 124–129), überall in Europa weiträumige, komfortable Paläste, doch die Familienmatriarchin, Gutele, weigerte sich, jemals anderswo zu leben als in dem Haus mit dem roten Schild.

Durch diesen militärischen Sklavenhandel wurde Wilhelm zum reichsten Souverän Europas. Die Regelung seiner Finanzen hatte er seinem illegitimen Sohn Carl Buderus anvertraut, dem nicht nur die unterwürfige Haltung gefiel, der sich Meyer Amschel klugerweise befleißigte, sondern auch die Bestechung in Form alter Münzen, von der sich Rothschild dauerhaften Kontakt zum Fürsten versprach. Binnen kurzem kassierte Meyer Amschel etliche der Wechsel, die als Bezahlung für Wilhelms Söldner auf London gezogen waren: Anfang der achtziger Jahre konnte er dem Familienladen ein winziges Kontor anfügen. Dort installierte er ein geschicktes Versteck: Eine Falltür führte in den Keller sowie in eine nahezu unentdeckbare Höhle. Schon bald sollte dieser Tresorraum geheime Dokumente über die finanziellen Transaktionen des immer reicher werdenden Landgrafen enthalten, der keine Ahnung hatte, wie eng sein großes Vermögen durch den korrupten Buderus mit dem Ghetto-Hausierer verbunden war.

Die fünf Söhne von Meyer Amschel

Meyer Amschel Rothschild hatte fünf Söhne, die wie römische Statthalter in verschiedenen Teilen Europas tätig wurden. Amschel Meyer (1773–1855) blieb in Frankfurt, Salomon Meyer (1774–1855) ging nach Wien, Nathan Meyer (1777–1836) nach London, Kalmon Meyer, später Carl Meyer, (1788–1855) nach Neapel und Jakob, später James, (1792 bis

1855) nach Paris. Doch bevor es soweit war, bereisten die Söhne die deutschen Fürstentümer, expandierten die Bankgeschäfte ihres Vaters, gingen mit den Finanzpapieren des Landgrafen hausieren und handelten mit den Obligationen, in denen der Fürst sein ungeheures Vermögen angelegt hatte.

Buderus wurde ein vollberechtigter Teilhaber ihrer Bank, die schon bald mit renommierten nichtjüdischen Finanzhäusern wie den Brüdern Bethmann in Frankfurt sowie Rüppell & Harnier in Wettbewerb trat und denen sie so bedeutende Geschäfte abnahm wie die Kreditübereinkommen zwischen Wilhelm und dessen Onkel, dem dänischen König.

Kurz bevor Napoleon mit seinen Truppen in Hessen einmarschierte, begab sich Nathan Rothschild nach Manchester und begann dort einen Tuchhandel. Er werde »das Haus Hessen-Kassel vom Thron stürzen und... das Land von der Staatenliste streichen«, erklärte Bonaparte. Landgraf Wilhelm suchte vorübergehend um Asyl in Dänemark nach, während die Rothschilds die meisten seiner Schätze in ihren Kellern versteckten. Sie kümmerten sich auch um große Bereiche seiner finanziellen Geschäfte und schleusten das immense Einkommen des Landgrafen an der französischen Besatzungsmacht und Napoleon vorbei. Dazu wurden Geheimcodes in jiddischer Sprache entwickelt, Postkutschen mit doppelten Böden auf Reisen geschickt und lange vor

OBEN: Drei der Söhne von Meyer Amschel Rothschild (von links): Salomon, Oberhaupt des Wiener Zweigs der Familie; Amschel Meyer, der das Geschäft in Frankfurt nach dem Tod den Patriarchen leitete; Carl, der einen Brückenkopf in Neapel gründete. Es gab noch zwei weitere Brüder, und sie waren die brillantesten Köpfe der Familie: Nathan (RECHTS), hier kurz nach seiner Ankunft mit seiner Frau in London, wo er eine Bank errichtete, und Jakob (GEGENÜBER), der seinen Namen zu James anglisierte und den französischen Zweig der Familie etablierte. Die Brüder, die über ganz Europa verteilt waren, wurden als die »Fünf Pfeile« bekannt (nach den Geschossen, die das Familienwappen bildeten).
OBEN RECHTS: Der Landgraf Wilhelm von Hessen-Kassel vertraut seinen Schatz Meyer Amschel Rothschild an, als er 1807 von Napoleon vertrieben worden war. Der alte Rothschild zeigt sich in untertäniger Haltung, doch dann verdienten die Rothschilds mit den anvertrauten Geldern ein Vermögen, indem sie damit Geschäfte machten, anstatt sie einzuschließen.

Erfindung des Bankwesens mit elektronischen Mitteln Dividenden unbemerkt über Grenzen transferiert. Natürlich durfte Wilhelm IX. von Hessen-Kassel nichts von all dem erfahren, aber die Rothschilds haben dabei keinerlei persönlichen Nutzen auf Kosten ihres Klienten gezogen.

Allerdings hatten sie auch keine Eile mit dem Auszahlen, und zwischen dem Empfang des Geldes und der endlichen Weitergabe machten die Mittelsleute mit dem Handel von

Tuchen, Gold und anderen Waren auf eigene Rechnung ein Vermögen.

Aufgrund der napoleonischen Kontinentalsperre wurde Großbritannien der Finanzmittelpunkt der Welt, und das bewog Nathan zum Umzug von Manchester nach London, wo er künftig nur noch mit Geld handelte – vor allem mit dem des hessischen Landgrafen. Millionen gingen durch die Geschäftsräume, die er im New Court einrichtete, und um 1810 konnte Nathan stolz darauf verweisen, daß er sein ursprüngliches Kapital um das 2500fache vergrößert hatte. Dieser Rothschild war zu einem der reichsten Männer Englands geworden; sein Vermögen wurde inzwischen sogar größer eingeschätzt als das des deutschen Fürsten, der als Startrampe für die Bankierfamilie gedient hatte.

Inzwischen zog es seinen Bruder Jakob, der sich für die elegantere englische Form seines Namens – James – entschieden hatte, nach Paris, wo ihn Napoleons Geheimpolizei nicht zu Unrecht verdächtigte, der Mittelpunkt eines großangelegten Geldschmuggels zu sein. Zur Finanzierung des Krieges auf der Pyrenäenhalbinsel kaufte Nathan Rothschild im Auftrag der britischen Regierung alles Gold der East India Company auf und schickte es zu Wellington nach Portugal. Dieser hauptsächlich von James durchgeführte Geldtransfer verlief höchst erfolgreich. Wäre er fehlgeschlagen, hätten Napoleons Truppen Wellington besiegen, England besetzen und so den Verlauf der europäischen Geschichte entscheidend verändern können. Insgesamt stellten die Briten ihren kontinentalen Verbündeten 30 Millionen Pfund in Gold zur Verfügung. Die Hälfte dieser Summe ging durch die Hände Nathan Rothschilds, dessen Bank dafür einen Gewinn von einer Million Pfund einstrich.

Als nächstes begann die Familie Fürst Metternich zu hofieren, den maßgeblichen österreichischen Staatsmann und die Schlüsselfigur für die Reichtümer Mitteleuropas; er war gerade dabei, einen der größten Kredite der Geschichte in die Wege zu leiten – eine Milliarde Francs –, damit Frankreich den Siegermächten Reparationen zahlen konnte. Die Rothschilds waren zunächst durch die älteren, mächtigeren Barings aus diesem Geschäft gedrängt worden, kauften dann jedoch heimlich große Anteile der Anleihe auf, beeinflußten den Markt und trieben viele führende Banken und Regierungen an den Rand der finanziellen Katastrophe. Künftig sollte an den Frankfurter Aufsteigern niemand mehr vorbeikommen.

Zwischen 1817 und 1824 bürgte allein Nathan Rothschild für Kredite in Höhe von fünf Millionen Pfund für Preußen, zwölf Millionen für Großbritannien, vier Millionen für das Königreich beider Sizilien, drei Millionen für Rußland und ebensoviel für Österreich.

Zu seinen großen Innovationen gehörte es, Zinsen oder Dividenden unabhängig von der Währung, in der eine Anleihe emittiert worden war, in Pfund Sterling zu zahlen. Er wollte nie etwas mit Lateinamerika zu tun haben, das 1824 seinen Zahlungsverpflichtungen nicht nachkam und dadurch die Bank von England um ein Haar ruiniert hätte, wenn diese nicht durch einen Goldtransfer von James Rothschild aus Paris gerettet worden wäre.

Gemeinsam mit seinem reichen Schwager Moses Montefiore gründete Nathan Rothschild die *Alliance*, eines der größten Versicherungsunternehmen der Welt. Er hatte inzwischen seinen Vater Meyer Amschel als Oberhaupt der Familie ersetzt. In dieser Rolle sandte Nathan seinen älteren Bruder Salomon nach Wien, wo dieser eine Familienbank gründete, die so erfolgreich wurde, daß der österreichische Kaiser auf Betreiben Metternichs allen Rothschilds den Titel »Baron« verlieh. Der britische Zweig verzichtete jedoch auf das österreichische Adelsprädikat und zog es vor, auf die Berufung ins *House of Lords* zu warten. Als es dann dazu kam, nahmen sie

LINKS OBEN: **Nachdem Baron James de Rothschild durch mehrere großangelegte finanzielle Transaktionen reich geworden war, bezog er das pompöse *Hôtel Fouché* (Rue Laffitte 19) mitten im Finanzviertel von Paris.**
LINKS: **Im *Hôtel Fouché* führte Baron James ein Leben im großen Stil; er empfing Künstler und Staatsmänner, die von dem größten Koch aller Zeiten, Antoine Carême, verköstigt wurden. Carême wurde nicht nur von Chopin mit Serenaden bedacht, sondern regte auch Heine und Balzac zu literarischem Lob an.**

OBEN: **Fürst Metternich, der große Staatsmann Österreichs in der ersten Hälfte des 19. Jahrhunderts, praktizierte Realpolitik, indem er seinen Kaiser überredete, die Rothschilds zu adeln und damit ihre Verdienste um die erfolgreiche Sanierung der Finanzprobleme Österreichs zu belohnen. So wurden die Rothschilds die ersten Juden mit einem Adelsprädikat.**
GANZ UNTEN: **Baron James de Rothschild, der Begründer der französischen Linie der berühmten Bankierfamilie.**

diese Ehre unter der Bedingung an, den Eid auf das Alte Testament zu leisten – kein alltägliches Ereignis in einem christlichen Land.

Im Jahr 1821 begab sich Carl nach Neapel; es dauerte nicht lange, bis Rothschild-Geld große Bereiche Italiens finanzierte – von der Toskana bis zum Kirchenstaat. »Rothschild hat dem Papst gerade die Hand geküßt und bei seinem Abschied seine Zufriedenheit über den Nachfolger Petri in höchst wohlwollenden Worten ausgedrückt«, bemerkte ein mißgünstiger Beobachter. Amschel Meyer, der älteste Bruder, blieb in Frankfurt tätig, wo er Schatzmeister des Deutschen Bundes und einer der bedeutendsten europäischen Förderer des Eisenbahn-, Straßen- und Fabrikbaus wurde. Amschel blieb auch mit den Nachkommen von Buderus und des Fürsten von Hessen-Kassel in Kontakt, obwohl die Bankierfamilie inzwischen bei weitem bedeutender war als ihre einstigen Wohltäter. Hätte es noch einen sechsten Bruder gegeben, wäre ein Rothschild vielleicht in die USA gegangen, um dort die Finanzwelt zu verändern. Die Brüder – im Familienwappen als fünf Pfeile verewigt – erwiesen sich als brillante Praktiker der *mischpoche*, indem sie sich zu einer unzertrennlichen Finanzinstitution verbanden, deren vereinte Macht alles möglich machte.

Die dritte Generation Rothschild

Nach dem Tod Nathans (1836) ergriff sein Sohn Lionel (1808-1879) entschlossen das Ruder und brachte mit Hilfe seiner Brüder Meyer, Anthony und Nathaniel mehr als eine Milliarde Pfund in Auslandsanleihen in Umlauf.

Zu seiner berühmtesten Transaktion kam es 1875. Als er eines Tages mit seinem langjährigen Freund, dem britischen Premierminister Benjamin Disraeli, in seinem Haus am Piccadilly zu Abend aß, brachte der Butler ein Telegramm der Pariser Rothschild-Niederlassung. Demnach hatte der vor dem Bankrott stehende Khedive von Ägypten die Absicht, seine Mehrheit an den Suezkanal-Aktien zu verkaufen. Das war für Großbritannien äußerst interessant, da ein Besitz dieser Anteile den Einfluß der Franzosen – die den Kanal gebaut hatten – auf dem afrikanischen Kontinent entscheidend schwächen würde. Das Parlament war in den Ferien, aber die Bank of England hätte ohnehin über Nacht keine hundert Millionen Francs aufbringen können. Das konnte nur die Familie Rothschild. Am 24. November schrieb Disraeli an

Queen Victoria: »Es ist soeben abgewickelt worden! Sie haben es geschafft, Madame. Die französische Regierung ist ausmanövriert worden. Nur ein Unternehmen konnte das bewerkstelligen – die Rothschilds.«

Jetzt kontrollierte Großbritannien nicht nur den Schiffsweg zwischen Europa und Asien, sondern die Queen hatte auch eine aufsehenerregende Investition getätigt. (Allein im Jahr 1936 zahlte Suez eine Dividende von 56,5 Prozent.) Daß die Familie einen üblichen guten Schnitt machte, war klar.

Die dritte Generation Rothschild verfügte zum größten Teil über die gleichen Energien wie ihre Vorfahren. Alphonse in Paris, Anselm in Wien und Meyer Carl in Frankfurt beherrschten weiterhin die europäische Finanzwelt und mei-

Unten: Meyer Amschel de Rothschild in einer Karikatur von *Vanity Fair* (1871). Unten rechts: Port Said und der Zugang zum Suezkanal von Süden her. Als sich sogar die Bank von England finanziell überfordert zeigte, brachten Lionel Rothschild (ganz rechts) und seine weitverstreute Familie die Mittel bei, die Premierminister Benjamin Disraeli benötigte, um die Anteile des Khediven von Ägypten zu kaufen und so für Großbritannien eine Kontrolle über den Suezkanal zu erlangen, jene von Frankreich errichtete Lebensader zwischen Europa und Asien.

sterten zusammen mit Vetter Lionel die größte Herausforderung, vor welche die Familie je gestellt wurde. Sie ging von Émile Péreire aus, einem ehemaligen Partner von Baron James, und Achille Fould, dem Finanzminister Napoleons III., die den *Crédit mobilier* gründeten, die erste Volksbank; Schirmherren waren die Brüder Baring in London (die den Rothschilds noch immer verübelten, daß diese sich in das Geschäft mit den Regierungsanleihen gedrängt hatten), das Bankhaus Heine, die einflußreiche Duchesse de la Galliéra und die Herzogin von Leuchtenberg, eine Tochter von Zar Nikolaus I. Fould und Péreire kauften die Österreichischen Staatsbahnen auf und machten so Salomon Rothschilds Transportkonzessionen unwirksam, schnappten der Familie das Geschäft mit französischen Anleihen weg und finanzierten die Neugestaltung von Paris nach den Plänen Haussmanns. Der *Crédit mobilier* zahlte im ersten Geschäftsjahr 47 Prozent Dividende auf Kapitaleinlagen und schien auf dem besten Weg, alle Konkurrenzunternehmen auszuschalten, bis Baron Anselm in Wien die *Kreditanstalt* ins Leben rief, eine vergleichbare Volksbank unter der ähnlich namhaften Schirmherrschaft der Prinzessinnen Fürstenberg, Schwarzenberg und Auersperg, der blaublütigsten Damen der ganzen k. u. k. Monarchie. Trotz der Paläste, Bälle, Titel, gesellschaftlichen Verpflichtungen und Wohltätigkeit hatten die Rothschilds ihren zupackenden Geschäftssinn nicht verloren; der Wert ihrer Bankaktien verdoppelte sich innerhalb einer Woche, während der des *Crédit mobilier*, den sie unter der Hand beeinflußt hatten, um 50 Prozent sank.

Im Jahr 1862 arrangierte Achille Fould in James de Rothschilds neuem *Château de Ferrières* südöstlich von Paris eine finanzielle Versöhnung zwischen Napoleon III. und dem Baron. An diesem Tag wurden 1231 Stück Wild erlegt, und am Abend brachten Orchester und Chor der Pariser Oper Musik zu Gehör, die Gioacchino Rossini eigens zu diesem Anlaß komponiert hatte. Als der dem Luxus zugeneigte Monarch über eine eigens mit Fackeln beleuchtete Eisenbahnstrecke nach Paris zurückkehrte, hatte sich das Blatt zugunsten Rothschilds gewendet. 1864 räumte Napoleon III. dem *Crédit mobilier* das zweifelhafte Privileg ein, eine gigantische Anleihe aufzulegen, um dem unglücklichen Erzherzog Maximilian die Thronbesteigung als Kaiser von Mexiko zu ermöglichen. 1866 verzeichnete die Bank einen Verlust von acht Millionen Franc, und ein Jahr später ging sie in Konkurs.

Die Wiener *Kreditanstalt* blieb jedoch die führende Bank in Mitteleuropa bis 1930, als die österreichische Regierung Baron Louis bat, seine großen Reserven zur Stützung einiger kleinerer Banken einzusetzen, die unter den Auswirkungen der Weltwirtschaftskrise zu leiden hatten. Der Bankier wies den österreichischen Kanzler darauf hin, daß die Folgen verheerend ausfallen könnten, rang sich jedoch wider besseres Wissen zu einer Zustimmung durch. Als sich die Ahnungen Rothschilds bestätigten und die *Kreditanstalt* in Schwierigkeiten geriet, ging es mit der österreichischen Wirtschaft noch steiler bergab.

Nachdem die Nationalsozialisten Österreich an das Deutsche Reich »angeschlossen« hatten, ließ Heinrich Himmler Baron Louis de Rothschild verhaften und kassierte für ihn später das größte Lösegeld der Geschichte.

Das Vermächtnis der Rothschilds: *La haute juiverie*

Disraeli, Bismarck, Edward VII., Hitler, Napoleon III., Queen Victoria, Metternich, Minister, Dichter, Maler, rabbinische Gelehrte, Mäzene, Kunstsammlungen, Eisenbahnen, Stahlfabriken, Paläste, Kibbuzim, große Bälle und vom großen Küchenchef Carême ausgerichtete Bankette – das sind nur einige der Fäden in dem bunten und prächtigen Gobelin, der in knapp 150 Jahren von der außergewöhnlichen Familie Rothschild gewoben wurde. Sie waren für die Goldene Gründerzeit das, was die Medici für die Renaissance gewesen sind, und ihr atemberaubender Aufstieg aus dem

Unten links: *Napoleon III.* (Musée de Versailles) von Hippolyte Flandrin (1809–1864). In seinem Bestreben, die Macht Frankreichs wiederherzustellen, unterstützte Napoleon III. uneingeschränkt die großen Bankiers seiner Zeit – so die Rothschilds, die Brüder Péreire und Achille Fould.
Links oben: Émile Péreire (1800–1875), einst Kompagnon der Rothschilds, schloß sich mit Achille Fould (oben) zum *Crédit Mobilier* zusammen. Eine Weile konkurrierte diese erste »Volksbank« regelrecht mit den Rothschilds bei der Finanzierung der Regierungsgeschäfte, des Eisenbahnbaus und der umfangreichen Neugestaltung von Paris.
Oben: Achille Fould (1800–1867), Finanzminister unter Napoleon III., förderte die Aufwärtsentwicklung des Zweiten Kaiserreiches, indem er den *Crédit Mobilier* mitbegründete und eine Freihandelspolitik vertrat. Aufgrund der deshalb zur Verfügung stehenden Geldmittel konnte Baron Haussmann Paris in der eindrucksvollen Form neugestalten, die es heute noch aufweist.

Ghetto zu internationaler Berühmtheit war ein einmaliger Beweis für die Fähigkeit der Familie, sowohl auf ihren Nutzen als auch auf ihre Identität zu achten. Die Rothschilds waren auch eine Inspiration für *la haute juiverie* Europas, die bedeutenden jüdischen Bankiers in London, Frankfurt, Paris, Wien und St. Petersburg. Fast alle diese Finanziers begannen wie die Rothschilds als kleine Geldverleiher oder Bankiers von Fürsten; die meisten hatten vielfältige Beziehungen zu der prominentesten aller Bankierfamilien. Sie machten miteinander Geschäfte, gaben gemeinsame Kredite und Bürgschaften, fungierten mitunter als örtliche Repräsentanten oder Berater, heirateten oft untereinander und eiferten dem Rothschildschen Lebensstil nach. Prachtvolle Villen und Landsitze voll von Kunstschätzen und *le goût Rothschild* wurden der gemeinsame Nenner, ebenso die Unterstützung von benachteiligten und unterdrückten Glaubensgenossen sowie ein großes Interesse am kulturellen Leben der Städte, in denen sie lebten und arbeiteten.

In Berlin waren die berühmtesten Angehörigen der *haute juiverie* die Mendelssohns (aus deren Reihen auch Felix Mendelssohn-Bartholdy stammte), die Bischoffsheims und Gerson von Bleichröder, der Finanzberater des preußischen Staates und Privatbankier Otto von Bismarcks. In Frankfurt waren es die Goldschmidts. Maximilian Goldschmidt heiratete eine Tochter Rothschild und führte daraufhin den Familiennahmen Goldschmidt-Rothschild. In Paris gaben die Foulds, Sterns, Péreires, Lazards, Kahns, Henri Deutsch de la Meurthe (der als Kerosinhändler begann und zum Öl-Tycoon wurde), Cahen d'Anvers und die Gunzburgs, die französischen Vettern der berühmten St. Petersburger Bankiers, den Ton an.

London hatte sich Juden gegenüber stets liberaler gezeigt: schon früh kamen die Reederfamilie Hambro aus Dänemark an die Themse, die Sassoons aus Bagdad, die dort vor allem mit dem Opiumhandel ein Vermögen gemacht hatten, die Cassels, die Ansbachers und der Eisenbahnpionier Baron von Hirsch aus Deutschland.

Diese brillanten Unternehmer prägten die finanzielle und gesellschaftliche Szene ihrer Zeit auf entscheidende Weise; viele ihrer Nachkommen sind auch aus dem heutigen Wirtschaftsleben nicht wegzudenken.

Our Crowd in New York

Viele der führenden Bankiers in New York haben als deutsche Einwanderer begonnen. Sie, denen Stephen Birmingham 1967 mit seinem Buch *Our Crowd* ein Denkmal setzte, waren die Grundlage für die kultivierte jüdische Gesellschaft der Stadt am East River, deren berühmteste Vertreter Seligman, Lehman, Guggenheim, Goldman, Schiff, Sachs, Kuhn, Lewisohn und Loeb hießen. Sie handelten miteinander, heirateten untereinander und erfreuten sich gleichzeitig einer höheren Wertschätzung bei ihren europäischen Kollegen als viele christliche Neureiche wie die Astors und Vanderbilts.

Zu Anfang des 19. Jahrhunderts wanderten europäische Juden in die Vereinigten Staaten aus, da Amerika unver-

Ganz rechts und unten: **Bald nach der Erhebung in den Adelsstand durch den österreichischen Kaiser traten die Rothschilds auch in die Reihe der Gutsbesitzeraristokratie ein; Baron James erstand *Château Lafite*, ein altes Gut bei Bordeaux, das noch heute einen der drei *grands crus* Frankreichs herstellt. Selbst in dem kleinen Château herrschte *le style Rothschild*, wenngleich in einer dem bequemen Landleben angemessenen Bescheidenheit. Ein anderer Zweig der Familie kaufte das benachbarte Weingut *Mouton*, dessen hervorragender Wein – Château Mouton-Rothschild Pauillac – 1973 der vierte *grand cru* der Region wurde.**

gleichliche Chancen für persönlichen Aufstieg und Wohlstand bot. Gemeinsam mit hungernden Iren, verfolgten Armeniern, unterdrückten Russen und Polen sowie anderen benachteiligten Bevölkerungsgruppen machten sich deutsche Juden auf die wochenlange Fahrt über den Atlantik. Sie schliefen auf schmutzigen Strohsäcken, bekamen kaum etwas zu essen und mußten dann erst die strengen Kontrollen auf Ellis Island

über sich ergehen lassen, ehe sie endlich in der Neuen Welt waren und damit ein neues Leben beginnen konnten. Als Wirtschaftszentrum der Staaten war New York das eigentliche Ziel für jeden Bankier, doch »unsere Leit« begannen für gewöhnlich als Hausierer und Händler in einem anderen Landesteil. Ob der Patriarch der Familie zu Fuß oder per Fuhrwerk losgezogen war, wurde ein beliebtes Gesprächsthema, wenn dessen Nachkommen erst einmal zu Wohlstand und Würden gekommen waren.

Die Seligmans

Die Seligmans – später die »amerikanischen Rothschilds« genannt – begannen zu Fuß, aber 25 Jahre später war Joseph Seligman der Finanzberater des Präsidenten der USA. Sein Vater David hatte mit seiner zwölfköpfigen Familie – acht Söhnen und drei Töchtern – in der Judengasse von Baiersdorf gelebt, einem kleinen Ort an der Pegnitz in der Nähe von Nürnberg. Seine Frau Fanny hatte als Aussteuer Textilien mit in die Ehe gebracht, darunter auch Bänder, Spitzen und Bettücher, die ihr Ehemann dazu nutzte, seine kärglichen Einkünfte als Weber aufzubessern, indem er sie in einem kleinen Laden im Erdgeschoß ihres Hauses feilbot. Joseph, der älteste Sohn, half im Geschäft und wechselte Durchreisenden Geld ein. (Die ersten Rothschilds hatten sich ebenfalls mit dem Münztausch beschäftigt, der angesichts der vielen Währungen, die in den unzähligen deutschen Fürstentümern im Umlauf waren, ein gutes Auge und einen schnellen Verstand erforderte.)

Als die industrielle Revolution seit etwa 1830 viele der kleinen Weber um ihre Erwerbsmöglichkeiten brachte, beschloß Fanny Seligman, die Zukunft der Familie ihrem ältesten Sohn anzuvertrauen. Sie holte die Ersparnisse ihres ganzen Lebens, einen kleinen Beutel mit Gold- und Silbermünzen, unter einem Wäschestapel hervor und schickte Joseph auf die Universität Erlangen. Dort studierte er Literatur und die Klassiker und konnte seine Abschlußrede in griechischer Sprache halten. Joseph Seligman war brennend ehrgeizig und träumte nur noch davon, nach Amerika auszuwandern. Sein Vater wollte ihn mit allen Mitteln in Baiersdorf halten, aber 1837 brach der 17jährige mit 18 weiteren jungen Männern aus dem Ort und mit Geld im Wert von hundert Dollar, das ihm seine Mutter in den Saum seiner Hosen eingenäht hatte, in Richtung Bremen und zu dem riesigen Kontinent jenseits des Atlantik auf.

Nach der Ankunft in New York – mitten in der Börsenpanik von 1837 – wanderte Joseph Seligman rund 150 Kilometer zu Fuß nach Mauch Chunk in Pennsylvania, wo eine Kusine seiner Mutter lebte. Dort lernte er Asa Packer kennen, einen Puritaner, der eine kleine Werft besaß, die Kohlenkähne herstellte. Er gab dem jungen Einwanderer eine Anstellung

Ganz links: **Baron und Baronin Édouard de Rothschild strahlen voller Stolz neben ihrem Pferd, das soeben einen *grand prix* in Longchamps gewonnen hat (um 1930). Die Familie brillierte lange Zeit bei Pferderennen ebenso wie in der Hochfinanz, als Kunstsammler und in der Gesellschaft.**

Links oben: ***Sir Ernest Cassel* von Anders Zorn (1860–1920). Nachdem Ernest Cassel seine deutsche Heimat verlassen hatte, zeigte er sich in London als Bankier für Geldanlagen beinahe ebenso erfolgreich wie die Rothschilds; er gehörte auch dem »jüdischen Hofkreis« um Edward VII. an.**

als Schreiber und Kassierer zu einem Lohn von acht Dollar die Woche. Packer hatte die Fähigkeiten des jungen Mannes auf Anhieb erkannt, und beide sollten sehr erfolgreich werden – Seligman im Bankwesen und Packer als millionenschwerer Eisenbahnpionier, Kongreßabgeordneter und Gründer der Lehigh University.

Die amerikanischen Puritaner brachten den Juden eine besondere Hochachtung entgegen, da sie in ihrem eigenen Aufbruch in die Neue Welt eine Parallele zur Suche des Volkes Israel nach dem Gelobten Land sahen. Sie gaben ihren Kindern Namen aus dem Alten Testament, sprachen von dem Gott Israels und dem Gott Jakobs und bezeichneten einen frommen und eifrigen Glaubensbruder als »einen guten Juden«. Packer hatte also ein großes persönliches Interesse am Wohlergehen seines jungen Angestellten, den die Unterschiede zwischen dem Verhalten von Christen in Europa und in Amerika verblüfft haben müssen.

Nach einem Jahr wollte Packer Joseph eine Gehaltserhöhung geben, doch der junge Mann zog es vor, sich auf eigene Füße zu stellen. Er hatte 200 Dollar gespart, und die investierte er nun in Eßbestecke, Uhren und Ringe, um mit dieser Handelsware in Pennsylvania über Land zu ziehen. Es dauerte gar nicht lange, da hatte er weitere 500 Dollar zusammen und bezahlte mit ihnen die Schiffspassagen für seine beiden nächstälteren Brüder nach Amerika. Nun zogen Joseph, Wilhelm (William) und Jakob (James) Seligman über die Landstraßen und handelten mit allem, was Verdienst versprach – von Handarbeitsnadeln bis zu Stoffen, von Servietten bis zu Augengläsern.

Ihr Warengepäck wog an die zwei Zentner, und wenn sie von einem anderen Hausierer erfuhren, daß in einer nahen Ortschaft ein bestimmter Artikel eine gefragte Mangelware war, gingen sie meilenweit, um ihn zu besorgen und schließlich bei ihrer Rückkehr ein paar Dollar bei diesem Geschäft zu verdienen. Im kleinen Rahmen gewährten die Seligmans auch Kredite, und 1840 hatten sie genügend Geld beisammen, um in Lancaster, Pennsylvania, ein kleines Haus kaufen zu können, das sie als Ladengeschäft, Lager und Unternehmenszentrale nutzten. Nun holten sie einen weiteren Bruder herüber, den 14jährigen Jesse. Er kümmerte sich vor allem um das Ladengeschäft, half aber auch sonst, wo er konnte.

Als die Zahl der Hausierer in Pennsylvania immer mehr zunahm, wurden auf Vorschlag von James Pferd und Wagen angeschafft; James machte sich auf Erkundungsfahrt in den Süden und damit in eine Region, in der bald ein Baumwollboom ausbrechen sollte. Schon bald kehrte er mit tausend Dollar Gewinn zurück. Im Herbst 1841 brachen die drei Brüder mit Textilien im Wert von 5000 Dollar von New York aus per Schiff nach Mobile in Alabama auf. Im tiefen Süden verkauften sie ihre Waren zunächst unter freiem Himmel oder unter einem Zeltdach, konnten aber schnell Textilgeschäfte in drei kleinen Orten in der Umgebung von Selma, Alabama, eröffnen. Im Handumdrehen besaßen sie eine kleine Ladenkette.

1842 starb Fanny Seligman, woraufhin die Brüder auch den Rest der Familie aus Deutschland herüberholten und in der Lower East Side von Manhattan unterbrachten. Die Schwestern begannen Hosen, Taschentücher und Hemden zu nähen, die ihre Brüder verkauften. 1846 eröffnete James Seligman die Firma J. Seligman & Brothers, Merchants, an der William Street in Manhattan, nur einen Steinwurf von der Wall Street entfernt.

Die Seligmans expandierten. Als die Schwestern heirateten, wurden ihre Männer Geschäftspartner und eröffneten weitere Läden; das erlaubte der *mischpoche* durchaus schon einen gewissen Wohlstand. 1860 kauften sie eine Trikotagenfabrik, die an Platz 14 ihrer Branche in den USA stand. Als der Bürgerkrieg ausbrach, eilten die Seligmans nach Washington, verschafften sich irgendwie Zugang zum Weißen Haus und überzeugten Präsident Lincoln davon, daß sie hervorragende Uniformen für seine Soldaten schneidern konnten. Binnen kurzer Frist stand die Regierung der Union bei ihnen mit 1 437 486,61 Dollar in der Kreide. Ein großer Teil der Schuld wurde in Form von dreijährigen Schatzanweisungen zu einem Zinssatz von 7,3 Prozent beglichen. Um die Arbeitskräfte seiner Fabrik bezahlen zu können, mußte Joseph Seligman die Anweisungen verkaufen; er begab sich daher eilig nach Europa, wo der hohe Zinssatz für Investoren weit interessanter war als europäische Papiere. Da er dieses Geschäft zu seiner Zufriedenheit abwickeln konnte, bat er die Regierung um weitere Papiere und stellte bald fest, daß er

GEGENÜBER: Im Lauf der großen Einwanderungswelle aus Ost- und Südeuropa, die von der Mitte des 19. Jahrhunderts bis zum Ausbruch des Ersten Weltkriegs nach Amerika rollte, füllte sich die Lower East Side in New York mit verarmten Juden, Italienern und Chinesen, die sich ebenso wie andere Volksgruppen alle nach einem besseren Leben in der Neuen Welt sehnten.
OBEN: Die namhaften deutsch-jüdischen Wall-Street-Bankiers – die Seligman, Lehman, Goldman, Sachs, Kuhn, Loeb, Schiff, Lewisohn – fingen in Amerika alle auf ähnliche Weise an wie diese beiden jüdischen Hausierer auf den Straßen der Lower East Side.
LINKS: *Crossing the Ferry* (1846) von William Tyler Ranney (Thomas Gilcrease Institute, Tulsa). Als die Lower East Side für strebsame jüdische Händler zu überfüllt wurde, zogen sie ins Umland, zuerst nach Pennsylvania und dann in den Süden, ehe es nach Westen ging. Wo sie auch hinkamen, wirkte sich ihre Anwesenheit entscheidend auf die Wirtschaft und den Wohlstand aus. Zur Zeit des Bürgerkriegs wanderten beispielsweise die Seligmans aus einer deutschen Kleinstadt aus, um in Amerika Handel zu treiben – und zu Beratern und Finanziers der US-Bundesregierung aufzusteigen – alles im Lauf von 25 Jahren.

inzwischen ein Bankier war, auf den die Union kaum noch verzichten konnte. Im Laufe der Zeit verkaufte Seligman im Ausland Schuldverschreibungen der USA in Höhe von mehr als 60 Millionen Dollar. Damit begann für die Familie die wirklich große Zeit.

Nach Kriegsende eiferten die Seligmans den Rothschilds nach und knüpften ein weltweites Bankennetz mit William in Paris, Henry in Frankfurt und Isaac in London. Joseph, der älteste, führte zusammen mit James und Jesse die Geschäfte in New York, während sich Abraham und Leopold nach San Francisco begaben, eine Stadt, die infolge des Goldrausches noch immer in wirtschaftlicher Blüte stand.

Die Seligmans halfen Jay Gould bei der Finanzierung der Erie Railroad ebenso wie bei seinem katastrophalen Versuch, den Goldmarkt aufzukaufen, ermöglichten den Bau der Union Pacific Railroad, brachten Obligationen in Höhe von Milliarden Dollar im Zusammenhang mit J. P. Morgan und August Belmont, dem New Yorker Vertreter der Rothschilds, in Umlauf und wurden schließlich die führenden jüdischen Bankiers der Neuen Welt.

Die Lehmans, Goldman und Sachs, Kuhn und Loeb

Wie die Familie Seligman hat auch Henry Lehman, ein Einwanderer aus Bayern, als Hausierer begonnen. 1844 kam er aus Mobile mit seinem Fuhrwerk nach Montgomery, wo er an der Commerce Street ein kleines Gebäude pachtete, in dem er seine Waren feilbot – vor allem Töpferwaren, Werkzeuge, Textilien und Sämereien. Die Hauptstadt des Staates Alabama befand sich in einem kläglichen Zustand, Abwässer flossen die Hauptstraße hinunter, und nachts machten Ratten die ungepflasterten, schlammigen, höchstens notdürftig mit Planken versehenen Straßen unsicher. Die Bevölkerung von 4000 Weißen und 2000 schwarzen Sklaven hatte unter Gelbfieber zu leiden, das von Fliegen verbreitet wurde. Trotz dieser widrigen Umstände war Montgomery ein lebhafter Handelsplatz, der durch den Alabama River mit den Häfen von Mobile und New Orleans verbunden war: bald schon sollte es zum Zentrum des Booms für Baumwolle werden, einer Ware, nach der in der ganzen Welt dringende Nachfrage herrschte. Henry Lehman erkannte die immensen Möglichkeiten, ließ seine Brüder Meyer und Emmanuel aus Deutschland nachkommen und gründete die Firma Lehman Brothers, die sich auf den Baumwollhandel spezialisierte.

In Dixie, im Süden der Vereinigten Staaten, war die Baumwolle König: sie machte die Lehmans tatsächlich sehr reich. Ihre Abnehmer befanden sich vor allem in den Städten des amerikanischen Nordens und in Großbritannien, die mit Wechseln auf New Yorker oder Londoner Banken zahlten. Da mit diesen Papieren lebhaft gehandelt wurde, fanden die Lehmans ebenso zwangsläufig ihren Weg in die Bankenbranche, wie auch Joseph Seligman durch seine Uniformfabrik zu einem Finanzier geworden war.

Da New York das Finanzzentrum der Wirtschaft des amerikanischen Südens war, verbrachte Emmanuel dort seine Zeit, während seine Brüder in Montgomery tätig blieben, bis Meyer dort 1855 an Gelbfieber starb. 1858 eröffnete Emmanuel Geschäftsräume an der Liberty Street Nr. 119 in Manhattan, nicht weit entfernt von den Seligmans; seine Geschäfte entwickelten sich prächtig, bis Präsident Lincoln 1861 eine Blockade verfügte. Diese Maßnahme schnitt die Hersteller im Norden unvermittelt von der Baumwollzufuhr aus dem Süden ab, und die Brüder Lehman fanden sich in zwei feindlichen Lagern wieder.

Als der Krieg dann ein Ende gefunden hatte, nahmen die

Cotton Exchange, New Orleans **(1873, Musée d' Orsay, Paris) von Edgar Degas (1834–1917). Wie die Verwandten von Degas in New Orleans, die der Künstler 1872/73 besuchte, handelten die Brüder Lehman im alten Süden mit Baumwolle. Bald schon machten sie nicht mehr mit der Ware selbst, sondern mit den Aktien für entsprechende Transaktionen Geschäfte, was sie wiederum zu Bankiers für Geldanlagen in der Wall Street aufsteigen ließ.**

LINKS: **Der große Börsensaal in der New Yorker Effektenbörse nach einem Foto von 1899. Dies war der Schauplatz des dramatischen Auf und Ab der Wertpapierkurse in der amerikanischen Wirtschaft des 19. Jahrhunderts.**

OBEN: **Nachdem Abe Kuhn aus Deutschland in die USA gekommen war, schloß er sich mit Solomon Loeb zusammen, um Kuhn, Loeb & Co. zu gründen, eine erstrangige Adresse für Geldanlagen, spezialisiert auf Eisenbahnanleihen, die Wirtschaftsbranche mit dem schnellsten Wachstum im Amerika des 19. Jahrhunderts.**

Lehmans ihre Geschäfte wieder auf und eröffneten eine Niederlassung in New Orleans, dem wichtigsten Ausfuhrhafen für Baumwolle. Sie dehnten ihre Unternehmungen auch auf Mineralien und Öl aus und zählten bald zu den reichsten Männern in den USA.

Im Jahr 1848 kam ein weiterer Bayer – Marcus Goldman – in New York an und begann in Philadelphia einen Kleinhandel. Sobald er etwas Geld zusammen hatte, mietete Goldman im Süden Manhattans Kellerräume neben einer Kohlenrutsche und stellte stundenweise einen Buchhalter ein. Vormittags besuchte er seine Freunde, vor allem Juwelengroßhändler und Lederverkäufer, kaufte ihnen Schuldscheine und Wechsel mit einem geringen Wertverlust ab und verwahrte sie hinter einem in seinen Hut eingenähten Gummiband. Nachmittags begab sich Goldman mit seinem geblähten Hut in den Norden Manhattans, wo er die Wechsel aufgrund ihrer großen Anzahl mit einem kleinen Profit verkaufen konnte. Die einzelnen Wechsel beliefen sich in der Regel nur auf Summen zwischen 2500 und 5000 Dollar, aber Goldman setzte jährlich Schuldscheine im Wert von fünf Millionen Dollar um.

Marcus und Bertha Goldman zählten zu ihren Freunden Joseph Sachs, einen Schullehrer und Rabbi, sowie dessen wesentlich reichere Frau Sophie. Viele inzwischen wohlhabende New Yorker Juden schickten ihre Kinder zum *Sachs Collegiate Institute*, das vom Sachs-Sohn Julius geleitet wurde, der dann Goldmans Tochter Rosa heiratete, während sein Bruder Sam ihre Schwester Louise Goldman ehelichte. Goldman fragte seinen Schwiegersohn Sam Sachs, einen kleinen Textilhändler, ob er nicht sein Partner werden wolle; so einfach wurde das Unternehmen Goldman, Sachs & Co. gegründet, das sich auf kurzfristige Handelspapiere und Wechsel spezialisierte und eines der erfolgreichsten seiner Art an der Wall Street wurde.

Auch wenn Lehman mit Baumwolle und anderen Gütern ebenso Erfolg hatte wie Goldman mit Wechselgeschäften, erlangten diese beiden Unternehmen doch erst ihre wahre Bedeutung, als sie zu Beginn des 20. Jahrhunderts Emissionsgarantien übernahmen. Erst als Aussteller und Händler von Aktien und Anteilen wurden die beiden Firmen berühmt und einflußreich.

Europäische Bankiers – besonders die Rothschilds und die Barings – hatten extensiv mit Staatsobligationen gehandelt, Kriege finanziert und für nationale Verschuldungen garantiert, doch in Amerika war es die Gründung der großen Konzerne und Trusts, die einen grenzenlosen Markt für die Anteile an industriellen Großunternehmen schuf (deren finanzielle Erfordernisse oft größer waren als die kleiner europäischer Staaten). Zwischen 1898 und 1904 wurden in den USA derartige Papiere im Wert von vier Milliarden angeboten, während die Zahl der Trusts von einem Dutzend auf 318 stieg.

Die Finanzierung des Eisenbahnbaus, der die Ansammlung großer Vermögen ermöglichte, wurde die Spezialität von Kuhn, Loeb & Co. Die Gründer der Investmentbank Solomon Loeb und Abraham Kuhn – deutsche Juden wie ihre Konkurrenten – begannen mit einem Textiliengeschäft und eröffneten später eine kleine Fabrik für die Herstellung von Männer- und Knabenhosen in Cincinnati. Kuhn hatte eine Leidenschaft für Textilien und Loeb für Geld. Sobald sie ihre erste Dollarmillion zusammen hatten, zog es sie nach New York, um dort eine kleine Bank zu eröffnen.

Den heimwehkranken Kuhn zog es bald nach Frankfurt zurück, während Loeb in der amerikanischen Finanzkapitale aktiv blieb. Er war so besessen von seinem Beruf, daß er einmal einen Brief an seinen Sohn mit »Dein Dich liebender Kuhn, Loeb & Company« unterzeichnete und seinen Erfolg der Tatsache zuschrieb, bei allen Angeboten zunächst einmal

RECHTS: **Eine Hochzeit »in der Mischpoche« spiegelt den neuen Wohlstand der erfolgreichen amerikanisch-jüdischen Finanziers und Geistesarbeiter wider, die im Kulturleben New Yorks äußerst aktiv waren.**
UNTEN: **Otto Kahn, der eine Schlüsselstellung in der Bank von Kuhn und Loeb innehatte, war eine der vitalsten Persönlichkeiten unter den Juden in New York. Der ebenfalls aus Deutschland stammende Kahn war ein glänzender Geschäftsmann mit dem eleganten Schliff der Alten Welt, der das Leben liebte, in großem Stil repräsentierte und der *Metropolitan Opera* das goldene Zeitalter der Sangeskunst bescherte.**

Nein zu sagen. »Man kann jederzeit seine Meinung ändern und Ja sagen. Doch wenn man erst einmal Ja gesagt hat, hat man sich verpflichtet.«

Unterdessen lernte Kuhn in Deutschland Jacob Schiff kennen, einen Bekannten der berühmten Frankfurter Bankierfamilie Warburg. Der ehrgeizige junge Mann machte auf ihn einen so guten Eindruck, daß er ihm empfahl, sich um eine Anstellung bei Loeb zu bemühen. Diese Geschäftsverbindung katapultierte Kuhn und Loeb schließlich in gigantische Höhen der Finanzwelt. Schiff arbeitete eng mit den Eisenbahnmagnaten zusammen, besonders mit Edward Harriman; er wurde der entscheidende Finanzier dieser Branche zu einer Zeit, in der Verkehrspapiere im Wert von Milliarden Dollar auf den Markt kamen und die Kommissionen zehn Prozent erreichen konnten.

Wie Morgan war auch Schiff davon überzeugt, daß der Teufel im Detail steckt. »Bevor er sich zur finanziellen Unterstützung einer Eisenbahn entschied«, schrieb Birmingham, »bestand er darauf, sie in allen Einzelheiten zu überprüfen. Er horchte Spediteure und Angestellte der Bahn aus, spionierte in Lagerhäusern herum, kletterte auf die Führerstände von Lokomotiven und unterhielt sich mit Lokführern, Bremsern und Schaffnern.« Zu seinen Eisenbahn-Klienten gehörten die Pennsylvania, die Chicago, Milwaukee & St. Paul, die Baltimore & Ohio, die Chesapeake & Ohio, die Southern Pacific und die Union Pacific sowie ein Dutzend weiterer Linien.

Schiff erlangte unter den tüchtigen jüdischen Bankiers von New York einen Ruf, der nur dem Joseph Seligmans gleichkam. Er war der einzige von »unsere Leit«, den J. P. Morgan als ebenbürtig behandelte. In Otto Kahn fand das Unternehmen dann seinen farbigsten Geschäftspartner, der für seine preußische Körperhaltung und seine eleganten Anzüge aus der Saville Row bekannt war, in deren Reversknopfloch er stets eine Orchidee trug. Einige Jahre lang finanzierte Kahn fast allein die Metropolitan Opera, womit er sich unter europäischen Impresarios den Spitznamen »Der große Ottokan« verdiente. Wegen Kahn hatte Schiff die endlose Prozession exaltierter Diven und Tenöre in dessen Büro zu erdulden, ganz zu schweigen von den Besuchen bildschöner Schauspielerinnen, um deren Karrieren sich Kahn kümmerte – als Gegenleistung für ihre Gunst.

John Pierpont Morgan

Es war J. P. Morgan vorbehalten, in der gesetz- und rechtlosen Epoche der »Raubritter« zu einem Ordnungsfaktor zu werden. Noch hatte der Kongreß der USA die ersten Antitrustgesetze nicht beschlossen; es gab weder eine Zentralbank noch die Securities and Exchange Commission, die bei ökonomischen Abläufen nach dem Rechten sah. In Ermange-

lung dieser Schutzvorrichtungen war es J. P. Morgan mit seiner allgemein anerkannten Standfestigkeit, seinem Kredit und seiner Glaubwürdigkeit, der Börseneinbrüche dämpfte und die finanziellen Wasser beruhigte.

Aber der große Bankier stabilisierte nicht nur die Wertpapier- und Warenmärkte, sondern war auch erfolgreich bei der Rationalisierung einiger Bereiche einer chaotischen, rasant wachsenden Weltwirtschaft. Morgan spielte eine Schlüsselrolle bei der Umgestaltung des Bank- und Eisenbahnwesens in den Vereinigten Staaten und hätte um ein Haar ein weltweites Transport-Imperium geschaffen, das Liniendampfer über den Atlantik, Züge quer durch den amerikanischen Kontinent und Frachter über den Pazifik geschickt hätte. Dann wäre es Morgan möglich gewesen, Fracht und Güter zu einem Preis von London nach Tokio zu bringen, den niemand unterbieten konnte. Keine Vision war zu phantastisch für diesen Wirtschaftsmagnaten, der stets mit schwarzem Anzug und Bowler auftrat und dessen pechschwarze Augen für manche die Intensität von Lokomotivenlichtern in einem Tunnel hatten.

Im Gegensatz zu vielen anderen Superreichen der Moderne entstammte J. P. Morgan (1837–1933) gutsituierten Verhältnissen. Er war der Sohn eines gottesfürchtigen Geschäftsmanns aus Hartford in Connecticut. 1851 war sein Vater Junius nach Boston gezogen, um dort zusammen mit einem Partner einen Textilhandel zu eröffnen. Obwohl John Pierpont – J. P. – kein besonders begabter Schüler war, hielt er seinen Vater auf dessen Geschäftsreisen mit ausführlichen Briefen über die neuesten politischen Ereignisse auf dem laufenden. Vor seiner Geschäftseröffnung in Boston war Junius Morgan in London gewesen und hatte dort ebenso Beziehungen zu den Barings aufgenommen wie zu George Peabody, einem Geschäftsmann aus Boston, der einer der führenden Handelsbankiers der britischen Metropole geworden war. Für Peabody lag der Schlüssel zum Erfolg in einer Zusammenführung des ungeheuren Wirtschaftspotentials der Neuen Welt mit den riesigen Geldreserven Großbritanniens. Zum Beweis seiner These schloß er sich mit Joshua Bates von Baring in London und August Belmont in New York zusammen.

Da der alternde Peabody von Junius Morgan beeindruckt war, bot er ihm 1854 eine Partnerschaft mit der Aussicht an, einmal die Leitung der Bank zu übernehmen. Morgan nahm an und schuf so die Basis für den anglo-amerikanischen Charakter seines Sohns Pierpont, der sich in der City von London ebenso zu Hause fühlen sollte wie an der Wall Street.

1868 fing John Pierpont Morgan, der schüchterne, nachdenkliche, europäisch gebildete Sohn eines Wall-Street-Bankiers, gerade an, sich einen eigenen Ruf als Teilhaber in der angesehenen Bank von Anthony Drexel in Philadelphia zu erwerben. Mit 31 Jahren zeigte sein gutgeschnittenes Gesicht noch nicht die nervöse Anspannung, die es schließlich entstellen sollte.

RECHTS: **An der Kreuzung von Broad und Wall Street in Manhattan sollte nicht nur George Washington als erster Präsident der USA in sein Amt eingeführt werden, sondern hier sollte sich auch der Welt mächtigstes System öffentlicher und privater Finanzen, in dem die jüdischen Bankiers und J. P. Morgan ihre Rollen spielten, entfalten. Im Gebäude rechts, genau gegenüber der Wertpapierbörse, residierte Morgan als einer der einflußreichsten Bankiers aller Zeiten. Er war eine Säule stetigen, vernünftigen, effizienten Fortschritts in einer Epoche, in der die explodierende amerikanische Wirtschaft regelmäßig den schädlichen Pendelschlägen ausgesetzt war, die durch hemmungslose Spekulanten auf den Finanzmärkten ausgelöst wurden.**
RECHTS UNTEN: **Das Londoner Büro von J. P. Morgan und Co., wo der große Bankier ebenso häufig anzutreffen und fast ebenso aktiv war wie in New York.**

Junius meldete den jungen Mann auf seinem Internat in Connecticut ab, schickte ihn erst auf ein Schweizer Internat und dann auf die Universität Göttingen. Danach arbeitete J. P. kurz in Peabodys Bank und erlebte dort seinen ersten Bankkrach, verursacht durch den Zusammenbruch der Ohio Life and Trust, die das Bankunternehmen fast ruiniert hätte. Es war eine Lektion, die er nicht vergessen sollte.

1857 kehrte der junge Morgan in die USA zurück und agierte in New York als Informant seines Vaters, unter dessen Pantoffel er stand, bis er 50 Jahre alt war. Für einen der tüchtigsten Banker aller Zeiten war Pierpont ungewöhnlich schüchtern und zurückhaltend, vor allem wohl als Ergebnis einer Deformation seiner Nase, die er sich durch ein seltenes Nervenleiden zugezogen hatte. (Offizielle Porträts von ihm wurden stets retuschiert.) Er heiratete früh, doch schon ein Jahr nach der Hochzeit starb seine Frau, und ihr Tod hinterließ in J. P. eine tiefe seelische Wunde. Wie seine reichen Freunde vermied Pierpont jeden Militärdienst im Bürgerkrieg. Statt dessen verschaffte er der Union Kredite an der Londoner Börse, finanzierte Waffengeschäfte und spekulierte mit Gold. Es war eine Erfahrung mit unruhigen Märkten, die ihm später sehr von Nutzen sein sollte. Nach dem Kriegsende 1864 zog sich Peabody aus dem Geschäftsleben zurück, und seine Bank wurde zu J. S. Morgan & Company. Zur gleichen Zeit gründete J. P. mit seinem ehemaligen Buchhalter die Firma Dabney, Morgan & Company, um sich auf Eisenbahnpapiere zu spezialisieren. Das führte dazu, daß der junge Morgan viele der Eisenbahnaktien herausgab, die der alte Morgan verkaufte; kurz darauf brachte Junius 75 000 Dollar auf, um J. P. als Partner in Anthony Drexels hochangesehener Bank in Philadelphia einzukaufen.

ORDNUNG AUF DEN GLEISEN

Bis zum Ende des 19. Jahrhunderts kämpfte Pierpont Morgan gegen das Chaos im Bereich der Eisenbahnen. Seine Methode zur Neuordnung war relativ simpel. Zusammen mit seinen Partnern machte er defizitäre Strecken wieder profitabel, indem er Verschwendung eliminierte, das verwässerte Aktienkapital austrocknete, neue Obligationen zu einem Preis auflegte, der in einem vernünftigen Verhältnis zu der Strecke stand, und von den Aktionären mehr Kapital verlangte. Dann kaufte er entweder eine Aktienmehrheit oder brachte die Anteilhalter dazu, ihm ihre Stimmrechte zu übertragen. Das

führte dazu, daß Morgan in zehn wichtigen Eisenbahnvorständen saß und seine Partner in weiteren 50 vertreten waren. Damit hatten sie einen Überblick über die verschachtelten Verbindungen und waren in der Lage, an die Durchführung eines meisterhaften Plans zu gehen. Für die Sanierung einer defizitären Bahn verlangte Morgan nie mehr als 500 000 Dollar, aber der eigentliche Preis, den die Eisenbahnunternehmer zahlen mußten, bestand im Verlust ihrer Kontrolle. Wenn ihn die verärgerten Unternehmer angriffen, hielt ihnen Morgan in scharfer Form entgegen, daß *ihre* Bahnen *seinen* Kunden gehörten. Im Jahr 1898 hatte er die Stimmenmehrheit jeder Strecke an der südlichen Atlantikküste, dominierte die Erie & Reading, kontrollierte die Northern Pacific und besaß die Aktienmehrheit von fast allen anderen; er war der Hauptfinanzier der Vanderbilts. J. P. Morgan beherrschte 75 000 Eisenbahnkilometer, der Rest von 55 000 gehörte zum größeren Teil Edward Harriman und zum kleineren Jay Gould.

Maßnahmen gegen Börsenpaniken

J. P. Morgan und seine Partner verknüpften Banken, Konzerne und Versicherungsunternehmen zu gewaltigen Kapitalkartellen. Ihnen fügten sie zusätzliche Mittel durch die Gründung neuer Holdinggesellschaften und Trusts mit neuen Aktien hinzu. Aus derartigen Aktivitäten entstanden General Electric und United States Steel. 1902 kontrollierten zwei große Gruppierungen Finanzmarkt und Industrie der USA. Eine bestand aus Morgan, George Bakers First National Bank, der Versicherungsgesellschaft New York Life Insurance Company und James H. Hill, während sich die andere aus den Rockefellers, James Stillmans National City Bank, Edward Harriman und Jacob Schiffs Kuhn und Loeb zusammensetzte. Aber J. P. Morgan hatte die Nase vorn, wie er bei zwei Paniken an der Börse bewies.

Zu der ersten dieser Krisen kam es 1894, als das Unternehmen seinen Namen in J. Pierpont Morgan verändert hatte. Wie andere Staaten der Zeit hielten sich auch die USA an den Goldstandard, und der verpflichtete das amerikanische Finanzministerium, die Währung durch Gold zu stützen – gleichgültig, welchen Preis Spekulanten auch festlegen mochten.

Als Folge der riesigen Silberfunde in der Comstock-Mine, in Mexiko und anderswo gerieten die Silbermünzen der Nation weit unter ihren Nominalwert; die Leute begannen sie einzutauschen. Als die Staatskasse die Banken und Münzen zurücknahm, sanken ihre Goldreserven unter den gesetzlich vorgeschriebenen Wert von 100 Millionen Dollar. Daraufhin gab die Regierung Goldobligationen aus, aber Spekulanten kauften sie auf, lösten sie ein und verschlimmerten die Situation dadurch noch. Zu Anfang 1894 hatten beunruhigte Europäer amerikanische Wertpapiere verkauft und so dafür gesorgt, daß große Mengen Gold New York in den Frachträumen der Überseedampfer verließen. Die Regierung stand vor der Wahl, sich vom Goldstandard zu trennen und dadurch im Ausland an Ruf einzubüßen (eine entsprechende Entscheidung Präsident Nixons im Jahr 1973 hatte eine bedenkliche Abwertung des Dollar zur Folge und führte zu seiner allmählichen Auflösung als Leitwährung der Welt) oder weitere Goldzertifikate auszugeben. August Belmont fuhr in der Hoffnung nach Washington, die Behörden dazu bewegen zu können, den zweiten Weg einzuschlagen, um das Gold aus Europa wieder in USA zurückzuholen. Das Wertpapier hätte jedoch mit einer hohen Zinsausschüttung verbunden werden müssen, und die 1891 gegründete *Populist Party* bezeichnete das als einen weiteren Versuch, den Reichen weiteren Reichtum zukommen zu lassen. Der Finanzminister entschloß sich statt dessen zur Ausgabe von Obligationen an die breite Öffentlichkeit, obwohl ähnliche Aktionen in der Vergangenheit kläglich gescheitert waren. Aus Sorge, die Regierung könnte zahlungsunfähig werden, versuchte Morgan Präsident Grover Cleveland davon zu überzeugen, *ihn* mit der Kontrolle des Goldmarktes zu beauftragen. Wenn die Regierung ablehnte, führte er aus, würde ein Wechsel über 100 Millionen Dollar in Gold platzen, der in Kürze in New York zur Zahlung fällig war; das müsse zu einer Panik an der Börse führen. Wenn sie jedoch seinem Vorschlag folgte, würde er 100 Millionen Dollar in Gold zu vier Prozent bereitstellen.

Die Regierung akzeptierte, und damit – sowie mit der Ankündigung, daß Morgan künftig den Goldmarkt kontrolliere – kehrte das Vertrauen ebenso zurück wie 18 Millionen Dollar in dem gelben Metall, die bereits auf die Verschiffung nach Europa warteten. Morgan kabelte seinen europäischen Kontaktleuten, sie sollten weiteres ungemünztes Gold über den großen Teich schicken, während er gleichzeitig amerikanischen Bankiers einen höheren Preis als den bot, den sie für das Edelmetall im Ausland erhielten. Der Staatsschatz stieg bald wieder über das vorgeschriebene Limit, und die Obliga-

Unten: **Ein Pfandbrief mit 50jähriger Laufzeit, ausgegeben 1906 von der New York, New Haven und Hartford Railroad. Durch die Ausgabe und den Handel mit solchen Wertpapieren finanzierten die amerikanische Industrie und ihre Banken ihr außergewöhnliches Wachstum in der Goldenen Gründerzeit.**

Ganz unten und links: **Als Gigant des amerikanischen Bankwesens mußte der stets sachliche, würdevolle J. P. Morgan die Folgen seines hohen Bekanntheitsgrades in Kauf nehmen. Dazu gehörte auch der grobschlächtige Humor der Karikaturisten in der Boulevardpresse.**

tionen, zu deren Ausgabe zu 104,5 er die Regierung nötigte (und die er zu 112 anbot), stiegen schnell um etliche Punkte an. Der große Bankier betonte gern, er sei nicht an der Wall Street, weil die Luft dort so gesund sei; indem er den USA ihre Goldreserven rettete, verschaffte er seinem Syndikat zugleich einen Gewinn von mehr als sieben Millionen Dollar.

Fünf Jahre später vollführte Morgan einen weiteren Akt der Panikdämpfung. Die Situation ähnelte dem heutigen Chaos auf dem Spar- und Kreditmarkt, abgesehen von dem Umstand, daß sich ihrer J. P. Morgan annahm und nicht die Federal Deposit Insurance Corporation, die es damals noch gar nicht gab. Diese Bundesbehörde zur Absicherung der Sparer wurde erst 1913 dank Morgan als Resultat der Krise von 1907 geschaffen. 1905 und 1906 hatten Rekordernten zu übermäßigen Spekulationen geführt, die ausländische Investoren so sehr verschreckten, daß sie sich vom amerikanischen Aktienmarkt zurückzogen; gleichzeitig forderten britische Banken die Rückzahlung ihrer amerikanischen Darlehen. Riesige Neuauflagen verwässerter Eisenbahnaktien fan-

Hier hat ein Künstler einen der zahlreichen »Börsenkräche« dargestellt, die in der Goldenen Gründerzeit die Finanzmärkte erschütterten, als die Industrie und das Bankwesen Amerikas darum kämpfen mußten, die Schwankungen eines beispiellosen Wachstums und der Spekulationen abzufangen.

den keine Käufer in der verdrossenen Öffentlichkeit, was Präsident Theodore Roosevelt zu einem entschiedenen Vorgehen gegen die »Raubritter« veranlaßte: allerdings verstörte er dadurch Investoren und Märkte noch weiter. Einige Konkurse während des Sommers, darunter der von Westinghouse Electric, der New Yorker Straßenbahn und des Eastern Seaboard Trusts von Charles E. Morse, sorgten für weitere Verkäufe. Es war symptomatisch für die Situation, daß die Aktienmehrheit, die Morse in einer Reihe von Gesellschaften angehäuft hatte, von den Aktien der anderen Unternehmen gestützt wurden. Als sich die Krise verschärfte, zogen Anleger innerhalb von drei Monaten drei Milliarden Dollar von den Banken und Märkten zurück. Wieder einmal näherte sich die Bankenwelt dem Abgrund; diesmal hatte sich Morgan mit einer Gruppe von Bischöfen der Episkopalkirche in einem gemieteten Luxuszug auf Reisen begeben. Er kehrte eilends nach New York zurück und vergrub sich – aus Gründen der Abgeschiedenheit – in seiner Bibliothek, die auch sein Büro war.

Am Donnerstagabend versammelte Morgan die Finanzmacht der Nation im East Room seiner Bibliothek, wo er ihnen – umgeben von alten Handschriften und Bibeln – auftrug, eine Lösung zu erarbeiten, während er im West Room Solitaire spielte. Einer nach dem anderen bot Vorschläge an, nur um sich sagen zu lassen: »Nein, so wird es nicht gehen.« Schließlich stimmte ein überaus mißmutiger Morgan zu, den schwächeren Banken von der Verrechnungsstelle Zertifikate anstelle von Bargeld ausstellen zu lassen; das bedeutete, daß seine Konkurrenten Geld, das nur auf dem Papier stand, dazu benutzen konnten, zu seinem flüssigen Finanzunternehmen in einen unfairen Wettbewerb zu treten. Es war gewiß ein in der Goldenen Gründerzeit seltener Augenblick, als J. P. Morgan dem nationalen Interesse Vorrang vor dem persönlichen Gewinnstreben einräumte. Am Freitag hielt die Panik unvermindert an, und zu Beginn des Wochenendes hatten Morgans Geschäftsfreunde weitere 15 Millionen Dollar gefordert.

Am Sonntagmorgen ermahnten die Pfarrer von den Kanzeln zu Ruhe und Zuversicht, während Präsident Roosevelt öffentlich verkündete, der Wohlstand sei zum Greifen nahe. Gleichzeitig forderten Morgan und Stillman elf Millionen Dollar in Gold aus Großbritannien an. (Bankiers und Beamte des Finanzministeriums nutzten häufig die Wochenenden, an denen Börsen und Banken geschlossen hatten, zu gewagten Planspielen.)

Am Montag erfuhren die Sparer, daß sie 60 Tage zuvor Bescheid sagen mußten, wenn sie ihr Geld abheben wollten. Diese Zeitspanne sorgte für eine Beruhigung der Lage, während der Donnerstag-Plan realisiert werden sollte.

Aber nun setzte die Stadt New York Morgan davon in Kenntnis, daß sie am Rand des Bankrotts stand, daß ihr dringend 30 Millionen Dollar fehlten und daß Morgan doch eine Lösung finden möge, auch wenn er dabei nicht auf die Hilfe des Bankensyndikats rechnen könne. Er brauchte lediglich 48 Stunden, um die Probleme der Stadt zu lösen; dennoch blieben die Trustgesellschaften übrig, die eine letzte Finanzspritze in Höhe von 25 Millionen Dollar brauchten. Also wurden am folgenden Samstagabend deren Präsidenten in die Bibliothek zitiert, wo sie von Morgan hörten, er habe genug und würde sich aus ihren Reihen zurückziehen. Nach vielem Gerede und Gezerre, das sich bis in die Morgendämmerung hinzog, tauchten die ziemlich kleinmütigen Präsidenten in Morgans Büro auf. Inzwischen hatten seine Angestellten kalkuliert, wieviel jeder von ihnen beitragen konnte, und hielten Schuldscheine für jeden einzelnen parat. »Da müssen Sie unterschreiben«, sagte er freundlich, »und hier ist ein Federhalter.« Sie unterzeichneten alle, und damit fand der Run auf die Banken ein Ende.

Mit diesem letzten großen Schachzug rettete Morgan die Banken und Märkte, zwang den amerikanischen Präsidenten, in den sauren Apfel zu beißen, und brachte nebenbei seine Schäfchen ins trockene. Ironischerweise trug ihm seine neue Macht den Ruf ein, der gefährlichste aller Wirtschaftsbosse zu sein – ungeachtet der außerordentlichen Dienste, die er

sowohl der Finanzwelt als auch der Nation geleistet hatte. Es kam zu einer Reihe demütigender Untersuchungen; 1933 starb Amerikas größter Bankier als verbitterter, tief enttäuschter Mann.

Zu jedermanns Erstaunen belief sich sein persönliches Vermögen auf bescheidene 75 Millionen Dollar. Mehr als die Hälfte davon bestand aus Büchern, antiken Handschriften und Kunstwerken, von denen ein großer Teil dank eines großzügigen Vermächtnisses des Sammlers das kulturelle Leben von New York bereichern sollte.

Andrew Mellon

Obwohl J. P. Morgan das amerikanische Finanzwesen wie ein Koloß beherrschte, sah er sich massiver Konkurrenz von anderen bedeutenden Bankierdynastien ausgesetzt. So finanzierten die Mellons in Pittsburgh loyal die Geschäfte von Henry Clay Frick; ihre enge Beziehung zu ihm ist bezeichnend für das, was man die Mellon-Philosophie genannt hat. Ohne große Worte halfen die Mellons Unternehmern, von denen sie überzeugt waren, nahmen Posten in ihren Vorständen ein und vergaben Darlehen wie Bürgschaften. Ihr Direktor Frank R. Denton hat einmal gesagt, sie wären »eine Art von Umlauffonds für die Förderung von Unternehmen«; von den Spekulationen und der Aktienvergabe ihrer extravaganteren New Yorker Kollegen hielten sie sich fern. Thomas Mellon, der die T. Mellon & Sons Bank im Jahr 1870 gründete, war ein erfolgreicher Anwalt irischer Herkunft, der Hypotheken und Pfandrechte aufgekauft hatte und sich mit herkömmlichen Bankgeschäften beschäftigte. Seine acht Söhne traten in seine Bank ein. Dem brillantesten von ihnen, Andrew Mellon (1855–1937), übergab er 1886 die Leitung des Finanzinstituts, das inzwischen zu einem der bedeutendsten im Land geworden war.

Drei Jahre später riefen die Mellons den Union Trust of Pittsburgh ins Leben und kurz darauf die Union Saving Bank, ebenfalls in Pittsburgh, was die Familie zu den wichtigsten Finanziers des größten, rapide expandierenden Industriezentrums der Welt machte.

Sein größtes Denkmal setzte sich Andrew Mellon jedoch mit der National Gallery of Art in Washington, wo er von 1921–1931 Finanzminister der USA war. Wie seine Nachkom-

LINKS: *Der Kurssturz kehrt als Gesundheitsinspektor den Abfall aus der Wall Street* – so der Titel dieser Karikatur, die sich satirisch mit den Verheerungen auf Amerikas Finanzmärkten auseinandersetzt, wie sie von Spekulanten angerichtet wurden, die sich in den Eisenbahnunternehmen breitgemacht hatten. Zu beachten ist, daß der »Gesundheitsinspektor« mit einem Fuß Halt gefunden hat vor der Tür von Drexel & Co, einem Bankhaus, das bald nach einem seiner Hauptteilhaber heißen sollte: nach J. P. Morgan. Auf den Abfall, der weggekehrt wird, ist Jay Gould geschrieben, der Name des berüchtigten Eisenbahnspekulanten.

UNTEN: *Die Bullen und die Bären auf dem Markt* (New York Historical Society) von William H. Beard. Es läßt sich schwer sagen, wer diese Schlacht gewinnt – die pessimistischen Bären oder die optimistischen Bullen.

RECHTS: **Der stets scheue, zurückhaltende J. P. Morgan mochte es nicht, fotografiert zu werden (zum Teil wohl wegen seiner mißgestalteten Nase) – von sorgfältig arrangierten Porträtaufnahmen abgesehen; auf Fotoreporter der Boulevardpresse konnte er (wie hier sichtbar) recht handgreiflich reagieren.**
UNTEN: **Mit ihren Marmorsäulen, der kuppelförmig gewölbten und mit Fresken geschmückten Decke, den Bronzebüsten und den Lünetten im Andrea-della-Robbia-Stil empfing die ursprüngliche Eingangshalle der *Morgan Library* die Besucher mit einer Pracht wie aus dem alten Rom; das war den Architekten McKim, Mead & White sowie ihrem großzügigen Bauherrn J. P. Morgan zu verdanken. Der große Bankier zog es vor, seine immensen Einkünfte der Förderung amerikanischer Kultureinrichtungen zu widmen und nicht einem persönlichen Lebensstil voll Genuß und Lust.**

men war auch er extrem scheu und lebte sehr zurückgezogen; zudem sprach er in einem rauhen Flüsterton, den viele kaum verstanden.

Die Mellons waren an einigen der bedeutendsten amerikanischen Unternehmen – oft mit Anteilsmehrheit – beteiligt, darunter der Pittsburgh Reduction Company, aus der dann die Aluminium Company of America (Alcoa) wurde, Union Steel und Sharon Steel, die sie mit erheblichem Gewinn an J. P. Morgan veräußerten, Pittsburgh Glass und zahllosen Eisenbahnen. Sie investierten auch in Ölquellen, so in die Texas Spindletop, die spektakulärste Springquelle, die je entdeckt wurde. Sie führte zur Gründung von Gulf Oil und deren zahllosen Tochterunternehmen. Zu den Mellonschen Unternehmungen gehörte auch die gigantische Koppers Company, die auf der Erfindung eines deutschen Ingenieurs fußte, der bei der Kokerei anfallende Abgase zur Herstellung zahlloser Nebenprodukte nutzte. Sie kauften etliche Elektrizitätsunternehmen in den Kinderschuhen, wie auch eine Vielzahl anderer Firmen von Versicherungsgesellschaften bis zur Nabisco.

Im Gegensatz zu Rockefeller und anderen *Robber Barons* wurde Andrew Mellon zu einem der drei amerikanischen Milliardäre, die Journalisten und Chronisten nicht mit einem Schatz unterhaltender oder typischer Anekdoten versorgten. Er verfügte auch über keine phantastische Idee oder brillante Vision, die seine Karriere bestimmte, über keinen Plan zum schnellen Reichwerden, dem man nacheifern könnte, über keinen Todfeind, mit dem er sich in ein erbarmungsloses Ringen um Profite verstrickte, über keinen Partner, der ihn zu Höhenflügen inspirierte. Mellon las schlicht und einfach Kontoauszüge, besaß eine gute Menschenkenntnis und faßte den Entschluß, sich am Wachstum im Kernland der amerikanischen Schwerindustrie zu beteiligen.

Nach einer langen und ehrenvollen Amtszeit als US-Finanzminister wurde Mellon zum Botschafter der Vereinigten Staaten am Hof von St. James ernannt. Das war eine Berufung, die unter den anglophilen amerikanischen Plutokraten hochgeschätzt wurde.

Die Wahl hätte auf keinen Besseren fallen können als auf diesen halb-englischen Millionär im Dienst der Allgemeinheit. Seine kühle Zurückhaltung, seine Diskretion und aristokratische Haltung beeindruckte selbst die würdevollsten Mitglieder des britischen Establishment, denen er sich in jeder Weise ebenbürtig erwies.

Andrew Mellon verkörperte den Archetyp des kultivierten und eleganten Milliardärs. Er war hochgewachsen, sah blendend aus, war stets gut gekleidet und hatte untadelige Manieren. Bis zum Alter von 45 Jahren blieb er Junggeselle, dann – 1900 – heiratete er Nora McMullen, die 21jährige Tochter eines wohlhabenden Brauers aus Hertfordshire. Bedauerlicherweise konnte sich Nora nicht an die Industriestadt Pittsburgh mit ihrer rußigen und düsteren Luft gewöhnen. Neun Jahre nach der Heirat kehrte sie zu ihren Eltern zurück und ließ ihre Kinder Ailsa und Paul in der Obhut Andrew Mellons zurück.

Außerhalb Pittsburghs war Mellon praktisch unbekannt, bis er 1921 Finanzminister unter Präsident Warren Harding wurde – nachdem er für die Schulden der Republican Party in Höhe von 1,5 Millionen Dollar gebürgt hatte. Um die Anforderungen dieses Amtes zu erfüllen, mußte er sich aus den Vorständen und Aufsichtsräten von 51 Aktiengesellschaften zurückziehen. Ganz so, als wollte er diesen Verlust ausgleichen, soll er angeblich viele Waren mit restriktiven Zöllen belegt haben, weil sie eine Konkurrenz waren zu Produkten von Unternehmen, an denen er beteiligt war. Ein Verdienst Mellons bestand darin, daß er die Währung der Vereinigten Staaten vereinheitlichte. Er sorgte dafür, daß alle Banknoten die gleiche Größe und Farbe hatten. Damit sparte er der Staatskasse Millionen ein, zwang aber auch die Amerikaner – und ausländische Touristen noch weit mehr – sehr genau aufzupassen, daß sie nicht aus Versehen hundert Dollar Trinkgeld gaben. Noch bedeutender ist die Tatsache, daß Andrew Mellon die Staatsverschuldung konsolidierte: 1921 betrug sie noch 26 Milliarden Dollar, 1930 nur noch rund 16 Milliarden. Als Regierungskollegen Besorgnisse wegen der Verschrottung eines Rüstungsbetriebes äußerten, verblüffte er sie mit der Mitteilung, er habe mit einer ähnlichen Anlage zwölf Millionen Dollar verloren.

UNTEN: **Präsident Warren Harding mit seinem Kabinett (etwa 1924). Andrew Mellon, der Finanzminister, sitzt als zweiter von rechts in der vorderen Reihe. Der Bankier aus Pittsburgh half Henry Clark Frick, Andrew Carnegie sowie vielen anderen bedeutenden Unternehmern der Goldenen Gründerzeit bei der Finanzierung. Mellon wurde nicht nur US-Finanzminister, sondern auch der wichtigste Mäzen der National Gallery in Washington.**

Die Häuser der Millionäre

Den Wirtschaftsmagnaten der Goldenen Gründerzeit war es ernst mit dem alten Wort, nach dem das Heim des Menschen seine Burg ist. Sie waren so reich wie Krösus – und wie der wollten sie auch leben, in der Stadt ebenso wie auf dem Lande. Das war nichts Neues. Schon La Fontaine schrieb im 17. Jahrhundert, daß »jeder Bürger wie ein großer Herr leben will«. In Europa, wo der Reichtum des Adels dahinschwand und die großen Familien oft mehr als genug Häuser hatten, war es verhältnismäßig leicht, sich ein großes Gemäuer zu kaufen oder zu mieten und bekannte Architekten und Dekorateure damit zu beauftragen, es aufzumöbeln. In den Vereinigten Staaten, in denen es keine leerstehenden Adelssitze gab, mußten sich die Leute ihre Schlösser auf dem Reißbrett entwerfen lassen. Sie kopierten jeden Stil, der ihnen gerade gefiel, und scherten sich einen Pfifferling um Anachronismen, wenn sie ungeheure mittelalterliche Burgen inmitten von New York City, Chicago oder San Francisco errichten ließen.

So, wie sich europäische Monarchen im 18. Jahrhundert häufig Versailles zum Vorbild für ihre Paläste nahmen, richteten die Neureichen des 19. Jahrhunderts ihre Blicke nach Frankreich, wenn sie eine Inspiration brauchten. Daher ist es kaum überraschend, daß die meisten Architekten der feinen Gesellschaft an der vielgerühmten École des Beaux-Arts in Paris studierten. Im 18. Jahrhundert hatte sich der französische Adel prachtvolle *hôtels particuliers* hinter hohen Mauern und abweisenden Toren an der Rue de Grenelle und der Rue de Varenne errichten lassen, desgleichen im Maraisviertel, aber die meisten von ihnen gingen – wie auch die Köpfe der Adligen – während der Französischen Revolution (1789–94) verloren. Als das französische Bürgertum zu Wohlstand gelangte und eine neue Generation reicher Süd- und Nordamerikaner ihr Wohlgefallen an der Stadt fanden, die Napoleon III. und Baron Haussmann in die luxuriöseste Metropole der Welt verwandelt hatten, wuchsen neue Sandstein- und Granitpaläste in einem Stil in die Höhe, der Erinnerungen an Louis XV. und Louis XVI. wachrief. Sie entstanden in großer Zahl vor allem im 16. Arrondissement, aber auch an der Avenue du Bois, an der Place des États-Unis, an der Avenue d'Iéna sowie an den schattigen Boulevards gegenüber dem Bois de Boulogne. Ihre Fassaden prunkten mit korinthischen Säulen oder Stützpfeilern, Putten breiteten ihre Flügel über Simse und dekorative Friese, und in den Beletagen gab es große und luftige Empfangsräume mit Fenstern, die vom Boden bis zur Decke reichten und die entweder auf einen großen, streng angelegten Garten hinausgingen oder auf die kastaniengesäumte Straße darunter. Das prachtvollste Gebäude dieser Art war vielleicht das *Palais de Marbre Rose*, ein Palast aus rosafarbenem Marmor, den sich der Marquis Boni de Castellane mit dem Geld seines Schwiegervaters Jay Gould errich-

GEGENÜBER: Das *Palais de Marbre Rose*, der überspannte Prunkbau, den der Marquis Boni de Castellane an der exklusiven Avenue de Bois in Paris errichten ließ, erwies sich sogar für das Gould-Vermögen als zuviel. Mit dieser Nachahmung des Petit Trianon in Versailles wollte der Marquis einen Ort schaffen, wo der Glanz des royalistischen Frankreichs wieder lebendig wurde. Um das Palais auszustatten, bot er gegen amerikanische Wirtschaftsbosse bei Versteigerungen von Rembrandt-Gemälden und Möbeln aus königlichen Beständen.

OBEN: Baron Georges-Eugène Haussmann, der als zuständiger Präfekt (1853–1870) unter Napoleon III. Paris neu gestaltete, so wie wir es heute kennen.

LINKS: *Le Boulevard des Italiens* von Edmond-Georges Grandjean (1844–1909). Das Bild zeigt einen der berühmtesten Boulevards von Haussmann kurz nach der Fertigstellung.

RECHTS: **Der raffiniert gestaltete Innenhof des *Palais de Marbre Rose* vermittelt eine Vorstellung von der Aufwendigkeit, mit der Boni de Castellane das 18. Jahrhundert nachahmen ließ, wobei er das Geld benützte, das er seiner Heirat mit der amerikanischen Erbin Anna Gould verdankte. Seine Extravaganzen (sowie seine Schwäche für hübsche Mätressen) veranlaßte die Familie Gould jedoch dazu, den Geldhahn zuzudrehen. Als Boni die Nachricht erhielt, daß seine reiche Frau abgereist sei, zog er eine Uniform (samt Säbel und Orden) an, legte sich in dem Palais nieder und wartete auf den Tod. Als der jedoch auf sich warten ließ, zog sich der Marquis wieder um und begab sich zum Lunch in den Jockey Club.**

UNTEN: **Die Bemühungen der Neureichen, ihren Lebensstil durch Anknüpfung an das *ancien régime* aufzuwerten, wird nirgends deutlicher sichtbar als im *Salon des Tapisseries de Leprince* in dem Haus resp. Museum, das Édourd André und Nélie Jacquemart am Boulevard Haussmann in Paris bauten.**

GEGENÜBER: **Der maurische Salon im Wohnhaus von John D. Rockefeller und Familie in New York.**

SEITEN 106/107: **New Yorker Prominente wie James H. Burden übertrafen die Franzosen sogar in der Nachahmung des Versailler Prunks, wie hier im Musikzimmer des Burden-Hauses nahe der Fifth Avenue zu sehen: eine verschwenderische Mischung aus Marmor, vergoldeter Bronze und Stuck.**

ten ließ, und in dem sogar die Küchen mit kostbarem Marmor verkleidet waren.

Die eleganteste Variante bestand darin, ein Haus zwischen Vorgarten und Garten zu haben – ein Luxus, der im allgemeinen jenen vorbehalten war, die ein altes *hôtel particulier* kauften. Der Parvenü wünschte sein Haus direkt an der Straße und nicht etwa hinter Mauern verborgen, weil er Passanten mit seinem Lebensstil beeindrucken wollte. Das, was man als PPP bezeichnen könnte, als »Pariser Parvenü-Palast«, erlangte in der Goldenen Gründerzeit enorme Bedeutung, da dies genau die Art opulenten Heims war, nach dem es viele der neuen Magnaten verlangte – besonders in New York, London, San Francisco und sogar in Buenos Aires, wo Gauchos ebenso wie italienische und deutsche Einwanderer durch die landwirtschaftliche Nutzung der Pampas reich geworden waren.

Auch bei größeren, öffentlichen Projekten orientierten sich die Städteplaner an Frankreich, wenn sie ihren Städten ein neues Antlitz geben wollten. Das früheste Beispiel dafür ist Benjamin Henri Latrobes Entwurf für Washington, zu den späteren gehört sowohl Buenos Aires mit seinen baumgesäumten Boulevards als auch Bukarest, das man als »Klein-Paris« bezeichnete, auch wenn seine eleganten Avenuen und Häuser nur eine Fassade darstellten, hinter der sich Elendsviertel voll von Kriminellen und arbeitslosen Griechen und Türken verbargen.

Die Architekten ließen sich jedoch nicht nur von Frankreich inspirieren. Vor allem dank Eugène-Emmanuel Viollet-le-Duc wurde die zweite Hälfte des 19. Jahrhunderts zu einer Ära des Eklektizismus. Als ein bekannter Moskauer Architekt von Arsenij Morosow wissen wollte, in welchem Stil er sein neues Haus denn gern gebaut hätte, erwiderte der Handelsfürst: »In allen Stilen. Ich kann sie mir alle leisten.« Noch besser ist diese kuriose Einstellung in einer *Punch*-Karikatur von 1891 erfaßt. Dort erklärt ein eleganter schnurrbärtiger Bauherr seinem Architekten, er wolle etwas »ganz Vornehmes – Queen Anne und elisabethanisch eben, ein bißchen malerisch, Fachwerk wie in Nürnberg, Sie wissen schon – richtig Old English mit französischen Terrassenfenstern, die sich zum Rasen hin öffnen, mit venezianischen Jalousien und Schweizer Balkonen und einer Loggia.«

Dieser Historismus brachte seriöse Architekten in ein Dilemma. Der Amerikaner Thomas R. Hastings gab der Frustration Ausdruck, die viele namhafte Architekten empfunden haben müssen, von denen immer nur verlangt wurde, ein französisches Renaissanceschloß, einen florentinischen Palazzo, einen venezianischen Dogenpalast, ein romanisches oder gotisches Klostergewölbe oder die Alhambra nachzugestalten: »Das Kopieren lähmt jeden Fortschritt in der Kunst und zerstört die Kreativität. Unsere Renaissance darf nicht rein archäologisch sein, ein blindes Nachahmen bestimmter Stilepochen. Ein französisches Haus à la Louis XII., François I. oder Louis XIV. zu bauen oder einen *cinquecento*-Ent-

wurf zu machen, ist keinesfalls moderne Architektur.« Der gleichermaßen anerkannte wie desillusionierte Richard Morris Hunt erkannte, daß »man zunächst nicht vergessen darf, daß es das Geld des Auftraggebers ist, das man ausgibt. Wenn der ein Haus umgekehrt gebaut haben will, ein Haus, das auf seinem Schornstein steht, dann liegt es am Architekten, das auszuführen und dennoch das bestmögliche Ergebnis zu erzielen.« Tatsächlich hatten die neureichen Auftraggeber schwindelerregende finanzielle Mittel zur Verfügung, schreckten vor nichts zurück, um ihresgleichen zu beeindrukken, und debattierten – mit wenigen Ausnahmen – nie über die Kosten, von denen dem Architekten üblicherweise fünf Prozent zustanden.

Die grossen Häuser

Abgesehen vom Stil gab es noch einige andere Voraussetzungen, ohne die ein großes Haus in der Goldenen Gründerzeit nicht auskam. So war beispielsweise der Ballsaal der größte, prächtigste und am wenigsten genutzte der großzügigen Empfangsräume; die wenigen Möbelstücke darin waren im allgemeinen mit schützenden Tüchern verhüllt – bis auf die wenigen Ausnahmen, wenn die Familie Freunde zu einer abendlichen Tanzveranstaltung bat. Stuckarbeiten, große Kristallüster, Parkettfußböden, eine Vielzahl vergoldeter Säulen und Spiegel und häufig auch eine Empore für die Musiker (die normalerweise hinter einem Wandschirm verborgen waren) bildeten das Ambiente für anspruchsvolle gesellschaftliche Ereignisse. Mit wenigen Ausnahmen herrschten die Farben Weiß und Gold vor.

Das Musikzimmer, das häufig auch als Gemäldegalerie diente, verfügte stets über Oberlicht, um die doppelt und dreifach gehängten Bilder an den Wänden besser zur Geltung zu bringen. Während Ballsäle sich in der Regel quadratisch oder rechteckig präsentierten, war die Musiksalon-Galerie fast immer langgestreckt und weniger aufwendig gestaltet. Wenn nicht gerade am Abend ein Konzert stattfand, standen Sofas und Polsterbänke in der Mitte des Raumes, um zum Betrachten der Kunstwerke einzuladen. Die Wände waren weitgehend von größeren Möbelstücken freigehalten, so daß sich an ihnen in angemessenen Abständen vergoldete Stühle plazieren ließen, die es den Damen gestatteten, in ihren bauschigen Roben von Worth oder Poiret darauf Platz zu nehmen. Statt architektonischen Zierats bedeckte roter, grüner oder beiger Samt oder Damast die Wände, um die Aufmerksamkeit nicht von den Gemälden abzulenken. Das Hauskonzert war ein fester Bestandteil der gesellschaftlichen Saison in den großen Städten und für die Karriere eines Künstlers ebenso wichtig wie die Auftritte in öffentlichen Konzertsälen. Die großen Gastgeberinnen der Zeit rühmten sich, so unsterbliche Musiker wie Ignacy Jan Paderewski, Eugène Ysaye und Anton Rubinstein oder so gefeierte Diven wie Nellie Melba und Mary Garden präsentieren zu können. Fjodor Schaljapin sang in den großen Privathäusern von Paris und New York, Frédéric Chopin trat im Musiksalon von James und Betty de Rothschild in Paris auf; eine Einladung in den Salon einer gesellschaftlich hochstehenden Persönlichkeit mochte häufig die Karriere eines bis dahin unbekannten Virtuosen oder Komponisten begründen. Nach dem Konzert wurden Erfrischungen gereicht, die Getränke in der Flucht der

Empfangsräume und das Essen an einem verschwenderischen Buffet im Speisesaal.

Das Speisezimmer war für extrem förmliche Anlässe gestaltet; in der Regel war es lang genug, um bis zu hundert Gästen an einer Tafel Platz zu bieten, aber auch breit genug, um die großzügige Zurschaustellung von Silber und Porzellan ebenso zu gestatten wie die Plazierung eines Dieners hinter jedem Stuhl, und natürlich auch hoch genug, um endlosen, raffiniert gestalteten Diners eine Atmosphäre sakraler Weihe zu verleihen. Während die Salons für gewöhnlich französisch eingerichtet waren, die Musikzimmer italienisch und die Ballsäle klassisch, waren im Speisesaal alle Stilrichtungen erlaubt. Er konnte einem mittelalterlichen Refektorium gleichen, einer Tudor Hall, einer säkularisierten spanischen Kathedrale, dem Spiegelsaal von Versailles oder einer behaglichen elisabethanischen Gallery mit Wänden aus Paneelen mit Faltenfüllung.

Die Empfangsräume dienten vor allem der Zurschaustellung des Reichtums, zu dem der Wirtschaftsmagnat normalerweise bei Gesprächen in der Bibliothek gelangte. Diese war üblicherweise das zurückhaltendste aller Gemächer. Hier gab es holzgetäfelte Wände, Regency-Möbel, Bücherschränke und -regale, behaglich gepolsterte Sitzmöbel und aristokratische Porträts, die von den glühenden Feuerscheiten in den Tiefen des großen Marmorkamins zum Leuchten gebracht wurden. Hier handelten die Goulds, Harrimans, Fricks und Vanderbilts nach Büroschluß ihre Geschäfte mit J. P. Morgan und George F. Baker aus. Ein weiteres männliches Refugium war das Billardzimmer, in dem sich die Herren an den Wochenenden oder nach dem Abendessen zusammenfanden. Die Salons, die man heute als Wohnzimmer bezeichnen würde, waren meist in französischer Manier gestaltet und mit dem eingerichtet, was die Innenausstatterin Elsie de Wolfe FFF genannt hat – »Fine French Furniture«, edles französisches Mobiliar aus der Zeit von Louis XV. und Louis XVI. Als Folge von Haussmanns radikaler Neugestaltung von Paris kamen große Mengen herrlicher Holzverklei-

Obschon Andrew Carnegies Wohnhaus (Fifth Avenue/ 91st Street, heute Cooper Hewitt Museum) weder das geschmackvollste noch das extravaganteste Haus in New York ist, gibt es nur von ihm – als einzigem unter vergleichbaren Luxusbauten – eine komplette fotografische Dokumentation. Die Ambitionen, die den Lebensstil der Superreichen bestimmten, werden daraus ersichtlich; deutlich zu sehen das Ambiente, in dem sie herrschen und empfangen wollten.

Gegenüber oben links: **Die Empfangshalle ist im selben eklektizistischen georgianisch-florentinischen Stil gehalten wie die Außenfronten** (Mitte). **Die Figur des Merkur könnte eine Anspielung auf Carnegies Anfänge in einem Telegrafenamt sein.**

Gegenüber oben rechts: **Der Salon im französischen Geschmack wurde für Mrs. Carnegies Einladungen zum Tee genutzt.**

Gegenüber unten links: **Die Bibliothek mit Wand- und Deckentäfelung nach englischem Vorbild war als Raum für ernste Gespräche und für die »Geburt« großer Ideen gedacht, wie das Motto über dem Kamin nahelegt: »Es werde Licht.«**

Gegenüber unten rechts: **Die Gemäldegalerie war mittels eines Oberlichts aus Bleiglas, Lüstern und oben angebrachten Röhren für elektrisches Licht gut beleuchtet. Was jedoch wenig nutzte, wenn man bedenkt, daß Carnegies Geschmack dem Mischmasch entsprach, der an den Wänden zu sehen ist.**

Oben: **Das verglaste Gewächshaus – mit seinem Urwald exotischer Pflanzen – war ideal geeignet, um den Sonntagnachmittag hier zu verbringen und den Tönen des Orgelkonzerts aus der Empfangshalle unten zu lauschen.**

Das Innere des Wohnhauses von Senator William Clark an der Fifth Avenue war mit eindrucksvollen Paneelen aus einem Schloß an der Loire geschmückt. Dem Glanz dieses Rahmens entsprach die Qualität der Louis-seize-Möbel. Baron Haussmann war es zu verdanken, daß zahlreiche Täfelungen aus dem 18. Jahrhundert auf den Markt kamen; sie stammten aus den alten Häusern, die er niederreißen ließ, um Platz für die neuen Boulevards in Paris zu schaffen. Vieles aus dieser Schatzgrube gelangte über den Atlantik.

dungen auf den Markt; die Händler schickten sie zusammen mit kostbaren Möbelstücken, Porzellan, Teppichen und Wandbehängen, die sie in großen Mengen verkauften, nach Amerika. Als Holztäfelungen und Einrichtungsgegenstände knapp wurden, fertigten Handwerker des 19. Jahrhunderts Kopien an, die sich in manchen Fällen besser verkauften als die Originale. Wenn sie sich nicht stilgemäß einrichteten, entschieden sich die Reichen der Goldenen Gründerzeit oft für ein pseudo-orientalisches Potpourri aus teppichbezogenen Kissen, Kaffeekannen aus Messing, Vorhängen mit Fransen und Troddeln, perlenbestickten Polstern und Spitzendekken. Ausgestopfte Tiger, Bärenvorleger und ausgehöhlte Elefantenfüße wiesen ebenso auf weite Reisen hin wie Vitrinen mit Sammlungen französischen und deutschen Porzellans, während schwere Mahagonitäfelungen und Kamine einen gediegenen Wohlstand verkündeten. Bis zur Erfindung der elektrischen Glühbirne verbreiteten Petroleumlampen ein goldenes Licht, das häufig durch gefältelte oder kolorierte Seidenlampenschirme farblich gedämpft wurde. Große Räume wurden heller beleuchtet durch riesige Kristall- oder Bronzelüster, deren Licht von den in die Täfelung eingelassenen großen und kleinen Spiegeln reflektiert wurde.

Besonderen Wert legten die Architekten auf die theatralisch-monumentale Gestaltung der Eingangshalle, denn hier vermittelte der Magnat seinen Gästen den ersten und entscheidenden Eindruck seines Reichtums. Andere Räume konnten durchaus vom sonstigen Stil des Hauses abweichen, die Eingangshalle jedoch war ein integraler Bestandteil des architektonischen Gesamtwerks und hatte in einem engen Zusammenhang mit dem Äußeren zu stehen. Großartige Treppen zogen sich über mehrere Stockwerke hin und waren mit Reliefs, Buntglasfenstern, Wandteppichen, Marmorwänden sowie großen Farnen und Palmen in chinesischen Bodenvasen geschmückt. Hier reihten sich die Diener in ihren Livreen auf, um die Gäste zu begrüßen oder zu verabschieden – oft mit einem silbernen Kerzenleuchter in der Hand. Das zweite Stockwerk war den Privaträumen der Familie vorbehalten. Die Dame des Hauses lebte normalerweise im Ritz-Stil: weiße Wandverkleidungen à la Louis-quinze, roséefarbene Vorhänge, helle Aubusson-Teppiche, Spitzenkissen und bemalte Möbel. Im marmorgefliesten Badezimmer war eine in den Boden eingelassene Wanne *de rigueur*, wie auch das *lit de repos*, um sich nach einem heißen Bad zu entspannen.

In dem Schlafzimmer, das Stanford White für Louise Vanderbilt in ihrem Landhaus in Hyde Park, New York, entwarf, war das vergoldete Bett von einem hohen Baldachin gekrönt, auf dem sich geflügelte Putten tummelten. Das Ganze war von einer cremefarbenen und vergoldeten Balustrade umschlossen, auf der zwei kannelierte Säulen mit goldenen korinthischen Kapitellen standen.

Ihr Ehemann Frederick Vanderbilt schlief in einem kunstvoll geschnitzten Bett aus der flämischen Renaissance, über dem eine riesige Stoffbahn aus rotem Samt hing, auf die eine goldene Krone gestickt war. Zu beiden Seiten des Ruhelagers befanden sich spiralförmige Säulen, umschlungen von Girlanden aus goldenen Trauben. Dunkle Holzverkleidungen gehörten mehr oder weniger zur Standardausstattung des Schlafraums eines Wirtschaftsmagnaten, wie auch schwerer Samt, Orientteppiche und tiefe Ledersessel.

Unter dem Dach befanden sich die Quartiere für die Dienstboten, winzige Verschläge, einer neben dem anderen und gerade so groß, daß man in das Bett und wieder aus ihm heraus kam. Auf der einen Seite des Flurs befanden sich die »Zellen« für die Frauen, auf der anderen die für die Männer, und jede nächtliche Eskapade hatte die unverzügliche Entlassung zur Folge. Ein einziges kleines Badezimmer stand für die hygienischen Bedürfnisse des gesamten Personals zur Verfügung; Waschbecken in den Kämmerchen wurden als Gipfel des Luxus betrachtet. Die Küchen hatten Hotelausmaße und befanden sich im Kellergeschoß. Das Essen wurde auf schweren Silberplatten die Treppe heraufgetragen oder dann und wann auch mit einem Speisenaufzug befördert.

Auch wenn das Hauspersonal in der Anzahl ziemlich schwankte, waren für die Residenz eines Millionärs doch mindestens vier Zimmermädchen, eine Wäscherin, eine Büglerin sowie eine Angestellte vonnöten, die einzig damit beschäftigt war, die Koffer der Familie und ihrer Gäste zu packen und wieder auszuräumen. Zudem gab es eine Reihe kräftiger Mädchen, für gewöhnlich Irinnen, die das Haus sauberhielten. Dieses Personal stand unter der Aufsicht des Butlers und der Haushälterin. Der Butler war im allgemeinen Engländer, der ebenso über Führungsqualitäten verfügen mußte wie über jede Menge Taktgefühl; im Idealfall war er mit der Haushälterin verheiratet. Dem Butler unterstanden auch mindestens vier Diener, die das Essen servierten, sowie zwei kräftige Dienstboten fürs »Grobe«. Dann gab es einen Chefkoch, im besten Fall ein Franzose, und wenigstens zwei *commis* (Hilfsköche); in wirklich feinen Haushalten gab es auch noch einen *patissier*, der sich um die Herstellung des täglichen Brotes, des Gebäcks, der Torten sowie bei großen Einladungen um die Kunstwerke aus gesponnenem Zucker kümmerte. Vor der Einführung des Automobils wurde die Beweglichkeit der Familie durch einen Kutscher und vier Stallburschen garantiert; später gab es einen Chauffeur, der Tag und Nacht zur Verfügung stand. Für die Kinder standen Kindermädchen, eine englische Gouvernante, vielleicht auch ein deutsches Fräulein, Privatlehrer und ein eigener Koch bereit, denn kein Chefkoch hätte es gestattet, daß seine Töpfe und Tiegel durch die Zubereitung von Haferbrei, Babykost oder Kartoffelmus mit Hackfleisch entweiht wurden. Die vielen Nebenresidenzen wurden jeweils von einem Stammpersonal versorgt, das im Bedarfsfall mit den regulären Dienstboten aufgefüllt wurde. Für besonders große Ereignisse wurden Aushilfen eingestellt.

Amerikanische Architekten der Goldenen Gründerzeit

Henry Hobson Richardson (1838–1886) veränderte in der Goldenen Gründerzeit die amerikanische Architektur und brachte Ordnung und System in den wildwuchernden Eklektizismus dieser Ära.

Für den Architekturhistoriker Wayne Andrews basierte Richardsons Erfolg auf dessen »gediegener und würdiger Umsetzung der ehrgeizigen Wünsche der [amerikanischen] Millionäre«. Richardson, ein Urenkel des Sauerstoff-Entdekkers Joseph Priestley, wuchs auf der Plantage seiner Familie in der Gemeinde St. James in Louisiana auf, studierte an der Harvard University, besuchte dann die École des Beaux-Arts und kehrte 1865 in die Vereinigten Staaten zurück. Sieben Jahre später gewann er den Wettbewerb für den Bau der Trinity Church in Boston. Seinen Entwurf bezeichnete er als »freie Interpretation der französischen Romanik«. Die Größe des Granits, die breiten Bögen und weitere mittelalterliche Elemente schufen im Zusammenspiel mit der Pracht des Innenraums, durch John La Farges Buntglasfenster matt erleuchtet, eine Wiedergeburt der Romantik, die die amerikanische Architektur im nächsten Vierteljahrhundert bestimmen sollte.

Im Hinblick auf den Lebensstil der Millionäre spielte Richardson eine wichtige Rolle als Mentor von McKim, Mead & White, des meistbegehrten Architektenbüros für private und öffentliche Bauvorhaben in jener Zeit. Charles Follen McKim (1847–1909) und Stanford White (1853–1906) waren bei Ri-

OBEN: Henry Hobson Richardson, der an der Pariser École des Beaux-Arts studiert hatte, war einer der begehrtesten Architekten der Goldenen Gründerzeit. Sein neuromanisches Meisterwerk, die Trinity Church in Boston (1872), löste eine romantische Renaissance aus, die Amerikas Architektur im nächsten Vierteljahrhundert beherrschte.

UNTEN LINKS: Während der Goldenen Gründerzeit waren Richardsons Schüler McKim, Mead & White die begehrtesten Architekten in den USA; zu ihren größeren Projekten zählten so historische Leistungen wie die Columbian Exposition 1893 in Chicago und der erste Madison Square Garden in New York. Der gesellschaftlich bekannteste Teilhaber der Firma war Stanford White, der 1906 von dem reichen Henry Thaw erschossen wurde; dieser war krankhaft eifersüchtig wegen einer früheren Liaison zwischen dem Architekten und der jungen Mrs. Thaw. White entwarf verschiedene »Cottages« in Newport, nachdem er seinen Ruf mit dem Bau des prachtvollen Newport Casinos begründet hatte, das er im Auftrag von James Gordon Bennett jr. errichtete, nachdem man diesen aus dem Newport Reading Room (OBEN LINKS) hinausgeworfen hatte, weil er es gewagt hatte, einen britischen Offizier die Treppe hinaufreiten zu lassen.

OBEN: **An der Fifth Avenue zwischen der 51st und 52nd Street stand William Henry Vanderbilts *Triple Mansion* (1879), südlich von Alva Vanderbilts *Petit Château de Blois*; zusammen beherrschten sie Amerikas feinste Durchgangsstraße. Dabei war das *Triple Mansion* kaum mehr als ein schwülstiger Sandsteinkasten, der in extravaganter, ja willkürlicher Weise mit klassischen Elementen verziert war.**
UNTEN: **Aus der Schnittzeichnung kann man den serailartigen Charakter des gewaltigen Steinhaufens, den das *Triple Mansion* darstellte, ersehen.**
GEGENÜBER: **Diese Mezzotinto aus einer limitierten Ausgabe, die William Henry Vanderbilt selbst herausgab, zeigt eine Ecke im nordöstlichen Wohnzimmer des *Triple Mansion*. Es zeigt deutlich die parvenühafte Neigung des Besitzers zur Pompentfaltung. Auf den, mittels Schablonen bemalten, seidenbezogenen Wänden sind gläserne Schmetterlinge angebracht. Zusammen mit einer Unmenge viktorianischen Kitsches prunken andere Räume mit Wandverkleidungen aus Bambus, worin sich die damalige Mode, japanische Häuser nachzuahmen, widerspiegelt. Unter den Dekorationsstücken befand sich auch eine große Malachitvase von Pierre Thomire, ein Geschenk von Zar Nikolaus I. an Fürst Demidoff, und eine in Bronze ausgeführte Kopie der *Pforten des Paradieses* von Lorenzo Ghiberti (15. Jahrhundert) für das Baptisterium des Doms in Florenz.**
GANZ RECHTS: **Das äußerst geschmackvolle Haus, das Charles McKim in Hyde Park (New York) für Frederick William Vanderbilt baute. Es bat eine überwältigende Aussicht auf den Hudson.**

chardson tätig, als er die Trinity Church entwarf, während William Rutherford Mead (1846–1928) Italien bereiste, um die Bauwerke der Renaissance zu studieren. In Florenz, Rom und Venedig fanden diese Architekten ihre stärksten Anregungen für den Klassizismus, den sie gegen Ende des Jahrhunderts propagierten.

Es war Stanford White, ein unermüdlicher Salonlöwe und Gast unzähliger gesellschaftlicher Ereignisse in New York, der seine reichen Freunde dazu bewog, sich von McKim, Mead & White ein Ambiente schaffen zu lassen, das ihrem finanziellen Status entsprach. In ihren Anfangsjahren hatten die Architekten Häuser im Shingle-Stil für Cyrus Hall McCormick in Richfield Springs, New York, sowie für Robert Goelet und Isaac Bell jr. in Newport, Rhode Island, entworfen, der Sommerresidenz jedes Wirtschaftsbosses, der etwas auf sich hielt. Stanford Whites erstes größeres Projekt war das Casino an der Bellevue Avenue von Newport, das er 1881 für seinen Freund James Gordon Bennett jr. fertigstellte. Dieser verwegene, romantische, häufig betrunkene Verleger des *New York Herald* hatte auf beiden Seiten des Atlantik ebenso wie auf seinen riesigen hochseetüchtigen Jachten für Erheiterung und Verärgerung gesorgt. In Newport hatte er einen britischen Offizier dazu herausgefordert, auf einem Polopony in den feinen und pompösen Reading Room des Kurorts einzureiten, und zeigte sich am nächsten Tag verblüfft darüber, daß man ihm seine Clubmitgliedschaft gekündigt hatte. Aus Rache gab er den Bau eines neuen Clubs in Auftrag, und mit Whites prächtigem Clubhaus wurde das Newport Casino schnell zu einer Attraktion, während im Reading Room gähnende Leere herrschte. Auf seinen Rasenplätzen wurden viele nationale Tennismeisterschaften ausgetragen, und große Schauspieler traten in seinem Theater auf.

DIE HÄUSER DER VANDERBILTS

Die spektakulärsten – und für einige Menschen die protzigsten – Herrensitze in Newport waren Alva Vanderbilts *Marble House* und Cornelius Vanderbilts *The Breakers*. Die Vanderbilts und später William Randolph Hearst waren Amerikas ehrgeizigste und extravaganteste Bauherrn. Der alte Commodore lebte eher bescheiden, zunächst in einem Ziegelbau auf Staten Island und dann in einem vierstöckigen klassizistischen Haus am Washington Place, in dem er auch starb. Doch er war am Geldverdienen interessiert, während sich seine

UNTEN: **Richard Morris Hunt, der Lieblingsarchitekt von Alva Vanderbilt, erhielt den Auftrag, die Familiengrabstätte im Woodlawn Cemetery außerhalb von New York zu errichten (RECHTS). Die reichen Amerikaner wollten bei ihrer letzten Ruhe den gleichen Luxus haben, den sie im Leben genossen hatten.**

GANZ RECHTS: **Hunt baute für Alva und William K. Vanderbilt auch das *Petit Château de Blois* an der Fifth Avenue bei der 52nd Street. Das Haus war von den Loire-Schlössern im spätgotischen bzw. Renaissance-Stil inspiriert und zugleich das erste einfallsreich gestaltete Bauwerk der Beaux-Arts-Architekten, das für einen privaten Auftraggeber in New York errichtete wurde.**

Erben damit beschäftigten, von der New Yorker Gesellschaft anerkannt zu werden und die Astors und andere davon abzuhalten, an deren Spitze zu gelangen. Derartige Ambitionen verlangten große Paläste, und den ersten von ihnen errichtete William Henry Vanderbilt, der Sohn des Commodore, an der Fifth Avenue Nr. 640; das Gebäude nahm den gesamten Raum zwischen der 51st und 52nd Street ein. Mit dem Bau wurde 1879 begonnen, und schon 18 Monate später war der gigantische Komplex fertig – dank der 700 Arbeiter, die während des gesamten Zeitraums Tag und Nacht beschäftigt waren. Zusätzlich wurden 60 Steinmetzen und andere Handwerker aus Europa geholt, damit sie der Fassade und den Innenräumen den entsprechenden Schliff gaben. Der Prunkbau kostete zwei Millionen Dollar – weniger als ein Prozent des Gesamtvermögens, das Vanderbilt hinterließ, als er nur vier Jahre später starb. Der Kostenaufwand konnte durchaus als sinnvolle Investition betrachtet werden, da der zweiflügelige Bau auch zwei seiner verheirateten Töchter mit ihren Familien beherbergte. Der als *Triple Mansion* bekannte Sandsteinklotz mit seinen raffinierten, aber übertriebenen Verzierungen war eine architektonische Katastrophe, ein Bau, der vor allem durch den Luxus und die Gewöhnlichkeit seines Entwurfs zu zweifelhaftem Ruhm gelangte. »Man hat das Bedürfnis herauszufinden, ob es nicht vielleicht doch einen Raum gibt, in dem man ein bißchen Ruhe und Harmonie findet«, schrieb ein zeitgenössischer Kritiker. *Triple Mansion* ist in der Tat ein perfektes Beispiel für den Palast eines Parvenüs.

Mit dem gesellschaftlichen Aufstieg der Vanderbilts verbesserte sich auch die Qualität ihrer Häuser, besonders als sie talentierte Architekten zu Rate zogen. Für William Henrys Sohn Frederick William entwarf McKim einen prachtvollen Palast im Renaissancestil in Hyde Park, New York, der 1899 fertig war. Er liegt oberhalb des Hudson, und von seinem säulengeschmückten elliptischen Porticus hat man einen herrlichen Blick über den Fluß. Frederick und Louise Vanderbilt verbrachten dort gern die Weihnachtsfeiertage und gelegentlich auch Wochenenden, wenn sie sich nicht in ihren anderen Residenzen in Newport, Bar Harbor, Palm Beach, in den Adirondacks im Staat New York, an der Westküste oder in Manhattan aufhielten.

Für ein dreigeschossiges Gebäude mit 111 Räumen in Madison, New Jersey, das Christopher Wrens Anbau von Hampton Court in der Nähe von London nachempfunden war, zog McKim seine Partner hinzu. *Florham*, wie das Haus benannt wurde, ist zwischen 1890 und 1900 erbaut worden und vereinigte die Vornamen von Florence Adèle Vanderbilt, einer Tochter von William Henry, und deren Ehemann Hamilton

OBEN LINKS: **In der Eingangshalle des *Petit Château de Blois* mit seinem großzügigen Aufgang und seinem reichen Skulpturenschmuck setzte sich der französische Renaissancestil der Außenfront fort. Besonders eindrucksvoll muß es gewesen sein, wenn auf allen Treppenstufen die Vanderbiltschen Diener in kastanienbrauner Livree und mit silbernen Kandelabern in den Händen postiert waren.**

OBEN: **Das Haus 1 West 57th Street, erbaut von George Browne Post für Alice und Cornelius Vanderbilt II. für 3 Millionen Dollar. 1892 wurde das riesige Palais im Stil der französischen Renaissance, dem bald darauf das *Plaza Hotel* gegenüberstehen sollte, auf insgesamt 137 Zimmer erweitert; so entstand das größte private Stadthaus, das in den USA je errichtet wurde. Es nahm an der Fifth Avenue eine Länge von 200 Metern ein (wo heute Bergdorf-Goodman steht); zu den illustren Künstlern, die das weitläufige Innere ausschmückten, gehörten Louis Comfort Tiffany, John La Farge und Augustus Saint-Gaudens.**

McKown Twombly. Für Margaret Vanderbilt Shepard, die zweite Tochter William Henrys, schuf Stanford White in Scarborough im Staat New York den italienischen Renaissancebau *Woodlea* mit 74 Räumen. Ebenfalls über dem Hudsontal errichtet, prunkte das Haus mit der Abwandlung eines griechischen Amphitheaters, das 1500 Zuschauern Platz bot. Schließlich baute McKim in Centerport auf Long Island *Eagle's Nest* für William Kissam Vanderbilt jr. Die Bauarbeiten dauerten von 1908 bis 1939; *Eagle's Nest* war eine beachtliche spanisch-maurisch-portugiesische Torheit, deren Innenausstattung wiederum ein beredter Beweis für die Besessenheit vom Louis-quinze-elisabethanisch-Tudor-Renaissance-Chaos war.

Bauten und Einflüsse von Richard Morris Hunt

Über einem Torbogen von *Eagle's Nest* befindet sich eine fast lebensgroße Sandsteinstatue des Architekten Richard Morris Hunt (1827–1895) in der Aufmachung eines Steinmetzen, die einst die Fassade des großartigen »Schlosses« schmückte, das er von 1878 bis 1882 für William Kissam und Alva Vanderbilt an der Fifth Avenue Nr. 660 errichtet hat. McKim betonte gern, wenn er an diesem Loire-Schloß mitten in Manhattan vorbeikam, könne er danach besser schlafen, einfach weil er dann sicher war, daß es existierte. Das war ebenso eine Hommage an die New Yorker Plutokratie wie an einen der größten Architekten der Goldenen Gründerzeit, der – trotz der Prachtbauten, die McKim, Mead & White für die Nachkommen des Commodore geschaffen haben – der Familienarchitekt der Vanderbilts par excellence war. Mit William K. und Alva Vanderbilts *Petit Château de Blois* gelang es einem amerikanischen Architekten zum erstenmal, nicht nur ein Gebäude im Stil der französischen Renaissance zu bauen, sondern es auch dem Lebensstil eines amerikanischen Millionärs anzupassen. Es gibt keinen Hinweis darauf, warum sich Alva Vanderbilt für Hunt entschieden hat. Vielleicht ging sie davon aus, daß er als erster Amerikaner, der an der École des Beaux-Arts studiert hatte, ihre Träume von einem originalgetreuen europäischen Schloß am besten erfüllen konnte. »Der Stil ist für mich nicht entscheidend«, sagte sie ihm, »solange es nur mittelalterlich ist.« Damit nahm eine Zusammenarbeit zwischen Architekt und Auftraggeber ihren Anfang, die in der Neuen Welt ohne Beispiel ist. »Sie ist erstaunlich«, erklärte Hunt. »Sie tut alles, was ein Mensch tun kann, um sich über den Vanderbilt-Bau auf dem laufenden zu halten.«

Alva beschloß, den Rest der High Society zu übertreffen, und so gab sie Hunt zwei Millionen Dollar für den Bau einer Residenz, in der sie wie eine Königin hofhalten konnte. Der Architekt suchte die Zeichnungen hervor, die er einst von den Schlössern an der Loire gemacht hatte, und bezog seine Anregungen nicht nur von Blois, sondern auch von dem Haus des Bankiers Jacques Cœur in Bourges aus dem 15. Jahrhundert. Vor dem Bau des Vanderbilt-Schlosses waren die Häuser der Millionäre wenig mehr als überdimensionierte Sandsteingebirge wie das *Triple Mansion* gewesen; die Idee historischer Schlösser revolutionierte die Vorstellungen der Plutokraten von ihren Residenzen. Das Äußere, von europäischen Hand-

Die Vanderbilts gaben die größten »Cottages« in Newport in Auftrag.

GANZ RECHTS: **Der Eingang zu Alva Vanderbilts *Marble House* im vollen Glanz seines Beaux-Arts-Klassizismus.**

UNTEN: **Jeder Zoll der Wandflächen im Ballsaal des *Marble House* ist mit üppigen Rokokodekorationen und Spiegeln bedeckt. Die letzteren reflektierten nicht nur das braun-goldene Dekor, sondern auch das gedämpfte romantische Kerzenlicht der massiven, mit Putten verzierten Kronleuchter, die nach dem Vorbild jener aus dem Château de Maisons-Laffitte nahe Paris gestaltet waren. Zwischen dem Studier- und dem Wohnzimmer im Zwischengeschoß dieses Palastes befinden sich Porträts in Flachreliefausführung von Jules Hardouin-Mansart, dem Schöpfer von Maisons-Laffitte, und von Richard Morris Hunt, dem von den Vanderbilts bevorzugten Architekten.**

GEGENÜBER OBEN: **Für *The Breakers* gab Cornelius Vanderbilt II. Richard Morris Hunt den Bauauftrag; es ist noch größer als *Marble House*, doch fehlt es ihm an dessen Eleganz – obwohl der eine Zweig der Familie den anderen ganz offensichtlich zu übertrumpfen versuchte.**

GEGENÜBER UNTEN: **Der Speiseraum in *The Breakers*. Heute erinnert das Wohnhaus (anders als *Marble House*) mehr an ein Grandhotel als an ein französisches Palais – vielleicht weil Hunt in Alva Vanderbilt eine kunstsinnigere Bauherrin fand als in ihrer Schwägerin.**

werkern aus Kalkstein aus Indiana gehauen, war von einem blauen Schieferdach mit Firstkämmen aus Kupfer gekrönt. Lilienreliefs zierten den Mittelturm und die Wände der Eingangshalle aus französischem Marmor aus Caen – bis ins Detail getreu der Ära, die wiedererweckt werden sollte. In dieser großen Halle, die von einem prachtvollen französischen Renaissancekamin erwärmt und durch gotische Buntglasfenster erhellt wurde, standen stets zwei Diener in brauner Livree bereit, um die Familie oder ihre Gäste zu empfangen.

Die Vanderbilts wollten nicht nur wie die Könige leben, sondern auch so sterben. Nachdem er das Château seines Sohns besichtigt hatte, beauftragte William Henry Hunt damit, ein Familienmausoleum auf dem höchsten Punkt von Staten Island zu planen, wo der alte Commodore mit dem Aufbau seines Imperiums begonnen hatte. Doch die ersten Entwürfe entsetzten William Henry – sie hätten die Kulisse für einen von Alvas Bällen sein können. »Sie haben mich gänzlich mißverstanden, Mister Hunt«, erklärte er. »Wir sind einfache, unauffällige Menschen, und wir möchten nicht in

UNTEN: **Die Fassade von *Biltmore* (vollendet 1895) am Rand eines ausgedehnten, unberührten Waldgebietes bei Asheville (North Carolina); Besitzer: George Vanderbilt. Die Idee zu *Biltmore* hatte der erste richtige Intellektuelle unter den Vanderbilts selbst. Der Mäzen brachte von gemeinsamen Europareisen mit Hunt, seinem Architekten, so viele wertvolle Antiquitäten mit, daß man das Haus erheblich erweitern mußte, um alles unterbringen zu können. Mit seinen 255 Zimmern, von denen viele sich in geradezu königlicher Pracht präsentierten, übertraf *Biltmore* die Loire-Schlösser, die sein Vorbild gewesen waren. Um das Haus bauen zu können, mußte Vanderbilt zunächst ein neues Dorf errichten, samt Bahnstation, Sägewerk und einer Fabrik, in der die täglich benötigten 32 000 Ziegel gebrannt wurden.**
GEGENÜBER: **Die Bibliothek in *Biltmore*, ein erhaben wirkender Saal mit einem Deckenfresko von Giovanni Antoni Pellegrini, das aus dem Palazzo Pisani in Venedig stammt. Die schönen Wände sind mit George Vanderbilts Sammlung von über 20 000 Bänden bedeckt; die meisten Titel sind den Bereichen Kunst, Gartenbau und Architektur zuzuordnen.**

etwas so Prunkvollem begraben werden.« Dennoch wurde das Endprodukt mit seinen Anklängen an die romanische Kapelle St. Gilles in Arles Amerikas prunkvollste Begräbnisstätte.

Das Vanderbilt-Schloß an der Fifth Avenue führte zu weiteren Aufträgen – alle für Sommerpaläste in Newport. Zunächst wurde Ogden Goelets neogotischer *Ochre Court* (1888–1892) gebaut, gefolgt von August Belmonts *Belcourt Castle* (1891–1894), das dem Jagdhaus von Louis XIII. in Versailles nachempfunden und dessen gesamtes Erdgeschoß den berühmten Pferden und Karossen seines Besitzers vorbehalten war. Schließlich wurden die beiden berühmtesten Vanderbilt-Residenzen gebaut: *Marble House* (1888–1892) und *The Breakers* (1892–1895).

Marble House, das Symbol für Alva Vanderbilts Rolle als Gesellschaftskönigin von New York – neben Caroline Astor –, war teilweise vom Weißen Haus in Washington inspiriert, doch mit Details von Marie Antoinettes Petit Trianon in Versailles. Architekt und Bauherrin sparten weder am Äußeren noch an der Innenausstattung dieses Meisterwerks des *Fin de siècle.* Die Bauarbeiten spielten sich hinter hohen Bretterzäunen ab, damit niemand vor der Fertigstellung einen Blick darauf werfen konnte. Die Menge des verwendeten Marmors – gelber aus Siena, schwarzgeäderter aus Brescia, rosageäderter aus dem westlichen Algerien – und des weißen Steins für die Fassade aus dem Westchester County im Staat New York war so groß, daß eine private Anlegestelle und ein Lagerhaus nötig waren, um das Material zu entladen und zu lagern. Von den Kosten in Höhe von elf Millionen Dollar wurden allein mehr als zwei Millionen für die Bauarbeiten verschlungen, der Rest ging in die Innenausstattung. Der Ballsaal im Louis-quinze-Stil war – und ist noch immer – vermutlich der glanzvollste Raum, der je in den Vereinigten Staaten gestaltet wurde.

The Breakers, Newports großartigstes »Cottage« und der Höhepunkt von Hunts Wirken in diesem Seebad, wurde für Cornelius Vanderbilt II. geschaffen, als Ersatz für ein früheres Haus, das 1892 durch einen Brand zerstört worden war. Seine Inspiration bezog Hunt aus der italienischen Renaissance, besonders von den prunkvollen Genueser Wasserschlössern. Wie seine Vorgänger aus dem 16. Jahrhundert verfügte das dreigeschossige Gebäude (das auch zwei Kellerebenen und ein Dachgeschoß besaß) über unzählige Terrassen, Arkaden und Loggien, die alle den eigentlichen Zweck des Gebäudes als Sommervilla deutlich machten. Das Haus hatte 70 Räume (die Hälfte von ihnen für das Personal), und wie *Marble House* zeigte es eine Vielfalt unterschiedlicher Steinarten, Marmor und Gold. Aus Caen-Stein gemeißelte Paneele mit Intarsien aus koloriertem Marmor schmückten die große Halle, graugrüner Cippolino-Marmor verkleidete die Seitenwände des Billardraums, und goldene Wandpaneele erglänzten unter der silber- und goldkassettierten Decke des Großen Salons. Zwölf rote, mit vergoldeten korinthischen Kapitellen versehene Alabastersäulen säumten den Speisesaal, den am aufwendigsten gestalteten Raum des Palazzo, dessen zwei Etagen hohe Wände von einem Deckengemälde, »Aurora bei Sonnenaufgang«, gekrönt wurde.

Über der Arbeit an diesen dem Barock und der Renaissance nachempfundenen Bauten in Newport vergaß Hunt das Mittelalter nicht. In der ersten Hälfte der neunziger Jahre baute er ein Loire-Schloß für Elbridge T. Gerry an der südöstlichen Ecke der Kreuzung Fifth Avenue und 65th Street sowie ein weiteres für Alvas Konkurrentin Mrs. Astor und ihren Sohn John Jacob an der Fifth Avenue Ecke 61st Street. Nun brauchte man nicht erst den Atlantik zu überqueren, um einen Eindruck vom Loiretal zu bekommen: eine kurze Kutschenfahrt über die Fifth Avenue reichte völlig aus. Hunts letztes großes Werk war wie sein erstes ein gotisches Schloß. Er baute es für George Washington Vanderbilt außerhalb von Asheville in North Carolina. Mit seinen 255 Räumen war *Biltmore* das größte Privathaus, das je in den USA errichtet wurde. Henry James bezeichnete es als »Ding im großen Rothschild-Stil«. Sein Name, der später von zahllosen amerikanischen Hotels übernommen wurde, bezieht sich auf Bildt, das holländische Dorf, aus dem die Familie stammte, während »more« ein altes englisches Wort für eine Hügellandschaft ist. George Vanderbilt begann 1888 mit einem Grundstück von 2000 Morgen und Plänen für ein Schloß, wie es Alva an der Fifth Avenue besaß. Doch dann ging er 1889 mit

Rechts: Das herrschaftliche, einen ganz Block lange Wohnhaus an der Fifth Avenue zwischen 70th und 71st Street in New York, das Carrère & Hastings für Henry Clay Frick errichteten. Der Kokskönig suchte nicht nur für sich und seine Familie ein würdiges Ambiente, sondern auch für die sagenhafte Sammlung europäischer Kunst und Möbel, die nunmehr als Frick Collection öffentlich zugänglich ist.

Unten: Für *Whitehall*, sein Palais in Palm Beach, ließ Henry Morrison Flagler gewissermaßen die Fifth Avenue ins tropische Florida versetzen; Kostenpunkt: vier Millionen Dollar. In den Empfangsräumen kombinierte er Stilmerkmale aus fast allen Bourbonenepochen – Louis-quatorze, Louis-quinze, Louis-seize. Zur Ausstattung der 16 großen Suiten wurden Samt, Seide und Satin aus den feinsten Manufakturen Europas verwendet. Mit *Whitehall* kam die Mode auf, den Winter in einem privaten Luxushaus und nicht mehr in einer Hotelsuite zu verbringen; das veränderte den Lebensstil der Millionäre, die vor den klimatisch rauheren Monaten New Yorks fliehen wollten.

Hunt auf eine Europareise, um Schätze für das Haus einzukaufen, und ließ sich von dem ehrgeizigen Architekten zu Größerem verlocken. Da sie weit mehr erworben hatten, als sie brauchten, beschlossen sie, die Pläne zu erweitern, anstatt sich von den Kunstobjekten wieder zu trennen. Hunt engagierte Frederick Law Olmsted, der den Central Park in New York schuf, für die Gestaltung der Gartenanlagen, und schon bald hatte sich die Anzahl der Morgen versechzigfacht. Für das Projekt waren so viele Baumaterialien nötig, daß Vanderbilt eigene Holzschnitzer-, Fliesen- und Ziegelwerkstätten auf dem Gelände einrichtete. Das prachtvolle Äußere des Hauses, das 1895 fertiggestellt wurde, vereinigte Elemente verschiedener Loire-Schlösser (einschließlich der Freitreppe von Blois) in einer äußerst gelungenen Mischung; wenn man sich dem Schloß durch das wundervoll gestaltete Parkgelände nähert, bietet es einen atemberaubenden Anblick. In George Vanderbilt hatten Hunt und Olmsted einen Handelsfürsten à la Cosimo de' Medici gefunden; unter seiner Schirmherrschaft schufen beide ihr schönstes Meisterwerk.

Eklektizismus und Klassizismus auf dem Weg nach Süden

Andere große Architekten der Gesellschaft waren John Merven Carrère und Thomas Hastings, die in den Ateliers von McKim, Mead & White ausgebildet wurden. Ihre bedeutendsten Werke waren Henry Clay Fricks Haus an der Fifth Avenue, die New York Public Library und die Gebäude des Senats und des Repräsentantenhauses in Washington. Die beiden Partner erhielten ihren ersten großen Auftrag von Henry Morrison Flagler von Standard Oil, der die Gottesdienste der West Presbyterian Church in New York besuchte, an der Hastings' Vater Pfarrer war. Flagler beschloß, den jungen aufstrebenden Architekten die Chance zu geben, sein *Ponce de Leon Hotel* in St. Augustine in Florida zu entwerfen, das 1888 eröffnet wurde. Die Architekten hielten den sumpfigen Norden Floridas für einen höchst ungeeigneten Platz, um dort Palasthotels mit Mansardendächern wie im Kurort Saratoga Springs, New York, zu bauen und suchten sich ihre Anregungen im sonnigen Spanien. Henry James beschrieb das Resultat als »eine Orgie in Kreisbögen und dekorativen Trenngittern, in

Innenhöfen und Kreuzgängen, Arkaden und Springbrunnen, in phantastischen Gebilden und stolzen Türmen; es ist auf jede erdenkliche Art und im höchsten Sinne des Wortes das amüsanteste aller Hotels.« Gegenüber bauten Carrère & Hastings etwa zur gleichen Zeit ein zweites Hotel im spanischen Stil, das *Alcazar*.

Weiter im Süden, in Palm Beach, gab Flagler 1893 eines der größten Hotels der Welt in Auftrag, das *Royal Poinciana*. Der gelbweiße Holz- und Schindelpalast war so lang, daß erschöpfte Gäste von einem schwarzen Fahrer in einer Art Rikscha von einem Ende zum anderen befördert wurden. Ein Jahr später ließ er das *Palm Beach Inn* (später bekannt als *Breakers Hotel*) direkt am Meer errichten. Beide Hotels wurden von Theodore Blake entworfen, einem Konstruktionszeichner bei Carrère & Hastings; 1901 kehrten die Chefs nach Florida zurück, um *Whitehall* zu bauen, einen Marmorpalast mit 55 Zimmern, Flaglers südliche Variante des Palastes in Newport, den er seiner dritten Frau Mary Lily Kenan zum Geschenk machte. Viele Wirtschaftsmagnaten müssen in Versuchung gewesen sein, sich wegen der privateren Atmosphäre und der persönlicheren Darstellung ihre eigenen Häuser bauen zu lassen, doch sie versagten es sich bis zum Krieg und bis zum Auftritt von Addison Mizner, der zusammen mit Stanford White und Richard Morris Hunt das absolute Triumvirat der amerikanischen Gesellschaftsarchitektur bildete.

»Citizen Kane«

William Randolph Hearst war der letzte Palastbauherr der Goldenen Gründerzeit, er durchschritt in seinem Leben 54 eigene Häuser und Wohnungen. Er füllte sie mit Bergen von Kunst und Kitsch aus allen Epochen, Ländern und Stilrichtungen, die er meistens in Europa erstand. Das Geld dazu kam von seinem Vater George Hearst, der mit der Comstock Lode, aber auch mit anderen Minen, Wäldern und Immobilien in Kalifornien seine Millionen gemacht hatte. Das Hearst-Vermögen stammte keineswegs aus dem Zeitungsverlegen, wie allgemein angenommen wird, und William Randolph verpraßte fast sein gesamtes Erbe mit seinen Häusern und seinen Kunstsammlungen. Die bedeutendsten seiner Residenzen waren ein ganzes Apartmentgebäude in New York, das *Clarendon*, *St. Donat's*, eine mittelalterliche Burg mit 135 Zimmern in Wales, *Wynton*, eine Jagdunterkunft für 60 Gäste am McCloud River in Kalifornien, sowie – am berühmtesten – *San Simeon* in den Counties San Luis Obispo und Monterey in Kalifornien. Das war ein Meisterwerk von Julia Morgan, einer der ersten weiblichen Architekten und wahrscheinlich der besten an der gesamten Westküste (die männlichen eingeschlossen). Julia Morgan und Hearst begannen ihre Zusammenarbeit 1919; ihre größeren gemeinsamen Projekte umfaßten drei Gästehäuser, das Haupthaus *(La Casa Grande)*, einen Swimmingpool aus weißem Marmor mit antikgrünen Mosaiken zum Preis von einer Million Dollar, Gartenanlagen und einen privaten Zoo. Der Haupteingang hoch auf einem Hügel über dem Pazifik bezog Elemente gotischer Kathedralen ein, und die 36 Glocken seiner beiden spanischen Renaissancetürme erklangen zur Begrüßung wichtiger oder attraktiver Gäste. Die Decke des großen Ballsaals schmückte ursprünglich den Palazzo Montenegro in Brescia, während die flämischen Tapisserien an den Wänden von San Simeon nach Entwürfen von Giulio Romano und Rubens gewebt wurden. Das berühmte Refektorium, eine hohe gotische Halle mit zwei Reihen Chorgestühl und farbigen Standarten, erschimmerte in dem Licht, das von herrlichem alten Silber reflektiert wurde. Das Bett, in dem Hearst schlief, hatte einst Kardinal Richelieu gehört. Das phantastische Mischmasch-Schloß beherbergte selten weniger als hundert Gäste, von denen viele

Oben: **Refektorium und Versammlungsraum in San Simeon sind mit dem Mischmasch europäischer Kunst angefüllt, die Hearst en gros kaufte und in Depots lagerte, bis er in einem seiner vielen Häuser einen Platz dafür fand. Er erwarb ganze gotische Zimmer, Decken, geschnitztes Chorgestühl, Sarkophage, Säulen, Gobelins und überhaupt alles, was seiner beachtlichen Phantasie entsprach.**

Unten links: **Das erstaunlichste der zahlreichen Häuser Hearsts war San Simeon, das in San Luis Obispo (Kalifornien) vor dem Panorama des Pazifischen Ozeans und der Umgebung von Monterey errichtet wurde. Der (nach dem Vorbild der Villa Adriana bei Rom) von Statuen umsäumte Swimmingpool wurde zum Mittelpunkt ausgelassener Wochenenden, wenn Filmschönheiten aus Hollywood mit Hearsts privatem Bahnwaggon angereist kamen.**

Unten: **William Randolph Hearst, weithin bekannt als Vorbild für die von Orson Welles unsterblich gemachte Figur des Citizen Kane, ging mehrmals fast bankrott, was auf seine Leidenschaft für das Erbauen und Ausstatten aufwendiger Wohnhäuser zurückzuführen war (insgesamt über fünfzig).**

GEGENÜBER: **Das Haus des Earl of Spencer am St. James Place, das von Barney Barnato gemietet wurde, einem Londoner Entertainer, der in Varietés auftrat, bis er sein Glück in Südafrika machte und mit zur Spitze jener Monopolisten gehörte, die dort Diamanten und Gold kontrollierten. Obwohl er von der Londoner Gesellschaft geschnitten und im Gegensatz zu den meisten anderen südafrikanischen Minenmillionären nicht in den Adelsstand erhoben wurde, genoß Barnato es wahrscheinlich mehr als alle übrigen zusammen, sich mit seinen lebenslustigen Freunden im Pomp eines Regency-Hauses die Zeit zu vertreiben.**

GANZ RECHTS **und** UNTEN: **1903 ging Luton Hoo, der von Robert Adam für Lord Bute entworfene exquisite Landsitz (mit Gärten von Capability Brown) in den Besitz von Julius Wernher über, einer Schlüsselfigur in der »Kartellierung« der südafrikanischen Diamanten- und Goldminen. Bald darauf gestalteten Charles Mewès und Arthur Davis, die auch die Hotels von César Ritz ausstatteten, Luton Hoo im Louis-seize-Stil um. Von den edwardianischen Landhäusern dürfte es das schönste überhaupt sein.**

ein Wochenende mit Tennisspielen, Schwimmen und Filmvorführungen verbrachten, in denen ihre Freunde auftraten.

EUROPÄISCHE PALÄSTE

Palastbauten in Europa waren eher eine Erscheinung des 17. und 18. als des 19. Jahrhunderts, ausgenommen Paris, wo große Bereiche der Stadt abgerissen und von Baron Haussmann auf Anordnung Napoleons III. neu errichtet wurden. Der Wunsch der Reichen, wie ein König zu leben, fand weit häufiger seinen Ausdruck im Bau von Palasthotels; die großen Hotelbauten in Nizza, Cannes, Monte Carlo, Karlsbad, Marienbad, Biarritz, Deauville, Baden-Baden, Bad Homburg, St. Moritz, Lausanne und Luzern gerieten ausgesprochen komfortabel und waren jeweils ein kostspieliges »zweites Heim« für die aufstrebende Bourgeoisie. Ihr gesellten sich nach und nach die aufgeschlosseneren Mitglieder des etablierten Adels in einem endlosen Reigen von Banketten, Bällen und anderen Vergnügungen zu. Der Umzug der Reichen aus den großen Hotels in ebenso große Privathäuser, wie es in Amerika zu beobachten war, fand in Europa wesentlich langsamer und in weit geringerem Umfang statt.

Die Superreichen kauften oder mieteten die Stadthäuser des alten Adels und ließen sie häufig im Stil der Belle Époque umgestalten und ausbauen. In London pachtete der wenig beliebte Südafrikaner J. B. Robinson (bekannt unter dem Spitznamen »Buccaneer«, Freibeuter) das 1826 errichtete Palais des Earl of Dudley und füllte seine fast 20 Meter hohe Gemäldegalerie mit seinen eigenen Rembrandts, Gainsboroughs, italienischen und flämischen Meistern. Sir Julius Wernher erwarb das Haus des Marquess of Bath am Piccadilly direkt neben dem *Ritz* und stattete es so opulent aus, daß die Besucherin Beatrice Webb schrieb: »Wohin man auch blickte, schrie alles laut Reichtum, Reichtum, Reichtum. Es hätte genausogut eine Göttin des Goldes zur offenen Anbetung aufgestellt sein können.« (Als der Hotelbesitzer César Ritz anfragte, ob Wernher sein Haus eventuell verkaufe, erkundigte sich der, ob das Hotel nicht zum Verkauf stünde; er denke über eine Erweiterung nach.) Der schrillste aller südafrikanischen Magnaten, der Cockney Barney Barnato, mietete den glanzvollen Regency-Palast des Earl of Spencer am St. James Place und hatte dort Varietéstars, Jockeys, Rennsporttrainer, Boxer und Revuetänzerinnen zu Gast. Der Bankier Sir Ernest Cassel erwarb das riesige Haus von Lord Tweedmouth an der Ecke Park Lane und Upper Brook Street. Er schmückte es mit 800 Tonnen Sarravezza-Marmor aus dem Steinbruch Michelangelos. Das Gebäude wurde als »Giant's Lavatory« bekannt, als Klosett des Riesen, und Cassel stattete es mit seinen prachtvollen französischen Möbeln, seinen Bouchers und Fragonards aus. Schließlich kaufte der walisische Eisengießer Ivor Bertie das von William Kent gebaute Haus des Herzogs von Hamilton und fügte ihm einen Wintergarten sowie einen großartigen Ballsaal in Weiß und Gold an.

Auf dem Land war es ähnlich. William Waldorf Astor stattete *Cliveden*, das er vom Herzog von Westminster für sechs Millionen Dollar erworben hatte, mit der »Fountain of Love«

aus, dem größten privaten Springbrunnen der Welt. Weitere zehn Millionen Dollar gab er allein für die Erweiterung des kleinen Hever Castle aus, wo Anne Boleyn zur Welt gekommen war. Hier ließ Astor künstliche Seen, Brücken und einen Renaissancegarten entstehen; dem Schloß ließ er gleich mehrere Nebengebäude für Gäste und Personal anbauen – alle im Tudorstil. Julius Wernher mietete und kaufte dann *Luton Hoo*, das schöne Haus in Bedfordshire, das Robert Adam für Lord Bute entworfen hatte und dessen Gärten von Capability Brown stammten. Adam bezeichnete das Gebäude »sowohl im Hinblick auf Eleganz wie auf Zweckdienlichkeit« als sein Meisterwerk, aber 1843 richtete ein Brand große Schäden an. Im selben Jahr erwarb der reiche Immobilienspekulant John Shaw Leigh aus Liverpool das Haus und restaurierte es im viktorianischen Stil – mit einem Wintergarten voller Perserteppiche, exotischer Pflanzen und Singvögeln in silbernen und goldenen Käfigen. Als Wernher *Luton Hoo* im Jahr 1903 kaufte, warf er fast die gesamte Einrichtung auf den Müll und beauftragte Mewès und Davis – die Lieblingsdesigner von Ritz und Albert Ballin von der Hamburg-Amerika-Linie – damit, es unter enormen Kosten im Louis-seize-Stil neu einzurichten. *Luton Hoo* geriet zu einem hervorragenden Beispiel eines Landhauses in der Edwardian-Epoche und brachte Davis eine Reihe anderer Aufträge ein, darunter auch die Neugestaltung von *Leeds Castle, Combe Court* und *Polesden Lacey.*

Die Häuser der Rothschilds

Charles Mewès und Arthur Davis kamen in Europa den amerikanischen Gesellschaftsarchitekten vielleicht am nächsten, und sie entwarfen sogar hin und wieder einen Palast für einen

UNTEN: **Joseph Paxton, ein berühmter Gartenarchitekt, der den Crystal Palace für die Londoner Weltausstellung 1851 entwarf, schuf für die Rothschilds mehrere Häuser: *Mentmore Towers* und *Aston Clinton House* in England, das *Château de Ferrières* in Frankreich und das *Château de Prégny* bei Genf. Die Familie schätzte Paxtons Talent für die Anlage von Gärten in französischer Manier ebenso wie seine eindrucksvollen Empfangshallen, die ihr Licht durch große Eisen-und-Glas-Decken erhielten.**

RECHTS: **Vorhof und Eingang von *Mentmore Towers*, 1859 von Paxton für Baron Meyer Amschel Rothschild gebaut. *Mentmore* ist das einzige noch vorhandene Werk Paxtons in Großbritannien und ein vollendetes Beispiel für den neujakobinischen Stil.**

GANZ RECHTS: ***Château de Prégny*, erbaut von Paxton im Auftrag von Adolphe de Rothschild vom neapolitanischen Zweig der Familie.**

Industriekapitän: Jules Porgès' Château in Rochefort-en-Yvelines, angeregt vom *Palais de la Légion d'Honneur,* von dem imposanten Haus Albert Ballins in Hamburg und von William K. Vanderbilts neuem Wohnsitz in Paris. Die Tatsache, daß sie sich vor allem mit der Umgestaltung alter Häuser, mit der Verschönerung von Hotels und dem Aufmöbeln von Ozeandampfern beschäftigten, ist ein eindeutiger Beweis dafür, daß der Neubau von Privatpalästen in der europäischen Gründerzeit von nebensächlicher Bedeutung war. Aber keine Regel ohne Ausnahme: Es waren – wie auch in anderen Bereichen – die Rothschilds. Die Familie war und blieb unvergleichlich; ihr Umgang bestand aus Monarchen, Staatsoberhäuptern und Regierungschefs, die mit ihnen über Kredite und Anleihen verhandelten. Die Häuser anderer Leute waren für die Rothschilds ziemlich belanglos: Mit ihrem unglaublichen Reichtum schufen sie einige der eindrucksvollsten Paläste des 19. Jahrhunderts, um darin ihre kaiserlichen und königlichen Gäste in dem Stil empfangen zu können, den diese gewohnt waren.

Der Glanz und die Pracht der Rothschildschen Häuser war so atemberaubend, daß jedermann – auch Queen Victoria, Kaiser Wilhelm und Napoleon III. – hocherfreut war, wenn er eine Einladung erhielt. Obwohl sie es sich hätten leisten können, große alte Paläste zu kaufen, fühlten sie sich verpflichtet, eigene errichten zu lassen – im allgemeinen in der Tradition des Landes, in dem sie lebten. Ihr Lieblingsarchitekt war Joseph Paxton, der den Crystal Palace für die erste Weltausstellung 1851 in London entworfen hat. Diese riesige Eisen-Glas-Konstruktion wurde zum Vorbild für die neuen Markthallen und Bahnhöfe, die in jener Zeit in Europa entstanden. Paxton hatte seine Karriere als Landschaftsgärtner begonnen, und das paßte zu den Vorstellungen der Rothschilds, ihren Häusern klassische Gärten mit Gewächshäusern, Statuen und barocken Brunnen hinzuzufügen.

Der erste Auftrag, den Paxton von den Rothschilds erhielt, betraf *Mentmore Towers*, das Landhaus von Baron Meyer Rothschild im Vale of Aylesbury in Buckinghamshire. Das Gelände war zu einem Jagdrevier für den englischen Zweig der Familie geworden, die sich ihren Meuten mit der für sie typischen Begeisterung und Extravaganz widmete. Die große Lichtgadenhalle von *Mentmore* mit ihren kostbaren Wandteppichen wurde tagsüber durch das riesige Oberlicht erhellt und nachts durch enorme Glaslaternen von der Dogenbarke aus Venedig. »Ich glaube kaum, daß die Medici auf dem Höhepunkt ihrer Macht vergleichbar untergebracht waren«, schrieb Lady Eastlake über den Luxus von *Mentmore.* Es gab jeden denkbaren modernen Komfort: Meyer Rothschild versenkte sogar seine Waschbecken in wertvollen Kommoden aus dem 18. Jahrhundert, die er zu diesem Zweck durchsägen ließ. Nachdem sie den Prunk von *Mentmore* gesehen hatten, beauftragte Sir Anthony Rothschild, Meyers älterer Bruder, Paxton, das nahe gelegene *Aston Clinton House* zu erweitern, das er 1851 erworben hatte, während Adolphe Rothschild, der Sohn von Carl Meyer aus Neapel, ihn darum bat, sein *Château de Prégny* in der Nähe von Genf umzugestalten. Dieser große, im *le goût Rothschild* eingerichtete viktorianische Palast war mit Kunstwerken und edlen Möbelstücken angefüllt. In einem feudalen Aviarium zwitscherten exotische Vögel, und die Gewächshäuser von Baroness Julie waren in der ganzen Welt berühmt.

Paxtons Meisterwerk war jedoch Baron James' *Château de*

LINKS: Die aus Caen-Stein erbaute Eingangshalle in *Mentmore* war mit sizilianischem und rotem Königsmarmor gefliest, um Meyer Amschel Rothschilds berühmte Sammlung antiker Skulpturen besser zur Geltung zu bringen. Marmorstufen führten zu einem mächtigen Raum, dessen Hauptmerkmal in dem monumentalen Schwarz-Weiß-Kamin bestand, den Rubens für sein Haus in Antwerpen entworfen hatte.

UNTEN: Wie alle Rothschilds vermochte auch Meyer Amschel dem Frankreich des 18. Jahrhunderts nicht zu widerstehen, hier elegant widergespiegelt in dem Speisezimmer im Erdgeschoß von *Mentmore*, das weiß-goldene Täfelungen aus dem Hôtel de Villars in Paris enthält. Das große Haus war so vollgestopft mit Mobiliar aus dem Italien und Frankreich des 18. Jahrhunderts, daß selbst die Waschbecken in den Badezimmern in verkleinerten Louis-seize-Kommoden untergebracht waren. Es enthielt auch Einrichtungsgegenstände aus dem Dogenpalast und der Staatsbarke von Venedig sowie viele Werke alter Meister und andere unbezahlbare Schätze aus der Renaissance und dem Barock.

UNTEN: Buckinghamshire war nahezu übersät mit den überspannten Prachtbauten der Rothschilds; der ausgefallenste davon dürfte *Waddesdon Manor* im Vale of Aylesbury sein, ein französisches *château*, das nicht allein für seine phantastischen Sammlungen, sondern auch wegen seiner Gewächshäuser, der ausgezeichneten Küche und der Wochenendparties mit Politikern, Geldleuten und Mitgliedern des britischen Königshauses berühmt war.

OBEN: Trotz der außergewöhnlichen Qualität von *Mentmore* bestand Paxtons größte Leistung zweifellos im *Château de Ferrières*, erbaut für Baron James de Rothschild (hier in einem zeitgenössischen Stich).

GEGENÜBER OBEN: Phillippe Julian hat konstatiert, daß *Ferrières* die Grandeur eines Veronese mit dem Komfort eines Grandhotels verknüpfte.

GEGENÜBER UNTEN: Der schwelgerische »Cordoba-Leder-Salon« in *Ferrières* war ein angenehmer Raum, wo man sich von einem extravaganten Diner erholen konnte, das Carême zubereitet hatte; der legendäre Küchenchef hatte den Zarenhof verlassen, um in den Dienst des großzügigeren Baron James zu treten.

Ferrières in der Landschaft Brie südöstlich von Paris. Der Baron hatte den 1880 Morgen großen Besitz 1829 vom Duc d'Otrante erworben, dem Erben des abtrünnigen Revolutionärs Fouché; der neue Besitzer instruierte Paxton mit schonungsloser Offenheit: »Bauen Sie mir ein *Mentmore*, nur doppelt so groß.« Keiner konnte von den Rothschilds behaupten, sie wären nicht ehrgeizig gewesen. Fouchés Palais wurde abgerissen, und an seine Stelle trat ein hervorragendes Beispiel für den Geschmack im Zweiten Kaiserreich, eine italianisierte Villa mit Säulen, Pilastern, Büsten römischer Kaiser und imposanten Kolonnadentürmchen. Das Haus verfügte über fünf private Appartements für die Familie und 18 Suiten für Gäste, um deren Wohl sich ein Geschwader von hundert Angestellten kümmerte – gekleidet in die blaue Livree der Rothschilds. Phillippe Julian äußerte über *Ferrières*, es verfüge über auf ein Grandhotel übertragene Veroneser Grandeur. Baroness Betty vertraute die Innenausstattung dem gefragten Eugène Lami an, der das italienische 16. mit dem französischen 17. Jahrhundert verband. Der Höhepunkt war die große Halle, die sich mittels einer prächtigen Treppe über zwei Stockwerke erstreckte und deren kassettierte Decke Erinnerungen an den Dogenpalast wachrief (den Lami und die Baroness besucht hatten, um sich Anregungen zu holen). Grün vor Neid erklärte der deutsche Kaiser Wilhelm, daß sich selbst Könige einen derartigen Luxus nicht erlauben könnten.

Königliche Visiten waren keineswegs auf *Ferrières* beschränkt, auch wenn sie nicht ganz so spektakulär waren. Besonders gern zog sich der Prince of Wales in Baron Ferdinands *Waddesdon Manor* in Buckinghamshire zurück, auf dessen Treppe sich Seine Königliche Hoheit ein Bein brach. Das hielt ihn jedoch nicht davon ab, die Pracht des Hauses in so glühenden Farben zu rühmen, daß seine Mutter, Queen Victoria, um eine Einladung ersuchte. Ferdinand Rothschild hatte seinen 3200-Morgen-Besitz 1874 vom Herzog von Marlborough gekauft und sich als Architekten für G.-H. Destailleur entschieden, dessen Vater und Großvater die Architekten des Herzogs von Orléans gewesen waren. Er beauftragte Destailleur damit, ihm ein Haus zu bauen, das dem Château der Valois in der Touraine aus dem 16. Jahrhundert ähnelte. Das war eine spezifischere Bitte als jene Alva Vanderbilts, die sich für ihr Château an der Fifth Avenue einfach etwas Mittelalterliches gewünscht hatte. Baron Ferdinand und seine Schwester Alice übernahmen die Innenausstattung und kauften prachtvolle Kamine aus dem 18. Jahrhundert und Holztäfelungen aus den Pariser Häusern des Marschalls von Richelieu, des Herzogs von Lauzun und des legendär reichen Generalpächters Beaujon, dem das Hôtel de l'Élysée gehört hatte. Ferdinand Rothschild war ein leidenschaftlicher Kunstsammler und hatte bedeutende Kunstwerke von zwei Mitgliedern des französischen Zweigs der Familie geerbt; infolgedessen konnte er seine Räume mit der herrlichsten und vollständigsten aller Familiensammlungen füllen.

Die Rothschilds besaßen viele extravagante Landsitze in Großbritannien und auf dem Kontinent. Allein in Frankreich waren sieben Landgüter durch Heirat in den Besitz der Familie gelangt; Beatrix Ephrussi, der Tochter von Baron Alphonse, gehörte eines der großartigsten Besitztümer im Süden Frankreichs, hoch über dem Meer in Cap Ferrat. Wie *Ferrières* im italienisch-französischen Stil erbaut, war es ein Refugium für russische Großfürsten, amerikanische Millionäre, englische Peers und italienische Fürsten; es prunkte mit einer Vielfalt englischer, spanischer, japanischer und mediterraner Gärten. Zu ihrer Gestaltung hatte Madame Ephrussi ganze Hügel abtragen lassen, um so optimale klimatische Bedingungen zu schaffen und einen besseren Blick zu haben. Die Wiener Rothschilds, die reichste Familie in Österreich-Ungarn, waren ähnlich meisterliche Bauherrn – eine bemerkenswerte Entwicklung, wenn man bedenkt, daß es Salomon Meyer Rothschild bei seiner Ankunft in Wien als Jude verwehrt war, Grundbesitz zu kaufen oder zu pachten. Das nötigte ihn dazu, seine Wohnung im Hotel *Zum Römischen Kaiser* zu nehmen, dem feinsten Haus am Platze. Baron Alberts Palais an der Prinz-Eugen-Straße, mit seinem goldenen

UNTEN: **Baronin Hélène van Zuylen, geborene Rothschild, hatte einen holländischen Adligen geheiratet, der sein Familienerbe wiederaufleben lassen wollte, indem er das gewaltige Kasteel de Haar bei Utrecht errichtete, das ein im 17. Jahrhundert während kriegerischer Wirren zerstörtes Schloß ersetzen sollte.**
RECHTS: **Baron van Zuylen veranstaltete als Präsident des Automobilclubs gern Rallyes für seine Sportsfreunde; hier sieht man sie um die Jahrhundertwende vor dem Wassergraben um das Schloß, das er mit Rothschildschem Geld in den Niederlanden gebaut hatte, aufgereiht. Dieses wuchtige Bauwerk, das sogar die größten Häuser in Newport in den Schatten stellt, ist ein hervorragendes Beispiel für die Neigung des 19. Jahrhunderts zum eklektizistischen Historismus.**

GEGENÜBER: **Die atemberaubende Eingangshalle im Kasteel de Haar mit ihrem filigranverzierten Marmor, den Buntglasfenstern und Gobelins. Das Schloß, das heutzutage fast das ganze Jahr über für die Öffentlichkeit zugänglich ist, wird nur im September vom jetzigen Baron van Zuylen und seiner Familie benutzt.**

Ballsaal und dem silbernen Eßzimmer, wurde von seinen englischen Vettern als das »Albert Memorial« bezeichnet. Vor den Toren Wiens gehörten Albert Rothschild mit *Schilensdorf* und *Schloß Enzesfeld* große und luxuriöse Jagdschlösser. Nach *Schloß Enzesfeld* zog sich ein anderer Prince of Wales, Edward VIII., ins Exil zurück, während seine amerikanische Verlobte Wallis Warfield Simpson geschieden wurde. Mit dem Geld der Rothschilds wurde auch das ungewöhnlichste Privathaus in den Niederlanden gebaut, das *Kasteel de Haar* in der Nähe von Utrecht. Das war eine Folge der Verbindung zwischen Baron van Zuylen van Nyvelt, einem niederländischen Adligen mit Wohnsitz in Paris, und Hélène Betty, der Enkelin von Baron James, die er vor allem heiratete, um das Geld der Familie zum Wiederaufbau des Familienschlosses zu bekommen, das in der Schlacht von Oranien zerstört worden war. Die van Zuylens engagierten P.J.H. Cuypers, den bekanntesten Architekten der Niederlande, der den neuen Bahnhof von Amsterdam ebenso entworfen hatte wie das Rijksmuseum der Stadt, und beauftragten ihn, eine mittelalterliche holländische Burg mit Burggraben und Türmen in Rothschildschem Maßstab zu bauen. Zudem wünschte sich das Ehepaar französische Gärten, einen Golfplatz, große Ställe für die Kutschpferde sowie 50 Privaträume in den Stilrichtungen von Tudor bis »Ritz«. Auf den kunstvoll bearbeiteten Deckenbalken des gotischen Wohnraums verewigten sich die Hausbesitzer mit dem Davidstern und der Van-Zuylen-Krone nebst ihrem Wahlspruch *Non Titubans* (Wir wanken nicht).

Rothschildscher Glanz war jedoch nicht auf das ländliche Milieu beschränkt. In Paris besaß die Familie ein großes Haus an der Rue du Faubourg St. Honoré, das heute die Residenz des Botschafters der USA ist, und ein weiteres gegenüber dem Élysée-Palast an der Avenue de Marigny, in dem die französische Regierung zur Zeit ihre wichtigsten Staatsgäste unterbringt. Die Rothschilds bewohnten auch die ehemalige Residenz der Prinzessin Mathilde an der Rue de Courcelles und bauten bedeutende Stadthäuser in den neuen Wohnvierteln von Baron Haussmann an der Avenue du Bois und an der Avenue de Friedland. In London ließ Lionel Rothschild ein üppiges Wohnhaus am Piccadilly Nr. 147 und 148 errichten – neben dem *Apsley House* des Herzogs von Wellington – und vererbte es seinem Sohn Nathaniel, dem ersten Lord Rothschild. Hier wurden Benjamin Disraeli die Summen zugesagt, die er brauchte, um dem Khediven Ismail von Ägypten die Mehrheit der Suezkanal-Aktien abzukaufen. In seiner Nachbarschaft wohnte jede Menge Verwandtschaft; sie besaß neue Paläste am Piccadilly Nr. 107, 142 und 143, ebenso wie am St. James und am Hamilton Place. Die Nachkommen des Frankfurter Münzenhändlers Meyer Amschel waren innerhalb von zwei Generationen aus dem »Haus mit dem roten Schild« im Ghetto von Frankfurt in die prachtvollsten Wohnräume Europas umgezogen und zählten mit Sicherheit zu den bestbehausten Familien der Geschichte.

DIE VILLA HÜGEL DER KRUPPS

Mit Ausnahme der *Villa Hügel* in Essen, die 1870 von Alfred Krupp erbaut wurde, ließ sich nur wenig in Europa mit den Häusern vergleichen, die Paxton für die Familie Rothschild geschaffen hat. Es war der vierte Wohnsitz Krupps, der dazu neigte, Größe und Ausstattung seiner Residenzen seinem steigenden Wohlstand anzupassen. Wenige Jahre nach seinem Anfang in einer winzige Kate baute Krupp ein dreistöckiges Haus auf seinem Firmengelände. Wenn die Stahlschmiede in Betrieb war, fiel bei den Krupps das Porzellan von den Wänden. »Es sind doch nur ein paar Teller«, tröstete Krupp seine Frau Bertha. »Ich werde sie mir von den Kunden bezahlen lassen.« Um sie zu versöhnen, errichtete er, wieder auf Firmengelände, ein eleganteres Gebäude mit einem großen verglasten Wintergarten, einer Orangerie, einem kleinen französischen Garten mit Brunnen und Seerosenteich. Die Blumen und Pfauen fielen bald dem Ruß zum Opfer, den die

Die *Villa Hügel* bei Essen wurde nach Alfred Krupps eigenem Entwurf erbaut, nachdem es die benachbarten Adligen abgelehnt hatten, ihm einen ihrer feudalen Landsitze zu verkaufen. Das Hauptgebäude (mit einem riesigen verglasten Wintergarten) umfaßt 160 Zimmer.
GANZ RECHTS: **Alfred Krupp erbaute die *Villa Hügel* aus feuerfestem Eisen und Stahl, als ob das Haus eine Fabrik wäre. Tatsächlich war es für das 19. Jahrhundert auch ein technisches Wunderwerk, da es mit einer der ersten Belüftungsanlagen ausgestattet war, die den Industriellen und seine Familie vor den giftigen Abgasen der Kruppwerke schützen sollte.**
OBEN: **Alfred Krupp von Bohlen und Halbach, umgeben von seinem Sohn Arndt und seinem Generalbevollmächtigten Berthold Beitz, anläßlich der 150-Jahr-Feier der Kruppwerke 1961. Hinter ihnen der gesamte Stab der Auslandsrepräsentanten der Firma.**
UNTEN: **Bertha Krupp (1886–1957), die Erbin von Deutschlands mächtigen Stahlwerken in Essen, und ihr Mann, Gustav von Bohlen und Halbach (1870–1950).**

Schornsteine der Hochöfen von sich gaben. Als sich Bertha daraufhin beschwerte, die Fabrik würde auch noch sie und ihren kleinen Sohn Fritz umbringen, bemühte sich Krupp, in der Nähe ein Schloß zu kaufen. Doch die ansässigen Adligen hätten sich lieber einem Erschießungskommando gestellt, als an den ungehobelten Stahlkocher und die Enkelin einer Pastetenköchin des Erzbischofs von Köln zu verkaufen; so beschloß Krupp, ihnen allen zu zeigen, was ein Stahlkönig aus seinem Geld machen konnte.

Krupp bestand zwar darauf, daß sich die *Villa Hügel* in der Nähe seiner ständig expandierenden Firma befand, aber er bemühte sich, die Luft durch ein ausgeklügeltes System von Ventilatoren und Schächten zu filtern, und sorgte für eine der ersten Klimaanlagen, die jemals in einem großen Privathaus installiert wurden. Neben anderen verwegenen Neuerungen erfand er Fenster, die nicht zu öffnen waren, und legte sein Arbeitszimmer über die Ställe – gemäß der Theorie, Mist sei dem kreativen Denken förderlich. Die *Villa Hügel* auf einer Anhöhe über dem ausgedehnten Firmengelände bestand aus mehreren Palästen in einem, alle im üblichen neoklassizistischen und eklektizistisch-viktorianischen Stil gehalten. Als sein eigener Architekt verpaßte Krupp dem Hauptgebäude eine Renaissancefassade; obwohl es über 160 Räume verfügte, von denen einige länger als ein Häuserblock waren, fügte der Bauherr ihm noch das *Kleine Haus* mit 60 Zimmern an, das durch die Galerie mit dem Haupthaus verbunden war.

Die Innenausstatter der *Villa Hügel* sahen sich größeren Schwierigkeiten gegenüber, da Krupp jeden Einbau von Holz untersagte. Aus einer fast manischen Furcht vor Bränden weigerte er sich sogar, möglicherweise brennbare Bücher, Wandteppiche oder Gemälde im Haus zu haben. Die gesamte Einrichtung bestand aus in der Firma geschmiedetem Eisen und aus Frankreich importiertem Stein. Die technischen Probleme waren so groß, daß es drei Jahre dauerte, bis die *Villa Hügel* fertiggestellt werden konnte, deren raffinierte Systeme nur selten ordentlich funktionierten. Bertha Krupp resignierte und suchte mit Fritz für den größten Teil des Jahres das Weite. Sie lebte in bequemen Kurorten und in Hotels in der Nähe; nur aus so wichtigen Anlässen wie den Kaiserbesuchen kehrte sie für ein paar Tage zurück. Alfred Krupp verbrachte seine Zeit allein in Gesellschaft seiner 110 Dienstboten. Das Haus und seine Besitzer inspirierten Luchino Visconti zu seinem Film *Die Verdammten* (1969), in dem eine deutsche Industriellenfamilie sich infolge der NS-Herrschaft spaltet und zerfällt. Die *Villa Hügel* war auch die Kulisse der Gespräche, die das Offizierskorps Kaiser Wilhelms II. mit den Krupp-Nachfolgern über die Waffen führte, mit deren Hilfe es den Sieg im Ersten Weltkrieg davonzutragen hoffte – ebenjenem katastrophalen Geschehen, das der Goldenen Gründerzeit das Ende bereitete.

Dieser riesige glasüberwölbte Raum im Herzen der Kruppschen *Villa Hügel*, der sorgfältig gegen die industriell verseuchte Luft um Essen abgesichert ist, hat mehr als ein Jahrhundert lang als Wintergarten, Bankethalle, Ballsaal und Konzertsaal gedient. Hier gingen wichtige Persönlichkeiten aus Politik, Gesellschaft, Industrie und Finanzen ein und aus. Nicht nur vom Ausmaß her, sondern auch mit seiner teutonischen Nüchternheit steht das kirchenschiffartige Innere in deutlichem Gegensatz zu den phantasievollen Mischungen à la Beaux-Arts und *le goût Rothschild*, wie sie die Architekten der Goldenen Gründerzeit und ihre Bauherren in Paris, London, New York und Newport bevorzugten. Die schöne Täfelung ist nicht aus brennbarem Holz hergestellt, sondern aus dem gleichen feuerfesten Metall, das in den Kruppschen Betrieben für Rüstungsgüter verwendet wurde.

Sammler

Das Sammeln von Kunst ist seit altersher mit Macht verbunden, entweder in Form von Mäzenatentum oder Raub. Päpste, Fürsten und Monarchen trachteten nach Unsterblichkeit durch das Anhäufen von Meisterwerken; sie wollten so ihre überlegene Verbundenheit mit den schöneren Dingen des Lebens zeigen. Die Eremitage ist ebenso ein Denkmal für Katharina die Große wie die Uffizien für die Medici, der Dresdner Zwinger für August den Starken und der Louvre – in vielerlei Hinsicht – für Napoleon I. und Napoleon III. Daher konnte es kaum überraschen, daß der superreiche Parvenü seinen Weg zum Kunsthändler fand. Privatgalerien wurden ein Statussymbol ersten Ranges in den neuen Palästen, die um die letzte Jahrhundertwende entstanden; wenn – wie Henry Clay Frick einmal sagte – Eisenbahnen die Rembrandts der Investition waren, dann waren ein oder zwei Rembrandts an der Wand das höchste Symbol für Geschmack, Macht und Geltung.

Einer Verewigung war natürlich auch die Philanthropie dienlich; die Rockefellers und Fords haben Milliarden Dollar ausgegeben, um ihre Namen mit Krankenhäusern, Stiftungen, Stipendien, Universitäten und zahllosen anderen weltbekannten wohltätigen Einrichtungen zu verknüpfen. So etwas ist allerdings nicht so greifbar wie ein Kunstmuseum, dessen Schätze für alle sichtbar sind – sozusagen mit Händen zu greifen, den Sinnen gefällig und unendlich eindrucksvoll. Das Beste aber ist, daß der Wirtschaftsmagnat sich an ihm zu seinen Lebzeiten erfreuen kann, denn der Gedanke, daß das schwerverdiente Geld unter Umständen von selbstsüchtigen Treuhändern verschwendet werden könnte, ist wenig erbaulich. Kunst hingegen wird noch an Wert gewinnen und auch von künftigen Generationen geschätzt werden.

Unvergleichliche Möglichkeiten

Zu der Goldenen Gründerzeit herrschten geradezu paradiesische Verhältnisse für Kunstsammler. Als die großen Familien

Bis zum Ersten Weltkrieg wurde das Verhältnis zwischen den Künstlern bzw. ihrem Werk und den Kunstsammlern überwiegend von halböffentlichen Einrichtungen wie Akademien und Salons bestimmt; deren – meist jährliche – Ausstellungen trugen viel zur Herausbildung des Kunstgeschmacks bei.

Gegenüber: **Auf diesem Gemälde des Briten George Bernard (1828–1917) oder aus seinem Umkreis besichtigen zwei elegante junge Damen mit modischen Hüten die Jahresausstellung in der Royal Academy in London.**

Unten: **Die Kunstgalerie im Haus William B. Astors an der Fifth Avenue, doppelt und vierfach übereinander mit damals hochgeschätzter Kunst vollgehängt: Bilder von akademisch korrekten Meistern wie Ziem, Bouguereau und Millet. Der pompöse, überladene Dekor gab das parvenühafte Ambiente ab, in dem Mrs. Astor ihren jährlichen, den New Yorker »Vierhundert« gewidmeten Ball veranstaltete.**

Oben: **Viele der Bilder, die den Astors und ihren Freunden in den oberen Rängen der Gesellschaft gehörten, waren von Kunsthändlern in Paris und New York erstanden worden, relativ selten jedoch auf Auktionen wie der angesehenen in der Galerie Georges-Petit in Paris, wie sie von Gustave François (1883–1988) gemalt wurde.**

RECHTS: **Unter dem Einfluß gebildeter Kunsthändler wie Knoedler und Duveen wandelten sich Amerikas große Industriekapitäne und Bankiers allmählich zu seriösen Sammlern alter Meisterwerke. Einer von Joe Duveens Hauptkunden war Otto Kahn, Partner von Kuhn, Loeb und Eisenbahnfinanzier, hier mit seiner Frau in der getäfelten Bibliothek seiner Residenz an der Fifth Avenue. Über dem Kamin hängt ein Rembrandtporträt. Kahn, ein Baron aus Deutschland mit eminenter Bildung und geschliffenem Geist, tat sich als Mäzen der Metropolitan Opera hervor, holte den Theaterregisseur Max Reinhardt in die USA und zeigte sich gern als weitgereister Bonvivant mit einer Vorliebe für blonde Opernsängerinnen.**
UNTEN: **Joseph Duveen, der spätere Lord Duveen of Millbank, schaffte es mittels aggressiver, doch auch subtiler Methoden, einige Parvenüs unter den Kunstsammlern von ihrer Vorliebe für langweilig-akademische Malerei abzubringen und ihnen die berauschende Befriedigung beim Sammeln alter Meister zu erschließen. Das gelang ihm zum Beispiel bei Otto Kahn, Henry Clay Frick, Isabella Stewart Gardner und Andrew Mellon.**

Europas an den bitteren Früchten von Revolution und Reform schwer zu beißen hatten, kamen sie auch in finanzielle Bedrängnis und mußten viele ihrer Besitztümer verkaufen. Kleinere Grundbesitzer konnten nicht genug erwirtschaften, um weiterhin im gewohnten Stil leben zu können. Nur die wenigen Feudalherren besaßen einen gewissen Marktwert, aber es gab leider nicht genug Dollarprinzessinnen. Selbst wenn das der Fall gewesen wäre, hätten es doch viele mittellose Adlige als unschicklich empfunden, unter ihrem Stand zu heiraten. Wenige waren bereit, sich von ihrem Grundbesitz zu trennen – angesichts der Tatsache, daß der Umzug von Schloß zu Schloß ihre ganzjährige Beschäftigung darstellte. Die nächstbeste Lösung bestand darin, ein paar Bilder von den Wänden zu nehmen, sich von ein paar Möbelstücken zu trennen, kostbare Emaillen und Bronzen aus den Vitrinen zu holen, die unschätzbare illuminierte Handschrift aus dem Bücherschrank zu nehmen und die Meisterzeichnungen aus den Mappen zu entfernen, in denen sie seit Jahrzehnten oder gar Jahrhunderten unbeachtet geruht hatten. Den Bolschewiken waren besonders günstige Möglichkeiten zu verdanken. In den Revolutionswirren entkamen russische Hochadlige wie etwa Fürst Felix Jussupoff, der Attentäter Rasputins, mit einigen der größten Schätze des Zarenreichs nach Paris, und im Jahr 1930 entledigte sich die bankrotte Sowjetregierung gegen harte Devisen der Meisterwerke von Raffael, Rembrandt und anderen, die von Katharina der Großen für die Eremitage in St. Petersburg gesammelt worden waren. Als Deutschland von Bismarck vereint wurde, verloren etliche Fürsten, die eigentlich kleine Herrscher gewesen waren, ihre Steuerhoheit und mußten ebenfalls das eine oder andere verkaufen. Nach dem Risorgimento Italiens veräußerten die nun verarmten Adligen Renaissance- und Barockschätze aus ihren Palazzi und Privatkapellen. Ein aufwendiger Lebensstil, Spielschulden und Amouren zwangen Dutzende englischer Peers zum Verkauf der Kunstwerke, die ihre Vorfahren auf ihrer Grand Tour erworben hatten, der Bildungsreise über den Kontinent, sowie der kostbaren französischen Möbel, die ihre Urgroßväter erstanden hatten, nachdem Versailles und die Tuilerien während der Revolution 1789–1794 geplündert worden waren.

Es gab keine Exportkontrollen, und eine staatliche Kunstförderung mußte erst noch entwickelt werden. Infolgedessen wurden die meisten dieser außergewöhnlichen Schätze über den Atlantik verschifft und im Hafen von New York entladen. Doch trotz des amerikanischen Reichtums gelangte auch vieles in die Häuser der Rothschilds in Paris, London und Wien, ebenso in die von Sir Richard Wallace, Alfred Beit und einigen anderen britischen Parvenüs.

Die Art des Sammelns war so unterschiedlich wie die Kunstarten, die gesammelt wurden. Manche Millionäre vertrauten sich den Händen von Händlern und »Experten« an. In den USA sorgten die Superreichen für die Vermögen von Lord Duveen und Bernard Berenson, die allein oder gemeinsam für die Meisterwerke in den Sammlungen von Collis P. Huntington, Isabella Stewart Gardner, Henry Clay Frick, Andrew Mellon, Jules Bache und J. P. Morgan verantwortlich waren. Händler wie Knoedler, Wildenstein und Duveen unterhielten aufwendige Geschäftsräume in London, Paris und New York, deren »Allerheiligstes« mit rotem und braunem Samt ausgeschlagen war; sie beförderten ihre Schätze vom einen zum

anderen Ort – entsprechend den Wünschen ihrer Kunden. Jene Kunsthändler, die über keine eigenen Räume in New York verfügten, wie Agnew's und Colnaghi's, gaben ihre Bilder bei entsprechend ausgestatteten Kollegen in Kommission. Letztlich waren es ebenso die Kunsthändler wie die Sammler, die zu der kultivierten Besessenheit dieser goldenen Ära des Sammelns beitrugen.

DIE DUVEENS

Obwohl es zu Ende des 19. Jahrhunderts viele bedeutende Kunsthändler in Paris, London und New York gab, scheint keiner die Neugierde der Öffentlichkeit so gefesselt zu haben wie der kleinwüchsige, unattraktive, aggressive und oft unangenehme Joseph Joel Duveen (1869–1939). Das ist vor allem der geistreichen Biographie von S. N. Behrman zu verdanken, die ursprünglich in *The New Yorker* erschien und neben der sich die Biographien anderer Kunsthändler – meist von Familienmitgliedern geschrieben und als Präsente für die Kundschaft gedacht – blaß und farblos ausnehmen. Joseph Duveen war der erste, der eine Händlerdynastie begründete, als er 1879 das legendäre Unternehmen Duveen Brothers in London und New York ins Leben rief. Davor hatte Duveen – mit Sitz in Hull – Porzellan aus Asien, Delfter Fayencen und andere Kunstobjekte in den Juweliergeschäften seines Schwiegervaters in ganz Großbritannien verkauft. Er stellte fest, daß das große Geld nicht in der Provinz, sondern in London zu verdienen war, wo neureiche Geschäftsleute aus Amerika sowie aus allen Teilen des Empire und Großbritanniens ungeheure Vermögen ausgaben, um ihre kürzlich erworbenen oder erbauten Stadtpaläste mit alten französischen Möbeln, Tapisserien, seltenem Porzellan und den Bildern alter oder zeitgenössischer Meister zu schmücken. 1876 wurde Joseph Joels Bruder Henry nach New York geschickt, um einen Brückenkopf in der Neuen Welt zu errichten.

In vielen Punkten ließen sich die Duveens mit den Rothschilds vergleichen. Zupackend, gewitzt, risikobereit und fleißig, wie sie waren, erkannten sie vor allem den Wert des familiären Zusammenhalts; aus diesem Grund wurden sie zu ernsthaften Rivalen der anderen amerikanischen Kunsthändler. Diese hatten es sich zur Gepflogenheit gemacht, in der

LINKS: Ein Ausstellungsraum in der großen Kunstgalerie der Firma Duveen Brothers in der New Bond Street in London. In dieser prestigeträchtigen Umgebung zog sich Joe Duveen große Sammler wie Sir Edward Cecil Guinness, J. P. Morgan, Benjamin Altman und Samuel H. Kress zu treuen Kunden heran.

UNTEN: Seine Leidenschaft, alte Meister zu erwerben und zu verkaufen, veranlaßte Joe Duveen, ganze Sammlungen bedeutender europäischer Kunst aufzukaufen, die er dann manchmal für Jahrzehnte im Depot seiner hochfeinen Galerie in New York hortete. Wenn der Geschmack seiner Kunden sich endlich seinem eigenen angenähert hatte, verkaufte er seine Schätze.

Rechts: In diesem bescheidenen Haus an der Fifth Avenue (an der 31st Street) gründete Joe Duveen die New Yorker Niederlassung der Duveen Brothers, der Familienfirma englischer Kunsthändler, die vor dem Umzug nach London in Hull angefangen hatten. Die Fensterauslage läßt erkennen, daß Duveen Brothers – vor dem Aufstieg zu den Werken alter Meister – zuerst mit seltenem Porzellan und anderen kunsthandwerklichen Gegenständen handelten.

Oben: Sir Edward Cecil Guinness trug dazu bei, Joe Duveen die Kunst Alter Meister nahezubringen; der clevere junge Mann hatte den neuen Kunden bei dessen erstem Besuch in der Londoner Galerie der Firma – die bis dahin vor allem mit *objets d'art* handelte – erkannt und handelte dann entsprechend.
Rechts: Joe Duveen, flott in blauem Blazer und weißen Flanellhosen, wartet auf dem Deck eines Ozeanriesen, um sich einen potentiellen Kunden zu schnappen. Er scheute nicht davor zurück, Stewards zu bestechen, ihm einen Platz neben einem Kunstsammler zu besorgen, oder die Butler an der Fifth Avenue für Informationen über die Bemühungen der Konkurrenz um seine Stammkunden zu bezahlen.

toten Zeit von Mai bis Oktober (wenn die Kundschaft auf Reisen war) nach Europa zu fahren, um dort ihren Bestand für die kommende Saison aufzufüllen. Da sie keine hellseherischen Fähigkeiten besaßen, um voraussehen zu können, wie sich die wankelmütige finanzielle Szene in Amerika entwickeln würde, saßen sie oftmals mit einem Warenlager voller unverkäuflicher Güter fest, wenn einige ihrer wichtigen Kunden Konkurs anmelden mußten. Dagegen brauchte Henry Duveen seine Wünsche nur Joseph Joel nach London zu kabeln, und die Kunstwerke kamen mit dem nächsten Dampfer nach New York. Während viele amerikanische Kunsthändler bankrott gingen, machten die Duveens Gewinne. Letztlich war es der Draht nach Amerika, der ihren Wohlstand sicherte, denn im allgemeinen war es damals so wie heute: Die Europäer verkauften und die Amerikaner kauften.

Lord Duveen of Millbank

Blickt man zurück, dann war der faszinierende Auftritt von Joseph Joel und Henry Duveen auf der Bühne des Kunsthandels, die stets für Überraschungen gut war, nur das Vorspiel für die Glanzleistung von Joseph Joels Sohn Joseph (Joe), des späteren Lord Duveen of Millbank. Er war vermutlich der extravaganteste, verrückteste und bedeutendste Kunsthändler im ersten Viertel dieses Jahrhunderts – damals, als die großen Sammlungen der amerikanischen Museen und Privathäuser zusammengetragen wurden. Vor Joes Auftritt hatten die Brüder Duveen zwar einige hübsche französische und englische Bilder von Largillière, Watteau, Hubert Robert und Thomas Lawrence verkauft, jedoch nichts wirklich Bedeutendes: es waren nicht französische Möbel und Porzellan, die Duveen zu einer Legende machten, sondern große Bilder. Zu verdanken war das Joe, der 1886 im Alter von 17 Jahren zum erstenmal in die Vereinigten Staaten fuhr. Nachdem er sich ein Urteil über den dortigen Kunstmarkt gebildet hatte, kehrte er nach London zurück und hielt sich im Geschäft seines Vaters auf, als dort ein irischer Gentleman mit seiner Gattin erschien und ein paar Wandschirme zu sehen wünschte. Joseph Joel hatte einige aus maurischem Leder und alten Tapisserien vorrätig, und während sich das Ehepaar schnell einig zu werden schien, schickte der Kunsthändler seinen Sohn zum Kutscher hinaus, um von dem den Namen seiner Kunden in Erfahrung zu bringen. Joe schob seinem Vater einen Zettel mit dem Namen E. C. Guinness zu. »Vielleicht halten Sie es für eigenartig, daß ich so viele Wandschirme kaufen möchte, Mister Duveen«, meinte die Ehefrau, worauf der Kunsthändler entgegnete: »Keineswegs, Lady Guinness. Sie nennen

viele prachtvolle Häuser Ihr eigen, und Sie tun gut daran, sie mit Wandschirmen auszustatten.« Höchst geschmeichelt, daß sie erkannt worden waren, kaufte das Ehepaar Guinness noch sehr viel mehr. Joseph Joel war entzückt, aber Joe enttäuscht, daß er nichts Großartigeres anzubieten hatte. Sir Edward Cecil Guinness, der spätere Lord Iveagh, war einer der bedeutendsten Gemäldesammler seiner Zeit in Großbritannien. Er war der wichtigste Kunde von Agnew's, der ehrwürdigen Gemäldehandlung an der Old Bond Street, denn Duveen hatte auf diesem Gebiet noch nicht viel zu bieten.

Der König der Alten Meister

Der Guinness-Besuch erwies sich als Wendepunkt für Duveen. Joe war sich sehr wohl bewußt, in welches Wespennest er sich möglicherweise mit dem Verkauf Alter Meister setzte; da stellten sich Fragen nach Zustand, Lieferung und vor allem Authentizität. Ein paar Mißgriffe konnten den Ruf eines Kunsthändlers ruinieren, und fundierte Kenntnisse über ein halbes Jahrtausend abendländischer Malerei waren schwerer zu erwerben als über Vasen aus der Ming-Periode oder Riesener Möbel. Also machte sich Joe auf den Weg nach Berlin, um dort den Rat von Dr. Wilhelm von Bode einzuholen, des Direktors des Kaiser-Friedrich-Museums und größten Experten seiner Zeit. Er wandte sich auch an andere Kunstkenner in aller Welt, um seine ehrgeizigen Pläne voranzubringen. Joe war viel zu klug, um etwas zu überstürzen, aber 1901 sorgte er für eine Sensation, als er den höchsten Preis zahlte, der je zuvor auf einer Auktion erzielt wurde: 14 050 Pfund für John Hoppners Porträt von Lady Louise Manners. Das war eine sehr viel höhere Summe, als das Bild heute wert wäre. Damit führte er ein System der Überbezahlung ein, das Verkäufer blendete und dazu führte, daß ihm jederzeit bedeutende Bilder zum Verkauf zur Verfügung gestellt wurden. 1906 ereigneten sich jedoch zwei Dinge, die sowohl die Duveen Brothers als auch die Geschichte des Kunsthandels drastisch veränderten. In diesem Jahr erwarb Joe die berühmte Oskar Hainauer-Sammlung für 2,5 Millionen Dollar und lernte in der Folge Bernard Berenson kennen, der sein wichtigster Berater in einer eigenartigen Partnerschaft werden sollte, die bis zum Tod des großen Kunsthändlers 1939 anhielt.

Die richtigen Gemälde auf Berensons Rat hin zu kaufen war ebenso wichtig wie ihr Verkauf, der eine Kunst darstellte. Nur wenige Händler waren so sicher wie Joe Duveen, wenn es darum ging, zu einer Übereinstimmung zwischen Kunde und Gemälde zu kommen. Er wählte seine Klienten genauso sorgfältig aus wie seine Bilder, die für gewöhnlich hell, farbenfroh und lebensbejahend zu sein hatten. Frauenporträts verkauften sich besser als Männerbilder, und Golgatha-Motive waren unter allen Umständen zu meiden. (Wirtschaftsbosse wollten nicht deprimiert werden.) Duveen verbreitete auch die Illusion, er könne nur an Leute verkaufen, die bereit waren, »einen Duveen« zu erwerben – eine Taktik, die Millionären der mittleren Kategorie das Gefühl vermittelte, sie hätten es endlich geschafft, wenn sie eines seiner Gemälde kauften. Duveen verstand es hervorragend, einen Sammler gegen den anderen auszuspielen; er verteilte seine Gunst, als sei sie eine

Unten: Der angesehene Kunsthistoriker Bernard Berenson war die graue Eminenz hinter dem ins Auge stechenden Erfolg Joe Duveens als Händler mit Alten Meistern. Trotz ästhetischer und ethischer Meinungsverschiedenheiten hielt die Beziehung zwischen dem Gelehrten und dem Händler jahrzehntelang, vor allem wohl, weil sie Berenson gestattete, in jenem Luxus zu leben, an den er sich schnell gewöhnt hatte. Hier sieht man den alten »B. B.« in seiner geliebten *Villa I Tatti* in Fiesole, umgeben von Büchern und der unbezahlbaren *Madonna mit Kind* von Domenico Veneziano.
Links: Als Schüler von George Santayana und als einer der vielversprechendsten Harvardstudenten wurde der junge Bernard Berenson von Isabella Stewart Gardner, der etwas exzentrischen Witwe aus Boston, dazu ausersehen, ihr bei der Zusammenstellung einer Kollektion der Werke Alter Meister zu helfen. Das hier wiedergegebene Porträt von John Singer Sargent rief in Boston einen Skandal hervor, da man dort von einer anständigen Dame erwartete, daß sie sich niemals mit Dekolleté und bloßen Armen der Öffentlichkeit zeigen würde.

Unten: Die geschmackvolle Galerie an der Fifth Avenue/ Ecke 56th Street, die Carrère & Hastings für Duveen auf dem Höhepunkt seiner Karriere als Händler von Werken Alter Meister entwarfen. Ganz rechts: Das Wohnhaus, das William T. Sears für Isabella Stewart Gardner am Fenway Court in Boston erbaute, war ein kaum zu übertreffender Anachronismus in der puritanischen Welt der »Bean City«, deren kühle Atmosphäre nie nur vom Wetter bestimmt wurde. Für den mit Blumen angefüllten Innenhof von *North Cloister* nahm Tiffany sich einen venezianischen Palazzo als Vorbild. Die ganze Anlage war eine Einladung zum Besuch der oben gelegenen Salons im Stil der Renaissance. Oben: Im Roten Salon von Mrs. Gardner hängt der vermutlich schönste Tizian in den USA, *Der Raub der Europa*, von Bernard Berenson für die Sammlerin erworben. Auf der anderen Seite der Tür befindet sich das Porträt des spanischen Königs Philipps I. von Velásquez. Das vergoldete venezianische Mobiliar rundet den wunderschönen Gesamteindruck ab.

Gabe Gottes, und seine Art, an mögliche Klienten heranzutreten, war legendär. Er bestach die Stewards großer Ozeandampfer, ihm den Deckstuhl neben einem potentiellen Kunden zu geben, und hatte jeden Butler in New York und London auf seiner Lohnliste, um vollständig über die Aktivitäten seiner Kunden und ihre Besucher auf dem laufenden zu sein. S. N. Behrman hat geschildert, wie sich Joe und sein Assistent Bertram Boggis auf ein Treffen mit einem Tycoon vorbereiteten, dem sie ein besonderes Gemälde verkaufen wollten. »Jetzt sind Sie Morgan, und ich bin Duveen«, begann Boggis in seinem Cockneydialekt und zählte dann alle Argumente gegen den Kauf des Bildes auf, während Duveen seine Verkaufsstrategien ausfeilte.

Dem Hainauer-Coup von 1906 folgte der Kauf der Pariser Rodolphe-Kann-Sammlung für 23 Millionen Francs. Die Kollektion war ein richtiggehendes Museum und enthielt neben herrlichen Tapisserien, französischen Möbeln, orientalischen Keramiken und anderen Kostbarkeiten jede Menge niederländischer, flämischer und italienischer Gemälde, darunter allein elf Rembrandts – jedes ein bedeutendes Meisterwerk und dank Altman, Mellon und Kress heute Glanzlichter des Metropolitan Museum in New York und der National Gallery in Washington. Nach diesem kühnen Schachzug erwarb Duveen die Sammlung von Maurice Kann, dem Bruder Rodolphes, für eine nahezu ähnliche Summe, und das zu einem Zeitpunkt, zu dem Berensons italienische Fundstücke in großer Anzahl den Atlantik überquerten.

Erstaunlicherweise behielt Joe viele dieser Gemälde jahrzehntelang. Das ist vielleicht ein Hinweis darauf, wie weit sein Geschmack dem seiner reichen Kunden vorauseilte, von denen viele die gefälligeren, eher akademischen Bilder von Bouguereau oder Ziem den düster-romantischen, abgründigen Gemälden Rembrandts vorzogen. Als Joseph Joel starb,

hinterließ er das Unternehmen seiner Witwe, seinem Bruder und Joe, der daraufhin beschloß, die anderen beiden auszuzahlen. 1908 hatte Joe Duveen als Alleininhaber des Kunsthandels 17 Millionen Dollar Schulden, und diese enorme Summe wuchs gegen Ende seines Lebens sogar auf 25 Millionen an – eine erstaunliche Summe, wenn man bedenkt, daß J. P. Morgans Bruttovermögen 75 Millionen Dollar betrug. »Wenn man sich vorstellt, daß er so reich gar nicht war«, spottete ein anderer Wirtschaftsmagnat bei der Beerdigung des großen Bankiers. Das galt vielleicht für Millionärsmaßstäbe, aber für einen Kunsthändler war es eine Menge Geld;

UNTEN: **Collis P. Huntington, der kalifornische Eisenbahnkönig, war einer der wichtigsten Kunden Joe Duveens; er sammelte mit großem Eifer englische Gemälde und Kunstgegenstände aus dem alten Frankreich. Diese Schätze sind nun in der Huntington Library in Pasadena (Kalifornien) untergebracht.**

Duveen überlebte dank seiner vielen Bankierskunden, die seine weltweiten Aktivitäten finanzierten. Auf dem Höhepunkt des Unternehmens gehörten dazu ein gewaltiges Haus an der Fifth Avenue Ecke 56th Street, das Jacques-Ange Gabriels Marineministerium in Paris nachempfunden war, des weiteren Geschäftsräume an der New Bond Street in London und eine große Galerie an der Place Vendôme in Paris. 1919 wurde Joe Duveen geadelt und 1933 zum Lord Duveen of Millbank erhoben – in Würdigung seiner großzügigen Donationen von Gemälden an das British Museum, die National Portrait Gallery, die Tate Gallery und die National Gallery am Trafalgar Square. Insgesamt gab er zehn Millionen Dollar für gemeinnützige Zwecke aus und war in puncto Freigebigkeit nur mit seinen bedeutendsten Kunden zu vergleichen. Für sein eigentliches Vermächtnis zahlten jedoch andere: 75 Prozent der italienischen Meister in amerikanischen Museen hängen dort dank Duveen – und natürlich auch dank Berenson, seinem Mentor. Nach Joe Duveens Tod schrieb Lincoln Kirstein, daß in einem Vierteljahrhundert Kunsthistoriker die Inventarlisten von Duveen so studieren würden wie die der Medici. Er behielt recht, auch wenn sich die Inventarbücher inzwischen im Metropolitan Museum hinter Schloß und Riegel befinden. Um 1950 waren diese Bücher nahezu alles, was geblieben war.

In seiner Habgier und seinem Ehrgeiz beging Duveen jedoch einen entscheidenden Fehler: Er vergaß das Konzept der *mischpoche.* Die Familie Duveen verstreute sich auf andere Galerien und Unternehmen, und Joes einziges Kind Dorothy heiratete einen Londoner Chirurgen und unterstützte sozialistische Anliegen (dabei genoß die Familie dank einer Vereinbarung zwischen Joe und der Regierung aufgrund des Vermächtnisses an die National Gallery in Großbritannien Steuerfreiheit). Erst wurden die Pariser Geschäftsräume geschlossen, dann die in London, und der getreue Boggis zog mit der Bibliothek, den Inventarverzeichnissen und dem, was an Inventar noch da war, in ein kleineres Gebäude an der 79st Street, wo bald darauf die erfolgreichen Acquavella Galleries entstanden, die sich einen führenden Namen im Verkauf impressionistischer und post-impressionistischer Bilder machten. Joes Hauptkonkurrenten – Wildenstein, Knoedler, Colnaghi, Agnew – sind noch immer aktiv im Geschäft und kaufen und verkaufen in London, Paris und New York; der

OBEN LINKS: **Der Savonnerieteppich in diesem Raum der Huntington Library schmückte einstmals die Grande Galerie im Louvre. Die mit Gobelinbezügen bespannten Stühle wurden für Madame de Pompadour angefertigt.**

GANZ LINKS: ***The Blue Boy,* ein Porträt des Jonathan Butall von Thomas Gainsborough, hängt jetzt in der Huntington Library. Angeblich kaufte Joe Duveen das Gemälde für Collis P. Huntington, nachdem der Kunstsammler eine Reproduktion davon in der »Gainsborough Suite« auf der *Aquitania* bewundert hatte.**

größte Kunsthändler aller Zeiten aber ist nur noch eine Erinnerung. Dorothy starb 1987 in London – kurz nach der Rückkehr von ihrem zweiten Wohnsitz in Montego Bay auf Jamaica, einem tropischen Paradies, wo sie ihre Wohnräume mit Plastikblumen schmückte.

UNTEN: **Thomas Agnew, porträtiert von John Prescott Knight (1803–1881). Zusammen mit dem Italiener Vittorini Zanetti eröffnete Agnew zu Beginn des 19. Jahrhunderts die erste Kunstgalerie in Manchester.**

AGNEW'S UND GUINNESS

War Sir Edward Cecil Guinness' erster Besuch für Duveen Brothers bedeutsam, so war er es in einem weit größeren Ausmaß für die Gemäldehandlung Agnew's an der Old Bond Street: Der irische Magnat wurde ihr größter Kunde. Die Geschäftsbeziehung begann 1887.

Eines Tages erschien Sir Edward Cecil Guinness unangekündigt in der Kunsthandlung und wünschte, deren schönste Gemälde zu sehen. Er hatte sich gerade eine Abfuhr in einer Galerie in der Nähe geholt, wo ihm ein Angestellter mitteilte, die Inhaber seien gerade zum Lunch. Der versiertere Agnew-Verkäufer holte bedächtig die Prunkstücke des Geschäftes hervor und betete, daß seine Arbeitgeber schnell von ihrem Lunch zurückkämen. Als seine Chefs kamen, stellte sich Guinness vor und kaufte einen Boucher und einen Cuyp. Zwei Wochen später war er wieder da und erwarb drei Werke von Reynolds und eines von Romney. Im Lauf des nächsten Jahres erstand er 78 Bilder. Insgesamt verkaufte Agnew's 240 Gemälde und Zeichnungen an Guinness, darunter 34 Reynolds', 15 Romneys sowie bedeutende Werke von Vermeer, Hals, Rembrandt, Greuze, Canaletto, Guardi und van Dyck. Ein großer Teil von Lord Iveaghs Sammlung bildet heute das Glanzlicht von Kenwood House in London, während sich weitere Gemälde im Besitz seiner Erben befinden.

RECHTS: **In der neu erbauten Galerie in der Old Bond Street 39 (jetzt 43) zeigt William Agnew, der als »Fürst der Kunsthändler« bekannt wurde, einem Herrn mit Zylinder eine Mappe mit Drukken. Die Agnews verkauften (wie die Colnaghis) optische Instrumente, Bilderrahmen, wissenschaftliches Gerät und sogar Feuerwerkskörper und Lotterielose, ehe sie sich Drucken und Bildern zuwandten.**

RECHTS UNTEN: **In der Goldenen Gründerzeit war die Bond Street (wie auch heute) der Mittelpunkt des Londoner Kunsthandels; dort wechselten viele Meisterwerke den Besitzer – oftmals, um eine Schiffsreise in die Neue Welt anzutreten.**

Auch wenn sich Joe Duveen gern als Monopolist in Meisterwerken der Kunst gesehen hätte, sah er sich doch ernsthafter Konkurrenz gegenüber, besonders von Knoedler in New York, der seinen superreichen Klienten nicht nur ebenso eifrig zusetzte wie Duveen Brothers, sondern diesen auch bei ihren Umzügen folgte, als sich die Kunstwelt vom Süden Manhattans weiter in den Norden begab. Mochten Millionen Amerikaner für ihre Arbeitslosenunterstützung Schlange stehen und an den Straßenecken bankrotte Börsenmakler Äpfel verkaufen, die Neureichen wetteiferten auch weiterhin erbittert miteinander und zahlten – verlockt von rivalisierenden Kunsthändlern – astronomische Preise für Alte Meister.

Frick als Sammler: peu à peu

Henry Clay Frick und Andrew Mellon verbanden enge geschäftliche und persönliche Beziehungen. Als Frick 1879 im Alter von 30 Jahren Millionär wurde, fragte er Mellon, ob dieser ihn nicht auf eine Europareise begleiten wolle, um seinen Aufstieg in das Pantheon der amerikanischen Finanzwelt ebenso zu feiern wie Mellons neuen Posten als Leiter der Familienbank. Die beiden eher zurückhaltenden Wirtschaftsmagnaten begaben sich mit zwei Freunden über Irland, London und Paris nach Venedig. In London waren sie fasziniert von der Wallace Collection und beschlossen, sich diese zum Vorbild künftiger eigener Sammlungen zu nehmen. Nach der Rückkehr erzählte Frick einem Freund, wie gern doch die Amerikaner nach Europa fahren würden, um dort schöne Gemälde anzusehen. »Ich werde mich bemühen, einige von ihnen herüberzuholen, damit Amerikaner die Möglichkeit haben, sie zu betrachten, ohne den Ozean überqueren zu müssen.«

1881 erwarb Frick sein erstes Gemälde, »Im Louvre« von Luis Jiménez. Während der nächsten zehn Jahre – bis zum Verkauf seiner Anteile an J.P. Morgan und der Gründung von United States Steel – häufte er ein Sammelsurium modischer Salonbilder an, um sein Haus in Pittsburgh zu schmücken. Wenn sich die Winternebel über das Kernland der amerikanischen Schwerindustrie senkten, saßen die Fricks in ihren mahagonigetäfelten Wohnräumen und erquickten sich an diesen ziemlich kläglichen vergilbenden *Fin-de-siècle*-Pastichen. Nach der großen Stahlverschmelzung wurde Frick einige Jahre lang von Morgans gigantischem Konglomerat in Atem gehalten, während Carnegie United States Steel die kalte Schulter zeigte, um sich ganz der Philanthropie hinzugeben. Er baute überall in den Vereinigten Staaten, in Irland und Großbritannien, Bibliotheken, eine Konzerthalle in New York City und etliche Universitäten. Später widmete Frick ein Drittel seiner Zeit der Kunst, ein Drittel seinen Investitionen und das dritte der Gemeinnützigkeit.

1905 beschloß Frick seinen Umzug nach New York, behielt aber sein großes Haus in Pittsburgh ebenso wie ein kleines Büro. Er machte es sich im George W. Vanderbilt-Mansion an der Fifth Avenue gemütlich, das er für eine gigantische Summe mietete. Hier hängte er seine stetig wachsende Sammlung auf, die inzwischen aus nicht mehr ganz so modischen Bildern bestand, obwohl er seit 1899 mit Sicherheit ein größeres Ziel im Auge hatte – und enge Beziehungen zu Kunsthändlern, die ihm bei der Verwirklichung halfen. 1899 hatte er seine Kollektion mit einem Rembrandt und einem Nattier bereichert, 1901 mit Monet, Turner, Ruisdael und Vermeer, 1902 mit Hobbema, Cuyp und Reynolds. Im Jahr seines Umzugs nach New York erwarb er einen Raeburn,

einen El Greco, einen van Dyck und Tizians prachtvolles Porträt von Pietro Arentino (für das er 475 000 Dollar bezahlte) sowie weitere Gemälde. Zur Zeit der Gründung von United States Steel belief sich Fricks Vermögen auf etwa 50 Millionen Dollar, und als er 1913 drei Bilder von Gainsborough, drei von Rembrandt, zwei von Guardi, eines von van Dyck und

Ganz links: **Interieur in Kenwood House in Hampstead, wo Lord Iveagh, der bedeutendste Kunde Agnews, seine großartige Sammlung aufbewahrte.**

Unten: **Die beiden größten Sammler der Werke Alter Meister in Amerika waren sicherlich Henry Clay Frick (ganz links) und sein freundlicher Bankier Andrew Mellon (sitzend). Diese seltene Aufnahme entstand auf ihrer Europareise, die sie zusammen mit zwei Freunden unternahmen, die für ihre Unterhaltung sorgen sollten, wozu die schweigsamen Wirtschaftsmoguln allein nicht in der Lage zu sein schienen. Ein Besuch in der Wallace Collection in London regte Frick und Mellon dazu an, für ähnliche Einrichtungen bei sich zu Hause zu sorgen, die der Erziehung und Weiterbildung ihrer Mitbürger in den noch jungen USA dienen sollten.**

Links: **Als Mellon und Frick Venedig erreichten, hatte ihre Begleitung zwar Zuwachs bekommen – aber das brachte offenbar keinen Gewinn in puncto Fröhlichkeit. Selbst in der sinnlich aufregendsten Stadt der Welt scheinen sie ernst und nüchtern geblieben zu sein.**

Das Palais, das Henry Clay Frick an der Fifth Avenue / Ecke 70th Street in New York baute. Selbst als Standort der Frick Collection ist dem Palais die Aura eines privaten Schatzhauses erhalten geblieben (siehe auch Seite 120).
RECHTS: Im Dubarry-Zimmer ist das bedeutendste dekorative Ensemble, das Jean Honoré Fragonard (1732–1806) jemals geschaffen hat, untergebracht; der Künstler bemalte die Wandtäfelung im Auftrag von Madame Dubarry für ihren neuen Dinerpavillon beim Schloß von Louveciennes. Als der Zyklus fertig war, wollte die Mätresse Ludwigs XV. die Bilder nicht mehr haben. Infolgedessen deponierte Fragonard sein vielteiliges Meisterwerk bei Verwandten in der Provence, wohin er sich während der Französischen Revolution geflüchtet hatte. J. P. Morgan erwarb die Gemälde, ließ sie aber verpackt, woraufhin seine Nachlaßverwalter die ganze Serie an Frick verkauften; umgeben von Möbeln und Porzellan aus derselben Epoche schmücken sie nun diesen herrlichen Raum mit Blick auf den Central Park.
UNTEN: Der getäfelte Wohnraum Fricks mit seinen großartigen Renaissancebronzen und dem *Heiligen Hieronymus* von El Greco, flankiert von Porträts Hans Holbeins d. J. von Thomas More und von Thomas Cromwell.
GEGENÜBER: *Weisheit und Stärke* von Paolo Veronese aus der Frick Collection; die Allegorie drückt zum einen zwei entscheidende Charakterzüge des Wirtschaftsgiganten aus, zum anderen ist sie ein typisches Beispiel für die Farbenglut und die Sinnlichkeit der venezianischen Malerei gegen Ende der Renaissance.

eines von El Greco kaufte, muß das selbst in einen so großen Geldbeutel ein tiefes Loch gerissen haben. Allein von Knoedler erwarb Frick zwischen 1895 und 1916 229 Gemälde im Wert von 7 350 950 Dollar; das ist mehr als die Hälfte der Kunstwerke, die zur Zeit in der Frick Collection gezeigt werden. Wenn man bedenkt, daß in dieser Summe weder die kostbaren Möbel, Skulpturen, Bronzen und Emaillen, noch die Kosten des für die Sammlung eigens in Auftrag gegebenen Gebäudes von Carrère & Hastings an der Fifth Avenue enthalten sind, wird Fricks ungewöhnliche Großzügigkeit deutlich. Zur Zeit seines Todes im Jahr 1919 wurde die Sammlung auf einen Wert von 30 Millionen Dollar geschätzt; für ihren Unterhalt hinterließ er 15 Millionen Dollar.

ANDREW MELLON: EN BLOC

Als ihn sein alter Freund John Bowman fragte, warum er Kunst sammle, erwiderte Andrew Mellon: »Jeder Mensch hat den Wunsch, sein Leben mit etwas zu verknüpfen, das er für unsterblich hält. Wenn du darüber ein bißchen nachdenkst, kannst du dir deine Frage selbst beantworten.« Mellon hatte eindeutig die gleichen Absichten wie sein Freund Frick, aber er verwirklichte sie auf ganz andere Art. Während Frick stetig kaufte, allmählich seinen Geschmack und sein Wissen verfeinerte, erwarb Mellon seine Kollektion in großen Teilen. Zum Tresor seiner Schätze wurde die National Gallery of Art an der Mall in Washington, mit deren Bau Mellon John Russell Pope beauftragte und die ihn 15 Millionen Dollar kostete. Er stattete das Museum mit fast 400 Werken Alter Meister und 23 bedeutenden Skulpturen sowie fünf Millionen Dollar Stiftungsgeld aus. Seine Kinder Ailsa und Paul kümmerten sich später ebenfalls um das Museum und bereicherten es mit einer bemerkenswerten Sammlung impressionistischer und moderner Gemälde.

Bei der Eröffnung der National Gallery 1937 wurde Mellons Sammlung auf bescheidene 50 Millionen Dollar geschätzt. Die Presse verzeichnete »drei Raffael, zwei Vermeer, acht Rembrandt, vier Botticelli, zwei Masaccio, einen Cimabue, einen Fra Angelico, einen Perugino und drei Tizian«, um danach eine ganze Liste berühmter Maler bis ins frühe 19. Jahrhundert zu benennen. Bemerkenswerterweise fehlte ein Gemälde von Leonardo da Vinci, der in der Londoner National Gallery so außerordentlich gut vertreten ist, die sich

Andrew Mellon mit seinem Sohn Paul, der selbst auch passionierter Sammler ist und einer der großen Mäzene der National Gallery in Washington; deren Präsident wurde der jüngere Mellon 1963.

RECHTS: **Eines der Geschenke Andrew Mellons an die National Gallery, das Signalwirkung hatte, war *Das Mädchen mit dem roten Hut* von Vermeer (um 1665). Der große Bankier hatte das Gemälde lange Zeit über dem Flügel in seiner luxuriösen, wenngleich nur angemieteten Apartmentwohnung an der Massachusetts Avenue in Washington hängen. Der Biograph Mellons merkte an, daß »es ihm vor allem die britischen und niederländischen Maler angetan hatten – die schönen englischen Damen und stolzen Herren des späten 18. Jahrhunderts und die sehr menschlichen Gesichter auf den niederländischen Bildern«.**

Mellon zum Vorbild für seine Sammlung genommen hatte. Doch diese Scharte wurde fast 40 Jahre später ausgewetzt, als das Museum Leonardos Porträt der Ginevra de' Benci von der Liechtensteiner Fürstenfamilie erwarb. Andrew Mellon verzichtete darauf, dem Museum seinen Namen zu geben, und diese vornehme Zurückhaltung zeigte sich auch bei seiner Auswahl des Baumaterials. Obwohl er davon überzeugt war, daß für die Bildergalerie der Nation nichts anderes als Marmor in Frage kam, suchte er lange, bis er einen besonderen rosafarbenen Stein gefunden hatte, der nicht wie Marmor aussah, um jeden prahlerischen Pomp zu vermeiden. Als die Architekten dann deutliche Unterschiede in der Farbgebung des Materials bemängelten, wurden unter enormen Kosten etliche Steinbrüche in Tennessee geleert, um die passenden Kolorierungen zu finden.

DIE SOWJETUNION VERÄUSSERT, AMERIKANER KAUFEN

Etwa zur gleichen Zeit, als Mellon damit begann, Kunstwerke für *seine* nationale Galerie zu erwerben, gingen die Sowjets daran, *ihre* nationalen Schätze zu veräußern. Während der zwanziger Jahre brauchte das marode Sowjetregime dringend Devisen und warf zu Dumpingpreisen Öl sowie Kunstobjekte, die es von den adligen Gutsbesitzern und der Zarenfamilie konfisziert hatte, auf den Markt. In den Kiosken des Moskauer *Metropol Hotel* und des Leningrader *Astoria* wurden Schätze von Fabergé nach Gewicht angeboten und von Leuten wie Marjorie Merriweather Post eingeheimst, die mit ihrem Ehemann Joseph Davies (von 1936–1938 US-Gesandter bei der Sowjetregierung) in großem Stil auf ihrer riesigen Schaluppe *Sea Cloud* lebte, die im Leningrader Hafen lag. Zudem schickten die Sowjets ganze Eisenbahnladungen dekadenten bourgeoisen Trödels zu Auktionen nach Berlin. Calouste Gulbenkian, der armenische Sammler und Ölmagnat, der die russischen Ölgeschäfte im Ausland besorgte, bot den Sowjets beträchtliche Summen für das Silber und die Alten Meister in ihren Kollektionen.

Im Auftrag der Sowjetregierung trat der deutsche Kunsthändler F. Zatzenstein (der seinen Namen später in Matthiesen änderte und auch eine Galerie in London hatte) an Colnaghi in London heran und bat ihn, über seine amerikanischen Verbindungsleute nach einem möglichen Käufer Ausschau zu halten, der in der Lage war, Gulbenkian zu überbieten. Colnaghi wandte sich an Knoedler und der wiederum an seinen wichtigsten Klienten Andrew Mellon. Und Mellon schloß zusammen mit der National Gallery einen sehr einfach Handel ab: Der 75jährige Finanzminister ermächtigte Knoedler, für ihn Gemälde aus der Eremitage mit einer Provision von 25 Prozent zu erwerben. Falls sich Mellon entschied, einige Bilder nicht zu behalten, konnte sie Knoedler verkaufen, mußte aber Mellon 25 Prozent des Gewinns abgeben.

Mit dieser Transaktion war jeder zufrieden – bis auf Joe Duveen. Bei diesem größten Kunsthandel aller Zeiten ausgeschlossen worden zu sein, erbitterte den Händler mächtig, der in Rußland gewesen war, um sich die Bilder anzusehen. Er hatte sich jedoch gegen einen Kauf entschieden – wegen der unmäßigen Habgier der Sowjets, wie er ausführte. Das war höchst ungewöhnlich für Duveen, der sich rühmte, Höchstpreise zu zahlen; nachdem Mellon seinen Handel abgeschlossen hatte, kaufte er gelegentlich Gemälde aus der Eremitage. Nun widmete er sich auch mit seiner ganzen Bravour dem größten Kunden auf dem Kunstmarkt. »Mellon hat es geschafft«, erklärte er gegenüber einem anderen Kunsthändler. »Jetzt ist er reif für mich.«

Nachdem Andrew Mellon aus dem Amt des Finanzministers geschieden war, wurde er von der Regierung 1934 auf Zahlung von 3089 Millionen Dollar an ausstehenden Steuern verklagt. Dabei ging es vor allem darum, daß er Bilder aus der Eremitage im Wert von mehr als drei Millionen Dollar seiner eigenen Stiftung zugeführt hatte, worin die Regierung ein Umgehen der Steuer sah. Man berief Joe Duveen – inzwischen Lord Duveen – aufgrund seines Rufs als herausragender Kunsthändler Amerikas zum Gutachter. Duveen bewertete Mellons Sammlung als »hervorragendste des Universums«, betonte aber auch, daß er bereits 1928 mit Mellon über das Projekt einer nationalen Bildergalerie gesprochen habe. Die Vorwürfe wurden fallengelassen, aber falls Mellon je Zweifel an der Verwirklichung seines Traums gehegt haben sollte, so waren die Würfel jetzt gefallen. Duveen mietete sich ein Apartment unter Mellons Wohnung in der Nähe des Dupont Circle in Washington und gab ein Vermögen für dessen Ausstattung mit rotem Samt und Plüsch aus, da Alte Meister so am wirkungsvollsten zur Geltung kommen. Er stellte einen Verwalter sowie Wächter ein, füllte die Räume mit jenen Bildern, von denen er meinte, sie sollten via Mellon der Nation zukommen, und fuhr nach New York zurück. Der würdige Wirtschaftsmagnat, der auf seine persönlichen Bedürfnisse noch nie großen Wert gelegt hatte, erlag allmählich dem Komfort des Duveenschen Apartments. Er begab sich in Hausmantel und Pantoffeln hinunter, empfing dort sogar dann und wann Gäste. Nach und nach verliebte er sich in die

Raffaels *Alba Madonna* (um 1510) war das bedeutendste Gemälde, das Andrew Mellon in den 30er Jahren der Sowjetregierung abkaufte, als diese sich verzweifelt bemühte, durch das Abstoßen von verstaatlichten Kulturgütern aus den ehemaligen zaristischen Sammlungen an harte Währung zu kommen. Der für die *Alba Madonna* bezahlte Preis machte sie weithin als das »Million-Dollar-Bild« bekannt. Insgesamt erwarb Mellon 21 Meisterwerke aus der Eremitage für 6 654 000 Dollar, eine für damalige Zeiten astronomische Summe. Der Fischzug umfaßte *Die Anbetung der Weisen* von Botticelli, *Der heilige Georg mit dem Drachen* von Raffael, *Venus mit dem Spiegel* von Tizian, vier Bilder von van Dyck, fünf von Rembrandt und mehrere von Rubens, van Eyck und Frans Hals. Was bei dem legendenumwobenen Handel nicht dabei war – Gemälde von Giorgione und Leonardo da Vinci –, das sollte von anderen Spendern kommen, etwa von Samuel H. Kress, der 1939 Giorgiones *Anbetung der Weisen* der National Gallery stiftete (siehe Seite 147). Bei einem weiteren Transfer von Kulturgütern aus dem Besitz des europäischen Hochadels in die Neue Welt erstand Ailsa Mellon Bruce, die Tochter Andrew Mellons, 1967 das geheimnisvolle Porträt der Ginevra de' Benci von den Fürsten Liechtensteins für die National Gallery.

RECHTS: **Davis E. Finley, der erste Direktor der National Gallery of Art, und Senator Tom Connelly aus Texas hören zu, wie der Architekt John Russell Pope seine Baupläne für das große Museum erläutert. Finley war Andrew Mellons Anwalt, während Connelly verantwortlich für die gesetzliche Genehmigung des Baus der National Gallery war. Das Gebäude, das zweifellos Popes reifste Leistung darstellt, ergab sich aus der harmonischen Zusammenarbeit eines Beaux-Arts-Architekten mit einem großzügigen, aufgeschlossenen Auftraggeber. Pope entwarf auch die National Archives in Washington, das Jefferson Memorial und den Scottish Rite Temple (letzterer vom Mausoleum von Halikarnassos angeregt). In New York baute Pope Fricks Wohnhaus zur Frick Collection, einer öffentlichen Einrichtung, um.**

UNTEN: **Die zentrale Rotunde der National Gallery, zu der John Russell Pope vom Pantheon in Rom inspiriert wurde, drückt den ehrgeizigen Anspruch des Museums aus, und zwar durch Marmorpracht und Weiträumigkeit. Von der Rotunde gehen die langen Seitenflügel ab, eine ausgewogene Abfolge von Galerien, die für ihre hervorragenden Proportionen und ihren ausgezeichneten Lichteinfall berühmt sind. Weder Pope noch Mellon sollten die Vollendung ihres großen Projekts erleben.**

Gemälde, die Duveen »ganz zufällig« dort aufgehängt hatte, und beschloß 1936, die Räume mit allem Drum und Dran für 21 Millionen Dollar zu kaufen – eine Summe, die dreimal so hoch war wie das, was er für die Gemälde aus der Eremitage bezahlt hatte. Die meisten der 42 Gemälde hielten in die National Gallery Einzug, desgleichen der größte Teil der Dreyfus-Kollektion von Skulpturen aus der Renaissance, die Duveen 1930 gekauft und 1937, im Todesjahr des Sammlers, an Mellon weiterveräußert hatte. Vielleicht kaufte Mellon en bloc, weil er den Tod nahen fühlte, vielleicht konnte er aber auch den Verkaufskünsten Duveens nicht widerstehen. Jedenfalls war Duveens Beitrag zur National Gallery of Art so groß, daß er es sich angewöhnte, sie als sein eigenes Museum zu betrachten. Nachdem Mellon verstorben war, näherte er sich Samuel H. Kress, dem Besitzer von Billigkaufhäusern und großen Sammler, um ihn zum neuen Förderer des Museums zu machen. Damit gab er Kress im hohen Alter eine neue Lebensaufgabe, und dessen Donationen – darunter Tizians »Anbetung der Hirten«, das Duveen gern im Schaufenster seines Geschäfts an der Fifth Avenue gezeigt hatte – rundeten die Kollektion großer Kunstwerke ab, die von Mellon so eilig zusammengetragen wurde.

J. P. MORGAN ALS SAMMLER

Als der berühmte Bankier J. P. Morgan 1913 starb, bestand mehr als die Hälfte seines Vermögens aus wertvollen Buchausgaben, Gemälden und anderen Kunstgegenständen. Wie Mellon und Frick begann auch Morgan erst in späteren Jahren zu sammeln – in seinem Fall im Alter von 53 Jahren nach dem Tod seines Vaters Junius. Aufgrund der klassischen Ausbildung, die er in Europa und in den USA genossen hatte, verfügte er über ein breites Spektrum unterschiedlicher Interessen, das sich in seinen Sammlungen widerspiegeln sollte. Das Ausmaß seiner Käufe und die Verknüpfungen zwischen Privat- und Bankgeldern waren so groß, daß es Gelegenheiten gab, zu denen dem großen Finanzinstitut das Bargeld knapp wurde. »Von einer Pyramide bis zum Zahn von Maria Magdalena« hat Morgan nach Aussagen seiner Frau buchstäblich alles gekauft – der erwähnte Zahn befindet sich

UNTEN: **Samuel H. Kress, dessen ansehnliches Vermögen aus einer den Kontinent überspannenden Kette von Billigläden stammte, brachte seine erstaunliche Sammlung italienischer Gemälde zunächst in seiner Penthouse-Wohnung an der Fifth Avenue in New York unter. Die 1300 Gemälde auf Leinwand und Holztafeln umfaßten auch Hauptwerke von Giotto, Duccio, Sassetta, Fra Angelico, Bellini und Tizian. Nach Meinung vieler Experten handelte es sich dabei um die bedeutendste Privatsammlung ihrer Art. Indem Kress sie der National Gallery in Washington überließ, wurde er zum größten Förderer des Museums nach Andrew Mellon; zu verdanken soll dies Duveen und Finley sein.**
OBEN: **Das nahmhafteste Werk der Kress-Donation dürfte *Die Anbetung der Hirten* (um 1505–1510) sein, das abwechselnd Giorgione, Tizian und Bellini zugeschrieben wurde. Duveen setzte Berenson unter Druck, es Giorgione zuzuordnen, nicht seinem viel bekannteren Schüler Tizian. Das führte zum endgültigen Bruch in der zwar schwierigen, dennoch langwährenden und fruchtbaren Zusammenarbeit zwischen dem großen Kunsthändler und seinem verehrten Berater. Duveen stellte das Gemälde in der Weihnachtszeit im Schaufenster seines Geschäfts an der Fifth Avenue aus, um Kunden anzulocken. Es war als Feiertagssymbol ebenso beliebt wie der große Tannenbaum vor dem nahe gelegenen Rockefeller Center.**

übrigens in einem wundervollen Reliquienschrein im Metropolitan Museum of Art in New York, dessen Vorstandsvorsitzender Morgan 1904 wurde. Auf einer Reise nach Paris gab er 1906 rund 750000 Dollar für Kunstgegenstände aus, und er finanzierte nahezu allein die im Auftrag des Metropolitan Museum vorgenommenen Ausgrabungen in Ägypten, wo ihm ein großes und komfortables *dahabijeh* für Kreuzfahrten auf dem Nil zur Verfügung stand.

Morgan hatte die Unterstützung der ungewöhnlich kenntnisreichen Kuratorin Belle da Costa Greene, die nach dem Tod des Gründers weitere 25 Jahre für die Morgan Library tätig war. Sie war bei den Händlern ebenso beliebt wie gefürchtet, die sich an der 34th Street genauso die Klinke in die Hand gaben wie im Haus des Sammlers am Prince's Gate mit Blick auf den Hyde Park in London, wo sich der größte Teil der Kollektion befand. Die gezeigten Kunstschätze waren so

John Pierpont Morgan war der bedeutendste Kunstsammler seiner Zeit.
UNTEN: **Aufgrund seiner enzyklopädischen Interessen rekrutierte sich Morgan einen Stab exzellenter Berater, unter denen Belle da Costa Greene, seine Kuratorin, am einflußreichsten war; hier eine Porträtzeichnung von ihr, die von dem seinerzeit modischen französischen Künstler Paul Helleu stammt.**
GANZ RECHTS: **Eine Weile brachte Morgan die meisten seiner Kunstschätze in seinem Londoner Wohnhaus unter.**

OBEN RECHTS: **Die ursprüngliche Morgan Library an der Madison Avenue / Ecke 35th Street, ein schöner Beaux-Arts-Bau, der von McKim, Mead & White entworfen und als ein Anbau von Morgans eigenem Haus gedacht war.**
GEGENÜBER: **Unter den großen Gemälden, die J. P. Morgan gesammelt hatte, befand sich auch Raffaels *Madonna und Kind auf dem Thron nebst Heiligen* (jetzt im Metropolitan Museum of Art).**

hervorragend, daß König Edward VII. um eine Einladung nachsuchte.

Im Jahr 1909 veranlaßte die mögliche Veranlagung zur Erbschaftssteuer Morgan dazu, seinen gesamten Schatz nach New York zu verschiffen, wo er erstmals der amerikanischen Öffentlichkeit zugänglich gemacht wurde. Er träumte davon, in Manhattan ein Museum zu schaffen, das »größer war, als man es sich zu dieser Zeit vorstellen konnte, und eine Bibliothek, die jeden Vergleich mit der des Vatikan, der Biblioteca Laurenziana in Florenz sowie den umfangreichsten Sammlungen seltener Bücher in Paris, London und Wien aushalten würde«. Als Direktor für das Metropolitan Museum und dessen Leitstern kam Morgan der Verwirklichung des ersten Teils seines Traums sehr nahe. Er hätte seine gesamte Sammlung gern auf Dauer in diesem Museum untergebracht, aber die Stadt New York weigerte sich, die finanziellen Mittel für den dafür nötigen Anbau bereitzustellen. Das war eine der größten Fehlentscheidungen in der Geschichte der Stadtverwaltung. Zum großen Teil als Konsequenz daraus überließ Morgan die Verfügungsgewalt über eine der schönsten Sammlungen – mit Sicherheit die interessanteste – aller Zeiten seinem Sohn John Pierpont Morgan II., genannt Jack. Letztlich erhielt das Metropolitan dann doch 4000 Kunstobjekte aus dem Morgan-Vermögen, ein Vermächtnis, das das Rückgrat der berühmten mittelalterlichen Abteilung des Hauses ist.

Das Wadsworth Atheneum in J. P. Morgans Geburtsstadt Hartford, Connecticut, wurde gleichfalls mit Morgan-Schätzen bedacht, während andere verkauft wurden, um im Entstehen begriffene Kunstsammlungen in den USA und anderswo zu bereichern. Frick kaufte die Renaissancebronzen und die Wandbilder, die Fragonard im Auftrag von Madame Dubarry angefertigt hatte. Morgans Lieblingsbild, Ghirlandaios Porträt Giovanna Tornabuonis, wurde später das Lieblingsbild von Baron Thyssen in Lugano. Noch weitere Gemälde Morgans sollten nach »Zwischenstationen« bei Sammlern wie John G. Johnson, Benjamin Altman, Robert Lehman und Andrew Mellon schließlich in die Sammlung Thyssen, das Metropolitan Museum, die National Gallery in Washington und das Philadelphia Museum of Art Eingang finden.

Morgans Traum von einer großen Bibliothek wurde jedoch realisiert: Sie allein ist ein ausreichendes Denkmal für den größten Finanzier aller Zeiten. Und wenn die Sammlung voll-

RECHTS: **In seiner Frühzeit wurde das Metropolitan Museum of Art in New York praktisch zu einer Art Lehen von J. P. Morgan. Nachdem er 1888 Treuhänder und 1904 Vorsitzender des Verwaltungsrates geworden war, wählte der große Finanzmann die Museumsdirektoren aus, besetzte den Verwaltungsrat nach seinen Vorstellungen und kontrollierte das Personal. Kurz vor seinem Tod im Jahr 1913 verfügte er, daß fast der gesamte Bestand seiner umfangreichen Sammlungen dort ausgestellt werden sollte.**

UNTEN: **Obwohl sein Vorhaben, an das Metropolitan Museum einen Flügel anzubauen, in dem er seine Sammlung unterbringen wollte, nicht verwirklicht werden konnte, vermachte Morgan dem Museum viele wertvolle Kunstobjekte, darunter dieses silberne, mit rundgeschlossenen Edelsteinen besetzte Reliquienhaupt des heiligen Yrieix aus Limoges (13. Jahrhundert).**

ständig erhalten geblieben wäre, hätte sie wahrhaftig einen Vergleich mit den Kunstschätzen der Renaissancefürsten nicht zu scheuen brauchen, denen sich J. P. Morgan stets verwandt fühlte.

LE STYLE ROTHSCHILD

Während amerikanische Tycoons in der Regel eine Mischung aus italienischen Renaissancewerken für ihre Wände, englischem Landhausstil für ihre Eßzimmer und französischen Möbeln des 18. Jahrhunderts für ihre Salons sowie für die Schlafzimmer ihrer Gattinnen anstrebten, widmete sich eine große Gruppe europäischer Parvenüs fast ausschließlich der kultivierten Atmosphäre im Frankreich des 18. Jahrhunderts. Für diese Menschen waren Möbel und Kunstgegenstände des *dix-huitième siècle* risikolos, modern und elegant: ihr Sammeln war ebenso dekorativ wie prestigefördernd. Sie ergaben ein geschmackvolles und beeindruckendes Ensemble: glänzend, geschwungen, vergoldet, reich verziert und wunderschön. Königliche Subventionen für die Porzellanmanufakturen von Sèvres und Vincennes, von Gobelinwerkstätten und einer wahren Legion von Kunsttischlern, *bronziers*, Ziseleuren und Goldschmieden ermöglichten zusammen mit einem verständigen Handel eine unvergleichliche Vielfalt auf dem Gebiet der dekorativen Künste. Während des *ancien régime* traf in Paris eine Flut von Aufträgen von Katharina der Großen, von Friedrich dem Großen für Schloß Charlottenburg und Sanssouci sowie von dem reichen französischen Landadel ein. Der große

Eines der meistbewunderten Werke in der Morgan Library – einem für seine illuminierten Handschriften berühmten Museum – ist das *Lindauer Evangeliar* (11. Jahrhundert?), eine schweizerische Handschrift, die nach einem deutschen Kloster benannt ist. Der Einband, der aus getriebenem Gold und mit Edelsteinen verziert ist, läßt die Verehrung, die dem Evangeliar zuteil wurde, erkennen. Nachdem Morgan es 1899 für 10 000 englische Pfund gekauft hatte, wurde das *Lindauer Evangeliar* zum Kernstück einer legendären Sammlung, die illustrierte naturwissenschaftliche und medizinische Bücher, Bestiarien, Erstausgaben, vorzügliche Einzelblätter mit mittelalterlicher Buchmalerei, Meisterzeichnungen und Musikhandschriften umfaßt. Aufgrund seiner klassischen Bildung und seines Studiums an der Universität Göttingen besaß Morgan die geistige Kapazität, um seine Kollektion in all ihrer Vielfältigkeit genießen zu können. Tatsächlich verbrachte er mehr Zeit mit dem Studium der Bücher und Handschriften als mit ihrem Zusammentragen.

Zusammenbruch der königlichen und adligen Sammlungen in Frankreich kam mit der Revolution, und die ersten wichtigen Käufer waren britische Lords, die Bourbonen-Möbel für ein Butterbrot von den *enfants de la patrie* bekamen, die jeden Grund hatten, Rokokoschnörkel zu verabscheuen. Die nächsten bedeutenden Kunden waren von Mitte des 19. Jahrhunderts an die Rothschilds.

Die Familie hatte sich stets sehr zurückhaltend im Hinblick auf ihre Sammlungen verhalten, auch wenn einige Rothschilds illustrierte Kataloge im engen Familien- und Bekanntenkreis zirkulieren ließen. Die Mitglieder der zweiten Generation – vor allem Baron James in Paris – waren bereits bedeutende Sammler, doch wegen der vielen Heiraten innerhalb der Familie lassen sich die Ursprünge der Kunstschätze nicht immer genau verfolgen. Zusammengenommen würden die französischen Kunstwerke der Familie aus dem 18. Jahrhundert die entsprechenden Sammlungen jedes großen Museums auf der Welt in den Schatten stellen. *Le goût Rothschild*, der die Ausstattung all ihrer Häuser bestimmte, hätten die französischen Könige bei weitem Versailles vorgezogen, da er den Glanz ihrer Besitztümer mit modernem Komfort paarte. In den Gesellschaftsräumen lagen als Vorbeugung gegen kalte Füße kostbare Savonnerie-Brücken auf schweren roten Teppichen, schirmten dichte Damastvorhänge die Kälte ab und waren behaglich gepolsterte Sofas und Armsessel eine angenehme Alternative zu den steifen *sièges à la reine*. Die Häuser der Rothschilds waren angefüllt mit rosafarbenen oder grünen Elefantenvasen von Sèvres, Limosiner Email,

juwelenbesetzten Tabatieren und Schmuckkästchen, die u. a. Marie Antoinette den Kopf gekostet hatten.

Der beste Ort, um im Rothschild-Glanz zu schwelgen, ist *Waddesdon Manor* in Buckinghamshire. In Paris gibt es jedoch viele Museen dieser Art von ähnlicher Qualität, in denen die Kollektionen und der Lebensstil so bedeutender Sammler aufbewahrt werden wie Graf Moïse de Camondo, Jules Marmottan, Henri Cernuschi, Adolphe d'Ennery, Édouard André und Nélie Jacquemart sowie Ernest Cognaq (und seiner Frau Louise Jay), des Besitzers von La Samaritaine, der seine Kunstschätze zu einem Anziehungspunkt dieses großen und beliebten Warenhauses gemacht hat.

Viele neue Sammler französischer Möbel und von Kunstgewerbe aus dem 18. Jahrhundert bedeckten ihre Wände mit zeitgenössischen Gemälden von Boucher, Fragonard, Greuze, Lancret, Chardin und anderen, die sie in der ehrwürdigen Kunsthandlung erwarben, die Nathan Wildenstein 1870 in Paris gegründet hatte. Dem kenntnisreichen Wildenstein ist zum großen Teil die Rehabilitierung der französischen Malerei des 18. Jahrhunderts zu verdanken, die nach der Revolution in den Verruf geraten war, oberflächlich, frivol und weder ausdrucksstark noch überzeugend zu sein. Im Bewußtsein von Sammlern ist der Name Wildenstein für immer mit dieser Periode verknüpft. Aber Nathan Wildenstein verkaufte auch niederländische, flämische und italienische Meister in Paris und später in New York, wo er 1902 eine Galerie eröffnet. Diese wurde von seinem Sohn Georges geleitet, der den Ruf seines Vaters als einer der größten Experten in französischer Malerei erbte und bis zu seinem Tod 1963 großartige Verkaufspaläste im Stil des 18. Jahrhunderts nahe der Rue de la Boëtie in Paris, in der 64th Street in New York, in der New Bond Street in London wie auch in Buenos Aires und Johannesburg sein eigen nannte. Es gehörte zur Wildenstein-Tradition, sich von manchen Schätzen jahrzehntelang nicht zu trennen, und niemand weiß genau, was sich in den geheimen bombensicheren Bunkern der Familie in den Bergen des ame-

***Waddesdon Manor* in Buckinghamshire beherbergt Schätze aus verschiedenen Rothschild-Sammlungen, was teilweise der Neigung der Familie zur Verwandtenheirat zu verdanken ist. Baron Ferdinand, der Erbauer von *Waddesdon*, ein großer Sammler, war der Sohn des Barons Anselm von Paris, der eine Tochter Nathan Rothschilds geheiratet hatte, des Begründers der englischen Rothschilds. Der kinderlose Ferdinand hinterließ das Gut seiner unverheirateten Schwester Alice, die es wiederum ihrem Großneffen Jimmy (OBEN) vererbte, dem Sohn von Baron Edmond; der letztere, der in Paris lebende Sohn Nathans, hatte die einzige Tochter von Baron James, des Begründers der französischen Rothschilds, geehelicht und war gleichfalls ein namhafter Sammler. GEGENÜBER: Der »Rote Salon« in *Waddesdon Manor*, ein perfektes Beispiel dessen, was als *le goût Rothschild* bekannt wurde. LINKS: Zu denen, die dem Rothschildschen Lebensstil nacheiferten, zählte auch Moïse Nissim de Camondo, dessen kleiner Salon heute Teil eines – wie *Waddesdon* – für die Öffentlichkeit zugänglichen Museums ist.**

GEGENÜBER: **Das Porträt, das Ingres von Betty de Rothschild malte, der schönen Nichte und Ehefrau von Baron James, dem Begründer der französischen Rothschilds, ist in der Sammlung ihres direkten Nachfahren, Baron Guy, verblieben. Als große Mäzenatin der Künste lud Baronin Betty Chopin ein, in ihrem Salon zu spielen, war mit Heine befreundet und wurde eine Vertraute sowohl von Königin Amélie, der Gemahlin des Bürgerkönigs Louis Phillippe von Orléans, als auch von Kaiserin Eugénie, der Ehefrau Napoleons III. Sie trug dazu bei, die Familiensammlungen aufzubauen, die mit Goya, Rembrandt und Vermeer beginnen sollten.**
RECHTS: **Diese herrlichen Emaillen aus Limoges sind Teil der Sammlung, die Baron Édouard, der Vater des jetzigen Baron Guy, angelegt hat.**
UNTEN: **Dem französischen Mobiliar des 18. Jahrhunderts, vor allem solchem königlicher Provenienz, war die Rothschildsche Sammlerpassion ebenfalls gewidmet.**

rikanischen Westens verbirgt. Als Folge davon sind die Wildenstein nicht nur weitaus reicher als viele ihrer Kunden – sie sind auch die einzige führende Kunsthandlung, die immer noch im Familienbesitz ist.

DIE SAMMLER DER MODERNEN

Frick, Morgan, Mellon, Kress, Altman, Widener und Co. haben alle vergangenheitsbezogen gesammelt. Sie nutzten ihren ungeheuren Reichtum, um früheren Fürsten nachzueifern und sich Unsterblichkeit zu erkaufen. Während in ihren privaten Gemäldegalerien Streichquartette aufspielten, erschütterten Diaghilew und Strawinskij Paris mit *Le Sacre du Printemps,* und Picasso revolutionierte mit »Les demoiselles d'Avignon« die Malerei. Die großen amerikanischen Sammler nahmen den Impressionismus ebensowenig zur Kenntnis wie den Post-Impressionismus, die Fauves und den Kubismus. Duveen steuerte seine Klienten sicher an der »modernen Malerei« vorbei; die Maler, mit denen sie der Kunst ihrer Zeit am nächsten kamen, waren Manet und Corot. Aber es gab einige Ausnahmen von der Regel unter den Parvenüs, eine kleine Gruppe von Leuten, die bereit waren, über die etablierten Galerien hinaus in die lebendigere Welt der Ateliers zu blicken, besonders in Paris, dem Zentrum der Avantgarde.

Ihren entschiedensten Anwalt hatten die Impressionisten in Paul Durand-Ruel, dem Sohn von Jean Durand-Ruel, einem Pariser Lieferanten von Papierwaren und Künstlerbedarf, der auf Nebenwegen zum Kunsthandel gekommen war, als er seine Waren gegen Bilder seiner geldknappen Künstlerkunden eintauschte. Schließlich trennte er die beiden Erwerbsbereiche und eröffnete in der Rue de la Paix ein Geschäft, in dem er Farben und Leinwände feilbot, während er im darüber liegenden Stockwerk eine Verkaufsausstellung eröffnete. Die Attraktionen der Galerie waren Théodore Rousseau, Dupré, Diaz und Millet, die sich in den fünfziger Jahren des 19. Jahrhunderts noch keineswegs allgemeiner Wertschätzung erfreuten.

Nach dem Tod seines Vaters 1865 übernahm Paul die Geschäfte. Er reiste häufig ins Ausland, um seine Bilder zu verkaufen, und nahm im Laufe der Zeit eine immer bedeutendere Stellung auf dem Pariser Kunstmarkt ein, indem er bei Auktionen die Preise der Künstler in die Höhe trieb, die von ihm vertreten wurden. »Um die Preise hoch zu halten«, erklärte er, »darf man nie zu schnell verkaufen und muß bereit sein, bei Auktionen für die Werke der eigenen Künstler Gebote abzugeben.« Nach dem Ausbruch des Deutsch-Französischen Krieges verlagerte er die meisten seiner Gemälde nach London und hängte sie in einer Galerie an der New Bond Street 159 auf. Im Januar 1871 machte ihn Daubigny mit dem fast unbekannten Monet bekannt, der damals sozusagen ums nackte Überleben kämpfte und gerade seine berühmten Ansichten der Themse und vom Parlament malte. Durand-Ruel kaufte einige seiner Bilder wie auch Werke von Pissarro, der sich zu dieser Zeit ebenfalls in London aufhielt. Zwischen 1870 und 1875 veranstaltete er in London zehn Ausstellungen mit Werken von Manet, Monet, Sisley, Pissarro und Degas, aber auch von älteren Favoriten wie Diaz, Isabey, Ziem und Cabanel. Bei einem Besuch im Atelier Manets kaufte er 1873 23 Bilder für 35 000 Francs und kam wenige Tage später zurück, um weitere zu erstehen, darunter auch das Meisterwerk »La Musique aux Tuileries«. Alle Welt erklärte ihn für verrückt, und um seinen Verpflichtungen nachkommen zu können, mußte er zu dieser Zeit weit höher geschätzte Bilder von Corot, Delacroix und Millet mit Verlust verkaufen.

Durand-Ruel blieb dennoch standhaft und lebte von der Hand in den Mund, während er weiterhin erfolglose Ausstellungen impressionistischer Maler in London, Boston, Rotterdam und Berlin organisierte. 1886 hatte er bereits mehr als eine Million Francs Schulden. In diesem Jahr nahm er eine Einladung der American Art Association an und brachte rund 300 impressionistische Bilder für eine Ausstellung nach New York. Die Amerikaner erwiesen sich als deutlich aufgeschlossener gegenüber dem Neuen als die Europäer; also entschloß sich Durand-Ruel zur Eröffnung einer Galerie in New York. Sie wurde seine Rettung. Er konnte seine Gläubiger befriedigen und den unsterblichen Künstlern endlich einen wichtigen Markt eröffnen, die er gegen alle Widrigkeiten so entschlossen unterstützt hatte. »Wäre ich im Alter von sechzig Jahren gestorben«, sagte er einmal, »hätte meine Hinterlassenschaft in einem Berg von Schulden und unverkäuflichen Meisterwerken bestanden.«

Statt dessen wurde er zum Retter der Impressionisten, und seine Galerien und sein Lager waren voller endlich geschätzter, eminent verkäuflicher Meistergemälde.

Paul Durand-Ruel, der mutige Pariser Kunsthändler, der den Bankrott riskierte, um die Impressionisten unterstützen zu können – und das nicht nur in Paris, sondern auch in London und New York. Seine amerikanischen Kunden retteten ihn vor dem Ruin; seine Verkäufe an sie bewirkten letztlich den ausgezeichneten Ruf der großen amerikanischen Museen wie des Metropolitan und des Art Institute of Chicago.

Die Vereinigten Staaten entdecken die Impressionisten

In Durand-Ruels Avantgardegalerie lernte Mary Cassatt (1844–1926) zum erstenmal die Kunst von Manet, Courbet und Degas kennen. Die begabte junge Malerin hatte 1868 Philadelphia verlassen in der Hoffnung, in Europa Karriere als Malerin zu machen. Ihr Vater war außer sich, als er hörte, seine über alles geliebte Tochter habe die Absicht, ein *vie de bohème* zu führen, doch dann ließ er sie wohlbehütet sechs Jahre lang durch Europa ziehen, wo sie die Alten Meister studierte und ihre Fähigkeiten weiterentwickelte, bis sie sich 1874 in Paris niederließ. Der große Degas nahm Mary Cassatt 1877 unter seine Fittiche, und mit ihm als Leitstern wurde sie eine bedeutende Figur in der impressionistischen Szene, mit engen Beziehungen zu Monet, Renoir, Berthe Morisot, Pissarro und Sisley. Sie nahm an ihren aufregenden Zusammenkünften in den Cafés und Ateliers auf dem Montparnasse und dem Montmartre teil und kaufte ihre Bilder für ihren Bruder Alexander und für sich. Zudem brachte sie ihre reichen amerikanischen Freunde, besonders Berthe Potter-Palmer und Henry O. Havemeyer, mit Durand-Ruel in Paris und New York zusammen. Daß das Ehepaar Havemeyer 40 Gemälde in der New Yorker Galerie kaufte, war die entscheidende Rettung für den Kunsthändler und damit die Impressionisten.

Berthe Potter-Palmer kam zu eigenem Ruhm durch ihre Schirmherrschaft über die Weltausstellung 1893, die Chicago in die gleiche Erregung versetzte wie die vorangegangenen Ausstellungen in London und Paris. Einer der größten Pavillons war der Fine Arts Palace, dessen Ausstellung unter dem Motto »Ausländische Meisterwerke in amerikanischem Besitz« stand. Unter den Leihgebern waren Cornelius Vanderbilt, Alfred Corning Clark, Jay Gould, John G. Johnson und William H. Crocker. Es kann kaum überraschen, daß unter ihren Beiträgen eine Reihe Gemälde der Barbizon-Schule waren. Doch zum erstenmal wurden in einer solchen Umgebung auch Bilder von Manet, Pissarro, Sisley und Degas gezeigt – größtenteils Leihgaben von Alexander Cassatt, den Havemeyers und den Palmers, die diese Werke vor allem auf Rat der ersten amerikanischen Impressionistin Mary Cassatt erworben hatten.

Chicago war in jeder Hinsicht eine frankophile Stadt. Seine großen Kaufhäuser zeigten Pariser Moden, seine Fabrikanten stellten ihre Erzeugnisse auf internationalen Ausstellungen und Messen in Frankreich aus, und seine neureichen Bürger wurden in Paris besser aufgenommen als in New York, wo ihnen jeder Einstieg in die Gesellschaft durch Caroline Astor und Ward McAllister verwehrt wurde. In Paris wurden sie wichtige Kunden der Kunstgalerien, allen voran Berthe Potter-Palmer, die 1891 Monet in seinem Atelier aufsuchte und ihr erstes von vielen Werken dieses Malers kaufte. Schließlich besaß sie so viele, daß sie mit ihnen einen ganzen Fries in ihrem Ballsaal zusammenstellen konnte. Sie besuch-

LINKS: ***An der Seine bei Bennecourt*, 1868 (Art Institute of Chicago), von Claude Monet (1840–1926). Dieses Gemälde war eines von vielen Werken Monets, die von den Potter-Palmers erworben wurden.**

GANZ LINKS: ***The Cup of Tea*, 1879 (Metropolitan Museum of Art, New York), von Mary Cassatt. Die aus dem Großbürgertum stammende, sehr damenhafte Mary Cassatt ließ Philadelphia hinter sich, um Paris und die Avantgarde der Impressionisten kennenzulernen. Sie nahm an deren ästhetischen Experimenten und an ihren revolutionären Ausstellungen teil, drängte aber auch ihre reiche konservative Familie und deren Freunde dazu, impressionistische Kunst zu erwerben, und das zu einer Zeit, als die Europäer im allgemeinen gerade noch Barbizon gelten ließen.**

te auch Whistler in Rom und kaufte von Renoir in seinem Pariser Studio die beiden unbestrittenen Meisterwerke »Das Frühstück der Bootsfahrer« und »Zirkusmädchen« für ganze 1750 Dollar. Monets Bild »Argenteuil-sur-Seine« kostete sie 1500 Dollar, und drei Pissarros erwarb sie für 650 Dollar. Die meisten dieser Bilder schenkte sie dem Chicago Art Institute, dessen großzügige Mäzenin sie war. Andere Millionäre aus Chicago, so Martin A. Ryerson, folgten ihrem Beispiel und kauften viele impressionistische Gemälde, die schließlich auch das schönste Museum Chicagos bereichern sollten. Wieder auf Rat Mary Cassatts widmete sich Henry O. Havemeyer höchst intensiv der spanischen Malerei und kaufte bedeutende Bilder von El Greco und Goya, die neben den Impressionisten Havemeyers zu den Glanzstücken des Metropolitan Museum in New York gehören.

Es darf mit Fug und Recht behauptet werden, daß die Amerikaner in Sachen Impressionismus und der ihm folgenden Kunstrichtungen den Europäern weit voraus waren. Die Ehefrauen der Wirtschaftskapitäne aus dem 19. Jahrhundert empfanden bei ihren Besuchen in den Ateliers von Renoir, Degas und Pissarro die gleiche Erregung wie die Neureichen von heute bei ihren Streifzügen durch das East Village von New York. Später waren es die wagemutigen Amerikaner Gertrude und Leo Stein, die sich als erste zu Matisse und Picasso hingezogen fühlten – desgleichen der kenntnisreiche bärtige Kunsthändler Ambroise Vollard. Unter den bedeutendsten Sammlern französischer Malerei in der Welt befanden sich Amerikaner wie der exzentrische Albert C. Barnes und der unauffälligere Alfred Corning Clark, doch beide fallen aus dem Zeitrahmen der Goldenen Gründerzeit. In dieser künstlerisch so fruchtbaren Zeit kam es jedoch zu einem der größten Sammelabenteuer des 20. Jahrhunderts, das von zwei neureichen russischen Handelsfürsten unternommen wurde.

Die Handelsfürsten

Eine der erstaunlichsten und umfangreichsten Sammlungen von impressionistischen, nachimpressionistischen und Avantgardebildern des frühen 20. Jahrhunderts wurde lange Jahre in den Lagerbeständen der Eremitage in Leningrad und

UNTEN: **Die neuromanische Burg mit ihren schweren Rustikaquadern, die von den Potter-Palmers am Lake Shore Drive in Chicago errichtet wurde. Wie rückständig ihr Geschmack auch in puncto Architektur war, beim Kunstsammeln zählte Berthe Potter-Palmer zur mutigen Avantgarde. Nach einem Besuch bei Monet kaufte sie so viele von seinen Gemälden, daß sie damit eine Art Fries rund um den Ballsaal in ihrer pittoresken Festung zusammenstellen konnte.**

RECHTS: **In diesem prachtvollen Rokokosalon in einem Moskauer Palais, das einst den Fürsten Trubezkoj gehört hatte, hängte der Moskauer Handelsfürst Sergej Schtschukin viele der 37 Matisse-Bilder auf, die er sein eigen nannte, ehe die bolschewistische Revolution privaten Unternehmen in Rußland einen Riegel vorschob.**

GANZ RECHTS: ***Weiblicher Akt,* 1876 (Puschkin-Museum, Moskau), von Pierre-Auguste Renoir (1844–1919). Iwan Morosow, ein reicher Moskauer Textilindustrieller, sammelte Gemälde der Impressionisten wie Renoir sowie Werke von Postimpressionisten, vor allem Bonnard. Er erwarb auch einige Marokko-Bilder von Matisse, schreckte aber vor dem Radikalismus von Picasso zurück.**

des Puschkin-Museums in Moskau versteckt. Sie umfaßte Hunderte von Werken so revolutionärer Meister wie Matisse, Picasso und Braque, die alle vor der Oktoberrevolution entstanden, unter Stalin jedoch zur »bürgerlichen Verfallskunst« erklärt wurden. Die sowjetische KP erklärte den sogenannten Sozialistischen Realismus zur allgemeingültigen Kunstform und bekämpfte alle abweichenden Stilrichtungen aufs schärfste, was sich auch auf die Museumspolitik der Sowjetunion auswirkte. Dabei waren gerade diese später verfemten Bilder die Inspiration für die Maler der russischen Revolution – Expressionisten, Suprematisten und Konstruktivisten wie Kandinsky, Malewitsch, Tatlin, Popowa, Lissitzky und Rodschenko –, deren Werke dann allerdings auch dem Stalinschen Bannstrahl zum Opfer fielen. Die großartige Kollektion war von zwei bürgerlichen Unternehmern zusammengetragen worden, von Iwan Morosow (1871–1921) und Sergej Iwanowitsch Schtschukin (1854–1937), deren Begeisterung für die Pariser Avantgardekunst der ihrer Zeitgenossen im westlichen Europa weit vorauseilte.

Iwan Morosow begann 1904, nach dem Tod seines Bruders Michail, der bereits Werke von Gauguin, Renoir, Manet, van Gogh und Bonnard in Paris gekauft hatte, westeuropäische Kunst zu sammeln. Davor hatte er sich auf russische Malerei spezialisiert und beispielsweise etliche Bilder von Chagall erworben, als dieser Künstler aus Witebsk noch gänzlich unbekannt war. Iwan Morosow wurde der bedeutendste russische Sammler des Werks von Pierre Bonnard und beauftragte den Maler mit einer Reihe von Wandbildern für sein Haus in Moskau: sie ergänzten die 13 Bonnards, die bereits dort hingen. Als großer Bewunderer von Maurice Denis ließ er sich von dem Mitbegründer der Nabis 13 Wandbilder für sein Musikzimmer malen: Denis kam 1909 nach Moskau, um ihre Anbringung zu überwachen. Bei einem Besuch in Paris kaufte Morosow 1907 von Vollard drei Tahiti-Gemälde von Gauguin, eine Landschaft mit Heustapeln von Monet und Renoirs »Moulin de la Galette« ebenso wie drei Cézannes, denen er später zehn weitere Gemälde dieses künstlerischen Einzelgängers hinzufügte. Iwan Morosow erwarb auch eine Landschaft von Henri-Edmond Cross und einiges von van Gogh, darunter »Kaffeehaus in Arles« und »Nachtcafé«. Fast jedes dieser Gemälde wäre heute die Zierde jedes größeren Museums; der Umfang der Morosow-Sammlung an moderner Kunst entsprach in jeder Hinsicht der Kollektion Alter Meister, die Andrew Mellon wenige Jahrzehnte später zusam-

menbrachte. Morosow kaufte auch ein paar marokkanische Landschaften und eines der Stilleben von Matisse, fand jedoch keinen Zugang zum Werk Picassos.

Sergej Iwanowitsch Schtschukin machte Morosow 1908 mit Matisse und Picasso bekannt. Schtschukin war zu dieser Zeit der bedeutendste Sammler dieser beiden wichtigen Maler des 20. Jahrhunderts und der einzige Mensch, der je mehr Picasso-Bilder besaß als der Künstler selbst. Selbst heute ist es keinem Sammler gelungen, die Kollektion moderner Kunst an Qualität und Quantität zu übertreffen, die dieser Handelsfürst vor 1914 zusammengebracht hat. Die Familie Schtschukin hatte wie die Morosows ihr Vermögen mit Textilien gemacht und bildete wie diese eine große Sippe. Sergej Schtschukin hatte fünf Brüder und fünf Schwestern; die Söhne waren alle zum Eintritt in das Familienunternehmen bestimmt. Aus geschäftlichen Gründen fuhr Schtschukin häufig nach Paris und lernte im extravaganten Haus seines Bruders an der Avenue Wagram die Leitsterne der Kunstwelt kennen, unter anderem Rodin, Degas und die Durand-Ruels. Er traf auch mit Lenin zusammen, der bei den Schtschukins Kontakt zu russischen Exilanten hielt. Bei einem dieser Aufenthalte begann Sergej zu sammeln – zunächst recht konservative Werke von Zuloaga, Burne-Jones, Whistler und Courbet.

Doch schon bald fühlte er sich zu der aufregenderen Welt von Gauguin und Cézanne hingezogen, was ihn unvermeidlich in die Galerie von Durand-Ruel führte, wo er sein erstes modernes Gemälde kaufte, Claude Monets »Lilas en Argenteuil«. Es war das erste Bild des impressionistischen Malers, das nach Rußland gelangte. Innerhalb kurzer Zeit sollte Schtschukin 13 Werke von Monet kaufen, darunter zwei Ansichten der Kathedrale von Rouen, 16 Gauguin, fünf Degas, 16 der schönsten Bilder von Derain (viele aus seiner fauvistischen Phase), neun Marquet, vier van Gogh und acht Cézanne. Schtschukin folgte selten irgendwelchen Ratschlägen. Er ließ sich die Bestände eines Händlers oder Künstlers zeigen und wählte dann, was ihm gefiel. »Wenn Sie ein Bild seelisch erschüttert«, sagte er oft, »kaufen Sie es. Es ist gut.« Bei so viel Offenheit ist es kaum verwunderlich, daß er den Werken von Matisse und Picasso gegenüber keinerlei Berührungsängste hatte: Seine Unterstützung dieser beiden Künstler machte Geschichte.

Schtschukin begegnete Matisses Malerei erstmals während der berühmten Kunstausstellung im Herbst 1905, auf der die Bilder von Matisse, Vlaminck, Rouault, Marquet, Derain und anderer einen Sturm des Entsetzens auslösten. Daraufhin suchte Schtschukin Henri Matisse, den »König der Fauves«, auf Vermittlung von Ambroise Vollard in dessen Atelier auf. Er kaufte den ersten seiner 37 Matisse, die dann in einem eigenen Raum des Palais Trubezkoj in Moskau hingen. Diesen großen Palast aus dem 18. Jahrhundert hatte Sergejs Vater den geldknappen Nachkommen der Fürsten Trubezkoj abgekauft, einer der standesbewußtesten Familien in Rußland. Vermutlich wären sie über die avantgardistischen Bilder an ihren Wänden ebenso schockiert gewesen wie über das Textillager in ihrem Hof. Die Schtschukins veränderten praktisch nichts, sie beließen die Fresken aus dem 18. Jahrhundert an den Decken, die Damasttapeten an den Wänden, die seidenen Vorhänge vor den Fenstern und die orientalischen Teppiche auf den Parkettfußböden. In den eleganten Räumen des Palais Trubezkoj, die mit gewagten Gemälden aus Paris vollgestopft waren, veranstaltete die Familie Schtschukin rauschende Bankette und Hauskonzerte. Ihre Gäste bestanden aus einer erstaunlichen Mischung von Diplomaten, Aristokraten, Künstlern, Kritikern, Intellektuellen und Politikern. Rachmaninow spielte, Schaljapin sang, und Kammerensembles – gelegentlich auch ein Symphonieorchester – brachten Werke von Bach, Mozart und Beethoven zu Gehör.

Sergej Schtschukin gab Matisse den Auftrag, für das große Musikzimmer zwei riesige Bilder zu malen: »Die Musik« und »Der Tanz«: Studien ursprünglicher Sanges- und Bewegungslust in Saphirblau, Smaragdgrün und Ziegelrot. 1910 reiste Matisse nach Moskau, um die Anbringung der Wandgemälde zu beaufsichtigen, und er wurde dort von der künstlerischen Avantgarde Rußlands wie ein Messias gefeiert. Auftrag und Ausführung dieser Werke mit ihren radikal vereinfachten, fast abstrakten Darstellungen waren nicht ganz unproblematisch. Die Bilder ernteten sogar in Paris Spott und Hohn, als sie auf dem Salon d'Automne gezeigt wurden. Darüber hinaus verursachte die Nacktheit der Gestalten Schtschukin Unbehagen, so daß sich Matisse zu weiteren Abstraktionen veranlaßt sah. J. A. Tugendhold, ein außeror-

LINKS: Gertrude Stein im Gartenhaus in der Rue de Fleurus 27 in Paris, wo sie beinahe jeden – ob Schriftsteller, Künstler, Komponist, Intellektueller, Industrieller, Bankier, Sammler – empfing, der an der Moderne und ihren Experimenten interessiert war. Zusammen mit ihrem Bruder Leo sammelte die Stein Matisse und Picasso zu einem derart frühen Zeitpunkt, daß die beiden Künstler ohne die Unterstützung der Amerikaner möglicherweise gar nicht überlebt hätten. In der Rue de Fleurus sah Sergej Schtschukin *Lebensfreude* von Matisse (jetzt in der Barnes Collection, Philadelphia) und eine Ölskizze von *Die Musik*, was ihn dazu bewegte, dem Maler zwei große Wandgemälde mit den Themen *Tanz* und *Musik* in Auftrag zu geben; Matisse lieferte sie 1910 ab (siehe Seite 160).
UNTEN: *Rave te hiti ramu*, 1898 (Eremitage, St. Petersburg), von Paul Gauguin (1848–1903). Das war einer der drei Gauguins, die der russische Sammler Iwan Morosow bei einem Besuch in Paris 1907 von Vollard kaufte.

UNTEN: ***Harmonie in Rot*****, 1908 (Eremitage, St. Petersburg), von Henri Matisse (1869–1954). Diese außerordentlich reiche Variante der fauvistischen Ästhetik – wild entflammte Farben und entfesselte Zeichnung – übte eine große Anziehung auf den russischen Sammler Sergej Schtschukin aus, der als Fabrikant und Importeur von Textilien die Vorliebe des französischen Malers für durchgehende Muster teilte. Nichts könnte die lebenslange Thematik des Künstlers besser ausdrücken als eine Gedichtzeile von Charles Baudelaire: *Luxe, calme et volupté* (Luxus, Stille und Wollust).**

RECHTS: ***La Danse II*****, 1909 bis 1910 (Eremitage, St. Petersburg), von Henri Matisse. Angeregt durch die damals modernsten Bilder, beauftragte Schtschukin Matisse mit Wandgemälden für das große Treppenhaus in seinem aus dem 18. Jahrhundert stammenden Haus in Moskau.**

dentlich einflußreicher Kritiker, schrieb nach Ankunft der Bilder in Moskau: »Man kann Matisse wohl nur in Schtschukins Sammlung verstehen. Unabhängig davon, wie oft ich seine Ausstellung in Paris besucht oder seine Werke in seinem Atelier auch gesehen habe: Ich habe Matisse nicht verstanden, bevor ich ihn in Schtschukins Haus sah.«

Das gleiche ließe sich fast auch über Paul Gauguin sagen. Nachdem die Gäste den Musiksalon verlassen hatten und das Eßzimmer mit seiner hohen, geschwungenen Decke betraten, das dem russischen Stil entsprechend reich vergoldet war und von drei enormen Kronleuchtern aus Messing erleuchtet wurde, sahen sie sich 15 Tahiti-Gemälden des Meisters gegenüber, die an zwei Wänden übereinander und so dicht gehängt waren, daß sich ihre Goldrahmen fast berührten.

Mitten im frostklirrenden Moskauer Winter, nicht weit entfernt von Sibirien und dem Nördlichen Eismeer, strahlte die sinnliche Üppigkeit des südlichen Pazifik und seiner Frauen die Gäste an, wenn sie sich zu Kaviar und gebratenem Fasan an die Tafel setzten. An einer anderen Wand hingen vier Meisterwerke von Matisse, darunter »Harmonie in Rot« – eine Speisezimmerszene, überstrahlt, aber auch erleuchtet von blauen Arabesken auf einer buchstäblich kirschrot getränkten Fläche. Der größte Teil der sagenhaften Matisse-Sammlung befand sich in einem ähnlich illustren Raum – bewacht vom Familienwappen der Trubezkoj.

Schtschukins größte Herausforderung kam mit Picasso. Da er sich häufig in Paris aufhielt, war es nahezu unausweichlich, daß er dort Gertrude und Leo Stein kennenlernte und die Aufmerksamkeit von Daniel Henry Kahnweiler erregte, des weitsichtigen Händlers von Picasso und anderen Kubisten. Er fühlte sich seinen Künstlern ebenso verpflichtet, wie es Durand-Ruel einige Jahrzehnte zuvor gegenüber den Impressionisten gewesen war. Die erste Begegnung zwischen dem eleganten, konservativen Unternehmer und den locker gekleideten Amerikanern, die sich Paris zum Wohnort erwählt hatten, muß eigenartig gewesen sein. Auf eine seltsame, bescheidene Weise war der Salon der Steins in der Rue de Fleurus das Pariser Gegenstück des Palais Trubezkoj, denn die Geschwister versammelten um sich eine ähnliche Mischung aus Malern, Dichtern, Kunstsammlern, Intellektuellen, Politikern und anderen Berühmtheiten. Ihre wesentlich kleineren Wände waren gleichfalls dicht behängt mit Werken von Cézanne, Braque und Picasso: Der Moskauer Kunstsammler muß sich auf merkwürdige Weise zu Hause gefühlt haben. Das Treffen war von Vollard arrangiert worden, und über die Achse Vollard-Kahnweiler-Stein kam Schtschukin mitten in den Brennpunkt der Pariser Kunstszene. So sah er bei den Steins Matisses »Lebensfreude« und eine Ölskizze von »Musik« und kam auf den Einfall, die beiden großen Bilder für sein Musikzimmer zu erwerben.

1908 besuchte Matisse mit Schtschukin Picasso in dessen Atelier auf dem Montmartre. Die Freundin des Malers, Fernande Olivier, beschrieb den Russen als »kleinen, blassen und unauffälligen Mann mit einem riesigen Kopf... Er kaufte zwei Bilder und bezahlte für sie einen für die Zeit sehr hohen Preis – eins davon war das schöne ›Frau mit Fächer‹ –, und von da an wurde er ein recht treuer Käufer.«

Bis zum Ausbruch des Ersten Weltkriegs war Schtschukin Picassos treuester Käufer; das war besonders deshalb bemerkenswert, weil der kleine Kreis seiner weiteren Anhänger 1907 durch »Les demoiselles d'Avignon« tief verstört wurde. Der russische Mäzen hatte die Möglichkeit, auch dieses Bild zu kaufen, teilte jedoch die Meinung vieler anderer, diesmal sei Picasso entschieden zu weit gegangen. Hätte er sich anders entschieden, wären die »Mädchen aus Avignon« –

eines der bedeutendsten Bilder des 20. Jahrhunderts – unter Umständen für Jahrzehnte der Öffentlichkeit entzogen worden. Die Picasso-Sammlung hing in einem Raum im Palais Trubezkoj, das zum Wallfahrtsort für zeitgenössisch interessierte russische Künstler wurde, nachdem Schtschukin das Haus an Sonntagen der Öffentlichkeit zugänglich machte.

Nach der Revolution von 1917 schickte Schtschukin seine Familie ins Ausland, während er zurückblieb – vor allem, um seine Sammlung zu schützen. Nach seiner Verhaftung hielten ihm die Bolschewiki vor, er habe ein Vermögen von 30 Millionen Goldrubeln zusammengerafft, worauf er ungerührt erwiderte: »Ich hatte ja keine Ahnung, daß ich so reich war.« In Morosows Haus brach eine Gruppe Anarchisten ein und trank, spielte und schlief inmitten der Gemälde von Gauguin und Cézanne. Die Ereignisse setzten dem großen Sammler so zu, daß er physisch und psychisch zu verfallen begann. Beide Unternehmer wurden von Anatolij W. Lunatscharskij, dem charismatischen Minister für Volksbildung, darüber informiert, daß ihre Sammlungen nun Volkseigentum seien und vom Volkskommissariat für Volksbildung verwaltet würden. Im Bemühen, das Beste aus der Situation zu machen, zog Schtschukin in die Pförtnerloge. Er und seine Tochter fungierten als Führer durch die Sammlung, bis sie 1918 nach Paris gingen. Morosow folgte ihnen bald nach und bestritt seinen Lebensunterhalt von einem kleinen Bankkonto, das er in Berlin zum Ankauf für Bilder eingerichtet hatte. Das Palais Trubezkoj wurde das »Erste Museum der modernen westeuropäischen Malerei«, Morosows Haus das zweite: Tausende progressiver Kunstliebhaber strömten durch die Tore, um die Bilder zu sehen, von denen sie schon so viel gehört hatten. Im Pariser Exil blieb Schtschukin in Kontakt mit den Künstlern, deren Werke er zurückgelassen hatte – etwa Matisse, Picasso und Renoir –, während Morosow in immer tiefere Isolation geriet und bereits 1921 starb. 1928 wurden beide Kollektionen unter dem Namen »Museum moderner westlicher Malerei« in Morosows Haus zusammengefaßt. Vier Jahre später traf sie Stalins folgenschwere Mißbilligung, doch heute sind sie endlich wieder in der Eremitage in St. Petersburg sowie im Moskauer Puschkin-Museum in alter Pracht zu sehen.

Ganz links: ***Akrobat mit Kugel*, 1904/05 (Puschkin-Museum, Moskau), von Pablo Picasso.**

Oben: ***Bildnis Ambroise Vollard*, 1910 (Puschkin-Museum, Moskau), von Pablo Picasso. Als Picasso im Zeitraum von nur fünf Jahren von seinen zutiefst poetischen, seelenvollen Werken der Rosa Periode zu der überwiegend monochromen, gebrochenen Bildersprache des Kubismus vorstieß, ließ er das 19. Jahrhundert weit hinter sich und schuf die künstlerische *lingua franca* des 20. Jahrhunderts. Sergej Schtschukin beschloß, ebenso wie Gertrude Stein und eine kleine Handvoll anderer, Picasso bei seiner folgenschweren Entwicklung der radikal modernen Kunst zu unterstützen.**

Reisen

In einem Zeitraum von weniger als 40 Jahren – zwischen 1850 und 1890 – erreichte die Kultur des Reisens und der damit verbundene Komfort, ja Luxus, einen Höhepunkt, den es nie wieder gegeben hat. Die meisten europäischen Grandhotels wurden damals gebaut und verwöhnten die Gäste, die mit den neuen Eisenbahnen eintrafen. Diese durchquerten nicht nur die USA und Europa, sondern sollten sich bald auch über Rußland hinaus in die Weiten Sibiriens erstrecken, um den Westen mit Asien per Bahngleisen zu verbinden. In Europa durchtunnelten Ingenieure die Alpen und überspannten große Ströme und Schluchten mit Beton- und Stahlbrücken; so wurde der Norden des Kontinents mit dem fernen Palermo und allen Orten dazwischen verknüpft, was den Austausch von Gütern und Waren ebenso vermehrte wie die Begegnung der Menschen. Fernreisen mit der Bahn führten zur Entwicklung von Schlaf- und Luxuswagen, was vor allem George Pullman und Georges Nagelmackers zu verdanken war. Zudem erlaubte es die Erfindung der Dampfmaschine (und später der Turbine) den Schiffsbauern, die Größe und Schnelligkeit von Schiffen mit Stahlrümpfen zu erhöhen, was zur Entstehung der modernen Ozeandampfer führte.

Bequemes, komfortables Reisen förderte das Wachstum neuer Ferien- und Kurorte ebenso wie das der eleganten Spielcasinos von Baden-Baden und im Süden Frankreichs. Für die Superreichen hieß diese goldene Ära des Reisens: private Eisenbahnwagen, hochseetüchtige Dampfjachten, geräumige Suiten einschließlich eigener Eßräume und Unterkünfte für die Dienerschaft auf den Ozeanlinern, ausgedehnte Aufenthalte in palastähnlichen Hotels und die Teilnahme am internationalen Gesellschaftsleben. Die Nachkommen der Wirtschaftskapitäne, die kaum etwas anderes zu tun hatten als ihr ererbtes Vermögen auszugeben, konnten jetzt in Erwägung ziehen, den kalten Wintermonaten durch eine Kreuzfahrt auf dem Nil zu entgehen, bei Großwildjagden in Afrika mitzumachen, die Maharadschas in Indien zu besuchen, sich gesellig in Palm Beach zu vergnügen, an den Roulettetischen von Monte Carlo zu spielen, einen Spaziergang auf der Promenade des Anglais in Nizza zu unternehmen oder Vulkane und griechische Tempel auf Sizilien zu besichtigen. Für die sportlich Interessierten gab es die neuen Urlaubsorte in den Bergen, in denen das Skilaufen bald ein überaus beliebter Zeitvertreib werden sollte. Die »Jetsetter« von heute sind mithin

Gegenüber: Dieses Bilderarrangement aus *The Illustrated London News* (1897) ist mit *Triumph des Dampfes und der Elektrizität* überschrieben.

Oben: Dank der fortschrittlichen Technologie konnte die Goldene Gründerzeit das Reisen in die Ferne genießen; Monte Carlo und ähnliche Orte waren in Stunden oder Tagen erreichbar, während man vor Erfindung der Dampfkraft und Elektrizität Wochen dazu gebraucht hatte.

Links: Sobald die neue Mobilität den Aufstieg Monte Carlos möglich gemacht hatte, konnte sich die Goldene Gründerzeit amüsieren, indem man etwa ein Vermögen auf melodramatische Weise verspielte – hier auf einem Gemälde von Christian Ludwig Bokelman (1844–1894) dargestellt.

Unten: **Der Luxus auf den Schienen war eine für die USA typische Erfindung, wo allein schon die Weite des Landes dazu anregte, rasche, wirksame und bequeme Wege zu finden, die Landesteile miteinander zu verbinden.**

Oben rechts: **In Europa boten Luxusreisen einen entscheidenden Anstoß, große Weltausstellungen zu veranstalten, deren erste 1851 in London stattfand.**

Ganz rechts: **Um sich von dem zunehmenden Wohlleben zu erholen, konnte die Schicht der Besitzenden in der Goldenen Gründerzeit im Luxuszug zu modischen Badeorten wie Karlsbad reisen (hier eine Aufnahme um 1870).**

durchaus Nachfahren der »Dampfersetter« des *Fin de siècle*, die ihr Leben nach den »Saisons« orientierten, in denen altes und neues Geld an den verschiedenen gesellschaftlichen Treffpunkten zusammenkamen.

Der Pionier der modernen Bahnreisen war George Mortimer Pullman, der 1831 in Brockton, New York, geboren wurde. Er begann mit einem luxuriösen privaten Schlafwagen und baute darauf ein riesiges Unternehmen auf, das es den Amerikanern schließlich gestattete, die immensen Weiten ihres Kontinents relativ bequem zu durchqueren. Für die Superreichen entwickelte er private Salonwagen, die entweder an die fahrplanmäßigen Züge angehängt oder mit anderen Privatwagen hinter einer besonderen Lokomotive zu einem eigenen Zug zusammengekoppelt wurden. Einen solchen privaten Eisenbahnzug charterte J. P. Morgan, als er mit einer Gruppe von Würdenträgern der Episkopalkirche von New York nach San Francisco reiste. Ein Wagen war mit einer Glaskuppel von Tiffany versehen, unter der die Gentlemen morgens in bequemen Lederstühlen rasiert wurden; ein weiterer war ein eleganter Speisesalon; wieder andere dienten nur dem entspannten Geplauder oder waren rollende Kapellen.

Die Goulds, Vanderbilts, Goelets und Stanfords besaßen ihre privaten Eisenbahnzüge, die sie samt Familien und Freunden durch das Land transportierten. Der sparsame Morgan mietete entweder einen Zug von Pullman oder von seinen Eisenbahnfreunden. Pullmans einziger Konkurrent in dieser höchst lukrativen Branche war die Wagner Palace Car Company von Vanderbilt, die 1899 mit Pullmans Unternehmen verschmolz.

Private Salonwagen, bekannt als »Varnish« [Hochglanz, Politur – A. d. Ü.] wegen ihrer illustren Holzverschalung, stiegen im Preis von 50000 Dollar am Ende des Bürgerkriegs auf 500000 Dollar zwischen den Weltkriegen. Ein Wagen der Standardausführung enthielt ein Bad mit Bronzewanne (deren nach innen gewölbter Rand das Herausschwappen des Wassers verhinderte), eine kleine Küche, einen mahagoniverkleideten Salon, einen Eßtisch für bis zu acht Gästen und mehrere Schlafräume mit bequemen Betten. Im allgemeinen wurde ein solcher Wagen an das Ende eines normalen Zuges angekoppelt, damit er nicht von Hinz und Kunz durchquert wurde; viele verfügten über eine kleine Aussichtsplattform, auf der es sich die Besitzer gemütlich machten, um die vorbeifliegende Landschaft in frischer Luft zu genießen. Bevor amerikanische Präsidentschaftskandidaten mit Charterflugzeugen von Ort zu Ort eilten, um in Fernsehshows zu erscheinen, wandten sie sich von diesen Aussichtsplattformen aus an ihre Wähler. In den Wagen waren Diener in der Familienlivrée der Besitzer tätig, so daß das Leben nach den Regeln von New York, Palm Beach oder Newport verlaufen konnte. Ladies und Gentlemen kleideten sich zum Dinner um; ihr Mahl wurde üblicherweise von einem französischen Koch zubereitet und von einem englischen Butler serviert. Diese Angestellten gehörten nicht zum Hauspersonal, sondern wa-

LINKS: **George Mortimer Pullman erfand die Luxuswaggons für die Eisenbahn und schuf damit einen der ersten großen Konzerne, der sein eigenes Industriezentrum am Stadtrand von Chicago hatte. Nach und nach baute Pullman eine von ihm auch gesteuerte interkontinentale – und schließlich internationale – Flotte aus rollenden Betriebseinheiten auf.**

GANZ LINKS: **Pullman wurde ebenso für die Neureichen wie für die Staatsoberhäupter zum führenden Lieferanten privater Eisenbahnwaggons. Auch Porfirio Diáz, der Präsident von Mexiko, konnte so mit der ganzen Bequemlichkeit, wie sie Paris im Zweiten Kaiserreich kannte, durch sein größtenteils verdorrtes, hitzeversengtes Land reisen.**

UNTEN: **Ein Plakat weist auf das Vergnügen hin, à la Pullman zu speisen, während man durch die endlosen Weiten des amerikanischen Mittelwestens fährt.**

ren nur für die Züge zuständig. Die rollenden Villen der Wirtschaftsmagnaten waren mit dem Familiensilber ausgestattet und verfügten selbstverständlich über einen Safe für den Schmuck, den die Damen am Abend anlegten. Der Stil der Innenausstattung unterlag dem Geschmack der Besitzer und variierte von Korbmöbeln, für die sich Flagler – wohl wegen seiner Beziehungen zu den Urlaubsorten in Florida – entschloß, bis zum Plüsch und Samt im Frankreich des Zweiten Kaiserreichs. 1898 lieferte Pullman einen seiner elegantesten Züge für den mexikanischen Diktator Porfirio Diáz; in ihm gab es bemalte Decken, seidenbezogene Louis-quinze-Stühle und Posamentenzierat an jedem Vorhang und jedem Sofa.

Kein Extrawunsch der begüterten Reisenden blieb unerfüllt. Pullman selbst, ein Liebhaber des Trabrennsports, hatte einen besonderen Wagen für seine Pferde, Sulkys, Fahrer und Pfleger, während Jay Gould stets seine eigene Kuh mitnahm, deren Milch genau den Fettgehalt hatte, der seine Verdauungsbeschwerden linderte. Stets war dafür gesorgt, daß eisgekühltes Bier aus den Zapfhähnen in den Gästeräumen floß, und berühmte Musiker reisten samt Flügel und Begleitinstrumentalisten. Viele der Salonwagen und -züge gehörten den großen Eisenbahnkönigen, denen die kostenlose Fahrt über die Gleise ihrer Konkurrenten gestattet war. Ansonsten wurden gepfefferte Fahrpreise verlangt, was zusammen mit den Kosten für das Personal, die Erlaubnis, den privaten Salonwagen an einen Zug ankoppeln zu dürfen, sowie Pflege und Unterhalt des »Varnish« das Reisen auf solche Weise zu einem astronomisch teuren Vergnügen machte. Mrs. Edward T. Stotesbury, eine Salonlöwin von New York und Palm Beach, erzählte einmal einem Reporter: »Das einzig Ökonomische an unserem Salonwagen sind die massivgoldenen Wasserhähne. Sie müssen nämlich nicht geputzt werden.« Ein »Varnish« war eine sehr persönliche Angelegenheit, und die Wagen wechselten selten die Besitzer. Reiche Eigentümer zerstörten die Waggons lieber, als daß sie deren Glanz einem unbekannten Emporkömmling überlassen hätten. Das erklärt, warum so wenige von ihnen erhalten geblieben sind. Es gibt jedoch noch die privaten Nebengleise, auf denen Millionärsgäste des *Waldorf-Astoria* ihre Wagen abstellten, wenn sie im Hotel abstiegen. Zur Eröffnung des Hotelpalasts im Jahr 1932 kamen so viele Reiche, daß die Züge in der Grand Central Station geparkt werden mußten. Die Weltwirtschaftskrise war auf ihrem Höhepunkt, aber die Neureichen wollten auf ihren Komfort nicht verzichten.

RECHTS: **Das von Georges Nagelmackers für die Compagnie Internationale des Wagons-Lits eingestellte und geschulte Personal, das mehrere Sprachen beherrschte und die europäischen Bahnreisenden ebenso umsorgte, wie Pullman es mit den Fahrgästen in Amerika tat. Nagelmackers hegte offenbar keine Bedenken, Pullmans Ideen zu plagiieren und weiterzuentwickeln; seine Passagiere schliefen zwischen kühlen Linnen in elegant getäfelten Abteilen, während sich das Personal um die Zollformalitäten kümmerte.**

UNTEN: **Seinen größten Einfall verwirklichte Nagelmackers mit dem legendären »Orient-Express«, der Paris mit Istanbul verband. Er war nicht für jeden gedacht, denn der Preis eines Rundreisebilletts betrug soviel wie die Jahresmiete für ein gepflegtes Haus im Londoner Westend.**

EUROPÄISCHE EISENBAHNZÜGE

Salonwagen waren in Europa nie so beliebt wie in den USA – mit Ausnahme der Monarchen. Die Entfernungen waren kürzer, die Reichen nicht ganz so reich und die Ausstattung in vielen fahrplanmäßigen Zügen so gut, daß selbst die Wohlhabenden nicht das Bedürfnis verspürten, Privatwaggons zu besitzen. Zudem war das Reisen ein Zeitvertreib der Superreichen, während in Amerika praktisch jeder unterwegs war. Eine Fahrt mit einem der großen europäischen Expreßzüge konnte ein so wichtiges gesellschaftliches Ereignis sein wie ein Diner im Maxim's am Freitagabend. In ihnen brauchte keiner die Befürchtung zu hegen, unter Umständen mit der Mittelklasse zusammenzutreffen. Die hohe Qualität dieser Züge war vor allem Georges Nagelmackers und seiner Compagnie Internationale des Wagons-Lits zu verdanken, deren Markenzeichen die dunkelblauen Hochglanzwagen mit silbernem Wappen und vielsprachigen Schaffnern in untadeliger brauner Uniform mit ihrem Wagons-Lits-Käppi waren.

Nagelmackers größte Leistung war der »Orient-Express«, der auch noch heute Maßstäbe für Eisenbahnfahrten der Luxusklasse setzt. Die Abteile waren mahagoni- oder teakgetäfelt und intarsiert und die Sofabetten mit goldgeprägtem spanischen Leder bezogen. Das marmorverkleidete Bad am Ende des Schlafwagens verfügte unter anderem über ein Wasserklosett, das nach jedem Gebrauch von einem dienstbaren Geist gereinigt wurde. In einer Zeit, in der nur wenige Privathäuser über Bäder verfügten und selbst Grandhotels nur eins auf jedem Flur anboten, war das bemerkenswert.

Der »Orient-Express« eröffnete die Ära der Luxusreisen mit einem Knalleffekt, und innerhalb kurzer Zeit verkehrten überall in Europa CIWL-Züge – selbst in den russischen Steppen. Ihre Ausstattung paßte sich dem Zeitgeschmack ebenso an wie den zunehmenden Ansprüchen der reichen Fahrgäste. Nirgendwo wurde das deutlicher als an dem berühmten »Train Bleu«, der zwischen Paris und dem in Mode kommenden Süden Frankreichs verkehrte. Er war ein Art-déco-Meisterwerk und verfügte über einen Tanzsalon, in dem man Turkeytrot zu Ragtimeklängen tanzte. Im Kairo-Luxor-Express – »Star of Egypt« genannt, sobald er auch Assuan anfuhr – herrschte eine gleichbleibende Temperatur von 26°, selbst wenn es draußen 37° Celsius und mehr waren. Die Luft im Zuginnern wurde durch drei Zentner Eis gefiltert. Von London nach Paris gelangte man mit dem »Golden Arrow«, in dem man in behaglichen Plüscharmsesseln ruhte und seinen Tee oder einen Lunch aus einer kleinen Küche in jedem Wagen serviert bekam. Der Kanal mußte auf der Fähre überquert werden, doch da der auf der anderen Seite wartende Zug nahezu identisch war und das Gepäck getrennt befördert wurde, hatten viele Passagiere den Eindruck, ihr Luxuszug wäre auch mit dem Boot herübergekommen. (Zwischen London und Dover war es der »Golden Arrow«, zwischen Calais und Paris der »Flèche d'Or«.) Der »St. Petersburg-Paris-Nizza-Lissabon-Express« brachte Großfürsten in die Spielcasinos

Amerikaner bedeutete das, daß sie nun wesentlich schneller, mit dem gewohnten Komfort und nach einem relativ verläßlichen Fahrplan nach Europa gelangen konnten. Gleichermaßen konnten wohlhabende Europäer über den großen Teich kommen, um ihr Geld in der Neuen Welt zu investieren, in der das Gold aus den Rinnsteinen zu quellen schien. Die neuen technischen Errungenschaften halfen jedoch auch armen Eu-

und Handelsfürsten zu den Bankiers oder Kunsthändlern, während er auf dem Rückweg Blumen mitnahm, um die Ballsäle im zaristischen Rußland in der kalten Jahreszeit zu schmükken. In diesem Expreßzug war es üblich, nach dem Diner bis in die frühen Morgenstunden hinein zu tanzen. Der berühmteste Zug war natürlich die Transsibirische Eisenbahn von Moskau nach Wladiwostok mit einer Abzweigung durch die Mongolei nach Port Arthur in China. Für dieses Unternehmen stattete Nagelmackers die Eisenbahnwagen im Louis-seize-Stil aus – mit Klavier, damit die Fahrgäste sich die Fahrt durch die leeren, sturmdurchfegten Steppen mit Singen verkürzen konnten –, wagte es dann aber doch nicht, soviel Eleganz durch die sibirischen Weiten zu schicken. Die Strecke wurde jedoch sowohl von russischer Seite als auch von CIWL betrieben; die Fahrt dauerte zwei Wochen, wobei die Passagiere den gefrorenen Baikalsee mit Hundeschlitten zu überqueren hatten.

Die Ozeanliner

Gegen Ende des 19. Jahrhunderts führten die Erfindung der Schiffsschraube und die Entwicklung vernieteter Stahlrümpfe zu einer beträchtlichen Steigerung hinsichtlich der Größe und Geschwindigkeit der Ozeandampfer. Für superreiche

ropäern, ihrem elenden Los mittels preiswerter Passagen in der Zwischendeckklasse zu entkommen, die inzwischen in sanitärer Hinsicht einigermaßen erträglich geworden war und in der drei Mahlzeiten am Tag angeboten wurden. Dennoch blieben die Klassenunterschiede an Bord so eklatant wie an Land. Der Raum, in dem die Erster-Klasse-Passagiere der *Olympic* nach ihren Dampfbädern ruhen konnten, war größer als die Küche, die für das leibliche Wohl von fast tausend Zwischendeck-Passagieren sorgte. Auf ihrem Deck fanden die Reichen Schilder vor, die sie ersuchten, keine Unruhe dadurch zu verursachen, daß sie den Armen Lebensmittel

GANZ LINKS: Wegen des hohen Standards, den die CIWL behauptete, gab es in Europa – außer seitens regierender Häuser – keine Nachfrage nach privaten Bahnwaggons. Das gleiche galt auch für das zaristische Rußland, wo Nagelmackers seine Waggons bei der Transsibirischen Eisenbahn einsetzte.

LINKS: Passagiere und Gepäck werden auf einen Liniendampfer gebracht, der in Liverpool angelegt hat. Die neuen Meeresriesen änderten das Leben in den britischen Passagierhäfen einschneidend; nun waren Heere von Ingenieuren, Stewards, Matrosen und Gepäckträgern nötig.

UNTEN: Die *Olympic* der White Star Line beim Antritt ihrer Jungfernfahrt von Southampton nach New York, 1912. Doch selbst mit dem neuesten Stand der Technik barg eine Seereise mit dem Luxusdampfer in der Goldenen Gründerzeit immer noch Risiken.

Die *Titanic,* das fast identische Schwesterschiff der *Olympic,* sank 1912 auf ihrer Jungfernfahrt, und die *Olympic* ging im Ersten Weltkrieg in griechischen Gewässern unter.

UNTEN: **Die *Aquitania* der Cunard Line mittags bei ihrer Abreise von New York nach Southampton.**
RECHTS: **Zu den zahllosen Vergnügen einer Atlantiküberquerung auf einem Luxusdampfer gehörte das Entspannen in einem Liegestuhl an Deck, den Vollmond über sich und stets die Chance einer Romanze vor sich.**
GANZ RECHTS: **Abende an Bord eines Luxusdampfers konnten sehr förmlich sein, wie dieser Herr in Abendanzug auf einem Plakat der Compagnie Générale Transatlantique demonstriert.**

GEGENÜBER: **Der großen Salon auf der *Erin,* der Jacht von Sir Thomas Lipton, dem immens reichen britischen Geschäftsmann und Teeproduzenten, der auch ein gefeierter Rennsegler seiner Zeit war. Sir Thomas legte vor allem Wert darauf, seine *Shamrock* vor Cowes gegen die *Britannia* Edwards VII. antreten zu lassen. Während Regatten kam der Komfort auf der *Erin* auch vielen Gästen zugute, die an Abendessen bei Kerzenlicht teilnahmen; eine Einladung dazu war bei Mitgliedern des Königshauses ebenso begehrt wie bei allen Reichen. Die Einrichtung der Jacht scheint den Passagieren die Illusion vermittelt zu haben, auf dem Festland geblieben zu sein.**

zuwarfen, die weiter unten ihre Kinder versorgten, sangen oder tanzten.

Für die Privilegierten, die den Atlantik überquerten, war es vorrangige Pflicht, zunächst einmal die gedruckten Passagierlisten zu studieren, die unter ihren Kabinentüren durchgeschoben wurden. Sie entschieden über eine Woche hektischer Cocktail- und Dinnerparties, die entweder im eigenen Speisesalon, in größeren Privatsuiten neben dem Hauptspeisesaal oder in diesem selbst veranstaltet wurden. Am ersten und letzten Abend der Reise erlaubte die Kleiderordnung lockere Gewandung, ansonsten waren Smoking, Frack und Abendkleid *de rigueur*, wobei die teuersten Cartier-Juwelen und Poiret-Roben dem »Captain's Dinner« vorbehalten waren, dem vorletzten Abend an Bord. Die Tage verliefen nach einem höchst angenehmen Stundenplan mit Spaziergängen an Deck (für die Herren waren Tweed und Mütze ein Muß), sportlicher Betätigung in Turnsaal oder Schwimmbecken, ein paar Partien Shuffleboard und sich zufällig ergebender Unterhaltung, die durchaus im Beobachten sich prügelnder Crewmitglieder bestehen konnte. Dem Ganzen wurden durch unablässiges Essen und Trinken Akzente gesetzt: Frühstück im Bett, um elf Uhr eine Tasse Bouillon an Deck, Cocktails, Lunch, Tee zu kammermusikalischen Vorführungen, erneut Cocktails, ein außerordentlich reichhaltiges Dinner und nach dem Tanz ein Mitternachtsbuffet. Das Glücksspiel erfreute sich großer Beliebtheit, vom Pokern unter Höchsteinsätzen bis zu Poolrunden, die sich auf die holzgetäfelte Gentleman's Lounge konzentrierten. Schließlich war das Flirten eine Rund-um-die-Uhr-Beschäftigung der jüngeren Generation.

Neben der Entwicklung der Ozeanliner lief der Bau privater Jachten, die zweifellos das ultimative Statussymbol für den Wirtschaftsmagnaten waren. Um die Mitte des 19. Jahrhunderts übertrafen die Privatjachten die Passagierschiffe oft an Schnelligkeit und Komfort. Bei ihrem Stapellauf 1843 war Queen Victorias 225 Fuß lange Jacht *Victoria and Albert* der absolute Höhepunkt an Luxus, wurde aber nach nur 20 königlichen Seeausflügen bereits 1855 durch ein noch größeres Schiff ersetzt. Die *Victoria and Albert II*, eine Jacht mit Schraubenantrieb und einer 24köpfigen Crew, war ein schwimmender Palast, auf dem das Hofprotokoll in allen Details gewahrt wurde. Mit dem Reichtum des Empire hinter sich mochte Queen Victoria ja die bedeutendste Monarchin ihrer Zeit sein, aber Commodore Vanderbilts *North Star* war 45 Fuß länger als die *Victoria and Albert* und nicht weniger prächtig. Die Jacht wurde 1853 erbaut, als Vanderbilts Vermögen auf elf Millionen Dollar angewachsen war (es sollte sich bis zu seinem Tod verzwanzigfachen), und besaß einen großen Salon im Louis-quinze-Stil mit gepolsterten Rosenholzstühlen, einen weiteren Salon, auf dessen Sofa 20 Gäste Platz fanden, sowie einen Speiseraum mit Marmor und Granit, dessen Decke mit Darstellungen von Helden aus der Neuen Welt geschmückt war. Es gab genügend Prunkkabinen, um zehn Kinder des Commodore, sieben seiner Schwiegersöhne und eine Enkeltochter zu beherbergen – nebst Hausarzt und Pfarrer, die beide auf der

Jungfernfahrt von ihren Ehefrauen begleitet wurden. Das große Schiff benötigte für die Atlantiküberquerung elf Tage und wurde in Southampton von einer begeisterten Menschenmenge begrüßt. In seinem Bericht über die Jacht und ihre Ozeanüberquerung regte ein Zeitungsreporter an, es sei an der Zeit, »die Bezeichnung Parvenü als Ehrennamen zu betrachten«. Nach einem Aufenthalt in Kopenhagen legte die *North Star* auch in Kronstadt in Rußland an, wo sie den Großfürsten Konstantin, den Großadmiral der russischen Marine, so begeisterte, daß er seinen Bruder, den Zaren, dazu überredete, ein ähnliches Schiff in Auftrag zu geben. Vanderbilt bewog auch viele seiner Millionärskollegen dazu, sich auf See zu begeben. Im Jahr 1870 besaßen die Mitglieder des New York Yacht Club vier Dampfjachten, 20 Jahre später 71.

Unter den berühmtesten amerikanischen Jachtbesitzern befanden sich James Gordon Bennett, der Verleger des *New York Herald*, J. P. Morgan und sein Partner Anthony J. Drexel sowie etliche Nachkommen des Commodore. Bennetts erstes seegängiges Boot war die 227 Fuß lange *Namouna* mit ihrer Crew von 50 Offizieren und Mannschaften. Sie war wie ein englisches Landhaus eingerichtet; die Täfelung ihrer Kabinen bestand aus Eiche, Ahorn, Kirsche und anderen wertvollen Hölzern. Ihr Unterhalt verschlang 150000 Dollar im Jahr – eine beträchtliche Summe angesichts der Tatsache, daß Bau und Ausstattung des Schiffs 200000 Dollar gekostet hatten. (Mitarbeiter des *Herald* nannten die Jacht »Pneumonia« [Lungenentzündung, A. d. Ü.].) Bennetts nächstes Schiff, die *Lysistrata*, wurde von dem herausragenden britischen Bootsbauer George Watson entworfen und im Jahr 1900 für die damals horrende Summe von 600000 Dollar auf einer schottischen Werft hergestellt. Mit ihren riesigen Salons, Dutzenden von Kabinen und einer hundertköpfigen Besatzung war die 314 Fuß lange Jacht der absolute Gipfel an Luxus – und Bennetts Verderben. Der Verleger widmete der Zeitung, die sein Vater gegründet hatte, weit weniger Zeit als seinem Boot, und als er 1918 im Alter von 77 Jahren starb, hatte er ein Vermögen von rund 40 Millionen Dollar verschwendet.

Auch in Europa besaßen Wirtschaftsbosse und Aristokraten große hochseetüchtige Jachten. Der Herzog von Westminster bot Coco Chanel an Bord seiner *Cutty Sark*, einem umgebauten Zerstörer, ein prachtvolles Smaragdkollier an, das sie jedoch mit der Bemerkung in die Fluten warf, ihre Gunst sei nicht für ein paar Steine käuflich. Der Herzog und die Herzogin von Bedford begaben sich 1901 mit ihrer 244 Fuß langen Jacht *Sapphire* zum Nordpol; und nachdem Baron Edmond de Rothschild mit seiner eigenen Luxusjacht nach Palästina gefahren war, erklärte ihm ein entnervter Pionier, er würde es vorziehen, auf der Gelobten Jacht zu bleiben, als in seinen beschwerlichen Alltag im Gelobten Land zurückzukehren. Von Großbritanniens Neureichen errang Sir Thomas Liptons 287 Fuß lange und 1242 Tonnen schwere *Erin* einen begehrten Preis für die luxuriöseste Ausstattung. Amerikanische Millionäre und britische Lords sahen von Bord der *Erin* besonders gern den Regatten vor Cowes zu, bei denen Liptons *Shamrock* gegen die *Britannia* Edwards VII. antrat. 70 Personen konnten an Bord ihren Lunch einnehmen, die Zahl der

GANZ RECHTS: **Drei Generationen des britischen Königshauses auf der königlichen Jacht *Britannia:* Edward VII. mit Sohn und Enkel, den späteren George V. und Edward VIII. (zuletzt Herzog von Windsor).**

RECHTS: **Die junge Queen Victoria und Prinz Albert an Bord der ersten königlichen Jacht auf dem Weg nach Frankreich; in ihrer Begleitung König Louis-Philippe.**

Im Amerika der Goldenen Gründerzeit galt eine große, teure Motorjacht als besonders erstrebenswert.
LINKS: George Gould, Sohn des berüchtigten »Raubritters« der Wall Street, benutzte seine Jacht gern, um zwischen New York und Paris zu pendeln, wo seine Schwester zuerst als Marquise de Castellane und dann als Herzogin von Talleyrand-Périgord lebte.
GANZ LINKS: Der amerikanische Bankier J. P. Morgan und Sir Thomas Lipton zu seiner Rechten in Cowes, um 1903. Morgan besaß nacheinander mehrere große Jachten, die *Corsair* hießen; auf die Frage, wieviel der Unterhalt eines solchen Schiffes koste, erwiderte er barsch, wenn sich das jemand frage, dann könne er sich keines leisten.
UNTEN: Der frankophile James Gordon Bennett jun. nahm sich weder ein Beispiel an Morgan noch an seinem Vater, dem Begründer der *New York Herald Tribune*, sondern zog es vor, sein beträchtliches Vermögen mit Jachten, Frauen und Festen zu verschwenden.

Gäste, die am Abend in eleganter Abendgala in dem getäfelten Salon mit seinen Messingbeschlägen ihr Diner im blaugedämpften Licht von Petroleumlampen verspeisten, war hingegen immer viel kleiner. Unter den anderen Jachtbesitzern in Cowes waren der Bierbrauer Sir Edward Cecil Guinness, der Cognacbrenner Richard Hennessy und John Gretton, der König des Bass-Biers. Unabhängig von den Besitzverhältnissen waren die hochseetüchtigen Luxusjachten mit Beginn des 20. Jahrhunderts doch im großen und ganzen standardisiert. Sie wogen zwischen 1500 und 2000 Tonnen, waren 70 bis 100 Meter lang, hatten einen Klipperbug und ein schmales Heck, einen hohen gelben Schornstein und zwei rudimentäre Masten, an denen im Notfall Sturmsignale gesetzt werden konnten, in den meisten Fällen jedoch Flaggen aufgezogen wurden. Was die Innenausstattung anbelangte, so hatte sich ein gängiger Stil entwickelt: das Interesse der Besitzer schien vor allem dahin zu gehen, Gästen und sich selbst das Gefühl zu vermitteln, der Herrensitz an der Fifth Avenue, in Newport, in den Wiesen und Wäldern Englands oder an der Avenue du Bois sei gar nicht verlassen worden. Für die Superreichen war die Jacht ein schwimmender Palast, die sie in dem Komfort beförderte, von dem sie abhängig geworden waren, die aber auch das höchste Statussymbol für ihren Aufstieg in der internationalen Gesellschaft darstellte.

Die Grandhotels

Die Zunahme der Überseereisen, das Entstehen einer wohlhabenden Mittelklasse und der immer bequemere Eisenbahnverkehr förderten die Entwicklung der Grandhotels als Institution des luxuriösen Wohnens und Lebens. Das Grandhotel ist im Grunde eine amerikanische Erfindung; das erste war das *City Hotel* in New York, das 1794–1796 gebaut wurde und über 73 Räume in fünf Stockwerken verfügte, und das zu einer Zeit, in der Reisende in Europa noch auf Gasthäuser an den Landstraßen und bescheidene Stadtherbergen angewiesen waren. Aber die echten amerikanischen Grandhotels entstanden in Ferien- und Kurorten wie Saratoga Springs in New York, Cape May und Atlantic City in New Jersey und etwas später in St. Augustine und Palm Beach in Florida. Der Aufenthalt in diesen Hotels war für die ersten Superreichen Amerikas gleichbedeutend mit dem gegenseitigen Schloßbesuchen des europäischen Adels.

Die ersten großen europäischen Hotels gab es in England als Begleiterscheinung der neuen Bahnhöfe. Das erste war

Bahnhof und Grandhotel – zwei letztlich zusammenhängende Einrichtungen – stellten zwei der augenfälligsten Symbole der Goldenen Gründerzeit dar und boten sich besonders an für monumentale Architektur. Schon die Namen der Hotels – Royal, Rex, Regina, Grand, Excelsior oder einfach Palast – zeigten den bourgeoisen Ehrgeiz, den die Gebäude verkörperten. Wie sie aber auch hießen oder wo sie standen, die Hotels waren fast alle im Geschmack der Beaux-Arts errichtet.

OBEN GANZ RECHTS: **Das *Hôtel du Louvre* in Paris, erbaut für die Weltausstellung 1855.**

RECHTS: **Das schloßartige *Grosvenor Hotel* in London.**

UNTEN: **Das *Grandhotel* steht heute (wie zur Bauzeit um 1860) schräg gegenüber der prunkvollen Pariser Oper, deren Baumeister, Charles Garnier, viele der Gesellschaftsräume im Hotel gestaltete.**

GEGENÜBER: **Der extravagante Ballsaal im *Hotel Continental* (heute *Intercontinental*) in der Rue de Castiglione in Paris.**

P. C. Hardwicks *Great Western Hotel* (1852–1854) an der Paddington Station in London, das im Stil der französischen Renaissance gehalten war und einen Wartesaal für Queen Victoria besaß. Es folgten das *Grosvenor* (1860–1861) neben der Victoria Station und das *Charing Cross* (1863–1864). Doch das waren vor allem Unterkunftsmöglichkeiten für normale Reisende, und luxusliebende Millionäre mußten bis zur Eröffnung des *Langham* 1864 warten. Erst dieser Prachtbau in italienischer Gotik und französischer Renaissance gestattete es ihnen, ihrem gewohnten Lebensstil zu frönen. Er verfügte über zwei getäfelte Bibliotheken und den »Ambassadors' Audience Room«, einen Empfangssaal, und verdankte seine Entstehung der Schar von Gästen aus aller Welt, die zur Weltausstellung 1862 nach London strömten. Für die Besucher der Weltausstellung in Paris ermutigte Napoleon III.

Finanziers zum Bau von Luxushotels an den schönsten Avenuen der französischen Metropole. Das erste war das *Grand Hôtel du Louvre* an der Rue de Rivoli, das für die Ausstellung von 1855 errichtet wurde. Das zweite, das extravagante *Grand Hôtel* gegenüber der Opera Garnier, folgte 1862 – mit seinem riesigen vergoldeten Ballräumen, einem reich ausgemalten Speisesaal und kuppelgekröntem Salon de Thé, um die sich die 700 Zimmer in einem dreieckigen Baukörper schlossen.

Da ihnen ihr Geld Löcher in die Taschen zu brennen schien, wollten die neuen Reichen die Welt sehen – und das bitte mit Komfort. Und so wurden die ersten Grandhotels von London und Paris schon bald in Berlin, Frankfurt, Wien, Moskau und St. Petersburg nachgeahmt. Doch nicht nur in den Metropolen, auch in den neuen europäischen Kur- und Erholungsorten entstanden zahllose Grandhotels. All diese Bemühungen sollten den wohlhabenden Reichen ein Leben wie den Königen ermöglichen, was hieß, daß die Palasthotels, wie schon der Name andeutet, königlichen Residenzen nachempfunden wurden. Das schloß Fassaden klassischer Stilepochen ebenso ein wie großartige Treppenaufgänge, die mit maßangefertigten Aubusson-Teppichen ausgelegt wurden, ineinander übergehende Gesellschaftsräume *(enfilades)*, marmorverkleidete und ausgemalte Speisesäle, private Theater, vergoldete Ballsäle mit Stuckputten und klassizistischen Statuen sowie Unmengen von behaglichen Sitzgelegenheiten und Kristallüstern. Das livrierte Personal trug ebenso zum

monarchistischen Gepräge bei, wie die gewählten Namen – Regina, Royal, Imperial, Majestic, Excelsior – keinen Zweifel daran aufkommen ließen, was der Besitzer beabsichtigte und seine betuchten Gäste erwarteten.

In Palasthotels wie dem *Grand* in Paris (GANZ RECHTS), dem *Majestic* an der Avenue Kléber in Paris (UNTEN) und dem *Ritz* in London (GANZ UNTEN) boten die Serviceleistungen die Gewähr dafür, daß die Reichen und Wichtigen Jahr für Jahr wiederkamen. Selbst wenn alles belegt war, gab es in den vornehmsten Grandhotels noch mehr Personal als Gäste. Der berühmte Escoffier machte die Restaurants in den Ritz-Hotels zu Anziehungspunkten für wohlhabende Gourmets von Edward VII. über Marcel Proust bis zu legendären Diven wie Nellie Melba (»Pfirsich Melba«) und Louisa Tettrazini (»Tettrazini-Hühnchen«).

César Ritz

Doch selbst diese Parvenü-Paläste bedurften noch eines Zauberers, der sie mit seinem Stab aristokratisch und königlich machte. Der größte dieser Zauberer war César Ritz (1850–1918). Der Schweizer aus dem Wallis schuf sich gleich mehrfach die Möglichkeit, in seinen Palästen das zu verwirklichen, was seine anspruchsvollen Gäste sich erträumten. Zunächst kam das *Grand Hotel* in Rom (1893), dann folgten das neue *Carlton* (1899) am Haymarket in London, das *Ritz* (1906) am Green Park, ebenfalls in London, und schließlich das *Ritz* (1898) in Paris. Mit ihrer Ausstattung beauftragte der geniale Hotelier das Architektenteam des Elsässers Charles Mewès und des Engländers Arthur Davis. Diese unbesungenen Helden waren für das verantwortlich, was man den »Ritz-Stil« nannte, der für alle großen Hotels der Welt zum Vorbild wurde. Er selbst ist angeregt durch den Louis-seize-Stil: schimmernd in sanftem Rosé und reflektiert in Tausenden von Spiegeln, dazu jeder erdenkliche Komfort. Mit seinem Hang zur Sauberkeit verzichtete Ritz in seinen Hotels auf staubfangenden Samt und Damast bei den Wandverkleidungen und stattete die Zimmer statt dessen mit *boiseries* [Holztäfelungen, A. d. Ü.] im Stil von Louis XV. und XVI. aus. Sie wurden wie die Stühle und Sesselchen – Kopien aus dem 18. Jahrhundert – hellgrau oder beige lackiert. Jeder Raum besaß sein Marmorbad, zu einer Zeit, in der andere Luxushotels lediglich eins oder zwei für die Bewohner eines ganzen Flurs zur Verfügung stellten. Die allgemein zugänglichen Räume und Gesellschaftssäle prunkten mit Marmor, vergoldetem Messing und Schmiedeeisen, während Kristallüster und klassische Fassaden den äußeren Rahmen bestimmten.

Eigentlich schuf Mewès für die Hotelgäste das gleiche Ambiente wie amerikanische Gesellschaftsarchitekten – Richard Morris Hunt oder Stanford White – für ihre superrei-

OBEN: **César Ritz war der König der Hoteliers. Der 1850 in einer armen Schweizer Bauernfamilie geborene Ritz revolutionierte das Hotelgewerbe, indem er in Küche, Service, Bewirtschaftung, Stil und Komfort das Niveau in bis dahin unvorstellbarer Weise anhob.**

GEGENÜBER UNTEN: **Der ursprüngliche Ballsaal im Londoner *Ritz* am Piccadilly.**

OBEN LINKS: **Der Salon in der größten Suite im Pariser *Ritz* mit Blick über die Place Vendôme.**

UNTEN: **Eine Karikatur verdeutlicht die snobistische Szenerie in der Bar des *Ritz* in Rom, wo die Fürsten Pio di Savola, Trebia und Belmonte zusammen mit den Grafen Conturbia und Potocki ihre höfischen Rituale zelebrieren.**

chen Klienten; Millionäre fühlten sich wie zu Hause, wenn sie die eleganten Portale der Ritz-Hotels durchschritten. Aber sie wurden für diesen Luxus auch kräftig zur Kasse gebeten: Die Dienste berühmter Maîtres d'hôtels waren darin enthalten, wie etwa von Monsieur Olivier im Pariser *Ritz*, der sich abends um Marcel Proust kümmerte, das Kaminfeuer für ihn entzündete und die gepolsterten Türen sorgfältig schloß, um auch den geringsten Luftzug zu vermeiden. In den belebten Hallen trafen sich Könige, Maharadschas, Staatsmänner, Adlige, Millionäre und ihr Gefolge zu einem immerwährenden Reigen gesellschaftlicher Ereignisse. César Ritz bot in seinen Häusern nicht nur ein Höchstmaß an Komfort, sondern auch unvergleichliche Chancen für sozialen Aufstieg für die oft erst kürzlich zu Reichtum gelangten Damen und Herren.

DIE GRAND TOUR

Die neuen Reisemethoden ermöglichten den Reichen einen Lebensstil, der sich bis zum Zweiten Weltkrieg kaum veränderte. Wenn im New Yorker Central Park die ersten Blütenblätter fielen und die warmen Frühlingstage den heißen, schwülen Sommer ankündigten, begannen in vielen vornehmen Stadtvillen die Diener große Überseekoffer für den alljährlichen Aufbruch nach Europa zu packen, aus dem die Familie erst Anfang August zurückkehren würde – rechtzeitig zum Beginn der Saison in Newport. Das Gepäck wurde nach seinen Bestimmungsorten – London, Paris, Karlsbad, Venedig, Biarritz – beschriftet; jeder Koffer enthielt eine komplette Garderobe, die den Bedingungen des jeweiligen Ziels entsprach. An einem strahlenden Junimorgen erschien der Pferdewagen einer Spedition, die sich auf den Transport sperriger Güter zu den Überseedampfern spezialisiert hatte, die in langer Reihe an den Piers des Hudson lagen. Ein Koffer wurde in die Kabinensuite befördert, die anderen kamen in den Frachtraum. Die Eisenbahn- und Schiffsmagnaten achteten stets darauf, daß ihr Gepäck als letztes an Bord kam – und damit auch als erstes wieder herunter. Die Dienerschaft begleitete das Gepäck, beaufsichtigte das Verladen und suchte sich dann ihren Weg zur Suite und in die winzigen Kabinen, die sie während der Überfahrt bewohnen würden. Unterdessen fuhr zu Hause der Brougham, eine geschlossene Pferdekutsche – später ein Automobil mit Chauffeur in Livree – vor, um die privilegierten Reisenden durch die Stadt zu kutschieren. Die Abschiedsparty in ihrer Suite war der Auftakt für eine Kette ähnlicher Vergnügungen, die den Weg über den Atlantik begleiten würde.

Bei der Ankunft des Ozeanliners in Southampton erwarteten uniformierte Vertreter des *Claridge's*, des *Savoy* oder des *Ritz* ihre reichen Gäste, begleiteten den Berg von Gepäck durch den Zoll und ließen es mit besonderen Wagen nach London bringen. Häufig waren die Koffer längst im Hotel, bevor die Gäste auf der Victoria Station dem Sonderzug entstiegen. In London ließen sich reiche, gesellige und anglophile Amerikaner von den blaublütigen Briten einladen, die sie zuvor in New York, Newport oder Palm Beach freigehalten hatten, und stürzten sich in den Strudel der Ereignisse der

Saison mit ihren Bällen, Lunch- und Dinnerparties, Theaterbesuchen, Jagdausflügen und Wochenenden auf dem Land. Dafür revanchierten sie sich wiederum mit eleganten Banketten im *Savoy* oder *Ritz*, die häufig unter der Oberaufsicht des berühmten Chefkochs Auguste Escoffier zubereitet wurden. Die Wirtschaftskapitäne verhandelten mit ihren britischen Bankiers, während ihre Frauen ihre Zeit mit dem Sproß eines Adelsgeschlechtes verbrachten, den sich ihre Tochter geangelt hatte. Dann gab es die Pferderennen; das wichtigste war das Royal Ascot, bei dem William K. Vanderbilt und seinesgleichen ihre Rösser gegen die der Rothschilds, des Aga Khan und Edwards VII. antreten ließen. Nach einigen Wochen geselliger Betriebsamkeit zogen sich die Amerikaner häufig in ihre eigenen englischen Landhäuser zurück. Otto Kahn beispielsweise ließ seine Kinder oftmals in einem großen Haus in der Nähe von London, während sich Andrew Carnegie in sein schottisches Schloß begab. Andere verließen die Insel in Richtung Kontinent.

Paris war das Paradies, in dem sich die Ladies mit den neuesten Moden versorgten, während ihre Ehemänner den Nachmittag häufig mit verführerischen Kurtisanen im Bett verbrachten. Die Morgenstunden waren Stadtbesichtigungen oder Fahrten in eleganten Kaleschen durch den Bois de Boulogne vorbehalten, und der Abend war die richtige Zeit, um sich Sarah Bernhardt oder Loïe Fuller im Theater anzusehen; ein Essen im Voisin folgte.

Gelegentlich wurden Amerikaner auch zu den außerordentlich vornehmen Soireen der Pariser Gesellschaft des Zweiten Kaiserreichs eingeladen, doch im allgemeinen erwärmten sich französische Aristokraten kaum für Amerikaner, deren Unterhaltungswert wegen mangelnder Sprachkenntnisse mitunter zu wünschen übrig ließ.

Entspannung fanden die internationalen Reichen in den Kurorten, wo sie vorgaben, sich von ihrer Gefräßigkeit erholen zu müssen, indem sie häufig unangenehm schmeckende Wässerchen tranken. Mit Ausnahme von Baden-Baden, in dem sich einige wohlhabende Russen prunkvolle Privatvillen errichten ließen, spielte sich das Leben in den Kurorten ausschließlich im öffentlichen Rahmen, also in Grandhotels, Kurhäusern, Spielcasinos und Restaurants ab. Italien sprach die Seriöseren an, obwohl die Reichen dort meist mit Tanzparties am Lido und der Teilnahme an Gesellschaften in gemieteten Palästen am Canal Grande so ausgelastet waren, daß sie kaum Zeit hatten, Denkmäler oder Museen zu besichtigen. (Viele der jungen Damen waren ohnehin zu deren Besuch gezwungen worden, während sie britisch geleitete Internate besuchten.) Die Kunsthändler waren sowieso nur allzugern bereit, die Paläste von ruinierten Adligen mit Gemälden unterschiedlichster Authentizität für ein schnelles Schnäppchen zu füllen, sobald die Sammler vorübergehend dem gnadenlosen Zugriff von Duveen, Knoedler und Wildenstein entzogen waren.

Winterreisen

Im Winter waren die Rituale ein bißchen anders und eher nach europäischem als amerikanischem Geschmack. Die Millionäre der Neuen Welt waren anderswo mit Geldverdienen und gesellschaftlichen Klimmzügen beschäftigt oder machten die kalte Jahreszeit in Florida zum Sommer. Zudem waren winterliche Überquerungen des stürmischen Atlantik mit seinen zahlreichen Eisbergen etwas, das es nach Möglichkeit zu meiden galt. Die beliebtesten Winterziele für reiche Europäer waren zur Jahrhundertwende St. Petersburg, Kairo und Indien.

St. Moritz erfreute sich erst in den zwanziger Jahren nach Erfindung der Skilifte größeren Zuspruchs, da stundenlange Wanderungen bergauf, um dann in wenigen Minuten abzufahren, nur von den Allersportlichsten als Vergnügen betrachtet wurden.

Wesentlich akzeptabler fanden es viele europäische Reiche, in Pelze eingehüllt eine Droschkenfahrt entlang den Kanälen von St. Petersburg zu unternehmen. Die prachtvolle Stadt wirkte nie schöner als im Februar, wenn sie tiefverschneit war. Wenn die Gewässer gefroren waren, kamen Lappländer mit ihren Rentieren vom Polarkreis herunter, stellten Zelte auf den Eisflächen auf und verdienten sich ein kleines Vermögen, indem sie mit den Kindern der Reichen Schlittenfahrten unternahmen. Das war der Höhepunkt der gesellschaftlichen Saison mit ihren großfürstlichen Empfängen, ihren Bällen in alten Palästen von nahezu unvorstellbarer Pracht und den Abenden im Marjinskij-Theater, wo man das neueste Ballett von Tschaikowskij sehen und danach Troikafahrten zu den vor der Stadt liegenden Inseln unter den Klängen von Zigeunermusik unternehmen konnte.

GANZ LINKS: Zu den unbegrenzten Freuden einer Luxusreise durch Europa trugen die ebenso eleganten wie nützlichen Produkte des Pariser Kofferfabrikanten Louis Vuitton bei, deren zeitlos klassisches Design heute noch ein Markenzeichen ist.
GEGENÜBER: *Die Gärten von Paris oder Die Schönen der Nacht,* 1905 (Musée Carnavalet, Paris), von Jean Beraud (1849–1936). Für das Wohl von Herren mit starker Libido wimmelte Paris von Schönen der Nacht, vor allem in oder um nächtliche Vergnügungsparadiese wie Konzertcafés.

OBEN: Die beliebtesten Jagden der Goldenen Gründerzeit fanden in Schottland, Spanien und Ungarn statt. Es war kein seltener Anblick, Hotelpagen zu sehen, die die Tagesbeute der Jäger zum Küchenchef brachten.
LINKS: Venedig hatte sowohl den kulturell Interessierten als auch den Genußsüchtigen viel zu bieten – den einen Accademia oder Oper, den anderen den Lido. Hier die Königin von Rumänien und Prinzessin Irene an einer Brücke über den Kanal nahe dem historischen Opernhaus *La Fenice.*

Rechts: **In St. Petersburg verwandelten Wettrennen mit pferde- oder rentiergezogenen Schlitten auf der zugefrorenen Newa den russischen Winter in ein Märchenland. Eine bevorzugte Nachtunterhaltung bestand darin, eine Troika zu besteigen, sich in nerzgesäumte Dekken einzuhüllen und quer über den vereisten Meerbusen zu Diners und Zigeunermusik zu jagen – bis sich die Morgenröte ankündigte.**
Ganz rechts: **Die Zarin Maria Fjodorowna bei ihrer Ankunft im *Hôtel de la Turbie* an der französischen Riviera, 1896. Nach dem Karnevalsdienstag, der das Ende der gesellschaftlichen Saison in St. Petersburg bedeutete, flüchteten sich die russischen Adligen aus der Enthaltsamkeit der Fastenzeit ins süße Leben Südeuropas.**

Russische Adlige reisten regelmäßig nach Paris, Südfrankreich, London und Berlin. Zu Hause waren sie die großzügigen Gastgeber für Fremde, die voller Begeisterung bei Fabergé in der Nähe des Newskij-Prospekts einkauften oder im Gostonnij Dwor, einem orientalischen Basar, der in zwei Stockwerken Zobel- und Nerzpelze, volkstümlichen Schmuck aus allen Gegenden des Zarenreichs, farbenprächtige Stickereien und Schnitzwerk aus Holz und Elfenbein anbot. Elegante Restaurants wie das Cubat und Medwed beschäftigten französische Köche, die den herzhaften russischen Spezialitäten etwas von ihrer Schwere nahmen und sie damit noch köstlicher machten.

Von St. Petersburg nach Moskau war es nur eine Nachtfahrt mit dem Luxuszug, wo einige wenige Glückliche die Paläste der Handelsfürsten besuchen, Fjodor Schaljapin in *Boris Godunow* im Bolschoj-Theater sehen oder den Versuch unternehmen konnten, in den wenigen Stunden, die ihnen blieben, in Stanislawskijs Moskauer Kunst-Theater in die russische Seele einzudringen.

Die Hotels von St. Petersburg und Moskau – *Astoria, Hôtel d'Europe, Nationale* und *Metropol* – entsprachen den besten europäischen Maßstäben; in ihnen blühte mitten im Winter eine Fülle tropischer Pflanzen mit den Eisblumen an den Fenstern um die Wette.

Ägypten

Ganz anders verlief der Winter in Ägypten – zweifellos das reizvollste aller Reiseabenteuer. Reiche Europäer und ein paar wohlhabende Amerikaner fuhren mit dem Schiff nach Alexandria, in eine kosmopolitische Stadt, in der Griechen, Juden, Zyprer, Italiener und Araber untereinander und mit aller Welt Handel trieben. Baumwolle – oder Makko – war die Grundlage des ägyptischen Wohlstands und wurde im fruchtbaren Nildelta angebaut, das Reisende in einem CIWL-Pullmanwagen auf der Fahrt nach Kairo durchquerten. Hier lagerte der Nil seit Jahrtausenden auf seinem Weg aus dem Herzen Afrikas Berge von Schlick ab.

Zur Jahrhundertwende war Kairo eine blühende und weltoffene Stadt. Die Oberschicht der Beis und Paschas am ziemlich formellen Hof des Khediven, des osmanischen Vizekönigs, bewohnte große Paläste im westlichen Stil an den Ufern des Flusses in neuen und großzügigen Stadtvierteln wie Garden City und Zamalek. In Kairo war von Weihnachten bis zum Frühlingsanfang »Saison«, und in dieser Zeit versuchten Besucher das Rätsel der Sphinx ebenso zu lösen wie der vergangenen Welt der Pharaonen auf die Spur zu kommen. Der Höhepunkt der Gastlichkeit war das *Shepheard's Hotel*, das sich als eleganter Steinbau außerhalb der alten Stadtmauer am Esbekiya Boulevard, der heutigen El-Gumhuriya-Straße, erhob. Es wurde 1841 eröffnet und besaß alle Annehmlichkeiten eines europäischen Grandhotels, einschließlich französischer Köche und Schweizer Zimmermädchen. Ägypter wurden für untergeordnete Arbeiten eingestellt. Von der Terrasse des *Shepheard's* aus beobachteten die Touristen das Leben und Treiben der von Menschen wimmelnden Stadt. Das andere Grandhotel war das *Gesirah Palace*. Es wurde 1869 von Ismail Pascha errichtet, um die königlichen Gäste zu beherbergen, die zur Eröffnung des Suezkanals kamen.

LINKS: ***Die Kaiserin Eugénie besucht die Pyramiden,*** **von Charles Theodore Frère (1814–1888). Nilaufwärts zum Tal der Könige zu fahren wurde für reiche Europäer und Amerikaner zu einer beliebten Flucht vor dem Winter. 1869 kamen Napoleon III. und Kaiserin Eugénie zur Eröffnung des von Frankreich gebauten Suezkanals. Viele folgten in ihrem Kielwasser, wenn auch kaum in einem solch aufwendigen orientalischen Stil wie hier.**
OBEN: ***Shepheard's*** **wurde das Lieblingshotel der Reichen und Mächtigen, die Winterurlaub in Kairo machen wollten. Napoleon III. und Kaiserin Eugénie wurden allerdings im** ***Gesirah Palace*** **untergebracht, der für diesen Anlaß in ein kleines Luxushotel umgewandelt worden war.**
LINKS UNTEN: **Auf der Terrasse des** ***Shepheard's*** **mit Blick auf den Nil trafen sich Ost und West.**

Im *Shepheard's* oder *Gesirah Palace* konnte man Anna Pawlowa mit Sergej Diaghilew beim Sonnen im Garten entdecken; J. P. Morgan war auf dem Weg zu einer Ausgrabung unterwegs, die er für das Metropolitan Museum finanzierte; Lord Carnavon begutachtete den Zustand der Schätze von Pharao Tut-ench-Amun, und wohlhabende Touristen aus Frankreich und Deutschland bereiteten sich auf eine Kreuzfahrt auf dem Nil vor. Die meisten fuhren mit Raddampfern flußaufwärts, die Thomas Cook gehörten, der ein Monopol für organisiertes Reisen in Ägypten besaß. Die großen, flachkieligen Boote verfügten über komfortable Kabinen; in ihren Bibliotheken lagen britische Zeitschriften und Bücher bereit; europäische Köche sorgten für das leibliche Wohl, und für das Dinner war Abendkleidung vorgeschrieben. Mit anderen Worten: Hier waren die Reisenden ebenso vom einheimischen Leben abgeschnitten wie im *Shepheard's*. Der »echte« Reisende ging in Kairo zum Nil hinunter und mietete sich entweder eine *cangia* oder eine *dahabijeh* – der letztere Bootstyp wurde von Gustave Flaubert unsterblich gemacht, der 1849 in ihm mit seinem Freund, dem Fotografen Maxime de Camp, den Fluß hinaufsegelte.

Die *dahabijeh,* eine größere Variante der *cangia,* war ein Mehrkabinen-Segelschiff mit einigem Komfort – einem durch Oberlicht erhellten Speisesaal, einem Salon mit Flügel und diversen Polstersofas entlang den Wänden sowie einer Crew aus Captain, Rudergänger, *dragoman* (Fremdenführer), zwölf Matrosen und zwei Köchen. Es war das ideale Schiff für Reiche mit Muße, denn sein Vorankommen hing von der Flut, den Winden und den Wüstenstürmen ab. Aus diesem Grund vermittelte eine solche Schiffsreise intensive Einblicke in das ägyptische Leben, und das Tempo richtete sich ganz nach Lust und Laune der Passagiere. Bei Sonnenuntergang begaben sich die Herren für gewöhnlich an Land, um Tauben fürs Dinner zu schießen, während der Koch in seiner kleinen Freiluft-Kombüse am Heck des Schiffes wahre Zauberkünste vollbrachte. Zu jener Zeit, in der viele Schätze aus der ägyptischen Geschichte noch ihrer Entdeckung harrten, hatten die Reisen etwas Abenteuerliches, und tatsächlich stolperten viele Schiffspassagiere bei ihren Ausflügen in die Wüste über uralte Grabstätten. Sie begannen fieberhaft zu graben und förderten Grabmalereien ans Tageslicht, die im trockenen Wüstenklima unbeschadet Jahrtausende überstanden hatten. Mitunter entwendeten sie kostbare Gefäße und andere Ge-

Rechts ganz oben: ***Ägypten*, von John S. Goodall (geb. 1908). Die Reise nilaufwärts war das Wichtigste an einem Winteraufenthalt in Ägypten. Als Fahrzeug wurde meistens einer der hellschimmernden Raddampfer des Unternehmens von Thomas Cook benutzt.**
Unten: **War der Reisende der Goldenen Gründerzeit einmal in Luxor angekommen, konnte er sich im neuen *Winter Palace Hotel* verwöhnen lassen.**
Rechts: **Edward, Prince of Wales (fünfter von links), besucht den Tempel von Karnak am 16. März 1862.**
Ganz rechts: **Viele der damaligen Touristen besuchten, wenn sie im Tal der Könige ihr Programm abwickelten, auch die Riesenstatuen des Menhotep in der Hoffnung, sie singen zu hören, da einige Reisende erschrocken dergleichen berichtet hatten.**

genstände, die den Toten für ihre Reise ins Jenseits beigegeben worden waren.

Luxor, das sich in der Mitte dieser unvergleichlichen Entdeckungsreise befand, war die dem Tal der Könige nächstgelegene Landestelle. Von hier aus konnten die Reisenden den Tempel von Amenhotep besuchen, das größte jemals gebaute religiöse Bauwerk, und den Amuntempel in Karnak, das an der Stelle des alten Theben liegt. Weiter nilaufwärts ging es nach Assuan, dem Winterferienort *par excellence* für betuchte Europäer – eine Art ägyptisches Palm Beach. In der behaglichen Wärme der Wüstensonne verbrachten die älteren, pensionierten oder einfach müßigen Reichen ihre Tage auf der Terrasse des schönen neuen *Cataract Hotel*, spazierten durch die Gartenanlagen der Insel Elephantine oder ritten in die nahe Wüste.

Von Assuan aus konnte man die braunen Felsen und den gelben Sand der nubischen Wüste auf dem Eselrücken oder an Bord einer *dahabijeh*, die von Dutzenden kräftiger Nubier an beiden Ufern mittels Seilen über die Stromschnellen gezogen wurde, erkunden. Des weiteren gab es noch die Insel Philae, eine so heilige Stätte, daß man nur mit besonderer Genehmigung dort anlegen durfte, und den Tempel von Abu Simbel, dessen im Dunkel liegendes Heiligtum jedes Jahr im Oktober zum Geburtstag von Ramses II. von einem einzigen Sonnenstrahl erhellt wurde.

Wer sich nicht auf Tempel und Grabstätten konzentrieren wollte, ging auf Krokodiljagd oder sah den träge dahinschwankenden Kamelkarawanen zu, ehe man sich über die Stromschnellen wieder flußabwärts begab.

Indien

Maharadschas waren in der englischen Gesellschaft um die Jahrhundertwende sehr geschätzt; viele von ihnen verbrachten während des Monsunregens, der glücklicherweise dann über Indien niederging, wenn in London und Paris Saison war, mehrere Monate in Europa. Diese ungeheuer reichen Fürsten legten Großbritannien gegenüber eine geradezu leidenschaftliche Loyalität an den Tag und ahmten den Lebensstil britischer Aristokraten nach, die sie als ihresgleichen akzeptierten.

Einige der Maharadschas, beispielsweise die von Kapurthala und von Patiala, waren eher frankophil. Der erstere baute sich in seiner Heimat einen riesigen Palast à la Versailles und füllte ihn mit wertvollen französischen Antiquitäten, während der letztere der wichtigste Kunde von Cartier wurde; seine Besuche an der Rue de la Paix waren Höhepunkte im Geschäftsleben des Juweliers.

Einige dieser Prinzen aus dem Morgenland überquerten den Indischen Ozean mit riesigem Gefolge und ihren Poloponys. Neben den reichen Argentiniern waren sie es, die diesen Sport in Hurlingham und Windsor populär machten und später zur Gründung des Club Le Polo im Bois de Boulogne bei

LINKS: ***Bombay***, **von John S. Goodall. Wenn europäische Reisende in der Goldenen Gründerzeit nach Indien kamen, geschah das fast immer an Bord eines P&O-Dampfers, und meistens gingen sie in der geschäftigen, übelriechenden Hafenstadt Bombay an Land. Wer Bescheid wußte und größtmöglichen Komfort suchte, der vermied direkte Sonneneinstrahlung, indem er auf der Hinreise an der Backbordseite und auf der Rückreise auf der Steuerbordseite logierte.**
UNTEN: **Besonders lohnend erwies sich für Indienreisende ein Abstecher in den Süden, wo es im Staat Travancore schöne Badestrände gibt, die von den Wassern des Indischen Ozeans und des Arabischen Meeres umspült werden.**

Paris beitrugen. Abends verliehen die Maharadschas in ihren goldbestickten Dhotis und den mit Diamanten, Smaragden und Rubinen verzierten Turbanen den Bällen und Soireen in London und Paris das begehrte exotische Flair. Nur selten traf man sie in den Vereinigten Staaten an, deren Grandhotels in jenen Jahren dunkelhäutigen Gästen den Aufenthalt verwehrten.

Einige Maharadschas kauften Landhäuser in Großbritannien, besonders in Surrey und in der Nähe von Newmarket, wo sie Rennställe unterhielten, in denen Araberpferde standen, die sie zu den Rennen von Ascot, Longchamp und Baden-Baden schickten.

Zu Anfang September kehrten die indischen Fürsten mit Kisten voller Möbelstücke von Maple's und Baccarat-Lüstern in ihre heimatlichen Paläste zurück.

Wenn es in Europa Winter wurde, waren indische Temperaturen eine verlockende Alternative zu Eis und Schnee. Also begaben sich die Reichen und Adligen häufig an Bord eines P&O-Dampfers, um ihre indischen Freunde zu besuchen, die sie in Europa kennengelernt hatten.

Inder aller Schichten sind außerordentlich gastfreundlich; viele der Fürsten hatten zudem durch Heiraten verwandtschaftliche Beziehungen. Dem Europäer, der die eine oder andere indische Hoheit kannte, standen buchstäblich alle Palasttore auf dem Subkontinent offen. Jeder Fürst unterhielt mehrere große Häuser, in denen er Hunderte von Gästen für die Hochzeitsfeiern seiner zahlreichen Töchter, aber auch für seine abwechslungsreichen gesellschaftlichen Veranstaltungen wie Tiger- und Vogeljagden oder Poloturniere unterbringen konnte.

Das Zentrum blieb auch in der britischen Kolonialzeit Delhi. Das alte Delhi mit seinem »Roten Fort« war die Hauptstadt der großen Mogulkaiser, der Feinde der benachbarten Radschputenfürsten, gewesen, während das neue Delhi als Verwaltungsmetropole für die britische Oberherrschaft diente.

Adlige Besucher wurden fast ausnahmslos vom Vizekönig empfangen, für den Sir Edwin Lutyens das gewaltige *Viceroy's House* entwarf (1923–1931), dessen Gestaltung den hochgesteckten Ansprüchen des britischen Empire entsprach. Empfänge in diesem Palast übertrafen selbst die Prachtentfaltung der Maharadschas. Hinter jedem Stuhl standen uniformierte Diener mit Turban, während in den ausgedehnten Gartenanlagen im Mogulstil militärische Paraden stattfanden. Reisen durchs Land unternahmen die Vizekönige mit ihren Gästen in dem einzigen weißen Eisenbahnzug Indiens – er war eine lange Folge von Speisewagen, Salons, Schlafwagen und Abteilen für die Dienerschaft. Von Delhi aus begaben sich Reisende mit guten Beziehungen zu den gesellschaftlichen Veranstaltungen der Radschputen-Fürsten in Jaipur, Bikaner,

Udaipur, Baroda und Patiala. Die Maharadschas von Jaipur beherbergten viele Gäste in ihrem rosafarbenen Stadtpalast, andere wiederum im Rambagh-Palast gleich vor den Toren der Stadt. Zu den alljährlichen Poloturnieren in Jaipur kamen so viele Europäer, daß im Garten eigens Zelte aufgestellt und abends Mahlzeiten für Hunderte von Gästen zubereitet werden mußten.

Leidenschaftliche Jäger ließen sich besonders gern vom Maharadscha von Bikaner einladen. Er baute einen kleinen Palast neben einem großen, künstlich angelegten See, der zwar das anderswo dringend benötigte Wasser verschlang,

RECHTS: Der *Great Indian Peninsula*-Bahnhof in Bombay, der Brennpunkt eines der größten und effizientesten Eisenbahnsysteme der Welt, das der britischen Herrschaft zu verdanken war.
UNTEN: Seine Königliche Hoheit Maharadscha Dhuleep Singh unterhielt wie die meisten indischen Fürsten einen Privatzug, mit dem er Freunde zur Wildschwein- oder Tigerjagd abzuholen pflegte.
UNTEN RECHTS: Eine Lithographie nach einem Gemälde von E. Hobday, das britische Kolonialbeamte bei einer Imbißpause während einer tagelangen Wildschweinjagd zeigt (National Army Museum, London).
GEGENÜBER: Der Maharadscha von Bikaner und drei britische Gäste nach einer erfolgreichen Jagd auf Kudus. Eine Einladung dieses Fürsten wurde selten ausgeschlagen, denn er veranstaltete die luxuriösesten Jagdgesellschaften in ganz Indien.

aber auch ungeheure Schwärme von Zugvögeln anlockte. Zur Unterhaltung der Gäste ließ der Maharadscha sein berühmtes Dromedarregiment antreten; es besaß die einzigen Kamele der Welt, die über Hürden springen konnten. Der Radscha von Udaipur, der zu einem der ältesten, ehrwürdigsten indischen Herrschergeschlechter gehörte, brachte seine Besucher in einem Marmorpalast unter, der auf dem Wasser eines großen Sees zu schwimmen schien. Er fuhr sie auch in einer geräumigen, farbenprächtigen Galeere spazieren, die von Uniformierten gerudert wurde; währenddessen trugen Dichter ihre Lieder vor, und Hofmusiker ließen altindische Klänge ertönen.

Während es für die Ladies quasi Pflicht war, mit neuerstandenen Juwelen nach Hause zurückzukehren, nahmen ihre Ehemänner gern ein paar ausgestopfte Tiger zum Schmuck ihrer Eingangshallen oder Billardsalons mit heim. Stets gern zu Diensten bereit, organisierten die indischen Fürsten Jagdausflüge hoch zu Elefant über die ausgetrockneten Ebenen, auf denen die prächtigen Großkatzen auf Raubzüge ausgingen, bevor sie nahezu ausgerottet wurden. Mit lauten Rufen scheuchten Treiber – unter Lebensgefahr – die Tiere aus ihrem Unterschlupf den Jägern zu, denen von ihren Trägern geladene und schußbereite Flinten zugereicht wurden. Bei längeren Ausflügen wurden für die Nacht über ausgebreiteten Teppichen Zelte aufgestellt, doch wegen der ungewohnten Geräusche des Dschungels schlief niemand gut. Von weniger ausgedehnten Jagdpartien kehrte man für die Nacht jeweils wieder in einen Märchenpalast zurück, der über alle Annehmlichkeiten eines viktorianischen Hauses verfügte.

Am Ende der Saison fuhren die Maharadschas und ihre Gäste mit Privatzügen nach Bombay, um dort an Bord eines P&O-Dampfers mit Ziel Europa zu gehen. Für gewöhnlich wurde ein mehrtägiger Zwischenaufenthalt in Alexandria oder Kairo eingelegt. Die Fürsten reisten nicht nur mit ihren zahlreichen Ehefrauen, sondern auch mit einem großen, farbenprächtigen Gefolge aus Dienern und Ministern. Manche nahmen zu rituellen Zwecken Fässer mit heiligem Gangeswasser mit. So gestaltete sich eine Überquerung des Indischen Ozeans fast ebenso glanzvoll wie eine Überquerung des Atlantik – wenn auch nicht ganz so komfortabel. Es gab kaum Grenzen für abenteuerliche und luxuriöse Reisen für diejenigen, die die notwendigen Voraussetzungen hatten: Geld und Zeit.

Gesellschaft

Für die meisten der neureichen Amerikaner war das erstrebenswerteste Ziel ein Platz in der Gesellschaft. 1861 gab es in der jungen Nation lediglich drei Multimillionäre: John Jacob Astor, Cornelius Vanderbilt und Alexander T. Stewart, den Begründer von Wanamakers, der sein Vermögen mit Immobilien erworben hatte. Um 1900 gab es bereits 4000 dieser Spezies, von denen viele mehr als 75 Millionen besaßen; sie verlangte es nach gesellschaftlicher Anerkennung. Reichtum machte zwar einiges möglich: eine gute Ausbildung, prachtvolle Häuser, Weiterbildung durch Reisen, kostbare Möbel und Gemälde, Pariser Moden, funkelnde Juwelen, Rennpferde und Jachten. Doch selbst diese Vorteile zählten nicht viel, wenn man nicht zu den Kreisen gehörte, die in der Gesellschaft, in der man lebte, den Ton angaben. Im allgemeinen waren die Wirtschaftsmagnaten der ersten Generation so intensiv mit dem Anhäufen von Geld beschäftigt, daß andere Aspekte des Lebens hinter dem Bemühen, immer reicher zu werden und die Konkurrenten und Geschäftspartner zu beeindrucken, den zweiten Platz einnahmen. Sozialer Aufstieg war eine ebenso schwierige Aufgabe wie das Geldscheffeln, der ersten Generation fehlten aber häufig die Fähigkeiten, das Interesse, die Intensität oder einfach die Zeit, sie zu bewältigen.

Nach vielen Jahren darwinistischer Auslese erschien 1887 das erste amerikanische *Social Register*. In der Regel entsprach der Lebensstil der wenigen Auserwählten dem britischen Beispiel. Geld war wichtig, aber nicht entscheidend. Wenn man es besaß, hatte man es stillschweigend dazu einzusetzen, den weniger Glücklichen zu helfen. Zwischen dem kleinen Kreis der im *Social Register* Erwähnten und den vielen anderen, die aus den unterschiedlichsten Gründen – etwa Religion, Herkunft, Geschäftsmoral oder schlicht mangelhaftes Benehmen – ausgeschlossen waren, gab es nach der Arbeitszeit, nach Geschäftsschluß kaum Berührungspunkte.

Blaues Blut

Kontinentaleuropäern kam die Vorstellung, daß es etwas wie eine amerikanische »Gesellschaft« geben könne, absolut lächerlich vor – von einem Adel, einer Aristokratie, ganz zu schweigen. Doch in Europa war die Situation auch viel eindeutiger: Die »Gesellschaft« war im wesentlichen adlig; ihre Angehörigen konnte man in dem dickleibigen, in rotes Leder gebundenen Wälzer nachlesen, dem »Gotha« – offiziell *Gothaischer Hofkalender* –, wo in kleinem Druck alle mit einem Adelstitel versehenen Mitglieder der unzähligen Fürsten-, Königs- und Kaiserhäuser erwähnt waren. Das britische Gegenstück war das ähnlich umfangreiche und ausführliche *Debrett's Peerage*. Die Quelle dieser Ehre bildeten natürlich die regierenden Könige, Königinnen, Fürsten, Zaren, Kaiser und Kaiserinnen, die in ihrem Machtbereich zunächst Grundbesitzer und später all jene geadelt hatten, die der Krone in Schlachten, in Handel und Wandel oder bei den Regierungsgeschäften Dienste erwiesen hatten. »Landbesitz ist die Grundlage einer Aristokratie, die an dem Boden hängt, der sie ernährt«, schrieb im 19. Jahrhundert der Staatsmann Alexis de Tocqueville. »Eine Aristokratie gründet sich nicht nur auf Privilegien oder auf Herkunft, sondern auf Landbesitz, der von Generation zu Generation weitergegeben wird.«

Während der Goldenen Gründerzeit nahmen europäische Monarchien ihre Neureichen mit unterschiedlicher Begeisterung auf beiden Seiten in ihre Kreise auf, auch wenn fast jeder entzückt war, seinen Familiennamen fürderhin mit einem *von, de, Geheimrat* oder *Lord* schmücken zu können. Auf diese Weise konnten moderne, dynamische und häufig sogar revolutionäre Kräfte, die sonst eine Bedrohung der etablierten Ordnung gewesen wären, in sie eingebunden werden; die Folge war, daß sich ein anachronistisches System bis 1914 halten konnte. Die meist müßiggängerischen Vertreter der herrschenden Klasse sahen auf die neuen Unternehmer mit Verachtung herab und fürchteten die drohende Veränderung, fanden sich jedoch aus pragmatischen Gründen mit ihnen ab. Das traf besonders in Großbritannien nach der großen Krise in der Landwirtschaft zu, die große Teile des überkommenen Landbesitzes ruinierte, und auf dem Kontinent nach dem Ersten Weltkrieg, als der Thronverlust des deutschen und österreichischen Kaisers sowie des russischen Zaren die traditionellen Machtstrukturen zerstörte. Die Goldene Gründerzeit endete 1917, auch wenn sie sich in den USA noch bis 1929 hinzog. Ehe der Vorhang endgültig fiel, polsterte sich manches adlige Nest mit amerikanischen Erbinnen aus, deren Vorfahren ein Jahrhundert zuvor nicht an der Pförtnerloge vorbeigekommen wären.

Die Aristokratie der Neuen Welt

Wenn die Basis des europäischen Adels Landbesitz war, dann war die der ersten Puritaner in New England Schiffahrt und Handel; das waren die einzigen Verdienstmöglichkeiten, nachdem die Briten jede Fabrikation von Gütern in den Kolonien verboten hatten. Es gibt kaum eine namhafte Familie in Boston, die keinen Kapitän unter ihren Ahnen hätte. Die 1846 erstmals erschienene Broschüre *Our First Men: A Calendar of Wealth, Fashion and Gentility* räumte ganz unbefangen ein, daß Bostons feine Gesellschaft auf Geldbesitz beruhte. Das ist nicht erstaunlich, da die Vorteile eines ansehnlichen Vermögens den führenden Familien gestatteten, entscheidenden

GEGENÜBER: ***La Mondaine* (um 1885) von James Jacques Joseph Tissot (1836–1902). Als erfolgreicher Maler des modernen Lebens der Oberschicht in London und Paris war der französische Künstler Tissot dazu prädestiniert, die kosmopolitische Vielschichtigkeit des von ihm gewählten Sujets darzustellen. Hier bringen eine schöne junge Frau, gekleidet nach der vom Hause Worth bestimmten Mode, und ihr selbstsicheres Verhältnis sowohl zu ihrem Begleiter, einem älteren Herrn, als auch zur Welt überhaupt (man beachte den direkten Blick in die Augen des Betrachters – wie bei Manet) nicht nur die üppige Eleganz der Goldenen Gründerzeit, sondern auch das gleichzeitige Verlangen nach Exklusivität einerseits und öffentlicher Aufmerksamkeit andererseits zum Ausdruck. Die Frau auf dem Bild könnte eine amerikanische Erbin sein, die von ihren gesellschaftlich ehrgeizigen Eltern seines alten Titels wegen an einen verarmten europäischen Adeligen verheiratet wurde, oder eine Kurtisane, Schauspielerin oder Opernsängerin, die von einem reichen Bankier oder Industriellen wegen seines männlichen Rufs ausgehalten wird.**

RECHTS: **In der puritanischen Welt der Bostoner Gesellschaft stellten (und stellen) die Cabots den patrizischen Archetyp dar, eine staatsbürgerlich gesinnte Familie, die angeblich nur mit den Lodges spricht, und diese wiederum reden nur mit Gott. Hier hat sich (von rechts nach links) Henry Cabot Lodge zu einem Foto mit dem US-Kriegsminister Newton Diehl Baker und dem Präsidenten der Harvard University, A. L. Lowell, herabgelassen.**

OBEN: **Der archetypische Südstaatenaristokrat war Robert E. Lee (1807–1870), ein Plantagenbesitzer, der die konföderierte Armee während des (von Südstaatlern immer noch so genannten) »Krieges zwischen den Staaten« befehligte. Anders als im Norden gab es im Süden vor dem Bürgerkrieg einen Lebensstil, der sich von dem des feudalistischen Europa nicht sehr unterschied. Infolge eines Reichtums, der auf Grund und Boden, Baumwolle und Sklavenarbeit beruhte, fanden die Südstaatler die Muße, ihren Geist, ihren Stil und ihre Familien zu kultivieren.**

RECHTS: **Das *Henry Grady House* bei Athens, Georgia, das typisch für die anmutigen, palladianisch beeinflußten Landhäuser ist, in denen das Pflanzerpatriziat des Südens sein beschaulich-elegantes Leben zubrachte.**

Einfluß auf die politischen, religiösen und bildungspolitischen Belange der flügge werdenden Vereinigten Staaten zu nehmen. Puritaner standen in dem Ruf, wirtschaftlich erfolgreich und gut ausgebildet zu sein; in den Anfängen der Harvard University hing eine Immatrikulation eher von der Herkunft als von der akademischen Befähigung ab. Das ist ein Beweis dafür, daß sich lange vor der Amerikanischen Revolution eine Elite herausgebildet hatte. Es war eine Elite, die sich durch untadeliges Benehmen, Rücksichtnahme auf den Nächsten, Interesse am Wohlergehen des Gemeinwesens und am Familienleben, Frömmigkeit sowie durch einen Wissensdurst auszeichnete, der sich darin niederschlug, daß überall in New England rasch viele Lehranstalten entstanden.

Dennoch ist es viel eher der amerikanische Süden vor dem Bürgerkrieg, der die Vorstellung vom Leben einer amerikanischen Aristokratie weckt – mit großen Ländereien, Plantagen, stattlichen Herrensitzen mit weißen Säulenarkaden, zigarrenrauchenden Gentlemanpflanzern und südländischen Schönheiten in aus Paris importierten Krinolinen. Die Betonung eines elitären Lebensstils und die Abhängigkeit von schwarzen Sklaven und armen Weißen zur Durchsetzung der gesellschaftlichen und politischen Ambitionen einiger weniger Familien mag in einer Nation, aus der die Unabhängigkeitserklärung hervorgegangen ist, merkwürdig erscheinen. Im Grunde war der Bürgerkrieg, der im Süden der »Krieg zwischen den Staaten« genannt wurde, ein Kampf des Nordens gegen die großen Familien des Südens, eine Auseinandersetzung zwischen der Maßlosigkeit des Dixie und der Selbstverleugnung der Yankees. In ihrer Überzeugung, daß die gleichfalls elitebezogenen Mächte Großbritannien und Frankreich ihnen in einer Art Dreier-Entente gegen den demokratischen, gewöhnlichen und kommerzbesessenen Norden zu Hilfe kommen würden, sahen die Konföderierten in einer Sezession vom Norden die einzige Chance, ihren opulenten Lebensstil zu bewahren, den Lebensstil von Familien, die bedeutende Beiträge zum politischen Wohlergehen der neuen Nation geleistet hatten.

In allen Städten der Ostküste wurden bestimmte Familien als Aristokratie betrachtet, von denen viele eine Rolle in der Geschichte der USA gespielt haben. In Wilmington, Delaware, waren es die Du Ponts de Nemours, deren Schießpulver mehr als zwei Jahrhunderte lang auf den Schlachtfeldern verschossen wurde. Die Quäkerstadt Philadelphia rühmte sich der Cadwaladers, die zusammen mit Benjamin Franklin die Philadelphia Library gründeten, der Drexels, die J. P. Morgan als Partner aufnahmen, und der Allens, die die Independence Hall finanziert haben, ganz zu schweigen von den Penns, Chews, Willings, Biddles und Pembertons. New York

hatte seine *patroon*-Gesellschaft aus alten holländischen Grundbesitzern wie den Van Rensselaers, die allein 700000 Morgen Land längs des Hudson besaßen, und englischen Landadligen wie den Pells, den Livingstons, den Morris' und den Philips', die gleichfalls am Hudson begütert waren. Die britische Krone übergab diese Güter wichtigen Kolonisten, die sich ihr nützlich zu erweisen hatten; mit dieser Vergabe war der Titel *Lord of the Manor* verbunden.

Frühzeitige Ankunft in den Kolonien begründete den Anspruch auf gesellschaftliche Anerkennung, besonders dann, wenn die Vorfahren zu den abgerissenen Passagieren der *Mayflower* gehört hatten. Daß die Vorfahren Handel getrieben hatten, war kein Hindernis für die Aufnahme in die Gesellschaft – vorausgesetzt, die Familie war schon vor 1800 erfolgreich. Erstaunlich ist vor allem, daß später die Parvenü-Patrizier jeden, der sich sein Geld im Handel verdiente, als gesellschaftlich inakzeptabel betrachteten. Dabei war die New Yorker Society nicht so klar umrissen wie die im Norden oder im Süden; das erschwerte die Antwort auf die Frage, wie Aristokratie, Meritokratie und Plutokratie zu einer homogenen sozialen Schicht verschmolzen werden konnten, wenn die Autorität eines Königshauses fehlte – eine hierarchische Institution, die im Lauf der Jahrhunderte dazu beigetragen hätte, die Spreu vom Weizen zu trennen.

Gesellschafts-Listen

An einer Definition der New Yorker Gesellschaft versuchte sich als erste Mrs. John Jay, die als Sarah van Brugh Livingston geboren wurde, mit einem Namen also, der den holländischen »Patroon« mit dem englischen »Lord of the Manor« vereinte. Als Ehefrau des Außenministers der jungen USA (der später 1789–1795 ihr erster *Chief Justice* wurde) reiste Mrs. Jay nach Frankreich, wo man sie so bezaubernd fand, daß manche sie für Marie Antoinette hielten. Zu Hause war sie ebenso beliebt wie liebenswert, was sie zu der ersten anerkannten Autorität in Sachen der feinen Gesellschaft machte. Jedermann stimmte darin überein, daß ihre »Dinner and Supper List«, anhand derer sie 1787 und 1788 in ihr Haus bat, *die* New Yorker Gesellschaft war. Die nächste Person, der diese Rolle zufiel, war der drei Zentner schwere Zimmermann und Küster der Grace Church, Isaac Hull Brown. Sein Aufstieg zur Macht geschah in der Viertelstunde, die er dazu brauchte, den Fußboden der alten Academy of Music zu reparieren, der 1860 unter dem Gewicht Tausender Gäste bei einem Ball zu Ehren des Prince of Wales zusammengebrochen war. Brown war der Held des Tages und die Dankbarkeit der anwesenden Damen so groß, daß sie ihn von da an ihre Dinnerlisten zusammenstellen ließen. Aber selbst dieses Zünglein an der Waage gestand freimütig ein, über die Gesellschaft jenseits der 50th Street keinen Überblick zu haben.

Samuel Ward McAllister, der als nächster Mrs. Jays Krone erbte, ging als der gefeiertste Beckmesser der feinen Gesellschaft Amerikas in die Geschichte ein, vor allem wegen seiner Kontakte zu Caroline Schermerhorn Astor, deren holländische Herkunft und immens reicher Ehemann ihr gestatteten, die seltsame New Yorker Mischung aus Plutokratie und Aristokratie besser als jeder andere in den Griff zu bekommen. Der 1827 in Savannah, Georgia, geborene McAllister war ein ziemlich bedeutungsloser Gentleman aus dem Süden, der Sarah Gibbons geheiratet hatte, eine schüchterne Erbin aus Washington. Für seine Befähigung zum Schiedsrichter in Gesellschaftsfragen war wohl ein kurzer Aufenthalt in London ausschlaggebend, bei dem ihn, wie McAllister behauptete, der Herzog von Westminster unter seine Fittiche genommen und mit der Crème der britischen Aristokratie bekanntgemacht habe. Ähnliche Patronage soll er auch in Frankreich genossen haben.

McAllister entschied, wer berechtigt war, »die Gesellschaft zu bilden und anzuführen«, die er säuberlich in »Nobs« und »Swells« unterteilte: Die Nobs kamen aus den alten, ehrwürdigen Familien, die Swells waren die neuen Aufsteiger. Während es einem Nob durchaus gestattet war, sich wie ein Swell zu benehmen, solange es sein Vermögen gestattete, konnte aus einem Swell nur dann ein Nob werden, wenn ihn McAllister mit seinem Zauberstab berührte. 1872 rief der große Zauberer ein Ballkomitee mit 25 Mitgliedern ins Leben, die als »Patriarchen« bekannt waren und das Recht erhielten, zu einem jährlichen Ball vier Ladies und fünf Gentlemen einzuladen – darunter auch McAllister selbst.

An der Spitze der alphabetischen Listen standen John Jacob Astor III. und sein Bruder William, gefolgt von den diversen Lords und Patroons sowie einer großzügig bemessenen Portion von Wards Freunden aus dem Süden, die in der Finanzkapitale der Nation einen neuen Start versuchten. John Jacob Astors Frau Charlotte Augusta war weit mehr an Gemeinnützigkeit, Politik und Literatur interessiert als an Bällen, obwohl sie – Adel verpflichtet – in Newport alljährlich ein Tanzvergnügen veranstaltete,

LINKS: **Mrs. John Jay, die Gattin des ersten Gerichtspräsidenten am Obersten Gerichtshof der USA. Sarah van Brugh Livingston Jay, die aus gutem Hause war und gesellschaftliches Ansehen genoß, war eine so attraktive Erscheinung, daß man sich sogar in Paris zur Zeit Ludwigs XVI., wo sie während Jays diplomatischer Tätigkeit weilte, nach ihr umwandte. Nach ihrer Rückkehr bildete sich aufgrund ihrer Einladungslisten die New Yorker Gesellschaft in den früheren Jahren der Republik heraus.**

UNTEN: **Ward McAllister, ein eher kleiner Gentleman aus dem Süden, brachte es mit Hilfe von Mrs. William B. Astor fertig, sich selbst zum Schiedsrichter der New Yorker Gesellschaft auf dem Höhepunkt der Goldenen Gründerzeit zu ernennen. Hier sieht man McAllister, der für die Karikaturisten wie geschaffen zu sein schien, als »unseren Gesellschaftskoch«, der die Zutaten zu einem gesellschaftlichen Soufflé aussucht, das noch exklusiver ist als Caroline Astors sagenhafte Vierhundert.**

Die Erben von John Jacob Astor heirateten ins New Yorker Patriziat ein und nutzten ihren immensen Reichtum, um eine geglückte Mischung aus Abstammung und Geld zu schaffen.
RECHTS: Die Damen der Astors waren nicht damit zufrieden, die gehobene amerikanische Gesellschaft anzuführen, sondern wetteiferten miteinander, wer *die* Mrs. Astor sei. Hier lassen es Mrs. John Jacob Astor (ganz links) und Mrs. William B. Astor (linke Mitte) beim Assembly-Ball von 1902, der von der Presse als »das größte gesellschaftliche Ereignis der Saison in New York« angekündigt worden war, zu einer Kraftprobe kommen.
UNTEN: ***Mrs. William B. Astor***, 1890 (Metropolitan Museum of Art, New York), von Charles Carolus-Duran. Für Caroline Schermerhorn Astor wählte Ward Mc Allister jene 400 gesellschaftsfähigen Gäste aus, die den Ballsaal der Astors angenehm füllen sollten; damit wurde nebenbei – wie viele meinten – New Yorks wahre Prominenz begründet.

auf dem sie mit Juwelen im Wert von 300 000 Dollar erschien. Ihre Schwägerin Caroline besaß jedoch brennenden gesellschaftlichen Ehrgeiz, wohl beeinflußt durch ihre Ehe mit dem jüngeren Astor-Bruder William, der sich für nichts anderes interessierte als für seine Rennpferde, seine Jacht, Jagden in Ferncliffe, seinem Landbesitz am Hudson, oder den Müßiggang in Florida. Caroline Astor – *die* Mrs. Astor – verzehrte sich nicht nur danach, die Königin der Gesellschaft zu werden, sondern sie hatte auch etliche Töchter unter die Haube zu bringen. Bei der Förderung ihrer verschiedenen Ambitionen riskierte sie sogar den Zorn der Familie, indem sie Karten mit der schlichten Aufschrift »Mrs. Astor« verschickte – als gäbe es keine andere. In McAllister fand sie das Verständnis, die Oberflächlichkeit und die Arroganz, die ihr Ehemann vermissen ließ.

Ward McAllister wiederum fand in Caroline Astor die Antriebskraft, die er stets als seine »Unvergleichliche« oder seine »mystische Rose« bezeichnete. Gemeinsam stellten sie eine Liste der New Yorker Gesellschaft auf, der berühmten Vierhundert, die in Caroline Astors Ballsaal an der Fifth Avenue Platz hatten. Über diese Zahl hinaus, erklärte er, »stößt man auf Menschen, die sich in einem Ballsaal entweder nicht wohl fühlen oder andere Menschen dazu bringen, sich nicht wohl zu fühlen«. Im wesentlichen erweiterte diese Liste jene für die Bälle der Patriarchen um jene Mitglieder der neuen Plutokratie, die McAllister und Caroline Astor für fähig hielten, in den gesellschaftlichen Reigen einzutreten. Als die *New York Times* im Februar 1892 die Liste veröffentlichte, wurde sie von der gesamten Nation verschlungen. Zu den Vierhundert gehörten hauptsächlich Bankiers, Anwälte, Börsenmakler, Grundbesitzer, Eisenbahnunternehmer und deren Ehefrauen. Ausgeschlossen blieben Politiker, Vertreter des Handels, Juden und der gesamte Bereich der Kunst und Kultur. Im großen und ganzen war es eine äußerst langweilige Ansammlung von Menschen, die an ernsthaften Gesprächen bei ausgedehnten Banketten völlig desinteressiert waren, was dazu führte, daß diese mehr oder weniger zu Eßwettbewerben ausarteten. Was ihre vielbeneideten Aktivitäten anbetraf, so zeigten sich die legendären Vierhundert gern im »Diamond Horseshoe« der Metropolitan Opera, dem Halbkreis privater Logen, in denen jeden Montagabend während der gesamten Spielzeit massiv juwelenbehängte Salonlöwinnen Platz nahmen. Sie wetteiferten in einer endlosen Reihe von Bällen in New York, Newport und später Palm Beach um den größten Prunk und Protz. McAllister verfolgte seine Karriere durchaus zufrieden mit sich selbst bis 1890, als er – ein klassischer Fall von Hybris – ein Buch schrieb. Dieses Werk mit dem Titel *Society as I Have Found It* war eine Lobeshymne auf die Überlegenheit des amerikanischen Südens, eine Satire über die Parvenüs des Nordens und damit ein Angriff auf die Gesellschaft, die McAllister so erfolgreich etabliert hatte. Ebenso wie die Kaffeehausgesellschaft auf Truman Capote reagierte, als dieser das Vertrauen seiner geliebten »Schwäne« in der kurzen, albernen Story »Côte Basque« aufs Spiel setzte, so straften die Vierhundert McAllister mit tödlicher Verachtung. Der große »Make-a-Lister« erlag 1895 einem Herzanfall, nachdem er allein im Union Club zu Abend gespeist hatte.

Der Leichenzug für Ward McAllister, der die gesellschaftliche Spreu vom Weizen schied, auf seinem Weg durch die Fifth Avenue, 1895. Zeitgenossen schildern das Ereignis als eher ärmlich, wofür auch spricht, daß man nur ein halbes Dutzend Kutschen sieht. Auf dem Gipfel seiner Macht war McAllister plötzlich wegen einer Anwandlung von Hybris von der Gesellschaft verstoßen worden. Er hatte ein Buch veröffentlicht, in dem er die Überzeugung vertrat, daß die Südstaatenaristokraten denen im Norden überlegen seien – wo er doch gerade im Norden mit Billigung der Gesellschaft entschieden hatte, wer zählte.

Für all jene, die an Bällen interessiert waren, am Gesehenwerden und an Prominenz, stellten die Vierhundert jedoch das Nonplusultra dar; nicht zu ihnen zu gehören trieb etliche Ladies zu hektischer Betriebsamkeit an. Zu jenen, die vom Astor-Kreis geschnitten wurden, gehörte auch Alva Vanderbilt, die nicht unterzukriegende Frau von William Kissam Vanderbilt, dem Enkel des Commodore, der nach John Jacob Astor III. der reichste Mann Amerikas war. In geschäftlicher Hinsicht hatte der Commodore die Astors 1867 hereingelegt – mit dem Ergebnis, daß sich Caroline Astor und Alva Vanderbilt während der nächsten 20 Jahre aus dem Weg gingen und kein Wort miteinander sprachen. In ihrer Frustration, von den Vierhundert ausgeschlossen zu sein, beauftragte Alva Vanderbilt Richard Morris Hunt damit, ihr das prachtvollste Haus an der Fifth Avenue zu bauen. Als das *Petit Château* (Kostenpunkt drei Millionen Dollar) 1883 fertig war, lud sie zu einem der prunkvollsten Bällen, die je in den Vereinigten Staaten stattgefunden hatten. Der Ehrengast war eine Südstaatenschönheit, Lady Mandeville, die ehemalige Consuelo Yznaga und spätere Herzogin von Manchester, deren gesellschaftliche Stellung eine Garantie dafür bot, daß die Vierhundert erschienen – ebenso wie die übrigen der 1200 Gäste, die sich darum rissen, das berühmteste Haus aller Zeiten in Augenschein zu nehmen. Als sich herumsprach, daß *die* Mrs. Astor nicht eingeladen war, entgegnete *die* Mrs. Vanderbilt, sie könne unmöglich eine völlig Fremde in ihr Heim bitten.

Die Gesellschaft schwankte zwischen Neugierde und Loyalität, bis Caroline Astor eines Tages bei ihrer Heimkehr ihre Töchter und deren Freunde beim Einstudieren der Quadrille antraf, die sie im Schmuck elektrisch beleuchteter Sterne auf der Stirn tanzen wollten. In ihrer Unbekümmertheit gingen sie ganz selbstverständlich davon aus, zu den Geladenen zu gehören, und hatten entsprechende Absprachen mit ihren Freunden getroffen, die in Kostümen à la Heinrich VIII. steckten. Nie hätte Caroline zugegeben, daß eine Astor-Tochter nicht zum Vanderbilt-Ball eingeladen sein sollte; also schickte sie einen blaulivrierten Diener mit ihrer Visitenkarte zum braunlivrierten Butler der Vanderbilts. Damit war das Eis gebrochen, und Caroline Astor erhielt gerade noch rechtzeitig eine Einladung, um sich eine venezianische Robe aus dunklem Samt und Satin kaufen zu können, die mit Goldrosen und Hunderten von Staubperlen bestickt war. Die Fifth Avenue konnte tief erleichtert aufatmen, und

Rechts: ***La Place de l'Opéra, Paris,*** **ca. 1900–1920, von George Stein. Für die Goldene Gründerzeit repräsentierte die Oper die ideale Verschmelzung von hoher Kunst, hoher Eleganz und hohem gesellschaftlichen Ansehen. Infolgedessen wurden die meisten der großen Opernhäuser der Welt im 19. Jahrhundert gebaut. Nach den ästhetischen Begriffen der Goldenen Gründerzeit war die von Napoleon III. in Auftrag gegebene und von Charles Garnier entworfene Pariser Oper das prächtigste Musiktheater. Es verlangte nach der großen, heroischen Musikform, wie sie von den Komponisten Giacomo Meyerbeer und Ludovic Halévy auch hinreichend geliefert wurde. Musikalisch gab noch immer das aus dem 18. Jahrhundert stammende *Teatro alla Scala* in Mailand den Ton an.**

Unten: **Als sich die New Yorker Plutokratie aus den Logen der Musikakademie, die alle von »alten« Familien besetzt gehalten wurden, ausgesperrt sah, rächte sie sich, indem sie die erste Metropolitan Opera am Broadway/Ecke 39th Street baute. Dank der üppigen Spenden, die von reichen Gönnern wie Otto Kahn kamen, vermochte die Met der Goldenen Gründerzeit die größten Operntalente dieses goldenen Zeitalters der Sangeskunst anzuziehen und zu halten. Dazu gehörten Nellie Melba, Enrico Caruso, Rosa Ponselle und Fjodor Schaljapin.**

die beiden Königinnen regierten künftig nebeneinander. Doch wenn auch Caroline die Vanderbilts schließlich akzeptierte, so hielt sie ihre Tür doch vor J. P. Morgan, John D. Rockefeller, den Goulds, Belmonts und Harrimans ebenso verschlossen wie vor den meisten anderen der neuen Wirtschaftsmagnaten. Sie müssen sich gefühlt haben wie James Gordon Bennett jun., der einmal klagte: »Die New Yorker Gesellschaft besteht vor allem aus Leuten, die mich nicht zu ihren Parties einladen.«

Die gesellschaftlichen Schlachten blieben nicht auf die Ballsäle beschränkt. Während der Goldenen Gründerzeit waren für die Reichen Opernbesuche der höchste Ausdruck von Kunstinteresse. Dort zeigten die Geldfürsten jedoch meist nur dann Aufmerksamkeit, wenn das Ballett mit seinen hübschen Mädchen auf die Bühne kam; ansonsten schnarchten, schwatzten oder schlürften sie in ihren Logen. Primadonnen waren den heutigen Popstars vergleichbar; kaum etwas brachte mehr Prestige, als wenn man sich eine Geliebte hielt und sie mit Juwelen behängte. Die großen Opernhäuser des 19. Jahrhunderts verdanken ihr Entstehen großzügigen privaten Spenden: die *Opéra* in Paris, dieser architektonische Ausdruck des Lebensgefühls im Zweiten Kaiserreich, das *Teatro Colón* in Buenos Aires und natürlich die New Yorker *Metropolitan Opera*.

Bis 1883 wurden in New York Opern in der Academy of Music am Irving Place aufgeführt, deren 18 Logen von Generation zu Generation innerhalb der alten Garde der Stadt weitergegeben wurden – einer Elite unter der Führung von Pierre Lorillard, August Belmont und Robert L. Cutting. Die neuen Reichen bemühten sich vergeblich um Zugang; selbst William H. Vanderbilt mußte erleben, daß sein Angebot von 30 000 Dollar für eine der vorübergehend verfügbaren Logen abschlägig beschieden wurde.

Vanderbilt sann auf Rache. Gemeinsam mit anderen Parias wie Jay Gould, William Rockefeller, George F. Baker und Collis P. Huntington beschloß er, an der Ecke Broadway und 39th Street ein neues Opernhaus zu bauen – die *Metropolitan Opera*. Finanziert wurde das Unternehmen hauptsächlich durch den Verkauf der 35 Logen, deren Erwerb auch das Recht umfaßte, die paar Quadratmeter dem eigenen Geschmack entsprechend auszustatten. Ein Besitzer kleidete seine Loge mit blauer Seide und silbernen Sternen aus; ein anderer verwandelte sie in eine Orchideenlaube. Als Gesamtkunstwerk erhielt der Logenring bald den Spitznamen »Diamond Horseshoe« [Diamantenes Hufeisen] – weniger wegen

seiner Form als vielmehr wegen der Colliers und Diademe, die an den schlanken Hälsen und auf den sorgfältig frisierten Köpfen der reichsten und elegantesten Ladies von New York glitzerten. An Premierenabenden war das Gefunkel fast blendend, aber auch an den Montagen, an denen für gewöhnlich die Patriarchen- und Assembly-Bälle stattfanden. Selbstverständlich brach man zu diesen Festlichkeiten auf, bevor der letzte Opernvorhang gefallen war. Am Eröffnungsabend wurde die Met von der alten Garde zwar boykottiert, aber das im »Diamond Horseshoe« versammelte Vermögen belief sich auf rund 540 Millionen Dollar. Unfähig, dieser massierten Macht zu widerstehen, liefen Lorillard, Belmont und Co. über, und die alte Musikakademie wurde geschlossen.

In der Goldenen Gründerzeit spielte sich ein erheblicher Teil des New Yorker Gesellschaftslebens in zwei großen Restaurants ab, dem *Louis Sherry's* und bei *Delmonico's*. Beide verfügten über mehrere Speisesäle, die sehr beliebt waren, da sie in ein phantastisches, ja sogar zauberhaftes Wunderland verwandelt werden konnten.
OBEN: Die Standardlivree der Kellner im *Louis Sherry's* bestand aus einem Frack im Stil des 18. Jahrhunderts, Schnallenschuhen und weißgepuderter Perücke.
UNTEN: Auch *Delmonico's* konnte intime Dinnerpartys anbieten, etwa hier bei einer zu Ehren von Mark Twain, der 1905 siebzig Jahre alt wurde.

PRUNK UND PROTZ

In New York gab jede große Familie wenigstens einen Ball pro Saison, zu dem die »Lords of the Manor« ihre Freunde baten. Darüber hinaus gab es Tanzfeste für debütierende Töchter, Soireen zu Ehren wichtiger Besucher und tausend andere Anlässe, die unbedingt gefeiert werden mußten. Da sich die Saison in New York über etwa sechs Monate hinzog, mit Atempausen für Wochenenden auf großen Landgütern und einer winterlichen Schonfrist in Florida, bedeutete das, sich über einen längeren Zeitraum fast an jedem Abend in der Woche in Schale werfen zu müssen. Bälle kamen für gewöhnlich erst nach Mitternacht so richtig in Schwung, da man davor erst endlose Dinners und Bankette in anderen Häusern hinter sich brachte. Dann trafen alle Gäste mehr oder minder zur gleichen Zeit ein; die Pferdekutschen bildeten eine lange Schlange, um ihre prächtig gekleideten Fahrgäste zu entladen. Um die Menge der Schaulustigen in Schranken zu halten, stellte die Polizei Absperrgitter auf; später warteten die livrierten Kutscher mit ihren Zylindern geduldig auf ihre Herrschaften, um diese im Morgengrauen nach Hause oder zum Frühstück im *Louis Sherry's* zu fahren. Für die wirklich großen Veranstaltungen, deren Gästezahl größer als das Fassungsvermögen eines privaten Ballsaales war, wichen die Gastgeber in Restaurants und Hotels aus: ins *Delmonico's*,

RECHTS: ***Delmonico's* um 1901. Schon die Größe des Gebäudes an der Ecke Fifth Avenue/44th Street beweist, wie erfolgreich das Unternehmen war. Da es eher ein Speiserestaurant als ein Bistro war, mußte es ernsthafte Konkurrenz nicht nur von *Sherry's* fürchten, sondern auch von den neuen Grandhotels, dem *Waldorf-Astoria*, dem *St. Regis* und dem *Plaza*.**

UNTEN: ***Sherry's*, der größte Rivale von *Delmonico's*, war der Schauplatz einer berüchtigten Herrenparty, die C. K. G. Billings aus Chicago, ein Erdgasmagnat und passionierter Pferdefreund, gab. Um dieses Dinner im Sattel zu ermöglichen, mußte ein großer Speisesaal in einen Stall umdekoriert werden; auf so ausgefallene Weise hat in Amerika selten jemand seine Gäste bewirtet.**

Louis Sherry's, *Waldorf-Astoria*, *St. Regis* oder *Astor Hotel*. Die berühmtesten dieser Festivitäten an öffentlichen Orten waren C. G. K. Billings' Herrenessen, James Hazen Hydes Kostümball im *Louis Sherry's* und der Ball des Ehepaars Bradley Martin im *Waldorf-Astoria*.

Billings, ein Erdgasmillionär aus Chicago, ließ das vierte Stockwerk des *Sherry's* in ein Wäldchen mit Bäumen, Sträuchern und Sand auf dem Fußboden umgestalten. In der Mitte stand eine Futterkrippe, an die man die Pferde anband, die mit dem Lastenfahrstuhl heraufgebracht wurden. Von der Decke funkelten winzige elektrifizierte Sterne an einem blauen Samthimmel, und im Gesträuch zwitscherten lebende Vögel. Jedes Pferd trug einen kleinen Tisch auf dem Rücken, während von seinen Schultern zwei Sattelsäcke hingen, die mit Eis und einer Flasche Champagner gefüllt waren. Die ausschließlich männlichen Gäste in Reitrock oder Frack bestiegen ihre Pferde, worauf ihnen zwölf Gänge von Kellnern in scharlachroten Röcken und weißen Breeches serviert wurden. Ihren Durst löschten sie, indem sie den Champagner durch lange Gummischläuche schlürften, und sie blieben während des gesamten Banketts fest im Sattel.

James Hazen Hyde war der immens reiche Erbe der gigantischen New Yorker Equitable-Lebensversicherung, was Direktorenposten in 46 bedeutenden amerikanischen Unternehmen mit sich brachte. Anstatt sich um seine Geschäfte zu kümmern, verbrachte Hyde den größten Teil seiner Zeit in Frankreich, wo er von der Gesellschaft als amüsanter Exzentriker aus der Neuen Welt akzeptiert wurde. Der große Liebhaber der Kunst, der Literatur, der Mode, des Essens und der Schauspielerinnen in Frankreich beschloß 1905, seine amerikanischen Freunde zur Frankophilie zu bekehren; er lud sie zu Ehren der französischen Actrice Gabrielle Réjane zu einem Fest ins *Sherry's*, das 200 000 Dollar kostete und von Equitable bezahlt wurde. Der Abend stand unter dem Motto »Hofleben unter Louis XVI.«, und der Gastgeber ließ den Ballsaal in ein kleines Versailles verwandeln: Tausende von Rosen hingen von Gitterwerk, Wandschirmen, Bäumen, Pergolen, Baldachinen und Säulenbögen. Die Gäste waren dem Anlaß entsprechend gewandet. Mrs. George Gould, die Schwiegertochter des Eisenbahnkapitalisten, erschien als Marie Antoinette, deren grünsamtene Schleppe mit weißem Satin eingefaßt und mit Gold und Smaragden bestickt war, während Mrs. Clarence Mackay, deren Schwiegermutter für die Bergarbeiter der Comstockmine Kleidungsstücke genäht und geflickt hatte, sich als Adrienne Lecouvreur präsentierte. Hyde selbst trug den dunkelgrünen Abendfrack des New Yorker Coaching

Club – geschmückt mit seinen französischen Orden und Ehrenzeichen.

Das gesamte Orchester der Metropolitan Opera nebst dem Corps de Ballet bestritt die Unterhaltung bis Mitternacht; dann wurde Madame Réjane, aufgeputzt als Hofdame, von vier nubischen »Sklaven« in einer Sänfte hereingetragen. Zusammen mit einigen französischen Thespisjüngern führte sie eine Boudoirfarce auf, die niemand verstand; dann wurden die Gäste in einen anderen Versailles-Flügel zum Diner gebeten. Schließlich begaben sie sich die Treppe hinauf, um bis drei Uhr morgens zu tanzen. Inzwischen war unten ein weiteres Essen vorbereitet, und um sechs Uhr morgens servierten die Kellner ein Champagnerfrühstück mit Crab Cakes. Als Fotografien der kostümierten Wirtschaftsmagnaten und Berichte über den Ball in den Zeitungen erschienen, brach unter den Equitable-Aktionären ein mittlerer Aufstand los; die Regierung veranlaßte eine Untersuchung unter dem Verdacht von Unregelmäßigkeiten in der Geschäftsführung der Lebensversicherung. Bald darauf fuhr Hyde nach Frankreich, wo er 40 Jahre später starb, ohne sein Heimatland wiedergesehen zu haben.

Auch das Ehepaar Bradley Martin zog es nach einer Affäre bei der Eröffnung des *Waldorf-Astoria* im Jahr 1897 vor, ins Exil zu gehen. Um Aufsehen zu erregen, hielt das Ehepaar aus Troy im Staat New York die Presse über alle Vorbereitungen für seinen großen Kostümball auf dem laufenden: 6000 Orchideen schmückten den Ballsaal, mehrere Orchester spielten auf, darunter auch 50 Mann von der Kapelle des 22. Regiments, und das Essen wurden von Kellnern in königlicher Livree mit Kniebundhosen und gepuderten Perücken serviert. Die meisten der Vierhundert entschlossen sich schon aus Neugier auf das neue Hotel zur Teilnahme; so machten sie das Ereignis damit zu einem Höhepunkt in der Geschichte der amerikanischen feinen Gesellschaft, da es der erste große Ball in einem öffentlichen Hotel war. Mrs. John Jacob Astor, Mrs. Henry Sloane und Mrs. Livingston Ludlow luden die Feinsten der Feinen von New York vor dem Fest zum Essen. Es gab drei George Washingtons, ein paar Patrons und Maharadschas sowie zwei unvermeidliche Marie Antoinettes. (Die Gastgebe-

GANZ LINKS: **James Hazen Hyde und die bekannte französische Schauspielerin Gabrielle Réjane, die sein Ehrengast bei einer Party in *Sherry's* war, zu der sich die Gäste wie zu einem Abend am Hof Ludwigs XVI. kostümiert hatten. Das Ereignis war so extravagant, daß es einen öffentlichen Skandal auslöste, der wiederum Hyde, den Erben eines Versicherungsunternehmens, veranlaßte, auszuwandern und fortan in Frankreich zu leben.**

OBEN: **Aus diesem Programmzettel geht hervor, daß Harlekinkostüme in der Goldenen Gründerzeit in Mode waren; die glückliche Minderheit liebte es, sich zu feiern, indem sie vorgab, jemand anderes (möglichst königlichen Geblüts) zu sein.**

UNTEN: **Die menschliche Komödie im Stil der *commedia dell'arte*; die parvenühaften Pierrots und Pierretten proben den Kotillon vor dem »Affenball«, den James Hazen Hyde gleichfalls in *Sherry's* veranstaltete. Zur Freude der Boulevardpresse legten die Superreichen Wert darauf, daß ihre gesellschaftlichen Extravaganzen fotografiert und veröffentlicht wurden. Die ausführliche Berichterstattung war auch für die späteren Generationen ein Vergnügen.**

GEGENÜBER: **John Jacob Astor III., der aussieht wie ein zum Leben erwachtes Porträt von van Dyck. Er war als Sir Walter Raleigh für einen Ball anno 1895 kostümiert, den Mr. und Mrs. Bradley Martin gaben, ein Paar, das nach einigen extravaganten Festen, die es während einer wirtschaftlichen Krisenzeit veranstaltet hatte, nach Europa emigrierte, weil die empörte US-Regierung eine Verdoppelung ihrer Steuerveranlagung durchgesetzt hatte.**
RECHTS: **Die einzigen existierenden Farbfotografien von einer Kostümparty vor dem Ersten Weltkrieg zeigen Mr. und Mrs. Donn Barber auf dem Tiffany-Ball 1913 als »Sklavin« und »Sklaventreiber«.**
UNTEN: **Das stets modische Venedig lieferte der Goldenen Gründerzeit ein Lieblingsmotiv für Phantasiekostümbälle. Die Lagunenstadt fesselte die Vorstellungskraft des reichen Harry Kessler dermaßen, daß er den Ballsaal im Londoner *Savoy Hotel* unter Wasser setzen ließ, damit die Gondeln, in denen er und seine Gäste Serenaden zum besten gaben, auf Wasser durch die Nacht gleiten konnten.**

rin trug ein Rubinhalsband, das auf 75000 Dollar geschätzt wurde und der unglücklichen Königin gehört hatte.) Mrs. Oliver Belmont hatte sich für ihr Kostüm eine andere französische Königin zum Vorbild genommen, während sich ihr Ehemann eine kostbare Rüstung mit Goldintarsien vom Metropolitan Museum ausgeliehen hatte. Die Bradley Martins thronten auf einem Podium, während ein Lakai den Namen jedes Gastes verkündete und dessen Kostüm erläuterte. Die Öffentlichkeitsarbeit der Veranstalter ging jedoch nach hinten los, da sich das Land mitten in einer tiefen Wirtschaftskrise befand. Dadurch wurde der Ball zu einem Symbol für plutokratische Verschwendung, Oberflächlichkeit und Gleichgültigkeit. Pfarrer wetterten von den Kanzeln des Landes, und als die Finanzbehörden der Stadt New York erfuhren, daß der Abend 369000 Dollar gekostet hatte, verdoppelten sie die Steuerveranlagung der Bradley Martins. Die Gastgeber waren jedoch der Meinung, sie hätten den notleidenden Blumenhändlern, Schneidern, Kellnern, Juwelieren und Köchen außerordentliche Verdienstmöglichkeiten verschafft; sie waren deshalb so beleidigt, daß sie nach England zogen – allerdings nicht ohne zuvor ein Essen für 86 Gäste zu geben.

Derartige Auswüchse waren in den USA keineswegs auf New York beschränkt. In Washington gab Mrs. George Westinghouse ein Abendessen, bei dem jeder Gast eine druckfrische Hundertdollarnote in seiner Serviette fand; in Philadelphia gab James Paul einen Ball, um seine Tochter Mary in die Gesellschaft einzuführen; für diesen Zweck wurden 10000 aus Brasilien importierte Schmetterlinge in dekorativen Behältern unter der Decke aufgehängt; man wollte die Falter zu einem bestimmten Zeitpunkt freilassen. Doch unglücklicherweise waren die Insekten durch die im Ballsaal aufsteigende Hitze alle erstickt und fielen als Leichen auf die tanzenden Gäste. Mehr Erfolg als Partygag hatte ein riesiger Schwan, der einen anderen Debütantinnenball durchschwamm, und auf Kommando 10000 rosafarbene Rosen in die Luft schoß. Bei der großartigsten und elegantesten dieser Soireen bezahlte Otto Kahn Enrico Caruso 10000 Dollar für das Absingen einiger Arien zu Ehren seiner Tochter Nin. Dieser Ball fand auf dem Familienbesitz in Woodbury auf Long Island statt. Kahn hatte zu diesem Zweck 125 Diener angestellt, damit sie sich um das Wohl der Gäste in 100 Räumen kümmerten.

RECHTS: **Der Speiseraum in *The Elms*, dem Newport-»Cottage« von Edward Julius Berwind, bot ein königliches, obzwar nüchternes, Ambiente nach Newport-Maßstäben – für eine gehobene Unterhaltung nach einem hektischen Tag: einen Drink am *Bailey's Beach*, einen Lunch auf der Terrasse eines Hauses am Meer, eine Fahrt im Zweispänner, eine Einladung zum Tee bei Mrs. William K. Vanderbilt oder Kiebitzen bei einem Tennismatch im Newport Casino.**

UNTEN: **Mrs. Robert Goelet jr., eine Gesellschaftslöwin auf dem Parkett New Yorks wie auch Newports, übernimmt ihren kleinen West Highland Terrier von einem livrierten Kutscher auf der Bellevue Avenue in Newport. Selbst an einem Nachmittag im August trägt sie ein perlenbesticktes Kleid und einen Pariser Hut.**

VERSCHWENDUNGSSUCHT AN DER SEE

Nichts übertraf jedoch an Phantasie und Opulenz die Feste, die in Newport gegeben wurden, dem Seebad, in dem sich die Reichen aus allen Teilen der USA im Sommer versammelten. Nach einem Besuch in Newport erklärte Großfürst Boris: »Den Luxus, den ich in Newport erlebte, hätte ich nicht einmal erträumen können. In Rußland haben wir nichts Vergleichbares.« Die Anwohner beschäftigten genug Personal, um abends hundert Gäste bewirten zu können – mit einem Diener hinter fast jedem Stuhl. Bei einem Bankett schwammen Fische durch einen Bach, der mitten über eine Tafel verlief, während ein anderer Tisch mit einem Käfig voller Papageien in allen Farben und Größen geschmückt war. Glanzstück einer weiteren Tafel war ein Sandhaufen, in dem Rubine, Smaragde, Diamanten und Saphire im Wert von etlichen tausend Dollar verborgen waren. Zwischen den Gängen durften sich die Gäste nach Herzenslust als Schatzgräber betätigen, und zwar mit Hilfe kleiner silberner Spaten, die dafür zur Verfügung gestellt wurden. Das Geld wurde nicht nur ausgegeben, es wurde auch ständig darüber gesprochen. Eine Gastgeberin weigerte sich, Gäste einzuladen, deren Konto weniger als fünf Millionen Dollar aufwies; eine andere verbannte jene, deren Haus weniger als eine Million Dollar gekostet hatte – keine allzu große Summe, wenn man bedenkt, daß Gastgeber regelmäßig rund 300 000 Dollar allein für das sommerliche Unterhaltungsprogramm ausgaben.

In Newport begann das Gesellschaftsleben um elf Uhr vormittags, wenn jedermann im *Bailey's Beach* erschien, dem exklusiven Club, in dem man – mehr oder weniger bekleidet – bis zur Lunchzeit schwamm. Dann gab es üblicherweise Lunch-Parties auf den ausgedehnten Rasenflächen der riesigen »Cottages« oder auf den enormen Jachten, die oft an den Privatanlegestellen der Häuser lagen. Jackett und Krawatte waren Pflicht; als James Hazen Hyde einmal in einem Sporthemd auftauchte, erkundigte sich seine Gastgeberin, Mrs. Stuyvesant Fish, ebenso laut wie pikiert: »Wer ist dieser junge Mann im Negligé?« Am Nachmittag standen für die Jüngeren Tennis und Segeln auf dem Programm, vielleicht auch eine Partie auf Tommy Taylors privatem Golfplatz, und für die reiferen Damen im Schmuck ihrer gigantischen Federhüte eine Fahrt über die Bellevue Avenue in eleganten Kaleschen. Die Herren der Schöpfung plauderten und tranken im *Reading Room*, Newports exklusivstem Club; seltener griffen sie zu einem Buch. Die Abende waren natürlich exquisiten Veranstaltungen vorbehalten. So bot Mrs. Cornelius Vanderbilt beispielsweise die gesamte Besetzung des Broadway-Erfolgs *The Wild Rose* oder den Geiger Fritz Kreisler auf, um

ihre Gäste zu unterhalten. Kreislers Gage sollte 13 000 Dollar betragen, doch als ihm die Gastgeberin erklärte, bei ihr sei es nicht üblich, daß sich Musiker unter die Gäste mischten, erklärte er, in diesem Fall verlange er lediglich 500 Dollar. Die Dinners waren äußerst elegante Angelegenheiten – jeder Zoll so formell und prunkvoll wie an der Fifth Avenue. Zur Eröffnung von *Marble House* lud Alva Vanderbilt 120 Gäste zum Essen, an das sich ein Ball zu Ehren des Herzogs von Marlborough anschloß, den künftigen (und kurzfristigen) Ehemann ihrer Tochter Consuelo. Königliche oder adlige Gäste aus Europa waren von ihren amerikanischen Gastgeberinnen heiß umkämpft und oft genug der Anlaß verschwenderischer Festivitäten.

So bat Mrs. Stuyvesant Fish 200 Gäste zu einem Dinner zu Ehren des russischen Großfürsten Boris, der im *Ochre Court* der Goelets wohnte. Die exzentrische Mrs. Fish weigerte sich jedoch, einen der anderen Gäste von Mrs. Goelet einzuladen, was dem zaristischen Aufgebot keine andere Wahl ließ, als zu Hause zu bleiben. Daraufhin lud Mrs. Goelet dieselben Leute ein, die auch bei Mrs. Fish erwartet wurden. Da sie die erste Einladung angenommen hatten, sagten sie die zweite alle ab. Wie sagte doch Ward McAllister? Wenn man starb, nachdem man eine Dinnereinladung angenommen hatte, sollte man sich von seinem Testamentsvollstrecker vertreten lassen. An diesem Abend erklärte Mrs. Fish – die zu jedermann »Lämmchen« sagte und die Gäste begrüßte mit »Wie geht's, wie geht's, fühlen Sie sich ganz wie zu Hause und glauben Sie mir, es gibt niemanden, der sich mehr freut, Sie hier zu haben, als ich« – ihren Gästen, Majestäten kämen »besser gar nicht als zu spät«. Als die Unruhe zunahm, baute sie sich schließlich in der ganzen Pracht ihrer Juwelen oben an der Treppe auf. »Auf den Großfürsten mußte ich leider verzichten«, sagte sie, »aber ich habe etwas weit Besseres, Lämmchen und Schätzchen – Seine Kaiserliche Majestät, der Zar aller Russen.« Die Ladies versanken in einem tiefen Hofknicks, die Gentlemen verneigten sich – und sahen sich beim Hochkommen einem bekannten einheimischen Scherzbold gegenüber, dem geckenhaften Harry Lehr in königlichem Purpur und mit Zepter. Lachsalven erdröhnten, als Lehr mit seiner Gastgeberin am Arm die Runde machte und Floskeln in gebrochenem Englisch von sich gab. Es war ein so großer Erfolg, daß Mrs. Fish ein Jahr später alle Welt zu einem feudalen Bankett lud, um den römischen Prinzen del Drago kennenzulernen. Der »Prinz« stellte sich als befrackter Affe heraus, der jede Menge Champagner trank, in den Kronleuchter sprang und die Gäste mit

LINKS: **Die exzentrische Mrs. Stuyvesant Fish (rechts) mit Lola Robinson auf einer Gartenparty in Newport (1910). Eng geschnürt und mit schwerbesticktem weißen Musselin, Schleier und Straußenfedern angetan, waren diese »Schlachtschiffe« der oberen Gesellschaftsschicht Anblicke einer gepanzerten Schicklichkeit.**

UNTEN: **Beinahe erstarrt vor großbürgerlicher Würde treten Mr. und Mrs. Van Allen eine Fahrt in einem neumodischen Apparat an, der als Automobil bekannt wurde. Vermutlich trägt der Chauffeur den schwarzen Überrock, während sein Dienstherr das Steuerrad übernimmt, aber in einer sich demokratisch gerierenden Gesellschaft läßt sich das nicht mit Gewißheit sagen.**

RECHTS OBEN: **Von ihren livrierten Kutschern hergebracht, verfolgen die Spitzen der Newporter Gesellschaft eine Regatta, 1900. Da eine zarte, makellose Haut in der Goldenen Gründerzeit ein entscheidendes Merkmal von Schönheit war, haben sich die Damen mit Sonnenschirmen geschützt.**
UNTEN: **Mrs. William K. Vanderbilt, die Besitzerin von *Marble House*, einem der prächtigsten »Cottages« in Newport (siehe Seite 116), benetzt sich am *Bailey's Beach* die Füße im Meer. Da sie die Mutter der Herzogin von Marlborough war, hatte Alva Vanderbilt eine Stellung zu behaupten. Nur ein Havemeyer durfte es wagen, sie so zu fotografieren.**
RECHTS UNTEN: **Eine Gruppe von Damen und Herren hat sich vor dem Newport Casino 1888 zu einem Tennismatch eingefunden.**

Glühbirnen bewarf. Die Leidenschaft für den ausländischen Adel ging so weit, daß eine würdevolle ältere Lady an ihrem Umkleidezelt im *Bailey's Beach Club* das Schild »English spoken here« anbrachte.

Die Amerikaner erobern Europa

All das verriet zwar Witz, war aber auch bezeichnend für einen Hunger nach Titeln. Nachdem die neuen Reichen die amerikanische »Gesellschaft« erobert hatten, verspürten sie das Bedürfnis, auch in Europa anerkannt zu werden. Um dieses Ziel zu erreichen, gab es zwei Möglichkeiten: eine Menge Geld auszugeben oder eine Tochter für ein Krönchen an einen Aristokraten zu »verkaufen«. Europäer machten keine Unterschiede zwischen Amerikanern und waren sich der Hierarchie völlig unbewußt, die jene unter großen Mühen errichtet hatten. Unbekümmert stimmten sie zu, gekauft oder unterhalten zu werden. Infolgedessen erwies sich die standesbewußte europäische Gesellschaft reichen Amerikanern gegenüber häufig viel offener als ihren eigenen Aufsteigern. Der unkonventionelle James Gordon Bennett und James Hazen Hyde wurden vom französischen *gratin* [den oberen Zehntausend; A. d. Ü.] akzeptiert; sie fühlten sich an der Seine wesentlich wohler als zu Hause. Jay Goulds Familie, die in den USA wegen der skrupellosen Geschäftspraktiken ihres Oberhaupts suspekt war, fand durch die Heiraten ihrer Tochter Anna – zunächst mit dem verschwenderischen Marquis Boni de Castellane und dann mit seinem noch vornehmeren Vetter Hélie de Talleyrand-Périgord, Fürst von Sagan – dauerhaften Zugang zur französischen Gesellschaft. Die berühmteste Hochzeit arrangierte Alva Vanderbilt für ihre Tochter Consuelo, die dadurch zur Herzogin von Marlborough wurde.

Levi Leiter, ein mennonitischer Kaufmann aus Chicago, überwand alle Hindernisse, die ihm von mißgünstigen Schwiegermüttern sowohl in Chicago als auch in New York in den Weg gelegt wurden. Mrs. Leiter, eine der schrillsten gesellschaftlichen Aufsteigerinnen, erzählte ihren Freundinnen, daß ihr Ehemann »im Plunder eines Mönchs« auf einen Kostümball gehen würde, und riet Mrs. Roosevelt, ihren Tee-Sandwiches nur kräftig zuzusprechen, da sie »so etwas Gutes zu Hause nicht bekäme«. Dank ihres ungeheuren Vermögens vermittelten sie ihrer Tochter Mary Victoria einen glänzenden Start in Europa. Dort machte ihr nicht nur der Marchese Rudini den Hof, sondern auch der Graf von Turin – immerhin ein Anwärter auf den italienischen Thron. Schließlich heiratete Mary Victoria den ehrgeizigen und brillanten George Curzon – mit dem Ergebnis, daß sie Vizekönigin von Indien und Marchioness of Kedleston wurde. Spätestens da erfaßte all jene eine tiefe Reue, die früher über sie die Nase gerümpft hatten. Der achte Herzog von Manchester heiratete Consuelo Yznaga, die er in Saratoga Springs kennengelernt hatte, während sein Sohn Hochzeit mit Helena Zimmerman feierte, ebenfalls eine Amerikanerin. Mary Goelet wurde Herzogin von Roxburghe – eine Verbindung, die in New York die Schlagzeile machte: »Englands ärmster Herzog heiratet unsere reichste Erbin.« Da kann es kaum verwundern, daß ein britischer Adliger folgende Annonce im *Daily Telegraph* aufgab:

Hoher englischer Adliger aus altem Geschlecht wünscht unverzüglich eine sehr reiche Dame zu heiraten. Alter und Aussehen

Links: Tollkühn ihrer Hemden und Krawatten entledigt, bereiten sich William Vanderbilt und seine Freunde auf ein Matratzenrennen am Bailey's Beach vor.
Unten: Mit dem lebhaften, gewandten Stil seiner Zeichnungen prägte Charles Dana Gibson das Schönheitsideal der Epoche. Dieses betont amerikanische Ideal war zum großen Teil von den Langhorn-Schwestern aus Virginia inspiriert. Dieser Mädchentyp war die Verkörperung der eleganten, saloppen, reichen und schönen jungen Frauen der Neuen Welt. Ein Bewunderer, der europäische Schriftsteller Paul Bourget, behauptete, daß eine amerikanische Schönheit »sehr groß sein und eine sehr gute Figur haben muß; die Konturen von Gesicht und Figur müssen sich für jene Art der Abbildung eignen, auf die die Zeitungen so versessen sind. Sie muß auch wissen, wie sie sich eindrucksvoll anzieht, denn das ist in diesem Fall von Eleganz nicht zu trennen.«

GEGENÜBER: **Consuelo und Sunny Marlborough mit ihren Kindern, King-Charles-Spaniels und herzoglichem Firlefanz, wie sie John Singer Sargent 1905 eindrucksvoll porträtiert hat. Obwohl die Verbindung Vanderbilt/Marlborough als glänzende Partie bewertet wurde, erwies sie sich als die traurigste und zynischste aller transatlantischen Allianzen, die in der Goldenen Gründerzeit geschlossen wurden.**
UNTEN: **Wie selbst der Illustrator in seiner Darstellung hier anzudeuten scheint, weinte Consuelo Vanderbilt so bitterlich, als sie zum Traualtar geführt werden sollte, daß die Zeremonie um eine Stunde verschoben werden mußte, bis sie sich wieder gefaßt hatte. Das unglückliche Paar sorgte zwar für einen Erben und auch für einen in Reserve, aber schließlich setzte Consuelo doch eine päpstliche Annullierung der Ehe durch.**
OBEN: **Als Mary Goelet den Herzog von Roxburghe ehelichte, titelte die Boulevardpresse: »Englands ärmster Herzog heiratet unsere reichste Erbin.« Eine solche Schlagzeile war der Garant für eine Menge Schaulustiger.**

sind unwesentlich, doch sollte sie von untadeligem Charakter sein. Sie kann ledig oder verwitwet sein; geschieden kommt nicht in Frage. Sollten Sie in Ihrem Klientenkreis eine solche Dame kennen, die bereit ist, für ihren Rang als Aristokratin ihrem künftigen Ehemann 25 000 Pfund in bar zu zahlen, und zudem über ausreichende Mittel für den Unterhalt eines adligen Haushalts verfügt, würde ich mich glücklich schätzen, wenn Sie mich unverzüglich brieflich darüber informieren, wann eine Begegnung in Ihrem Büro arrangiert werden kann. Ich bitte Sie, die Angelegenheit vertraulich zu behandeln. Der Adlige wird sich für die erfolgreiche Vermittlung in großzügiger Weise erkenntlich zeigen.

Bis 1915 hatten fast 500 Amerikanerinnen in den europäischen Adel eingeheiratet, was aus ihnen 42 Fürstinnen und Prinzessinnen machte, 17 Herzoginnen, 19 Viscountesses, 33 Marquisen sowie Hunderte von Baroninnen und Gräfinnen, vor allem in Großbritannien und Frankreich. Amerikanische Größen wie William K. Vanderbilt fanden in Paris und London Anerkennung durch ihre hervorragenden Rennställe. Ein Zweig der Familie Astor wurde britisch und fand dank seiner großzügigen Spenden für das Gemeinwohl sogar Aufnahme ins Oberhaus. Alles in allem war der Einzug der Amerikaner in die europäische Gesellschaft außerordentlich fruchtbar. Die Frauen füllten nicht nur die Schatztruhen auf und verjüngten blaues Blut, sondern sie erwiesen sich auch als gesellschaftliche Bereicherung. Junge amerikanische Damen waren in der Regel weit besser gebildet als ihre britischen Schwestern, die in einer von Männern dominierten Welt kaum mehr lernten als Handarbeiten und die Haushaltsführung.

In Frankreich wuchsen die Töchter des Adels entweder in Schlössern oder in der Obhut von Ordensschwestern auf, bevor sie, kurz nachdem man sie flüchtig über die Tatsachen des Lebens aufgeklärt hatte, in arrangierte Ehen eintraten. Da waren die liberaleren Amerikanerinnen vielen europäischen Mädchen natürlich überlegen und spielten nach der Heirat wichtige Rollen im kulturellen und politischen Leben ihrer Wahlheimat. Im großen und ganzen wurden diese Ehen durchaus nicht unglücklich, obwohl sie in den meisten Fällen von ehrgeizigen Eltern in die Wege geleitet waren, die darauf drängten, daß die glücklich Verheirateten nach Hause zurückkehrten, um die Töchter jener Familien auszustechen, mit denen sie im Geschäft und im Ballsaal in Dauerkonkurrenz lagen. Die älteren Angehörigen wollten auch an der eleganten Saison in Europa teilnehmen, was ihnen als Verwandten nicht verwehrt werden konnte. Allerdings war für manche junge Frauen der Preis, den sie für die gesellschaftlichen Ambitionen ihrer Eltern zu zahlen hatten, fürchterlich.

RECHTS: **Die Vorstellung eines Künstlers von einer glanzvollen Soirée im *Palais de Marbre Rose*, dem großen Haus, das der Marquis Boni de Castellane mit dem Geld aus der Heirat mit der wenig attraktiven Anna Gould, Enkelin von Jay Gould, dem »Mephisto der Wall Street«, erbauen ließ. Nachdem Boni sich als Verschwender und Schürzenjäger erwiesen hatte, betrieb Anna die Scheidung, um dann eine noch prestigeträchtigere Heirat einzugehen, diesmal mit Bonis Vetter, dem Herzog von Talleyrand-Périgord. So erhielten die Goulds letztlich doch einen Gegenwert für ihr Geld.**

UNTEN: ***Beim Ankleiden*, 1869, von Charles Édouard Boutibonne (1816–1879). Diese *belle parisienne* könnte sich gerade herrichten, um auf einen von Boni de Castellanes großen Bällen im *Palais de Marbre Rose* an der Avenue du Bois in Paris zu gehen.**

DIE SPIELREGELN IN EUROPA

Als Ehefrauen und Mütter wurden die amerikanischen Erbinnen feste Bestandteile der europäischen Aristokratie – es sei denn, sie trennten sich und kehrten nach Hause zurück oder benahmen sich skandalös. Ihre gelegentlichen Versuche, auch ihre Verwandten in die Gesellschaft einzuführen, zeitigten durchaus unterschiedliche Erfolge. Boni de Castellane schlug beispielsweise seinen Schwiegervater George Gould für die Mitgliedschaft im aristokratischen Pariser Jockey Club vor und mußte erleben, daß der berüchtigte *Robber Baron* abgelehnt wurde. Außer durch Heirat war der Zugang zum europäischen Adel nur durch königliches Dekret zu erreichen. Die Ehrungen, die der Hof Napoleons III. aussprach, nahm niemand so recht für voll. Es heirateten jedoch Töchter der europäischen Neureichen in alte Familien ein und brachten ihre adligen Ehemänner ins Geschäftsleben und in die Vorstandsetagen der wichtigsten Unternehmen und Banken. Der französische Stahlkönig Eugène Schneider fand für seine vier Töchter adlige Ehemänner; einer seiner Enkel heiratete in das Haus Orléans ein. Neue Champagner-, Zucker- und Bankvermögen füllten die Schatztruhen so fürstlicher Familien wie der Broglie, Poniatowsky, Brissac oder Breteuil auf, ebenso die der Uzès, der vornehmsten Herzöge von Frankreich. Gegen Ende des 19. Jahrhunderts waren mehr als 30 amerikanische Erbinnen die Gattinnen hochadliger Franzosen geworden.

Südamerikanische und mexikanische Reichtümer spielten in Paris die gleiche Rolle, die das südafrikanische Minenvermögen in London gespielt hatte: Sie brachten eine Menge Bargeld in die gesellschaftliche Szene. Schließlich heirateten Lateinamerikaner in so bedeutende Familien wie die Ganay ein, und die Ankunft von Simon Patiño, dem ungeheuer reichen bolivianischen Zinnkönig, in Paris erwies sich sogar als Glückstreffer für die spanische Königsfamilie, mit der sein Sohn eheliche Bande knüpfte. Die französische Aristokratie war stolz bis zur Arroganz, und Französisch blieb bis zum Zweiten Weltkrieg *die* Sprache der europäischen Oberschicht. Die literarischen, musikalischen und künstlerischen Salons der französischen Hauptstadt waren auf ihre Art kleine Königshöfe, informelle Institutionen, die einzigartige Beziehungen zwischen Kunst und Gesellschaft herstellten. Sie trugen entscheidend dazu bei, Paris in der Belle Époque zum kulturellen Zentrum Europas zu machen. Der herausragende Chronist dieser Zeit war Marcel Proust, der in *Le Côté de Guermantes* die aristokratisch dominierten Salons und Clubs beschrieb, die Intellekt, Kunst und Herkunft zu einer neuen herrschenden Klasse zusammenschmiedeten.

Im Gegensatz dazu besaß Wien, die Hauptstadt des Habsburger Reiches, eine wesentlich engstirnigere und langweiligere Gesellschaftsszene, die ihre adligen Reihen gegen Aufsteiger durch Heirat oder Erhebung in den Adelsstand weitgehend abschottete. Virginia Gayda, eine aufmerksame Besucherin im *Fin de siècle*, beschrieb die Wiener Gesellschaft als »hochmütigen kleinen Kreis, der sich in Zeiten der Not eng an den Hof gebunden fühlt und ebenso gefühllos und gleichgültig gegenüber der sich verändernden Zeit ist, wie er sich ablehnend und feindselig Menschen und Dingen gegenüber verhält, die seinem Herrschaftsbereich fremd sind«. Zu Franz Josephs verstaubtem familienähnlichen inneren Kreis fanden mit Sicherheit weder Intellektuelle noch neureiche Industrielle,

Bankiers oder Juden Zugang. Sie waren nicht hoffähig. Der vorletzte Habsburger Kaiser war auch außerordentlich zurückhaltend mit der Verleihung von höheren Adelstiteln. Im Hinblick auf die entscheidende Rolle, die Juden in Kunst und Wissenschaft, in Wirtschaft und im Bankwesen spielten, mußte eine so isolierte und bornierte Gesellschaft wie der Wiener Hof durch seine Ablehnung einfach fade und sogar irrelevant sein. Infolgedessen konzentrierten die dynamischen und ehrgeizigen Kapitalisten ihre Energie, ihr Vermögen und ihre Intelligenz auf Kunst und Kultur und trugen so entscheidend zur intellektuellen Renaissance Wiens in den Jahren vor dem Ersten Weltkrieg bei. Die Höhepunkte des Lebens in der Hofburg waren Bankette an einer langen Tafel, bei denen der Kaiser für gewöhnlich seinen Teller längst leergegessen hatte, bevor manche Gäste ihre erste Gabel zum Mund führen konnten. Da das Protokoll jedoch alles Speisen untersagte, wenn Seine Kaiserliche Majestät gesättigt war, mußten viele hungrig nach Hause gehen – es sei denn, sie waren schlau genug gewesen, zuvor in einem der Chambres separées im *Hotel Sacher* etwas zu sich zu nehmen. In den prachtvollen Palais so berühmter alter Adelsfamilien wie Liechtenstein, Schönburg, Schwarzenberg, Metternich, Lobkowicz oder Dietrichstein konnte das Gesellschaftsleben aber durchaus glänzend sein. Allerdings empfingen auch sie nur jene, die in der Donaumonarchie als hoffähig betrachtet wurden, oder Ausländer der entsprechenden Gesellschaftsschicht. Durch riesigen Landbesitz ungeheuer reich geworden, ließen sich diese Fürstenfamilien durch nichts dazu verlocken, ihr blaues Blut durch einen Menschen verwässern zu lassen, der nicht seit Generationen hundertprozentig adlig war – ein Maßstab, der vom *Gothaischen Hofkalender* vorgegeben war. Neben diesen herausragenden Fürsten gab es einen niedrigeren Adel, der ebenfalls »hoffähig« war, sich aber auch einer größeren Schicht gegenüber offen zeigte, die als »salonfähig« angesehen wurde. Doch selbst hier hielt man die Intelligenz und die Juden nicht für fähig, sich in einem gehobenen Wiener Salon benehmen zu können. Wochenenden auf den großen Landgütern waren ausschließlich der Forstwirtschaft und Hetzjagden gewidmet, so daß in vielen ebenso riesigen wie zugigen Schlössern förmlich Dickichte von Geweihen die Wände bedeckten.

Die großen Familien des Habsburger Reiches besaßen auch Schlösser in Prag und auf dem Land (beispielsweise in Böhmen und Mähren), wo sie ihresgleichen empfingen und jedermann sonst ausschlossen. Der Erste Weltkrieg zerstörte diese behagliche, abgesicherte Welt, die sich nach dem Sturz der Donaumonarchie dramatisch veränderte. Danach waren auch nicht-salonfähige Erbinnen, darunter viele Amerikanerinnen, als Ehepartner willkommen; sie trugen bald ihre Dirndl und studierten ihren *Gotha*. In der Goldenen Gründerzeit war gesellschaftlicher Aufstieg im österreichischen Teil des k. u. k. Reichs jedoch ausgeschlossen. Erstaunlicherweise war im ungarischen Teil von Franz Josephs Herrschaftsbereich die Situation gänzlich anders. Der ungarische Adel hatte absolut kein Interesse an geschäftlichen Dingen und öffnete das Land ausländischen Unternehmern, die ermutigt, unterstützt und denen Zugang zur Gesellschaft gewährt wur-

LINKS: *Der Hofball* (Historisches Museum der Stadt Wien) von Wilhelm Gause (19. Jahrhundert). Im Epizentrum der österreichisch-ungarischen Gesellschaft regierte Kaiser Franz Joseph (1830–1916) weit über ein halbes Jahrhundert lang. Die antiquierte »spanische Hofetikette«, die am Hof der Habsburger strikt befolgt wurde, muß als Kontrast zum kraftvoll-innovativen künstlerischen und intellektuellen Leben im Wien der Jahrhundertwende mehr als absonderlich erschienen sein. Hier nimmt der Kaiser auf einem Hofball in der Hofburg die Huldigung der weiblichen Gäste entgegen. Wie üblich steht der Kaiser allein, da die Kaiserin, die schöne Elisabeth von Bayern, es vorzog, sich irgendwo anders – meistens auf der griechischen Insel Korfu – als in Wien aufzuhalten.

GANZ LINKS: Kaiser Franz Joseph unterhält sich mit Zar Nikolaus II. am 30. September 1903 in Schloß Schönbrunn. Weder der autokratischen Herrschaft in Rußland noch auch der in Österreich-Ungarn gelang es, die Neureichen ausreichend einzubinden; diese richteten also ihre beachtlichen Energien auf die Künste, was sich als fruchtbar erwies, und auf die Politik, was ausgesprochen gemischte Ergebnisse zeitigte.

Das Deutsche Reich war ein Zusammenschluß aus vielen kleinen Fürstentümern, die von Preußens »Eisernem Kanzler« Bismarck und Kaiser Wilhelm I. zusammengeflickt worden waren. Da die deutsche Gesellschaft von dem durch den Adel bestimmten Militär beherrscht war, richtete sie sich nach einem rigiden Kodex teutonischer Werte, der wenig Raum für jenen Glanz ließ, der in der Goldenen Gründerzeit anderswo schimmerte, vor allem in Paris, London, New York und Newport.

OBEN: Forsch uniformierte preußische Kavalleristen salutieren vor ihren Offizieren, die sich an der Gesellschaft einer schönen, aber reservierten jungen Dame zu erfreuen scheinen.

RECHTS: Ein deutscher Offizier sonnt sich in der Aufmerksamkeit, die ihm bei einer Berliner Teegesellschaft anno 1897 alt und jung gleichermaßen entgegenbringen.

de. Um 1914 bestand ein Viertel der Bevölkerung Budapests aus Juden; sie hatten maßgeblichen Einfluß auf die Wirtschaft des Landes, sein Bankwesen und seine Leichtindustrie. Dieses neue Bürgertum erhielt Adelsprädikate in Mengen (28 Juden sogar den erblichen Titel Baron). Aber unter dieser kosmopolitischen Oberfläche blieb Budapest eine Provinz des Habsburger Reichs, und wie überall in diesem Imperium sprühte das gesellschaftliche Leben keine überwältigenden Funken.

Auch in Deutschland rissen der steife Hohenzollernhof und die weitverzweigte Adelsschicht um die Jahrhundertwende nicht gerade zu Begeisterungsstürmen hin. Wenige Generationen zuvor hatte es dort ein faszinierendes Hofleben gegeben; gebildete Kurfürsten und Herzöge hatten – dem Beispiel Frankreichs im 18. Jahrhundert folgend – Musiker, Komponisten, Maler, das Kunstgewerbe und Porzellanmanufakturen gefördert und unterstützt. Diese aufgeklärten Herrscher ließen sich elegante Schlösser errichten und machten sie zu Kulissen anspruchsvoller musikalischer Aufführungen, *fêtes champêtres* und anderer Unterhaltungen.

Das alles änderte sich jedoch, als sich das Durcheinander selbständiger deutscher Fürstentümer unter der Führung Preußens zu einem Bundesstaat zusammenschloß. Der neue Staat entdeckte seine teutonische, kriegerische Vergangenheit wieder und begann sich nach einer Rückkehr zu einem Heiligen Römischen Reich deutscher Nation zu sehnen, das sich von der Ostsee bis zur Adria erstreckte und das von einer autoritären Kaste unter Führung des deutschen Kaisers in Berlin regiert wurde. Infolgedessen verbrachten junge Adlige ihre Studentenzeit damit, einander in Mensuren – in Hoffnung auf den begehrten »Schmiß« – die Wangen mit Degen aufzuschlitzen, Bier und Schnaps zu trinken sowie die militärischen Strategien von Clausewitz' zu studieren. Da blieb nur wenig Zeit und Energie für Flirt und Tanz in Ballsälen. Von Otto von Bismarck, dem »Eisernen Kanzler«, bis zum Ende des Ersten Weltkrieges gehörten alle Reichskanzler mit einer Ausnahme dem Adel an. Auch die meisten Mitglieder der Reichsregierung, des Auswärtigen Amtes sowie 90 Prozent der deutschen Botschafter waren »von Stand«. Monokeltragende, hackenknallende Adlige hatten das Sagen bei den Streitkräften; schneidige Uniformen, Helme mit Federbüschen und auf Hochglanz polierte Stiefel gaben Berlins eleganten Unter den Linden eine entschieden zackige Atmosphäre. Der Kaiser war durchaus bemüht, Industrielle und Bankiers in seinen Kreis einzubeziehen, aber die Empfänge in der Hauptstadt und die Jagdausflüge in die Provinz hatten wenig von der Liberalität, die für Paris, Newport und London so charakteristisch war. Doch deutsche Adlige hielten sich in der Regel an einen strengen Moralkodex und hatten die nötigen Mittel, ein Leben im großen Stil zu führen. Ausländische Erbinnen verspürten indessen kein Verlangen, Frauen von Militärs zu werden, und Berlin hatte in puncto Lebensfreude wenig zu bieten.

Das konnte man vom zaristischen Rußland, besonders von seiner Hauptstadt St. Petersburg, nicht behaupten. Dort lebten die großen Adelsfamilien in riesigen Palästen an den Ufern der Newa und der Kanäle; der Reigen gesellschaftlicher Veranstaltungen fand ohne Unterbrechung statt. Er begann mit dem Weihnachtsbasar des Adels und endete in der Fastenzeit, wenn die meisten der Begüterten nach Nizza und Monte Carlo aufbrachen. Jeden Abend gab es prachtvolle Bälle und Empfänge, und im blaugoldenen Marjinskij-Theater fanden wundervolle Ballett- und Opernaufführungen statt. Nirgendwo waren die Juwelen größer, die Tafeln verschwenderischer gedeckt, die Zahl der Diener beeindruckender und Fremde – wenn angemessen eingeführt – willkommener. »Die Gesellschaft« war jedoch in sich geschlossen, und der reaktionäre Adel lehnte es standhaft ab, das neue industrielle Bürgertum aufzunehmen. Kein einziger Handelsfürst wurde je geadelt, wenn auch erstaunliche sieben Prozent der St. Petersburger Bevölkerung irgendeine Form der Ehrung durch den Zarenhof erfuhren. Im Jahr 1897 gab es in Rußland insgesamt 1 373 000 Adlige beiderlei Geschlechts. Die Nichtachtung des neuen Bürgertums sollte sich – wie vieles andere in der Regierungszeit Alexanders III. und Nikolaus' II. – als verhängnisvoller Fehler herausstellen, denn die meisten Angehörigen der industriellen Elite unterstützten und finanzierten die revolutionäre Linke und nicht die (aristokratische) extreme Rechte. Es gab praktisch keine ehelichen Verbindungen zwischen alten Familien und neuem Geld; schon die Vorstellung, ein Ausländer könnte durch Heirat zum Titel eines Großfürsten kommen, war eine Absurdität. Das wurde nach 1917 natürlich anders, als russische Großfürsten, Prinzen und Grafen feststellten, daß die einzige Alternative zum Dasein als Taxichauffeur oder als Händler von Schmuck und Gemälden darin bestand, sich eine Erbin zu angeln.

Haute Couture

In der internationalen Gesellschaft wurden phantastische Summen für Kleidung und Schmuck ausgegeben, denn an Fürstenhöfen, beim Adel und unter den neuen Reichen herrschte die gleiche Vorliebe für die Eleganz der äußeren Erscheinung. Und es gab nur einen Ort, wo sich Damen von Welt einkleiden ließen: Paris. In New York, Buenos Aires und St. Petersburg waren die Schneider nach besten Kräften bemüht, die atemberaubenden Kreationen zu kopieren, die sie in *L'Illustration, Gazette du Bon Ton* und anderen Modemagazinen aus der französischen Hauptstadt abgebildet sahen. Doch keine Dame, die etwas auf sich hielt, gab sich mit weniger zufrieden als mit einem Pariser Modell, das das Etikett von Charles Frederick Worth trug, dem ersten großen Couturier der Welt, der von 1860 bis zu seinem Tod 1895 die Mode praktisch diktierte. In seinem Salon an der Rue de la Paix Nr. 7 legte Worth die Modegesetze für Königinnen, Kaiserinnen, Diven, Schauspielerinnen, große Kurtisanen und internationale Millionärinnen fest. Er schrieb ihnen vor, was sie zu tragen hatten. Er wählte die Stoffe und Farben aus, die er je nach Persönlichkeit und äußerer Erscheinung für am pas-

Eine gutbetuchte und von oben bis unten schmucke Kundin sucht im Salon Worth in der Rue de la Paix in Paris einen Stoff für ihr neues Kleid aus (1907). Infolge der vielen Aufträge, die er zu erfüllen hatte, änderte Worth – der Engländer, der die französische Modeindustrie begründete – den Zuschnitt seiner Kleider nicht radikal von Saison zu Saison; vielmehr wandelte er wenige Kleidertypen durch die Verschiedenartigkeit der von ihm verwendeten Materialien – Stoffe, Verzierungen, Verschönerungen mittels Perlen, Jett, Brillanten, Federn usw. – ab. Die von Worth bevorzugten Stoffe waren Seide, Tüll, Samt, Brokat, Spitzen, Gaze und silberdurchwirkte Textilien, oft zu Schleifen und Falten geformt. Die Firma Worth führte Aufträge überall in der Welt aus, doch hegte der große Pionier der Modebranche ein besonderes Interesse für amerikanische Frauen, die, wie er sagte, »Vertrauen, Figur und Geld haben; Vertrauen, mir zu glauben, Figuren, nach denen man gestalten kann, und Geld, um meine Rechnungen zu begleichen«.

sendsten hielt. Der Meister bestand sogar darauf, daß sie vor einem großen Ball in voller Gala zu einer letzten Inspektion bei Kerzenlicht bei ihm vorbeikamen. Ehe es Worth gab, erstand eine Dame einen ihr zusagenden Stoff und trug ihn zu einer Schneiderin, um sich daraus eine Robe anfertigen zu lassen. Worth erfand »die Mode« und machte es für einen Mann durchaus respektabel, Frauen anzuziehen. Zusammen mit seiner Frau Marie stieg er in die Gesellschaft auf und wurde reicher als manche seiner Kundinnen.

1849 wurde Louis Napoleon, der Neffe des korsischen Emporkömmlings, zum Präsidenten Frankreichs gewählt: Zwei Jahre später zettelte er einen Staatsstreich an, durch den Frankreichs Zweite Republik zum Zweiten Kaiserreich wurde, dessen Zentrum der Macht sich im Château de St. Cloud und in den Tuilerien befand. Im Januar 1853 heiratete der Kaiser überraschend eine schlichte Gräfin: Eugénie Maria de Montijo de Guzman, eine spanisch-schottische Schönheit von großem Chic und Charme. Für ihre Hochzeit lieferte Gagelin die Brautausstattung, und Charles Worth konnte einen ersten Blick auf die Frau werfen, die seine wichtigste Kundin werden sollte.

OBEN: ***Pauline Sandor, Prinzessin Metternich,*** **1860, von Franz Winterhalter (1806–1873). Die Trägerin eines der erlauchtesten Namen Europas, besaß genug Schönheit, Stil und Ansehen, um in der Pariser Gesellschaft und Mode den Ton anzugeben. Die Prinzessin Metternich erregte Aufsehen durch Ballkleider, die Worth angefertigt hatte; sie überredete auch Kaiserin Eugénie, den revolutionären Schritt zu wagen, sich von einem Mann anziehen zu lassen.**
RECHTS: ***Kaiserin Eugénie, wartend im Kreis ihrer Hofdamen*** **(Château de Compiègne) von Franz Winterhalter. Die Gemahlin Napoleons III. wurde die wichtigste und einflußreichste Kundin von Worth. Im Zweiten Kaiserreich (1852–1870) erlebte Frankreich zwei Jahrzehnte des Friedens (zumindest innerhalb seiner Grenzen), der Stabilität und des wirtschaftlichen Aufstiegs. Dies war ein ideales Klima für das Aufblühen der Modeindustrie, die Worth erfand und für den Rest des 19. Jahrhunderts beherrschte. In dem Gruppenporträt hier sind alle Damen an Eugénies Hof von Worth eingekleidet, wodurch die Szene zu einer Art von verewigtem *defilé de mode* wird.**

In vielerlei Hinsicht läßt sich Worths Erfolg mit dem der Titanen aus Industrie und Hochfinanz vergleichen, deren Frauen er einkleidete. Er wurde am 13. Oktober 1825 in Bourne geboren, einem kleinen Marktflecken in Lincolnshire, als Sohn eines Anwalts, der ihm wenig Aufmerksamkeit schenkte. Schon in jungen Jahren begann Charles Worth bei Swan and Edgar an der Regent Street in London zu arbeiten; tagsüber sortierte er Stoffe, nachts schlief er unter der Ladentheke. Sieben Jahre später wechselte er zu Lewis and Allenby über, den Hoflieferanten Queen Victorias für Seidenstoffe. Als junger alleinstehender Mann in London stattete Worth der National Gallery häufig Besuche ab und widmete seine besondere Aufmerksamkeit der Kleidung, in der Adlige und Fürsten auf den Gemälden dargestellt waren – etwas, was ihm später sehr zustatten kommen sollte. Er erkannte, daß Paris das Zentrum für schöne und luxuriöse Stoffe war, und überquerte 1845 deshalb den Kanal. Nachdem er ein Jahr lang von der Hand in den Mund gelebt hatte, fand er eine Anstellung bei Gagelin, dem führenden Seidenhändler an der Seine, der neben Schals und Tüchern auch ein paar Kleider »von der Stange« im Angebot hatte. Es waren turbulente Jahre in Paris, das bereits Anzeichen der Revolution von 1848 zeigte, und oft fragte sich der junge Mann, ob es nicht besser wäre, in die gesichertere Ruhe seines Heimatlandes zurückzukehren.

Zwei Jahre zuvor hatte eine andere wichtige Hochzeit stattgefunden. Im Jahr der ersten Weltausstellung in London – 1851 – hatte Charles Worth Marie Augustine Vernet geheiratet, ein überaus hübsches Mannequin, für das er herrliche Kleider entwarf; diese stellte Gagelin unter seinem Namen in Paxtons Chrystal Palace aus. Worths Kreationen – darunter eine mit einer geradezu revolutionären Schleppe, die von den Schultern herabfiel, nicht von der Hüfte – erschienen auch auf anderen Ausstellungen. 1858 beschloß der Modeschöpfer, sich zusammen mit einem anderen Gagelin-Angestellten, dem Schweden Otto Bobergh, selbständig zu machen. Kurz danach war Madame Octave Feuillet so enttäuscht über eine Robe, die ihr einen Tag vor einem großen Ball in den Tuilerien geliefert wurde, daß sie beschloß, Worth und Bobergh eine Chance zu geben. Über Nacht fertigte die neue Firma eine hinreißende Robe aus fliederfarbener Seide und einem Überwurf aus gleichfarbigem Tüll an, der von Maiglöckchen gehalten wurde. Höchst beeindruckt von der Kreation wollte die Kaiserin wissen, wer sie entworfen hatte. Mit Verblüffung nahm sie Worths Nationalität und Geschlecht zur Kenntnis. Ihre Reitkleidung wurde zwar von einem britischen Schneider – Henry Creed – angefertigt, aber die Vorstellung, daß ein

Mann Crêpe und Seide um die nackten Schultern einer Dame von Adel drapierte, verschlug ihr fast die Sprache. Worth hatte eindeutig gesellschaftliche Protektion nötig, und so schickte er 1860 Marie mit ein paar Modezeichnungen zur Fürstin Metternich, der Frau des österreichischen Botschafters. Die Fürstin erklärte sich bereit, zwei Roben zu kaufen, von denen keine mehr als 300 Francs kosten sollte; unverzüglich erschienen Angestellte von Worth zum Maßnehmen. Eine Woche später waren die Kleider fertig, und die ungarische Schönheit zeigte sich von ihrem guten Sitz nach nur einer Anprobe beeindruckt; bisher war sie sechs oder sieben gewöhnt gewesen. Die Fürstin Metternich beschloß, eine der Roben auf einem Staatsball in der Salle des Maréchaux der Tuilerien zu tragen.

Wieder erkundigte sich die Kaiserin nach dem Kleid, und diesmal ließ sie sich erweichen. Madame Feuillet war in Modefragen vielleicht nicht unbedingt ernst zu nehmen, aber die Fürstin Metternich war in Fragen von Eleganz und Stil maßgebend. Kaiserin Eugénie zitierte Worth in die Tuilerien und gab ihre erste Robe bei ihm in Auftrag, woraufhin sich der Modeschöpfer eine besonders kostbare Kreation aus Lyoner Brokat einfallen ließ. Die Kaiserin hätte leichteren Tüll lieber gehabt, doch der Kaiser vertrat die Ansicht, die Robe könnte den Seidenwebern in Lyon neue Aufträge bringen – in einer Stadt, die er bald besuchen wollte. Damit war das geboren, was Kaiserin Eugénie ihre »politischen Toiletten« nannte. Es war auch die Geburtsstunde der Haute Couture.

1861 starb Queen Victorias Prinzgemahl Albert, und das Leben am britischen Hof kam zum Erliegen. Von nun an war Paris das einzig wahre Zentrum gesellschaftlicher Ereignisse. Wieder hatte Worth Glück. Die Pariser Saison dauerte vom 6. Januar bis Fastnachtsdienstag; in dieser Zeit gab es rund 125 Bälle, und keine *grande dame* konnte sich zweimal in demselben Kleid sehen lassen. Worth und Bobergh waren inzwischen zu den einzigen *fournisseurs* kaiserlicher Abendroben aufgestiegen, mit dem Ergebnis, daß einer Dame aus dem kaiserlichen Umkreis keine andere Wahl blieb, als in die Rue de la Paix zu eilen.

In Anbetracht der Tatsache, daß nicht weniger als 1500 Damen an den kaiserlichen Bällen teilnahmen, die in den meisten Fällen Worth-Kreationen trugen, kann es kaum verwundern, daß der Couturier 1200 Menschen beschäftigte, von denen manche bis zu 16 Stunden am Tag arbeiteten. Aufträge kamen von den Höfen in St. Petersburg, Berlin, Wien, Madrid, Lissabon, aus Mexiko und sogar aus Japan.

Worth führte sorgfältig Buch über das jeweilige Protokoll an den Königshöfen, ebenso darüber, wer welche Kreation bestellt hatte, um die Katastrophe zu vermeiden, daß auf einem Ball eine Robe zweimal auftauchte. Mit dem zunehmenden Erfolg seines Unternehmens nahm Worth auch äußerlich immer mehr die Attitüde eines Künstlers an. Er durchschritt sein Atelier in Samtumhängen und Pelzhüten und wirkte wie ein zum Leben erwecktes Rembrandt-Gemälde. Seine Kundinnen waren jedoch nicht ausschließlich adligen Geblüts. Auch die Frauen der neuen Wirtschaftsmagnaten verlangte es nach den Gewändern der europäischen Höfe, und so erschienen unter anderem die Damen Vanderbilt, Gould und Astor mit ihren Töchtern an der Seine, um Ausstattungen zu erstehen, die sie dann im Frachtraum der Überseedampfer mitnahmen oder sich in großen Holzkisten nachschicken ließen. J. P. Morgan tauchte höchstpersönlich in dem berühmten Atelier auf, das »weniger ein Kleidergeschäft als vielmehr ein Kostümpalast« war, um seinen Töchtern bei der Auswahl zu helfen.

Ein Ball im Jahr 1857 in den Tuilerien (erbaut im Auftrag von Katharina de Medici), die Napoleon III. und Kaiserin Eugénie zu ihrer Residenz in Paris machten. Nur der russische Hof in St. Petersburg vermochte sich mit den vier Staatsgalaempfängen zu messen, die in den Tuilerien während des Zweiten Kaiserreiches stattfanden. Bei diesen spektakulären Gelegenheiten waren die großen Renaissancesäle mit 4000–5000 Gästen gefüllt.

Als Bestandteil von Bismarcks meisterlichem Plan zur Einigung Deutschlands verlockte Preußen Frankreich 1870 zur Kriegserklärung; drei Wochen später wurde Napoleon III. bei Sedan gefangengenommen. Es folgten die verheerende Belagerung von Paris, die Unruhen im Zusammenhang mit der Pariser Kommune und schließlich 1871 die Ausrufung der Dritten Republik. Während dieser ganzen Zeit, in der die Pariser dem Hungertod nahe waren, hielt das Modehaus Worth durch, wenn auch in bescheidenem Rahmen. Doch der Ruf des Couturiers war so groß, daß er bald wieder zu neuem Ansehen aufstieg, und mit ihm seine Mitarbeiter, die trotz leerer Auftragsbücher dem Unternehmen treu geblieben waren. Worth starb 20 Jahre später als unangefochtener Modezar und als reicher Mann. Bis zu seinem Tod suchte er seine Lieblingskaiserin in deren englischem Exil auf. Sie sollte ihn um 25 Jahre überleben.

RECHTS: **Der Prinz und die Prinzessin von Wales in einer Aufnahme von 1864 anläßlich ihrer Hochzeit, zusammen mit Queen Victoria, die noch tiefe Trauer wegen ihres 1861 verstorbenen Prinzgemahls trägt. Die Braut, Prinzessin Alexandra von Dänemark, brachte Schönheit und Charme ins britische Königshaus, wodurch sich das Leben Prinz Edwards sehr zu seinem Vorteil veränderte; er war zuvor so unglücklich gewesen, daß er es kaum ertragen hatte.**

DER GLANZVOLLE HOF EDWARDS VII.

Nach dem Zusammenbruch des Zweiten Kaiserreichs wurde London wieder zum Mittelpunkt gesellschaftlichen Lebens und Treibens, und das aus mehreren Gründen. Zunächst einmal war London die Hauptstadt des größten Imperiums der Welt und damit ein Zentrum der Macht und des Geldes.

Weiterhin war die Monarchie durchaus bereit, die Reihen ihrer Aristokratie zu erweitern, indem sie neureichen Industriellen und Bankiers Adelstitel verlieh. Geschäftsleute und Industriekapitäne aller Glaubensbekenntnisse erhielten ihren Anteil an Würden, wenn der größte Teil auch an die Landbesitzer vergeben wurde. Obwohl enge Regeln in puncto Bildung, Verhalten und Kleidung einigen frischgeadelten Unternehmern den direkten Zugang zur feinen Gesellschaft noch verwehrten, so besuchten doch ihre Söhne private Schulen und Universitäten, auf denen sie – chamäleonähnlich – die Spleens der Oberklasse übernahmen und jene Freundschaften begründeten, die ihnen den unbeschränkten Zugang sicherten, der ihren Eltern noch verwehrt war. Da die Verdienstmöglichkeiten in der Landwirtschaft ständig sanken, übernahmen hochwohlgeborene Briten einträgliche Direktorenposten, die we-

RECHTS UNTEN: **Der indische Salon im Marlborough House zu der Zeit, als Edward und Alexandra von Wales hier residierten. Nach ihrer Heirat wurde das große Wohnhaus zum Mittelpunkt der Londoner Society, aus der sich Queen Victoria in ihre erhabene Witwentrauer zurückgezogen hatte. Das königliche Paar kaufte auch Sandringham, ein großes Haus im wildreichen Norfolk, wo es Wochenenden und Weihnachten verbrachte.**

OBEN: **Eine Karikatur des Prinzen von Wales als eines Hahns inmitten von Hühnern. Dank seiner großzügigen Gattin konnte Edward seinem Bedürfnis nach gutem Essen und temperamentvollen Frauen mehr oder weniger ungeniert nachgehen.**

LINKS: **Der Krönungszug Edwards VII. (1902); dem Sohn Queen Victorias widerfuhr das Glück, ein kurzes Jahrzehnt lang zu regieren, in dem das britische Empire den Gipfel seiner Macht und seines Ansehens erreichte. Edward, ein Monarch von gargantueskem Format, zeigte sich gegenüber seiner eigenen Krönung, die ursprünglich auf 1901 angesetzt war, völlig gleichgültig. Obwohl er am Vorabend des Ereignisses an Bauchschmerzen litt, gab sich der König wie üblich der Völlerei hin, was eine Blinddarmentzündung zur Folge hatte, an der er beinahe starb. Bis seine Majestät sich wieder erholt hatte, waren die Heerscharen gekrönter Häupter und anderer Würdenträger nach Hause zurückgekehrt, manche bis nach Indien und Japan. Als die Zeremonie schließlich stattfand, hätte sie kaum glänzender ausfallen können, auch wenn es mehr königliche Besucher aus dem Ausland gegeben hätte.**

GANZ LINKS: ***Edward VII.*** **(Forbes Magazine Collection, New York) von Archibald Stuart Wortley (1849–1905).**

nig Arbeitsleistung beanspruchten. Sie zeigten sich auch den geschäftlichen Ratschlägen der Aufsteiger gegenüber aufgeschlossen, die diese ihnen gaben. Im Grunde war dieses Vorgehen der »Methode Dollarprinzessin« vergleichbar, bei der Adlige den Parvenüs ihren Namen und ihr Ansehen im Austausch gegen Geld, Vergünstigungen und Börsentips gaben. Sie waren nicht nur eine Zierde der Speisezimmer reichgewordener Bürgerlicher, sondern luden diese sogar in ihre häufig weniger opulenten Residenzen in der Stadt und auf dem Lande ein. Bald funkelten die Unternehmensvorstände und Tische der Reichen im Glanz erhabener Titel; die Gesellschaft wurde immer vielschichtiger. Doch was das London dieser Zeit vor allem zu einem Ort der Lebensfreude machte, war der Prinz und schließlich der König, der der britischen »jolly period« ihren Namen gab: *jolly Prince Bertie*.

Prinz Albert Edward, der spätere König Edward VII., war lebenslustig, gesellig, Veränderungen gegenüber ebenso aufgeschlossen wie schönen Frauen und dem Gesellschaftsleben, und er befand sich ständig in Geldnöten – zumindest bis zum Tod seiner langlebigen Mutter Queen Victoria. Obwohl er als ein Ausbund an Leichtlebigkeit erschien, bewies er als König bemerkenswerte außenpolitische Fähigkeiten. Zudem gelang es ihm, sich als eine Art von königlicher Sonne zu etablieren, um die alle anderen europäischen Monarchen kreisten. Zu Hause war er trotz seiner Skandale und seiner ausgedehnten Auslandsreisen überaus beliebt. Lord Granville lag mit seiner Vermutung gar nicht falsch, als er sagte, Edward werde geliebt, weil er alle jene Fehler habe, die den Engländern zugeschrieben würden.

Die Londoner Gesellschaft entwickelte sich schnell zu dem, was als »Marlborough House Set« bekannt werden sollte, benannt nach dem Wohnsitz des Prinzen von Wales, einem prachtvollen Gebäude von Christopher Wren an der Mall. Der Thronerbe und seine schöne und sanftmütige Frau Alexandra, eine Tochter des dänischen Königs Christian IX., vereinigten Gleichgesinnte in einem endlosen Reigen aus Banketten, Bällen, Opernaufführungen, Tanzveranstaltungen und

RECHTS: **Junge Damen, die zur Regierungszeit Edwards VII. und Königin Alexandras bei Hof vorgestellt wurden. Dieses jährliche Ritual leitete die Saison in London ein, während der Einladungen zum Lunch, Frühstück, Tee, Dinner, Ball und Pferderennen einander ablösten.; zu diesen Strapazen kamen noch Regatten und lange Wochenenden auf dem Land. Des Königs ausgeprägtes Interesse an Geld und sein chronisches Unterhaltungbedürfnis garantierten den Reichen und Erfolgreichen ebenso den Zugang zum Hof (einschließlich seiner Titel und Privilegien) wie den Hochgeborenen.**

UNTEN: **König Edward und Königin Alexandra bei ihrer Ankunft, um den Grundstein zum King's College Hospital zu legen.**

GEGENÜBER: ***Edward VII. empfängt vor seiner Krönung Maharadschas und Würdenträger*, von A. E. Harris (gest. 1917). Indische Hoheiten waren vermutlich das bunteste Element in der Junisaison in London. Sie trafen ein, um in Sandringham Polo zu spielen, ihre Pferde beim Rennen in Ascot laufen zu lassen und ihrem König und Kaiser ihre Aufwartung zu machen; er belohnte ihre Loyalität durch eine großzügige Verleihung von Orden und Titeln des britischen Empire.**

privaten Essen. Das Paar war so beliebt, daß buchstäblich alles, was es tat, nachgeahmt wurde. Wenn Bertie einen Rheumaanfall erlitt und beim Händeschütteln den Ellbogen an den Körper pressen mußte oder wenn Alexandra vorübergehend Beschwerden beim Gehen hatte, gab alle Welt ebenso eigentümlich die Hand und begann zu hinken. Und als der Prinz einmal vergaß, den obersten Knopf seiner Weste zu schließen, kreierte er damit eine Mode, die sich bis heute erhalten hat. Da er von öffentlichen Pflichten lange verschont blieb, konnte Prinz Bertie seine Freunde und Bekannten relativ freizügig auswählen. Die zwei Dinge, die er am meisten verabscheute, waren Unannehmlichkeiten und Langeweile. Das führte dazu, daß er sich häufig mit Menschen umgab, die darauf aus waren, ihn zu verwöhnen oder zu unterhalten. Thomas Lipton tat beides, und der deutsche Kaiser konnte einfach nicht verstehen, warum sein Onkel ständig »mit seinem Krämer Boot fuhr«.

Mit dem Kronprinzenpaar mithalten zu wollen, war ein extrem kostspieliges Vergnügen und trieb Höflinge wie Sir Christopher Sykes in den Ruin. Dessen Belohnung bestand darin, daß ihm Brandy über die Haare gegossen und Zigarren auf dem Handrücken ausgedrückt wurden, woraufhin der Prinz schallend lachte und Sykes stöhnte: »Wie Eure Königliche Hoheit belieben.« Die Atmosphäre war ausgelassen und übermütig, bis jemand seine oder ihre Stellung vergaß. Während einer recht derben Billardpartie auf Schloß Sandringham schlug der lustige Prinz einem Freund auf die Schulter und bemerkte leutselig: »Freddy, Freddy, du bist ganz schön betrunken.« Sir Frederick deutete auf Berties beleibte Taille und dröhnte: »Und Sie, Tum Tum (Bäuchlein), sind ganz schön fett.« Der Prinz erstarrte, im Zimmer war es plötzlich ganz still, ein Bediensteter wurde gerufen, und Sir Fredericks Koffer wurden gepackt.

Das Interesse des Prinzen von Wales am anderen Geschlecht war beachtlich und brachte ihn häufig in Schwierigkeiten. Nach einer Partie Baccarat im Marlborough House brach der Prinz mit seinen Freunden aus dem nahe gelegenen Marlborough Club – dessen Mitglieder von ihm handverlesen waren – gern zu nächtlichen Expeditionen zur Evan's Music Hall in Covent Garden auf, wo er die Mädchen hinter einem Wandschirm versteckt beobachtete, oder zum Wyn-Carrington's, um die Ballettmädchen in den Po zu kneifen. Anführer dieser Unternehmungen war der Marquis of Hastings; oft schickte der Thronfolger seine Kutscher nach Hause, um sich in öffentlichen Droschken unbeobachtet seinen Ausschweifungen hingeben zu können. In Paris tauchte er häufig inkognito als Earl of Chester oder Duke of Lancaster auf und war Stammgast in den *cabinets privés* im Maxim's sowie in seinem Lieblingsbordell Le Chabanais, dessen »Madame« stolz den eigentümlichen Sessel vorzeigte, auf dem sich die korpulenten Glieder Seiner Majestät zu exotischeren Positionen des Geschlechtsverkehrs verrenken konnten. La Goulue jubelte »Allo Wales«, wenn sie das Moulin Rouge betrat, und in der Maison Dorée erschien die bekannte Kurtisane Cora Pearl zu seinem höchsten Vergnügen nackt – bis auf eine Perlenkette und einen Petersilienstengel. Die Franzosen liebten den Prinzen wegen seiner amourösen Abenteuer und riefen: *»Vive Édouard, vive notre bon Édouard«*, sobald sie ihn irgendwo erblickten; das war keine Seltenheit, da er ein Stammgast der Theater und Varietés der Pariser Boulevards war. Bei einer Gelegenheit ging Seine Königliche Hoheit so weit, mit der legendären Sarah Bernhardt auf der Bühne zu erscheinen: als stummer, weil ermordeter Prinz.

Rechts: **Edward VII. bei einer seiner zahlreichen Einladungen auf ein Landgut, die er von den Reichen und den Hochgeborenen erhielt. Allerdings konnte es ebenso an den Nerven wie am Scheckbuch zehren, wenn man für diesen geselligen Monarchen Gastgeber spielen wollte. Selbst eine Gästeliste, die des Königs Beifall fand, ersetzte noch lange nicht eine Menge *savoir-faire* und Diplomatie. Edward, der nie ein Snob war, genoß die Gesellschaft seines »Jüdischen Hofkreises« aus erfolgreichen Bankiers und Unternehmern (den Rothschilds, Baron de Hirsch, Sir Ernest Cassel, Sir Albert Abdullah Sassoon), die er ohne Zögern in den Ritter- oder Adelsstand erhob. Die Küche mußte in der Lage sein, die Lieblingsgerichte des Königs zuzubereiten, wozu Austern, Kaviar, Wachteleier, schottischer Hummer sowie Jagdvögel, die mit Gänseleberpastete gefüllt und in einer üppigen Madeirasauce serviert wurden, gehörten. Die absolute Krönung aller Gerichte bestand für Edward jedoch in einem Truthahn, der mit einem Hühnchen gefüllt war, dieses wiederum mit einem Fasan, der mit einer Waldschnepfe und die zuletzt mit einer Wachtel, und alles zusammen als Pastete gebacken.**

Rechts: ***Die schönen Bogenschützen* (Royal Albert Memorial Museum, Exeter) von William Powell Frith (1819–1909). Wenn der rasch gelangweilte König am Wochenende im Landhaus eines Reichen weilte, ertrug er gelegentlich durchaus den Besuch eines anderen Staatsoberhauptes; stets aber bestand er auf der Anwesenheit unterhaltsamer, hübscher und sportlicher junger Frauen, vor allem solcher, die gut verheiratet waren.**

Die Saison

Wie Edward Gray sehr scharfsinnig bemerkte, war die Fähigkeit des britischen Thronfolgers, sein Leben zu genießen, »mit dem entschiedenen und starken Wunsch gepaart, daß sich alle anderen ebenfalls ihres Lebens erfreuten«. Im Gegensatz zum äußeren Schein, er widme sein Leben ausschließlich dem Vergnügen, besaß Edward ein ausgeprägtes Pflichtbewußtsein und ein aufrichtiges – allerdings häufig enttäuschtes – Verlangen, seinem Land zu dienen. Er verfügte auch über beträchtliche Energien, die – da er sie anders nicht ausleben konnte – dazu führten, daß London in der Saison ein extrem vergnügliches Pflaster war. Im Frühjahr und zu Beginn des Sommers gab es eine Fülle gesellschaftlicher und sportlicher Ereignisse, die mit der Regatta in Cowes Anfang August ihren Höhepunkt fanden. Die klare Aufgabentrennung – Queen Victoria herrschte über das Empire, der Prinz von Wales über die Gesellschaft – war einmalig, und sie förderte eine Offenheit und Zwanglosigkeit, die nirgendwo sonst in Europa zu finden war – und auch nicht in den angeblich so demokratischen Vereinigten Staaten. Im *Edwardian England* lautete das Motto *inclusion* (Einbeziehung), zu einer Zeit, in der gesellschaftlich orientierte New Yorker vor allem um *exclusion* (Ausgrenzung) bemüht waren. Das erklärt, warum es von Mitte Mai an keine freien Kabinensuiten auf den großen Überseedampfern gab.

Amerikaner, die nicht am ersten Torwächter der Wiener Hofburg vorbeigekommen wären, konnten ihre Töchter am britischen Hof vorstellen – ein Ritual, das traditionell das erste größere Ereignis der Saison war. Im Mai rollten die Kutschen vor elf Uhr an der Wageneinfahrt des Buckingham Palace vor, und die Töchter und ihre Eltern wurden von Palastangestellten in Hoflivree mit Kniebundhosen, scharlachroten Schoßröcken, goldenen Tressen und Orden die große Freitreppe hinaufgeleitet. Die Debütantinnen in langen weißen Kleidern mit Schleppe in vorgeschriebener Hoflänge und drei weißen Federn als Haarschmuck, wurden in einen Warteraum geführt, um dann eine nach der anderen vor der gesamten britischen Königsfamilie in einem tiefen Hofknicks zu versinken. Nachdem sie sich wieder erhoben hatten, mußten sie sich rückwärts zum Ausgang begeben – keine leichte Aufgabe mit einer Schleppe, in der sie sich bei jedem Schritt leicht hätten verheddern können. Es wurden einige Erfrischungen gereicht, und dann begaben sich alle zum Frühstücken in die großen Häuser und Botschaften von London.

Wochenenden auf dem Lande

Der Präsentation der Debütantinnen folgte eine schier endlose Folge von Veranstaltungen. Lady Dorothy Neville erinnerte

LINKS UND UNTEN: **Blenheim Palace, das größte Privathaus in Großbritannien, war King Edwards bevorzugter Aufenthaltsort an Wochenenden. Da es größer als andere Landhäuser seiner Art war, verkörperte das aus dem 18. Jahrhundert stammende Bauwerk genau das Milieu, in dem die Auserwählten der Goldenen Gründerzeit ihre von Sport, Politik, Hochfinanz, Schlemmerei und amourösen Abenteuern angefüllten Wochenenden genossen.**

sich an eine Saison, in der sie an 50 Bällen, 60 Parties, 30 Dinners und 25 »Frühstücken« am Nachmittag teilgenommen hatte – ganz zu schweigen von den Empfängen während der Wochenenden auf dem Land, in denen sich erschöpfte Salonlöwen und -löwinnen von der anstrengenden Woche in der City erholen wollten. Die begehrtesten Parties waren selbstverständlich die, an denen auch der Prinz und die Prinzessin von Wales teilnahmen. Für sie wurde oft das ganze Haus renoviert – eine Ausgabe, die sich manche Gastgeber kaum leisten konnten. Die Wochenenden begannen am Samstagnachmittag, wenn die Gäste und ihre Diener mit dem Zug eintrafen, um den Rest der Reise mit Pferd und Wagen zurückzulegen.

Wenn sie zu ihren Zimmern geleitet wurden, fanden die Gäste ihren Namen in silbernen Rahmen an der betreffenden Tür. Das war eine durchaus sinnvolle Vorkehrung für einen erfolgreichen Verlauf des Wochenendes, dessen hauptsächlicher Zweck in nächtlichen Rendezvous bestand; es hätte sich für einen Gentleman nicht geschickt, in den frühen Morgenstunden den Raum der falschen Lady zu betreten. Es gab ein ganzes Spektrum sorgsam durchdachter Signale, die vor den Türen auf »Freie Fahrt« oder »Sturmgefahr« hinwiesen. Nach der Ankunft auf dem Landsitz packten die Diener unter Mithilfe des örtlichen Personals die Koffer der Gäste aus, bügelten die Kleidung und legten die Teile bereit, in denen die Herrschaften zum Fünf-Uhr-Tee erschienen, der bei günstigem Wetter in Pavillons in den klassisch angelegten Gärten serviert wurde. In vielen Fällen wurden Prachtzelte aufgestellt, zu denen Diener in langer Prozession silberne Tabletts mit Kuchen, Gebäck, Sandwiches und silbernem Teegeschirr über den makellos geschnittenen Rasen trugen. Herrschte schlechtes Wetter, kam man im elegant eingerichteten Wohnraum zusammen, in dem die Holzscheite im Kamin behagliche Wärme verbreiteten. Zu gegebener Zeit kehrte man wieder in die oberen Gemächer zurück, wo inzwischen Zinkbadewannen aufgestellt und mit heißem Wasser gefüllt worden waren.

Das Abendessen geriet auch auf dem Lande zu einer so hochoffiziellen Angelegenheit wie in London; jedem war sein Platz strikt protokollgemäß zugeteilt. Das bedeutete, daß der Prinz und die Prinzessin von Wales wie jeder andere königliche Gast auch das ganze Wochenende lang denselben Tischpartner hatten. Der Langeweile konnte oft nur durch drastische Scherze abgeholfen werden – etwa Käse mit Seife zu vertauschen, ein Einfall, der Consuelo, Herzogin von Marlborough, in Blenheim großes Vergnügen bereitete. War königlicher Besuch angesagt, mußte die Liste der anderen Gäste neu begutachtet werden, was zur Streichung mancher Namen führte. Ein beliebtes Opfer war William Waldorf Astor, den

GANZ RECHTS: **Der außergewöhnlich elegante Verkaufsraum des Hauses Fouquet in der Rue Royale 6 in Paris**

wurde von dem spanischen Künstler Alfonso Mucha im Jahre 1901 geschaffen.
UNTEN: **Der Maharadscha von Patiala zählte zu Cartiers wichtigsten Kunden; hier trägt er ein Perlenhalsband sowie einen mit Diamanten und Rubinen besetzten Turbanschmuck, die beide im Stammsitz des Unternehmens an der Place Vendôme entworfen und hergestellt wurden.**
OBEN UND MITTE: **Zu den Spezialitäten von Bapst und Falize gehörten antikisierende Armbänder, während Castellani in Rom Kamee-Broschen fertigte, die sichtlich griechischen und römischen Vorbildern nachempfunden waren.**

der Prinz von Wales »zu langweilig« fand. Nach dem Dinner standen Billardpartien, Kartenspiele, Unterhaltung und Musik auf dem Programm. Ungeachtet des üppigen Dinners, das vom Hauspersonal und den mitgebrachten Dienern gemeinsam serviert worden war, gab es später noch Sandwiches, Früchte, Kuchen und Drinks, ehe man sich zur Ruhe begab.

Ohne die Anwesenheit des Thronfolgerpaares waren die Wochenenden zwar weniger großartig, aber auch beträchtlich entspannter, da die Gastgeberinnen nicht den eisigen Wind königlicher Langeweile zu fürchten hatten. Edward und Alexandra revanchierten sich selbstverständlich großzügig mit Einladungen nach Sandringham oder Windsor – hier besonders während der königlichen Rennwoche in Ascot – und durch viele Bälle in Marlborough House. Sie waren die bemerkenswertesten der Londoner Saison. Der Abend begann damit, daß die Gäste in der Halle von einem Pagen in schottischem Plaid begrüßt und an Diener in scharlachroten Röcken mit gepuderten Perücken weitergeleitet wurden. Nachdem ihnen ein Pförtner in kurzem roten Mantel mit Lederschärpe über der Schulter die Mäntel abgenommen hatte, wurden die Gäste von einem Pagen in dunkelblauem Rock und schwarzen Hosen die Treppe hinaufgeführt. Zu einem Maskenball am 21. Juli 1872, für den Sir Frederick Leighton Marlborough House dekoriert hatte, erschienen mehr als 1400 Gäste im Kostüm. Der Prinz trat mit Lockenperücke und schwarzem Hut mit Federn als Charles I. auf, und Disraeli fand den Ball »großartig, prachtvoll und phantastisch«.

Die großen privaten Londoner Bälle fanden vermutlich ihren Höhepunkt in der Kostümpracht, die von der Herzogin von Devonshire aus Anlaß des Diamantenen Thronjubiläums von Queen Victoria 1897 inszeniert wurde. Dreitausend Einladungen wurden zu einer Zeit ausgesandt, in der die britische Hauptstadt von adligen Besuchern aus allen Teilen der Welt förmlich wimmelte. Die Gäste der Herzogin ließen sich nicht lumpen: Jeder von ihnen gab etliche hundert Pfund für sein Kostüm aus und holte die größten Edelsteine aus der Schatztruhe. »Allegorische oder historische Kostüme aus der Zeit vor 1815« war das Motto; die Gastgeberin hatte darum gebeten, soweit wie möglich historische Reihenfolgen von Regenten zu bilden. Der Prinz von Wales erschien als Großprior des Johanniterordens und Prinzessin Alexandra als Marguerite de Valois, der Herzog und die Herzogin von Westminster kamen als Kaiser Karl V. und Fürstin Zenobia von Palmyra. Die beiden fürstlichen Ehepaare nahmen auf der großen Freitreppe der Herzogin unter anderem die Reverenzen von drei Königinnen von Saba, zwei Kleopatras sowie die einer lebendigen Lady Grey und von Mrs. Arthur Paget entgegen. Letztere kam aus den Vereinigten Staaten und war »eine wundervolle Studie in Weiß und Gold und buchstäblich mit Juwelen übersät«.

SCHMUCK UND JUWELEN

Für Schmuck war die zweite Hälfte des 19. Jahrhunderts eine der glänzendsten Zeiten seit Einrichtung der Medici-Werkstätten im Florenz der Renaissance. In den Minen Südafrikas wurden außergewöhnlich schöne Steine gefördert; in den Juweliergeschäften an der Rue de la Paix erschienen reihenweise Maharadschas mit großen Mengen ererbten Familien-

OBEN: **Im Hauptverkaufsraum bei Tiffany's in der Fifth Avenue in New York erstanden einst die Reichen Amerikas die juwelenbesetzten Kleinigkeiten, die sie in den Dinner-Servietten ihrer Gäste zu verstecken pflegten. Hier befand sich auch das weltweit größte Lager an erstklassigen Diamanten, und Louis Comfort Tiffany, der Sohn des Firmengründers, war ein brillanter Schmuck-Designer.**

schmucks, um ihn dem zeitgenössischen Geschmack entsprechend umarbeiten zu lassen. Die Blüte des Kunstgewerbes hatte nicht nur eine neue Generation von Designern hervorgebracht, sondern überall in der Welt waren reiche Kunden darauf aus, ihren Ehefrauen und Geliebten Geschenke zu machen, die einen Rückschluß auf die eigene Zahlungsfähigkeit zuließen. Als Folge dieser gestiegenen Nachfrage traten große Juweliere ins Licht der Öffentlichkeit, um ihre Talente und Dienste anzubieten: Cartier, Mellerio, Boucheron, Lalique und Georges Fouquet. Der letztere ließ die Fassade seiner Geschäftsräume an der Rue Royale von dem Jugendstilmaler Alphonse Mucha gestalten. Diese Juweliere konnten auf die Fähigkeit und die Erfindungsgabe erfahrener Werkstätten zurückgreifen. Mit ihrer Hilfe wurde Paris gegen Ende des 19. Jahrhunderts zum unbestrittenen Zentrum der Schmuckherstellung, auch wenn sich St. Petersburg der prachtvollen Kreationen von Fabergé, Tillander, Owtschonnikow sowie vieler anderer kleinerer, aber interessanter Designer rühmen konnte, die alle sowohl für den Hof als auch für das neue Bürgertum arbeiteten.

Bei den Entwürfen wetteiferten historisierender Eklektizismus und der von der Natur inspirierte Jugendstil miteinander. Castellani und Giuliano waren die herausragenden Vertreter der eklektizistischen Richtung. Die Castellani begannen als Goldschmiede im Erdgeschoß des Palazzo Raggi in Rom, ließen sich dann von antiken Schmuckstücken inspirieren, die bei Ausgrabungen in Italien gefunden worden waren. Ihre neuen alten Stücke zeigten sie zusammen mit antiken griechischen und römischen Vasen in einem Geschäft an der Piazza Fontana di Trevi. Wohlhabende Touristen zeigten sich von diesen goldenen Souvenirs begeistert, die oft mit winzigen Mosaiken und Halbedelsteinen verziert waren und Erinnerungen an die klassische und byzantinische Welt wachriefen. Carlo Giuliano fertigte weniger originalgetreue Schmuckstücke nach antiken Vorbildern, die er – wie Castellani – in den sechziger Jahren des 19. Jahrhunderts auch in London an britische Juweliere verkaufte, bevor er am Piccadilly Nr. 115 ein eigenes Geschäft eröffnete. In Paris war wohl Eugène Fontenay der führende Exponent dieser Rückkehr in die Antike; sein überaus begabter Schüler Henri Vever trat in seine Fußstapfen, bevor er dazu überging, Jugendstil-Kunstwerke in Gold und Email zu schaffen.

Griechischer Schmuck kam im letzten Jahrzehnt des Zweiten Kaiserreiches groß in Mode; Kaiserin Eugénie wurde bei Fontenay ebenso Kundin wie einige orientalische Herrscher. Für den Schah von Persien besetzte der französische Juwelier die Schmuckstücke mit größeren Edelsteinen, die von Fontenays Partner Joseph Halphen geliefert wurden. Weitere französische »Antiquitätenhändler« waren Mellerio und Baugrand, doch die zweifellos bemerkenswerteste Hommage an

UNTEN: **Der größte Designer der Nouveau Art war jedoch René Lalique; hier eine Email- und Goldbrosche von ihm – zwei Mädchen und Schwalben.**

GANZ UNTEN: **Ein Giuliani-Goldarmband, von antikem griechischen Schmuck inspiriert, erscheint im Vergleich dazu zahm.**

Rechts Mitte: **Alfred Cartier, hier mit seinen Söhnen Louis, Pierre und Jacques, schuf vor dem Ersten Weltkrieg ein wahres Weltreich erstklassigen Schmuckes, mit Niederlassungen in Paris, London und New York. Die Cartiers waren auch im zaristischen Rußland sehr rührig.**
Unten: **Die Großfürstin Vladimir – hier in einem historischen Bojarenkostüm anläßlich des letzten und größten Empire-Kostümballs im Jahre 1908. Cartier schuf ihren außergewöhnlichen Kopfschmuck und verkaufte ihr auch den Smaragd von 107 Karat, als Brosche gefaßt. Nach der russischen Revolution von 1917 erwarb Cartier viele der vorher verkauften Prachtstücke zurück, wodurch er zahlreichen vornehmen Damen einige sorgenfreie Jahre im Exil ermöglichte.**

die Antike war die Arbeit des Londoner Juweliers Hancock, der die weltberühmte Sammlung antiker Kameen des Herzogs von Devonshire umarbeitete. Hancock faßte sie in emailliertes Gold und fertigte aus ihnen ein Ensemble, das von der Countess Granville zur Krönung des russischen Zaren Alexander II. getragen wurde. Die Gräfin war die Frau des Neffen des Herzogs von Devonshire, der als britischer Botschafter am Zarenhof diente. Sogar die Russen, die über die prachtvollsten Juwelen verfügten, waren von dem Schmuck begeistert, zu dem ein Diadem, ein kleineres Krönchen, ein Collier, eine Halskette, ein Armband und ein Kamm gehörten.

Die Wiederentdeckung des Emaillierens wurde zu einer der großen Errungenschaften der Schmuckherstellung in der zweiten Hälfte des 19. Jahrhunderts und ein Beispiel dafür, daß der Eklektizismus seine Anregungen nicht nur aus der Antike, sondern auch aus dem Mittelalter und der Renaissance bezog. Französische Meisteremailleure, die sich mit ihren Entwürfen auf Vergangenes beriefen, waren Lucien Falize, Cartier und Christofle. Ihre Arbeiten wurden jedoch von den Meisterwerken von Peter Carl Fabergé übertroffen, der Bilderrahmen, Zigarettenetuis, Schatullen in Ostereierform, Taschenuhren, Spazierstockgriffe, Manschettenknöpfe und sogar Tischglocken in allen Farben des Regenbogens schillern ließ. Ihren besonderen irisierenden Glanz erhielten diese Schmuckstücke durch unterlegte Muster, die in Silber und Gold graviert waren und durch Diamanten und andere Edelsteine betont wurden. Während Eltern diese raffinierten Kunstgegenstände bei Fabergé in der Nähe des Newskij-Prospekts in St. Petersburg kauften, spielten ihre Kinder mit kleinen Tieren, die Fabergé aus Halbedelsteinen schnitt, die in großer Fülle in den russischen Gebirgen gefunden wurden. Auch wenn Fabergé seinen Schmuck durchaus mit Jugendstilelementen versah, orientierte er sich doch hauptsächlich am 18. Jahrhundert, um dem Geschmack seiner Klientel zu entsprechen.

Lalique, Tiffany und Cartier

Auf dem Gebiet des Jugendstilschmucks kam niemand an die herrlichen Entwürfe von René Lalique heran, der ohne Übertreibung mit Benvenuto Cellini verglichen werden kann, dem großen Goldschmied der Renaissance. Doch während Cellini ausschließlich kostbare Materialien verwendete, griff Lalique zu Horn, Kristall, Glas und Halbedelsteinen wie Amethyst, Opal und Aquamarin. Wenn Diamanten überhaupt auftauchten, dann waren sie bewußt winzig, um nur einen Hauch von Glitzern hervorzurufen. Wie alle Jugendstilkünstler suchte sich Lalique seine Vorbilder in der Natur und fand dort die herbstlichen Blätter, Baumwurzeln, Blütenblätter, Blumen, Schmetterlinge, Schwäne und Schlangen, die so zahlreich in seinen Entwürfen vertreten sind. Lalique, dessen technische Neuerungen auf dem Gebiet der Schmuck- und Glasherstellung mannigfach waren, konnte die alltäglichsten Dinge auf magische Weise verzaubern und Kunstwerke von feinster Anmut schaffen. Er war einer der Stars auf den Weltausstellungen; Kritiker hielten ihn nach Vever und Fouquet für den herausragendsten Designer seiner Zeit. Vever und Fouquet machten im Gegensatz zu ihm jedoch ausgiebigen Gebrauch von Gold, Perlen und kostbaren Edelsteinen. Laliques

großes Verdienst bestand darin, mit der Vorstellung aufgeräumt zu haben, schöner Schmuck müsse ausnahmslos aus kostbaren Materialien gefertigt sein.

Doch wie wunderschön Laliques Arbeiten auch sein mochten, die meisten Ehefrauen der neuen Reichen zogen kostspieligen Schmuck dem künstlerisch wertvollen vor und strebten den Geschäften von Tiffany und Cartier zu. Tiffany eröffnete sein Unternehmen 1837 in New York und war bald bekannt für seine großen, unschätzbaren Steine. Die Firma kaufte Diamanten und andere Edelsteine von adligen Großgrundbesitzern wie dem Fürsten Esterházy auf, darunter auch einmal einen Diamantengürtel, der Königin Marie Antoinette gehört haben soll. Aus solchen Steinen schuf Tiffany dann Kreationen wie die »Pfauenfeder«, einen Haarschmuck mit einem gelben Diamanten von 30 Karat, umgeben von einer gefiederten Inkrustation aus 600 kleinen weißen Diamanten. Wurden große Edelsteine aus Kimberley angeboten, war Tiffany der erste in der Schlange der Interessenten; der bedeutendste Kauf war der Tiffany-Diamant von 287,4 Karat, der noch heute der Stolz des Juweliergeschäfts ist. 1887 erwarben die Juweliere den größten Teil der französischen Kronjuwelen, die von Kaiserin Eugénie auf der Flucht zurückgelassen worden waren; in diesem Jahr lagen in ihren Gewölben Edelsteine im Wert von 40 Millionen Dollar. Tiffany und Co. hatten Verkaufsräume in London und Genf und belieferten Königshäuser in Europa und Asien mit dem gleichen Eifer, den sie auch amerikanischen Erbinnen gegenüber an den Tag legten. Das Unternehmen betätigte sich jedoch nicht nur als Juwelenhändler für die Superreichen, sondern beschäftigte auch ausgezeichnete Designer – besonders nachdem Louis Comfort Tiffany, der Sohn des Gründers, 1902 in das Geschäft eintrat, der selbst hervorragenden Jugendstilschmuck schuf.

Wenn es jemanden nach den besten Steinen und den besten Entwürfen verlangte, dann mußte er zu Cartier gehen, dem König der Juweliere für die ganz großen Anlässe. 1847 von Louis-François Cartier in Paris gegründet, der in den 70er Jahren seinen Sohn Alfred in das Unternehmen aufnahm, richtete sich das Haus ursprünglich nach dem Geschmack der französischen *Nouveaux Riches*. Doch mit dem Eintritt von Alfreds Söhnen Louis, Pierre und Jacques begann sich die Firma sprunghaft zu entwickeln. Die drei wurden um die ganze Welt geschickt, um wertvolle Materialien einzukaufen und die wunderschönen Produkte der internationalen Klientel zum Kauf anzubieten. 1888 eröffneten sie ein großes Geschäft an der Rue de la Paix, dem 1902 eines an der New Bond Street in London folgte. Sechs Jahre später übernahm Pierre die Leitung eines neuen »Salon« an der Fifth Avenue in New York; auch in St. Petersburg wurde mit Unterstützung der Großfürstin Xenia, des Großfürsten Wladimir und des Fürsten Felix Jussupoff eine Filiale gegründet.

Louis Cartier, der für die Entwürfe des Hauses verantwortlich war, verfügte über einen ausgezeichneten Geschmack. Er entwickelte den elegant geschwungenen Girlandenstil, der an den Glanz des 18. Jahrhunderts erinnerte, und die *Pendulettes mystérieuses*, die scheinbar ohne jeden Mechanismus die Zeit anzeigten. 1910 nahm Louis Cartier eine ungemein begabte Designerin in sein Geschäft auf, Jeanne Toussaint. Madame Toussaint und Louis Cartier bezogen ihre Anregungen aus dem alten Ägypten, China, Indien und Rußland, und ihre engen Beziehungen zu indischen Maharadschas und russischen Großfürsten – als Käufer wie auch Verkäufer – gaben dem Haus einen unvergleichlichen Hauch von Opulenz.

Die Sportsaison

Eine weniger prunkvolle, aber nicht weniger elitäre Klientel beteiligte sich an den Tagesaktivitäten der geschäftigen Londoner Sommersaison. Jedoch waren es eher Hüte als Schmuckensembles, die bei dem alljährlichen Hauptereignis der britischen Oberklasse Aufsehen erregten: der einwöchigen Rennsport- und Modenschau Mitte Juni, die allgemein unter dem Namen Royal Ascot bekannt ist. Ascot liegt in der Nähe von Windsor, und während der Rennwoche platzte das Schloß vor Gästen buchstäblich aus den Nähten. Nur besondere Einladungen gewährten Zugang zu dem königlichen Bereich, in dem die Gentlemen Frack und Zylinder trugen, während die Ladies Roben von Worth, Patou und anderen zur Schau stellten. Der große Moment von Ascot war – und ist – der Einzug der königlichen Familie, die in Kutschen und unter Hochrufen der Zuschauer die Rennbahn entlangfuhr. Das abschließende Ereignis der dreimonatigen Saison fand in Cowes statt. Mitte August nahm jede Millionärs- und Aristokratenjacht Kurs auf die Isle of Wight. Die großartige Regatta fand unter der Schirmherrschaft des Prinzen von Wales statt. Bertie trat mit seiner 122-Fuß-Jacht *Britannia* gegen Thomas Lipton an und stolzierte in seiner Marineuniform über den Rasen des Jachtclubs, an jedem Arm eine Schönheit.

Abschied

Am Ende der Saison wurden die Möbel mit Tüchern abgedeckt, Silber- und Goldteller in Schatztruhen verstaut, die Sommergarderobe eingemottet und die Fenster fest verschlossen. Danach verfielen viele große Londoner Häuser in eine Art Winterstarre. Nach der Regatta von Cowes begab sich Bertie zu seinen Kuren in Marienbad, Karlsbad, Bad Homburg und Baden-Baden, bevor er Erholung in der frischen Luft von Biarritz suchte. Aber alle diese Therapien konnten dem *Jolly King* kein ewiges Leben geben. König Edward VII. starb 1910 im Alter von 69 Jahren.

Die Goldene Gründerzeit hielt noch eine Weile länger an. Doch Europa taumelte unausweichlich in einen verheerenden Krieg, der seine alte Ordnung wie auch die Goldene Gründerzeit zu einem blutigen Ende bringen sollte. 1917 begannen die Vereinigten Staaten eine führende Rolle als Weltmacht zu spielen, aber ihre Goldene Gründerzeit endete am Schwarzen Dienstag 1929.

OBEN UND GEGENÜBER: **Ein Cartier-Diadem aus dem Jahre 1910 und ein eng anliegendes »Choker«-Halsband von 1908, beide aus Platin und Diamanten gefertigt, wurden im höchst geschätzten »Girlanden-Stil« entworfen, der vor dem Ersten Weltkrieg besonders gefragt war. Reiche und adelige Damen sowohl aus den USA als auch aus Europa hätten sich auf Bällen ohne derartigen Schmuck nackt gefühlt. Cartier bezog seine Anregungen aus allen Teilen der Welt und von allen Zivilisationen.**

Epilog

Es scheint erst gestern gewesen zu sein, daß Jean Paul Getty auf die Frage, wie man sich als einziger Milliardär der Welt fühlt, antwortete, auch eine Milliarde Dollar sei nicht mehr das, was sie einmal war. Ende 1991 gab es 311 Exemplare dieser Spezies auf der Welt, aber die einzigen Nachkommen der Wirtschaftsmagnaten aus der Goldenen Gründerzeit, die in der entsprechenden Liste des Magazins *Fortune* auftauchen, sind Baron Edmond de Rothschild und William Randoph Hearst jr., der erste mit 1,1 Milliarden Dollar auf Platz 189, der zweite mit 3,4 Milliarden auf Rang 42.

Die Ursachen für den Niedergang der finanziellen Giganten Amerikas waren vor allem Unfähigkeit in Kombination mit den Erbschafts- und Einkommensteuern. In der Regel nahmen die Energien, die von den Patriarchen in so hohem Maß bewiesen wurden, in den folgenden Generationen kontinuierlich ab; die Nachkommen konzentrierten sich weit mehr auf das Geldausgeben als auf das Geldeinnehmen. Wenn sich Nachfahren mit der Geschäftstüchtigkeit ihrer Ahnen messen wollten, landeten sie in den meisten Fällen katastrophal teure Flops. Da es kein striktes System des Erstgeburtsrechts gab, wurden Vermögen immer wieder aufgeteilt, bis sie sich schließlich auflösten. Auch die Weltkriege trugen zur Zerstörung von Vermögen, besonders in Europa, bei, wo Besitz vernichtet, Grenzen neu gezogen und Regierungen gestürzt wurden. Die immensen Kosten von Zerstörung und Wiederaufbau konnten nur durch immer höhere Steuern aufgefangen werden. Zudem hielten die Nachdepressionsregierungen der Demokraten in den USA ebenso wie die sozialistischen europäischen Regierungen ererbten Reichtum für suspekt und erließen Bestimmungen, die »verdientes« Vermögen gegenüber »unverdientem« bevorzugten, sowie umfangreiche Gesetze, um die ihrer Meinung nach dem Kapitalismus immanenten Auswüchse einzuschränken.

Auch die Gemeinnützigkeit spielte eine große Rolle bei der Auflösung großer Privatvermögen, da riesige Summen einst verdienten Geldes in Spenden und Stiftungen eingingen. So wurde fast der gesamte Reichtum Andrew Carnegies für ein internationales Netz von Bibliotheken, Vortragssälen und die Carnegie Tech ausgegeben. Die Astors gaben New York zum größten Teil das zurück, was sie an der Stadt verdient hatten. Auch die Rockefellers waren in vielen Bereichen des Gemeinwohls außerordentlich großzügig, während die Ford Foundation eine bedeutende Rolle bei der Förderung junger Wissenschaftler gespielt hat.

In den meisten Fällen blieb reichen amerikanischen Familien gar nichts anderes übrig, als gemeinnützige Stiftungen zu gründen, wenn sie dem langen Arm der Finanzbehörden entgehen wollten. Alles in allem haben sich die Dinge so schlecht nun auch wieder nicht entwickelt. Die Öffentlichkeit hat von den Reichtümern, die von wenigen angehäuft wurden, profitiert; nach dem Zweiten Weltkrieg konnten sich die Industriestaaten der längsten Friedensperiode und der dauerhaftesten Phase wirtschaftlicher Expansion erfreuen, die sie je gekannt hatten. Es war eine neue multinationale Welt unter der im großen und ganzen positiven Dominanz der USA; die »Blöcke« befanden sich durchaus in einer gewissen Balance, ehe der ungeheure Geldtransfer aus Europa, den USA und Japan in ein paar winzige Wüstenfürstentümer erfolgte. Hunderte von Dollarmilliarden wurden rund um die Uhr rund um die Welt getelext, statt langfristig investiert zu werden.

Die Lösung, die Ronald Reagan, der 40. Präsident der USA, und seine enge Verbündete Margaret Thatcher, die britische Premierministerin, anboten, war eine Rückkehr zum wirtschaftlichen Liberalismus von Adam Smith. Diese beiden mächtigen Politiker wollten aus den achtziger Jahren des 20. Jahrhunderts die neunziger Jahres des 19. Jahrhunderts machen und glaubten allen Ernstes, daß die Wohlhabenden härter arbeiten und mehr investieren würden, wenn sie weniger Steuern zahlen mußten und weniger reglementiert wurden. Sie schafften Kontrollmechanismen ab, die im Lauf von Jahrzehnten geschaffen worden waren, und brachten die Aktienmärkte zum Kochen, während gleichzeitig neue Vermögen durch Übernahmen und den Handel mit geborgtem Geld im 24-Stunden-Wechselverkehr angehäuft wurden.

Im Hinblick auf Prunk und Pracht hatten die achtziger Jahre des 20. Jahrhunderts sehr viel mit den Neunzigern des 19. Säkulums gemein, da die Frauen neureicher Financiers wieder miteinander wetteiferten, eine neue Gesellschaft zu schaffen und anzuführen. Europa zeigte sich wie schon früher weit weniger flexibel, aber in New York schien Ward McAllister in John Fairchild wiedergeboren zu sein, dem Verleger von *Women's Wear Daily*, der darüber urteilte, wer in der Gesellschaft *in* oder *out* war. Er spaltete New York City in einander befehdende Gruppen und motzte Fotos eleganter Ladies auf, erfand eine »Nouvelle Society«, eine Art zeitgenössischer Vierhundert, und bildete reihenweise lächelnde, gutbetuchte Leute ab, die tonnenweise Geld in Manhattan ausgaben. Verständlicherweise spielte Kleidung eine große Rolle in Fairchilds neuer Welt, und der Couturier wurde ebenso wie der Innenausstatter zum Trendsetter. Philanthropie wurde zur Manie. Jeder riß sich darum, Flügel an Museen anbauen oder immer elegantere Benefizveranstaltungen zu immer höheren Preisen veranstalten zu dürfen. In den Ballsälen der Hotels und in den Logen der *Metropolitan Opera* glitzerten wieder edle Steine. Und wieder führte eine Mrs. Astor die Gesellschaft an, doch zum großen Glück der Stadt verfügte sie diesmal über Klugheit, Charme, Begabung, Bescheidenheit, Großzügigkeit und aufrichtige soziale Anteilnahme.

Brooke Astor war eine seltene Gnade in dieser protzigen Periode, ein Lichtblick unter all dem Glitzertand. Doch sie allein konnte mit den hartnäckigen Problemen zunehmender Arbeitslosigkeit, allgegenwärtiger Bettler, veralteter und unterbesetzter Krankenhäuser, die von Aids-Patienten überlaufen wurden, unfähiger Sozialbehörden und der vielen Analphabeten und Benachteiligten nicht fertig werden. Das Land ließ sich von dem beherrschen, was der Ökonom John Kenneth Galbraith so brillant als »Kultur der Zufriedenheit« definiert hat, in der die Behaglichkeit und Sicherheit einer großen Mittel- und Oberschicht von Politikern beider Parteien zum Schaden einer entrechteten, zunehmend ärmeren Unterklasse verewigt wird, die aus verzweifelter Trägheit und einem Mangel an wirklich verpflichteten Interessenvertretern kaum zur Wahl geht.

Was die neunziger Jahre des vergangenen mit den achtziger Jahren des jetzigen Jahrhunderts wirklich gemein hatten, war die »auffallende Konsumbereitschaft«, die von Thorstein Veblen so amüsant in seiner klassischen Abhandlung *The Theory of the Leisure Class* beschrieben worden ist. Nach Veblen ist Prosperität eine Trophäe des Erfolgs und die Zurschaustellung von Wohlstand ein Merkmal der gesellschaftlichen Stellung. Aber Veblens Humor bekommt einen bitteren Nachgeschmack, wenn er zu den unvermeidlichen Gaunern kommt, den gefährlich glatten Spekulanten, die in der zweiten Goldenen Gründerzeit ebenso anzutreffen sind wie in der ersten:

Der Dieb oder Schwindler, der durch seine Vergehen großen Reichtum erwirbt, hat eine bessere Chance, der rigorosen Strafe der Gesetze zu entkommen, als der kleine Dieb. Aus seinem vergrößerten Wohlstand erwächst ihm sogar ein guter Leumund zu, wenn er seine unanständig erworbenen Besitztümer auf anständige Weise ausgibt. Welch bessere Beschreibung könnte es für den verstorbenen Robert Maxwell, Alan Bond, Adnan Kashoggi und weitere »Helden« des letzten Jahrzehnts geben, die jahrelang mit ihren Betrügereien durchgekommen sind!

Sowohl die neunziger Jahre des letzten wie die achtziger Jahre dieses Jahrhunderts hatten keinen Mangel an skrupellosen Wirtschaftsmagnaten. Der große Unterschied bestand jedoch darin, daß die Geschenke der neunziger Jahre des vergangenen Jahrhunderts Optimismus, Hoffnung und die industrielle Grundlage des 20. Jahrhunderts waren, während die des vergangenen Jahrzehnts Schuldenberge, wackelnde Märkte, intensive Ängste und das Fehlen jeder positiven Zukunftsvision zu sein scheinen.

Bibliographie

Allfrey, Anthony. *Edward VII and His Jewish Court.* London: Weidenfeld & Nicolson, 1991.
Amory, Cleveland. *Who Killed Society?* New York: Harper, 1960
– *The Last Resorts.* New York: Harper, 1952.
Andrews, Wayne. *Architecture, Ambition and Americans.* London: Collier-Macmillan, 1964.
– *The Vanderbilt Legend.* New York: Harcourt, Brace, 1941.
Auchincloss, Louis, *J. P. Morgan: The Financier as Collector.* New York: Abrams, 1990.
Baedecker, Dietrich. *Alfred Krupp und die Entwicklung der Gußstahlfabrik zu Essen.* Essen, 1889.
Balsan, Consuelo Vanderbilt. *The Glitter and the Gold.* New York: Harper, 1952.
Beebe, Lucius, *The Big Spenders.* Garden City, New York: Doubleday, 1966.
Behrens, C. B. A. *The Ancien Régime.* New York: Harcourt Brace Javonovich, 1967.
Behrman, S. N. *Duveen.* New York: Random House, 1951.
Bernstein, Victor Heine. *Final Judgment.* New York, 1947.
Birmingham, Stephen. *America's Secret Aristocracy.* Boston und Toronto: Little, Brown, 1987.
– *California Rich.* New York: Simon and Schuster, 1980.
– *Our Crowd.* Boston: Little, Brown, 1968.
– *Real Lace: America's Irish Rich.* New York: Harper & Row, 1973.
– *The Right People: A Portrait of the American Social Establishment.* Boston: Little, Brown, 1968.
Brandon, Ruth. *The Dollar Princesses: Sagas of Upward Nobility, 1870–1914.* New York: Knopf, 1980.
Bridge, James H. *The Inside Story of the Carnegie Steel Company.* New York, 1903.
Burnham, Alan. »The New York Architecture of Richard Morris Hunt«. *Journal of the Society of Architectural Historians.* Mai 1952.
Burnley, James. *Millionaires and Kings of Enterprise.* London und Philadelphia, 1901.
Cabanne, Pierre. *Die Geschichte großer Sammler.* Bern und Stuttgart: Scherz, 1963.
Cable Mary. *Top Drawer: American High Society from the Gilded Age to the Roaring Twenties.* New York: Atheneum, 1984.
Campbell, Edward G. *The Reorganization of the American Railroad System 1893–1900.* New York, 1938.
Camplin, Jamie. *The Rise of the Plutocrats: Wealth and Power in Edwardian England.* London: Constable, 1978.
Canfield, Cass. *The Incredible Pierpont Morgan: Financier and Art Collector.* New York, 1974.
Carnegie, Andrew. *The Autobiography of Andrew Carnegie.* Boston, 1920.
Choules, John Overton. *The Cruise of the Steam Yacht North Star.* Gould and Lincoln, 1854.
Clapham, J. H. *The Economic Development of France and Germany.* 1815–1914. 4. Auflage, Cambridge: Cambridge University Press, 1945.
Clark, George T. *Leland Stanford.* Stanford (Kalifornien): Stanford University Press, 1931.
Clews, Henry, *Fifty Years in Wall Street.* New York: Irving, 1908.
Cotter, Arundel. *The Authentic History of the United States Steel Corporation.* New York, 1916.
Cowles, Virginia. *Edward VII. and His Circle.* London, Hamilton, 1956.
– *The Rothschilds: A Family of Fortune.* New York: Knopf, 1973.
Crabtree, Reginald. *The Luxury Yacht from Steam to Diesel.* Newton Abbot: David & Charles, 1973.
Cust, Sir Lionel. *King Edward VII. and His Court: Some Reminiscences.* London: Murray, 1930.
Davidson, Bernice, Edgar Munhall und Nadia Tscherny. *Paintings from the Frick Collection.* Einleitung Charles Ryskamp. New York: Abrams, 1990.
Davis, John Hagg. *The Guggenheims. An American Epic.* New York: Morrow, 1978.
De Castellane, Boni. *How I Discovered America.* New York: Knopf, 1924.
Demeter, Karl. *The German Officer Corps in Society and State, 1650–1945.* New York: Praeger, 1965.
Donaldson, Marshall B. *The American Heritage History of Notable American Houses.* New York: American Heritage Publishing, 1971.
Donzel, Catherine, Alexis Gregory und Marc Walter. Vorwort Paul Goldberger. *Grand American Hotels.* New York: Vendome, 1989.
Drummond, Maldwin. *Salt-Water Palaces.* New York: Viking, 1980.
Duff, David. *Eugénie and Napoleon III.* London: Collins, 1978.
Duveen, James H. *The Rise of the House of Duveen.* New York, 1957.
Eliot, Elizabeth. *Heiresses and Coronets: The Story of Lovely Ladies and Noble Men.* New York: McDonnell, Obolensky, 1959.
Ellet, Mrs. *The Queens of American Society.* New York: Scribner, 1867.
Engelmann, Bernt. *Krupp.* München: Goldmann, 1978.
Erickson, Charlotte. *British Industrialists: Steel and Hosiery. 1850–1950.* Cambridge: Cambridge University Press, 1959.
Folsom, Merrill. *Great American Mansions.* New York: Hastings House, 1963.
Girouard, Mark. *Life in the English Country House: A Social and Architectural History.* New Haven (Connecticut): Yale University Press, 1978.
Gregory, Alexis. *Bon Voyage – Die goldene Zeit des Reisens 1850–1950.* München: Wilhelm Heyne Verlag, 1990.
Grodinsky, Julius. *Jay Gould: His Business Career.* Philadelphia, 1957.
Gulbenkian, Nubar. *Wir – die Gulbenkians.* München: Piper, 1965.
Halévy, Élie. *The World Crisis of 1914–1918.* Oxford: Clarendon Press, 1930.
Hamm, Margherita Arlina. *Famous Families of New York.* New York: Putnam, 1901.
Harvey, George. *Henry Clay Frick, the Man.* New York, 1928.
Hastings, Thomas, et al. »The Work of Messrs. Carrère & Hastings«, *Architectural Record.* Januar 1910.
Heckstall-Smith, Anthony. *Sacred Cowes.* London: Allan Wingate, 1955.
Hewins, Ralph. *Mr. Five Per Cent: Das Leben des Ölmillionärs Calouste Gulbenkian.* München: Süddeutscher Verlag, 1958.
Hibbert, Christopher. *Edward VII., a Portrait.* London: Allan & Lane, 1976.
Hitchcock, Henry Russell. *The Architecture of H. H. Richardson and His Times.* New York, 1936.
Hobsbawm, E. J. *Industry and Empire: The Making of Modern English Society. Bd. 2, 1750 to the Present Day.* New York: Pantheon, 1968.
Holbrook, Stewar H. *The Age of the Moguls.* New York, 1953.
Hoyt, Edwin P. *The Guggenheims and the American Dream.* New York, 1977.
– *The Vanderbilts and Their Fortunes.* New York: Doubleday, 1962.
Josephson, Matthew. *The Robber Barons.* New York: Harcourt, Brace, 1934.
Kean, Beverly Whitney. *All the Empty Palaces: The Merchant Patrons of Modern Art in Pre-Revolutionary Russia.* London: Barrie & Jenkins, 1983.
Kennan, George. *Edward H. Harriman: A Biography.* 2 Bde. Cambridge (Mass.), 1922.
King, Robert B. *Vanderbilt Housees.* New York: Rizzoli, 1989.
Kolodin, Irving. *The Metropolitan Opera.* New York: Oxford University Press, 1936.
Kruedener, Jürgen von. *Die Rolle des Hofes im Absolutismus.* Stg.: Gustav Fischer, 1973.
Krupp, Alfred. *Generalregulativ* (Vorbemerkungen und Kommentar von Ernst Schroeder), in: *Zeitschrift für Firmengeschichte und Unternehmerbiographie.* 1956.
Laver, James. *Edwardian Promenade.* Boston: The Riverside Press, 1958.
Lehr, Elizabeth Drexel. *»King« Lehr and the Gilded Age.* Philadelphia, 1935.
Lewis, Oscar. *The Big Four: The Story of Huntington, Stanford, Hopkins, and Crocker, and of the Building of the Central Pacific.* New York und London: Knopf, 1938.
– *The Silver Kings.* New York: Knopf, 1947.
Longford Elizabeth. *Queen Victoria: Born to Succeed.* New York: Harper & Row, 1964.
Loth, David. *Public Plunder: A History of Graft in America.* New York: Carrick & Evans, 1938.
Low, Will H. *A Monograph on the Work of McKim, Mead & White.* 4 Bde. New York, 1925.
Lucie-Smith, Edward, und Celestine Dars. *How the Rich Lived.* New York: Two Continents Publishing Group, 1976.
Machtan, Lothar, und Dietrich Milles. *Die Klassensymbiose von Junkertum und Bourgeoisie in Preußen-Deutschland. 1850–1878/79.* Frankfurt/Main, 1980.
Manchester, William. *The Arms of Krupp, 1587–1968.* New York: Bantam, 1968.
Marly, Diane de. *Worth; Father of Haute Couture.* New York: Holmes and Meir, 1980.
Mayer, Arno J. *The Persistence of the Old Regime: Europe to the Great War.* London, 1981.
McAllister, Ward. *Society as I Have Found It.* New York: Cassell, 1890.
McCagg, William O., Jr. »Ennoblement in Dualistic Hungary«, *East European Quarterly, Nr. 5/ 1971: S. 13–26.*
Menne, Bernhard. *Krupp, Deutschlands Kanonenkönige.* Zürich, 1937.
Morris, Lloyd. *Incredible New York.* New York: Random House, 1951.
Mühlen, Norbert. *The Incredible Krupps: The Rise, Fall, and Comeback of Germany's Industrial Family.* New York: Henry Holt, 1959.
Muhlstein, Anka. *Baron James: The Rise of the French Rothschilds.* London: Collins, 1983.
Myers, Gustavus. *History of the Great American Fortunes.* New York: Modern Library, 1964.
Nicolson, Nigel. *Mary Curzon.* London: Weidenfeld & Nicolson, 1977.
Noffsinger, James Philip. *The Influence of the École des Beaux-Arts on the Architects of the United States.* Washington, D. C.: Catholic University of America Press, 1955.
O'Connor, Harvey. *The Astors.* New York: Knopf, 1941.
O'Connor, Richard. *The Golden Summers! An Antic History of Newport.* New York: Putnam, 1974.
Olivier, Fernande. *Picasso et ses Amis.* Paris: Librairie Stock, 1933.
Painter, George. *Marcel Proust.* London: Chatto & Windus. Bd. I, 1959, Bd. II, 1965.
Patterson, Jerry E. *The Vanderbilts.* New York: Abrams, 1989.
Perkins, J. R. *Trails, Rails and War.* Indianapolis: Bobbs-Merrill, 1929.
Pitkin, Albert H. *The Morgan Collection.* Hartford (Conn.), 1918.
Platt, Frederick. *America's Gilded Age: Its Architecture and Decoration.* New York: A. S. Barnes, 1976.
Pomeroy, Elizabeth. *The Huntington: Library, Art Collections, Botanical Gardens.* London: Philip Wilson, 1983.
Proust, Marcel. *À la recherche du temps perdu.* 15 Bde. Paris: Gallimard, 1919–1927.
Quiett, Glenn Chesney. *They Built the West.* New York: Appleton Century, 1934.
Robinson, Bill. *Legendary Yachts.* McKay, 1978.
Rothschild, Dorothy de. *The Rothschilds of Waddesdon Manor.* New York: Vendome, 1979.
Rousmaniere, John. *The Luxury Yachts.* Alexandria (Virginia): Time-Life Books, ca. 1981.
Saarinen, Aline B. *The Proud Possessors: The Lives, Times and Tastes of Some Adventurous American Art Collectors.* New York: Random House, 1968.
Sackville-West, Vita. *The Edwardians.* London: Hogarth Press, 1930.
Schezen, Roberto (Fotos), Jane Mulvagh und Mark A. Weber (Text). Einleitung von Robert A. M. Stern. *Newport Houses.* New York: Rizzoli, 1989.
Schumpeter, Joseph A. *Capitalism, Socialism, and Democracy.* 3. Auflage. New York: Harper, 1962.
Schuyler, Montgomery. *American Architecture.* New York, 1892.
Seligman, Germain. *Merchants of Art.* New York, 1961.
Seton-Watson, Hugh. *The Decline of Imperial Russia, 1855–1914.* New York: Praeger, 1956.
Sinclair, Andrew. *Corsair: The Life of J. Pierpont Morgan.* Boston und Toronto: Little, Brown, 1981.
– *The Last of the Best: The Aristocracy of Europe in the Twentieth Century.* London: Weidenfeld & Nicolson, 1969.
Sirkis, Nancy. *Newport Pleasures and Palaces.* New York: Viking, 1963.
Smith, Arthur D. Howden. *John Jacob Astor, Landlord of New York.* Philadelphia: Lippincott, 1929.
Snowman, A. Kenneth. *Die großen Juweliere,* Wilhelm Heyne Verlag, München, 1990.
Stadiem, William. *A Class by Themselves: The Untold Story of the Great Southern Families.* New York: Crown, 1980.
Sykes, Christopher. *Nancy: Life of Lady Astor.* London: Collins, 1972.
– *Private Palaces: Life in the Great London Houses.* New York: Viking, 1985.
Taylor, Francis Henry. *Pierpont Morgan as Collector and Patron, 1837–1913.* New York, 1970.
Tebbel, William John. *The Life and Good Times of William Randolph Hearst.* New York: Dutton, 1952.
Thorndike, Joseph J., Jr. *The Very Rich: A History of Wealth.* New York: American Heritage Publishing, 1976.
Tomkins, Calvin. *Merchants and Masterpieces: The Story of the Metropolitan Museum.* New York, 1970.
Tuchman, Barbara W. *The Proud Tower: A Portrait of the World Before the War. 1890–1914.* New York: Macmillan, 1966.
Veblen, Thorstein. *Imperial Germany and the Industrial Revolution.* New York: Macmillan, 1915.
– *The Theory of the Leisure Class.* New York: Macmillan, 1934 (Nachdruck).
Walker, John. *National Gallery of Art.* New York: Abrams, 1984.
Walker, Martha E. *John Jacob Astor, the Richest Man in the United States.* ca. 1849.
Wechsberg, Joseph. *Hochfinanz international.* München und Zürich: Droemer Knaur, 1969.
Wecter, Dixon. *The Saga of American Society.* New York: Scribner, 1937.
Wharton, Edith. *The Age of Innocence.* New York: Scribner, 1920.
–, und Ogden Codman. *The Decoration of Houses.* New York: Scribner, 1897.
Wheatcroft, Geoffrey. *The Randlords.* London: Weidenfeld & Nicolson, ca. 1985.
Williamson, Jefferson. *The American Hotel.* New York: Knopf, 1930.

Index

A
Abdul Aziz, Sultan 55
Abdul Hamid, Sultan 55, 61
Academy of Music 190
Accessory Transport Company 41
Acquavella Galeries 139
Adam, Robert 79, 122, 123
Agnew, Thomas 190
Agnew, William 140
Agnew's (Galerie) 135, 137, 139, 140
Albert, Prinzgemahl 170, 207, 208
Alcazar (Hotel) 121
Alexander II., Zar 216
Alexander III., Zar 205
Alexandra, Prinzessin von Wales 208, 209 f., 213 f.
Alliance 85
Altman, Benjamin 135, 138, 148, 154
Aluminium Company of America (Alcoa) 100
Alvarado, Juan Batista 71
Amalgamated Copper Company (Anaconda) 70
Amélie, Königin von Frankreich 53, 154
American Express 63
Ames, Brüder 47
Anatolische Eisenbahn 61
Andrews, Samuel 57
Andrews, Wayne 111
Anglo-Österreichische Bank 54
Anvers, Cahen d' 88
Art Institute of Chicago 156, 157
ASARCO (American Smelting and Refining Company) 70
Asiatic Petroleum Company 61
Aston Clinton House 124
Astor, Brooke 33, 218
Astor, Caroline 25
Astor, Caroline Webster Schermerhorn 25, 29 f., 31, 118, 156, 187, 188
Astor, Charlotte Augusta Gibbes 25, 28, 187
Astor, John Jacob 9, 12, 17, 21 ff., 25, 33, 39, 42, 188
Astor, John Jacob jr. 25, 43, 185
Astor, John Jacob III. 28, 29, 187, 189, 194
Astor, John Jacob IV. (Jack) 25, 28, 30, 32
Astor, John Jacob V. 32
Astor, Mary Armstrong 28
Astor, Sarah 23
Astor, Vincent 28
Astor, William Backhouse 25, 28, 31, 133
Astor, William B. jr. 25, 29 f., 187, 188
Astor, Viscount William Waldorf 28, 29 f., 32, 33, 122 f., 214
Astor Foundation 21
Astor Hotel 30, 31, 192
Astor House 24, 29
Astor Library 28
Astoria (Hotel; New York) 30
Astoria (Hotel; St. Petersburg) 178
Audubon, John James 25
August II., der Starke, Kurfürst von Sachsen 133

B
Bache, Jules 134
Bailey's Beach, Newport 196, 199
Baker, George F. 12 f., 97, 190
Baker, Newton Diehl 186
Ballin, Albert 123, 124
Baltimore & Ohio 94
Balzac, Honoré de 82, 85
Barber, Mrs. & Mr. Donn 194
Baring, Brüder 78, 81, 85, 87, 93, 95
Barnato, Barney 76, 77, 78, 79, 122
Barnato Brothers 77
Barnes, Albert C. 157
Barnes Collection 159
Baroda, Maharadscha von 181
Bates, Joshua 95
Bath, Marquess of 79, 122
Baudelaire, Charles 160
Baugrand (Juwelier) 216
Beard, William H. 99
Bearstead, Viscount *siehe* Samuel, Marcus
Beaux-Arts-Architektur 103, 111, 114, 115, 116, 146, 172
Beaverbrook, Lord William 18
Bedford, Herzog von 170
Behrman, S. N. 135, 138
Beit, Alfred 78, 79, 134
Beitz, Berthold 130
Belcourt Castle 118
Bell jr., Isaac 112
Belmont, August 92, 95, 97, 118, 190
Belmont, Mrs. Oliver 194
Bennet jr., James Gordon 23, 112, 170 f., 190, 199
Beraud, Jean 177
Berenson, Bernard 134, 137, 138, 139, 147
Berkman, Alexander 65
Bernhard, George 133
Bernhardt, Sarah 177, 210
Bertie, Ivor 122
Berwind, Edward Julius 196
Bessemer, Henry 63, 67
Bethmann, Brüder 84
»Big Four« 46
Bikaner, Maharadscha von 181 f.
Billings, C. G. K. 192
Biltmore 118
Birmingham, Stephen 88, 94
Bischoffsheim, Clara 53
Bischoffsheim und Goldschmidt (Bank) 53 f.
Bismarck, Otto von 19, 67, 87, 88, 134, 204, 208
Blake, Theodore 121
Bleichröder, Gerson von 88
Blerstadt, Albert 35
Bobergh, Otto 206 f.
Bode, Wilhelm von 137
Boesky, Ivan 12
Boggis, Bertram 138, 139
Bokelman, Christian Ludwig 163
Boldt, George 30
Boleyn, Anne 123
Bond, Alan 218
Bonnard, Pierre 158
Boris, Großfürst 196, 197
Borne, Robert 22
Boucheron (Juwelier) 215
Bourget, Paul 199
Boutibonne, Charles Edouard 202
Breakers, The 112, 116, 118
Breakers Hotel siehe *Palm Beach Inn*
Britannia (königliche Jacht) 168, 170, 217
Brown, Capability 122, 123
Brown, Isaac Hull 187
Brown, John 142
Buchan, John 19
Buckhout, Isaac C. 44
Buderus, Carl 83, 84, 86
Bultfontain 75 f.
Burdon, James H. 104
Burr, Aaron 23
Bush, G. C. 43
Bute, Lord 122, 123
Butt, Archie 32
Byron, Thomas F. 29

C
Cadbury, George 18, 19
Cafferty, James 81
Callow, William 82
Camondo, Graf Möise de 153
Camp, Maxime de 179
Capote, Truman 189
Carême, Antoine 85, 87, 126
Carlton 174
Carnavon, Lord 179
Carnegie, Andrew 48, 62 f., 64, 65 f., 67, 109, 141, 177, 218
Carnegie, Tom 63
Carnegie Brothers & Company 64, 65
Carnegie Hall 66
Carolus-Duran, Charles 188
Carrère, John Merven 120 f., 142
Cartier, Alfred 216, 217
Cartier, Jacques 216, 217
Cartier, Louis 216, 217
Cartier, Louis François 180, 215, 216, 217
Cartier, Pierre 216, 217
Caruso, Enrico 190, 194
Cassatt, Alexander 156
Cassatt, Mary 156, 157
Cassel, Sir Ernest 89, 122, 212
Castellane, Marquis Boni de 103, 104, 199, 202
Castellani (Juwelier) 214, 215
Cataract Hotel 180
Cellini, Benvenuto 216
Central Pacific Railroad 47 f., 52
Cernuschi, Henri 153
Chanel, Coco 170
Charing Cross (Hotel) 172
Charlotte, Kaiserin von Mexiko 70
Château de Ferrières 87, 124, 126
Château Lafite 88
Château de Maisons-Laffitte 116
Château de Prégny 124
Chemin de Fer du Nord 53
Chicago, Weltausstellung 14, 15, 156
Choate, Joseph H. 29
Chopin, Frédéric 85, 109, 154
Christian IX., König von Dänemark 209
Christoffe (Juwelier) 216
City Hotel (N.Y.) 24, 171
Clark, Alfred Corning 156, 157
Clark, William 110
Clark & Rockefeller 57
Clarendon 121
Clermont 39
Cleveland, Grover 97
Cliveden 122
Clore, Sir Charles 12
Cœur, Jacques 115
Cognaq, Ernest 153
Cognaq, Louise Jay 153
Colesberg Kopje 75, 76
Collins, George K. 42
Colnaghi's (Galerie) 135, 139, 145
Combe Court 123
Compagnie Générale Transatlantique (C. G. T.) 168
Compagnie Internationale des Wagons-Lits (CIWL) 166, 167, 178
Comstock, George 74 f.
Comstock-Mine 74, 75, 97, 121
Connely, Tom 146
Cook, Thomas 18, 19, 179
Cooke, Jay 48, 51, 52
Corbin, A. R. 44, 45
Corsair (Jacht) 171
Credit and Finance Corporation 48
Crédit Mobilier 48, 51
Creed, Henry 206
Crocker, Charles 46, 47
Crocker, William H. 156
Crystal Palace 9, 14, 124, 206
Cullinan, Sir Thomas 79
Cunard, Samuel 42
Curzon, George 199
Cutting, Robert L. 190
Cutty Sark (Jacht) 170
Cuypers, P. J. H. 128

D
Dabney, Morgan & Company 96
Damrosch, Walter 29
Davies, Joseph 144
Davis, Arthur 122, 123, 174
De Beers 75, 76, 77, 78, 79
Degas, Edgar 92, 156, 157, 159
Delmonico's 191, 192
Demidoff, Fürst 112
Denis, Maurice 158
Denton, Frank R. 99
Destailleur, G.-H. 126
Deterding, Hendrik A. (Henry) 61 f.
Deutsche Bank 55
Devonshire, Herzogin von 214
Dhuleep Singh, Maharadscha von 182
Diaghilev, Sergej 154, 179
»Diamond Horseshoe« 189, 190
Diáz, Porfirio 70, 165
»Dicke Berta« 67, 68
Dickens, Charles 19
Dietrich, Georg 22
Disraeli, Benjamin 86, 87, 128, 213
Dodd, Samuel C. T. 59
Doré, Gustave 16
Drew, Daniel 12, 40 f., 42 f., 44 f., 46, 52
Drexel, Anthony J. 51, 96, 170, 95
Drexel, Morgan and Company 51, 99
Dudley, Earl of 75, 122
Durand-Ruel, Jean 154, 159
Durand-Ruel, Paul 154, 156, 159, 160
Durant, Thomas 47
Dutoitspan 75 f.
Duveen, Dorothy 139 f.
Duveen, Henry 135 f., 138
Duveen, Joseph (Joe) 136 ff., 141, 145 f., 154, 177
Duveen, Joseph Joel 134, 135 ff.
Duveen Brothers 135, 136, 137, 140, 141

E
Eagle's Nest 115
Eastlake, Lady 124
Eckstein, Hermann 78
École des Beaux-Arts *siehe* Beaux-Arts
Edward VII., König von England 17 f., 54, 55, 79, 83, 87, 89, 126, 148, 168, 170, 174, 177, 180, 208, 209 f., 212, 213 f., 217
Edward VIII., König von England 128, 170
Eisenbahnen 35, 38 f., 42 ff., 46 ff., 51 ff., 58, 96 f., 161 ff.
Elisabeth, Kaiserin von Österreich 203
Elms, The 196
Empire Transportations 62
Employees' Benefit Fund 18
Employees' Holiday Club 18
Ennery, Adolphe d' 153
Erie Railroad 44 f., 46, 58, 92
Erie & Reading 97
Erin (Jacht) 168, 170
Escoffier, Auguste 177
Eugénie, Kaiserin 179, 206, 207, 208, 215, 217, 218
Europäische Petroleum Union 61

F
Fabergé, Peter Carl 144, 178, 215, 216
Fair, James G. 74, 75
Fairchild, John 218
Falize, Lucien 216
Feuillet, Mme. Octave 206, 207
Field, Marshall 33
Finley, Davis E. 146, 147
First National Bank 97
Fish, Mrs. Stuyvesant 196, 197
Fisk, James »Jubilee Jim« 44 f., 46, 52
Flagler, Henry Morrison 57 f., 59, 120 f., 165
Flagler, Mary Lily Kenan 121
Flandrin, Hippolyte 87
Flaubert, Gustave 179
»Flèche d'Or« 166
Flood, James C. 75
Florham 114
Fontenay, Eugène 215
Fouché, Joseph 126
Fould, Achille 53, 87
Fouquet, Georges 215, 217
Fragonard, Jean Honoré 142, 148
François, Gustave 133
Franklin, Benjamin 186
Franz Joseph, Kaiser von Österreich 202 f.
Frère, Charles Theodore 179
Frick, Henry Clay 10, 64 ff., 99, 120, 133, 134, 141 f., 146, 148, 154
Frick Collection 120, 142, 146
Friedrich II., der Große, König von Preußen 150
Frith, William Powell 212
Fugger, Bankhaus 81
Fuller, Loïe 177
Fulton, Robert 39, 40, 41

G
Gabriel, Jacques-Ange 139
Gagelin (Seidenhändler) 206
Gainsborough, Thomas 139
Galbraith, John Kenneth 218
Galliéra, Duchesse de la 87
Garden, Mary 109
Gardner, Isabella Stewart 134, 137, 138
Garnier, Charles 172
Gary, Elbert H. 66
Gates, John W. 66
Gauguin, Paul 158, 160
Gause, Wilhelm 203
Gayda, Virginia 202
General Electric 97
Georg II., König von England 83
George V., König von England 79, 170
Germaniawerft 68
Gerry, Elbridge I. 118
Getty, Jean Paul 218
Gesirah Palace 179
Ghiberti, Lorenzo 112
Gibbons, Sarah 187
Gibbons, Thomas 39 f.
Giorgione 145, 147
Giuliano, Carlo 215
Goelet, Mary 199, 201

Goelet, Ogden 118
Goelet, Robert 112
Goelet, Mrs. Robert 197, 199
Göring, Hermann 154
»Golden Arrow« 166
Goldman, Bertha 93
Goldman, Louise 93
Goldman, Marcus 93
Goldman, Rosa 93
Goldman, Sachs & Co. 93
Goldrausch 41, 71f., 74, 75
Goldschmidt, Maximilian 88
Goodall, John S. 180, 181
Gould, Anna 104, 202
Gould, George 171, 202
Gould, Jay 12, 28, 44f, 46, 52, 92, 97, 103, 156, 165, 190, 199
Grand Central Terminal (Station) 35, 44, 45, 165
Grand Hôtel (Paris) 172, 174
Grand Hotel (Rom) 174
Grand Hôtel du Louvre 172
Grandjean, Edmond-Georges 103
Grand Tour 134, 175, 177
Grant, Ulysses S. 44, 41, 74
Granville, Countess 216
Granville, Lord 209
Gray, Edward 212
Great Northern Railroad 52
Great Western Hotel 172
Greene, Belle da Costa 147, 148
Gretton, John 171
Grosch, Allen 74f.
Grosch, Hosea 74
Grosvenor Hotel 172
Guggenheim-Familie 13, 69, 70f
Guggenheim, Benjamin 70
Guggenheim, Daniel 70, 71
Guggenheim, Meyer 69f., 71
Guggenheim, Murray 70
Guggenheim, Peggy 70
Guggenheim, Simon 69
Guggenheim, Salomon 70
Guggenheim, William 70
Guggenheim Exploration Company 70
Guinness, Sir Edward Cecil 135, 136f., 140, 141, 171
Gulbenkian, Calouste 61, 144f.
Gulbenkian, Nubar 61f.
Gulf Oil 100

H
Hainauer, Oskar 137, 138
Halphen, Joseph 216
Hambro 81, 88
Hamilton, Alexander 23
Hamilton, Herzog von 122
Hammond, John Hays 71
Hancock (Juwelier) 216
Harding, Warren 101
Hardouin-Mansart, Jules 116
Hardwick, P.C. 172
Harkness, Stephen V. 57
Harlem Railroad 42f., 45
Harriman, Edward Henry 52, 53, 94, 97
Harris, A.E. 210
Harris, David 77
Hastings, Thomas R. 104, 120f., 142
Haussmann, Baron Georges-Eugenè 33, 87, 103, 109, 110, 122, 128
Havemeyer, Henry O. 156, 157
H.C. Frick and Co. 65
Hearst, George 121
Hearst, William Randolph 112, 121
Hearst jr., William Randel 218
Heine, Bankhaus 87
Heine, Heinrich 82, 85
Helleu, Paul 148
Hennessy, Richard 171
Henry, Edward Lawson 35
Henry Grady House 186
Hever Castle 32, 123
Hill, James H. 97
Hill, James Jerome 51f., 53
Himmler, Heinrich 87
Hirsch, Baron Maurice de 53ff., 88, 212
Hitler, Adolf 69, 87
Hobday, E. 182
Homestead-Stahlwerke 65f.
Hopkins, Mark 46, 47
Hotel Continental 172
Hôtel d'Europe 178
Hôtel du Louvre 172
Hudson River Railroad 43f., 46
Hunt, Richard Morris 14, 30, 109, 114, 115f., 118, 120f., 174, 189
Huntington, Collis P. 46f., 134, 190
Huntington Library 46, 139
Hyde, James Hazen 192f., 196, 199

I
Ingres, Jean Dominique 154
Interstate Commerce Commission (ICC) 38
Isaacs, Barney *siehe* Barnato Barney
Isaacs, Harry 77
Ismail Pascha, Khedive von Ägypten 86, 128, 179
Iveagh, Lord *siehe* Guiness, Sir Edward Cecil

J
Jackson, William H. 48
Jacquemart, Édouard André 104, 153
Jacquemart, Nélie 104, 153
Jaipur, Maharadscha von 181
James, Henry 118, 120
Jameson Raid 79
Jay, Sarah van Brugh Livingston 187
»Jay Cooke's Banana Belt« 51
Johnson, John G. 148, 156
Johnson, John Taylor 35
Jones, Bill 64
J.S. Morgan & Company 96
Judah, Theodor Dehone 46
Julian, Philippe 126
Jussupoff, Fürst Felix 134, 217

K
Kahn, Otto 94, 134, 177, 194
Kahnweiler, Daniel Henry 160f.
Kaiser-Ferdinand-Nordbahn 53
Kann, Maurice 138
Kann, Rodolphe 138
Kashoggi, Adnan 218
Kasteel de Haar 128
Katharina II., die Große, Kaiserin von Rußland 133, 134, 150
Kent, William 122
Kenwood House 140, 141
Kessler, Harry 194
Keynes, John Maynard 14
Kirstein, Lincoln 139
Kloman Brothers 63f.
Knickerbocker Hotel 30
Knight, John Prescott 140
Knoedler (Galerie) 134, 139, 141, 142, 145, 177
Koks 62, 64f.
Koppers Company 100
Kreditanstalt 87
Kreisler, Fritz 196f.
Kress, Samuel H. 135, 146, 147, 154
Krüger, Paul (Oom) 79
Krupp, Alfred 67, 68, 128, 130
Krupp, Bertha 67, 68f., 128, 130
Krupp, Friedrich 66
Krupp, Friedrich Alfred 67, 68, 130
Krupp, Marga 68
Krupp von Bohlen und Halbach, Alfred 130
Krupp von Bohlen und Halbach, Gustav 68f.
Kuhn, Abraham 91, 92, 93f.
Kuhn, Loeb & Co. 38, 93f., 97, 134

L
La Farge, John 111, 115
La Fontaine, Jean de 103
La Goulue 210
la haute juiverie 81, 87f.
Lake Shore Railroad 58
Lalique, René 14, 215, 216f.
Lami, Eugène 126
Lane, Frederick 61f.
Langham (Hotel) 172
Langrand-Dumonceau, André 54
Latrobe, Benjamin Henri 104
Law, George 41, 42
Lazard Frères 81, 88
Lee, Robert E. 186
Leeds Castle 123
Lehigh University 91
Lehman, Emmanuel 92
Lehman, Henry 92
Lehman, Meyer 92
Lehman, Robert 148
Lehman Brothers 92f.
Lehr, Harry 197
Leigh, John Shaw 123
Leighton, Sir Frederick 214
Leiter, Levi 199
Leiter, Mary Victoria 199
Lenin, Wladimir I. 159
Leonardo da Vinci 142f., 145
Leopold II., König von Belgien 71
Leuchtenberg, Herzogin von 87
Lever, William Hesketh 18, 19
Leverhulme, Viscount *siehe* Lever, William Heskett
Lewisohn, Brüder 70
Lincoln, Abraham 91, 92
Lippert, David 78
Lipton, Sir Thomas 17, 170, 171, 210, 217
Livingston, Robert R. 39, 40
Loeb, Solomon 91, 93f.
Lodge, Henry Cabot 186
London, Weltausstellung 14, 67, 124, 156, 164
Lorrillard, Pierre 33, 190
Louis XIII., König von Frankreich 118
Louis XV., König von Frankreich 103, 109, 174
Louis XVI., König von Frankreich 103, 109, 174, 187, 192
Louis-Philippe, König von Frankreich 53, 170
Louis Sherry's 192, 193
Lowell, A.L. 186
Ludlow, Mrs. Livingston 193
Lunatscharskij, Anatolij W. 161
Luton Hoo 79, 122, 123
Lutyens, Sir Edwin 181
Lysistrata (Jacht) 170

M
Macbeth-Raeburn, H. 79
Mackay, Clarence 192
Mackay, John W. 74, 75
Manchester, Herzogin von *siehe* Yznaga, Consuelo
Mandeville, Lady *siehe* Yznaga, Consuelo
Manet, Eduouard 154, 156, 158
Marble House 112, 115, 118, 197, 198
Maria Fjodorowna, Zarin 178
Marie Antoinette, Königin von Frankreich 118, 153, 217
Marlborough, Herzog von 126, 197
Marlborough House 209f., 214
Marmottan, Jules 153
Marshall, John 40
Martin, Bradly 192, 193f.
Marx, Karl 14
Mary, Königin von England 79
Matisse, Henry 158, 159ff.
Maximilian, Kaiser von Mexiko 70, 87
Maxwell, Robert 79, 218
Mayflower 187
McAllister, Ward 28, 156, 187, 188f., 197, 218
McCormick, Cyrus Hall 112
McKim, Charles Follen 111, 112, 114f.
McKim, Mead & White 100, 111f., 115, 120, 148
McMullen, Nora 100f.
Mead, William Rutherford 112
Medici-Familie 81, 87, 124, 133, 139, 215
Medici, Cosimo de' 120
Melba, Nellie 109, 174, 190
Mellerio (Juwelier) 216
Mellon, Ailsa 101, 142, 145
Mellon, Andrew 9, 99ff., 134, 138, 141, 142, 143, 144, 145, 146, 148, 154, 158
Mellon, Paul 101, 142, 143f.
Mellon, Thomas 99
Mellon Bank 64, 99
Mendelssohn-Bartholdy, Felix 88
Mentmore Towers 124, 125, 126
Metropol (Hotel) 178
Metropolitan Museum of Art 138, 139, 147f., 156, 157, 179
Metropolitan Opera 94, 134, 189, 190, 193
Metternich, Clemens Wenzel, Fürst 53, 85, 87
Metternich, Pauline Sandor, Fürstin 206, 207
Meurthe, Henri Deutsch de la 88
Mewes, Charles 122, 123, 174
Milken, Michael 12
Miller, Tom 63
Mirzoieff, Brüder 60
Mizner, Addison 121
Monet, Claude 35, 156, 157, 159
Montefiore, Moses 85
Morgan, John Pierpont (J.P.) 9, 12, 13, 38, 51f., 57, 64, 66, 71, 92, 94ff., 134, 135, 138, 141, 146ff., 150, 151, 154, 164, 170, 171, 179, 186, 190, 207
Morgan II., John Pierpont (Jack) 148
Morgan, Julia 121
Morgan, Junius (Sohn) 13
Morgan, Junius (Vater) 95f., 146
Morgan Library 100, 147, 148, 151
Morosow, Arsenij 104
Morosow, Iwan 158f., 161
Morosow, Michail 158
Morse, Charles E. 98
Mount Stephen, Lord 52
Mucha, Alphonse 214, 215
Murad, Sultan 55

N
Nabisco 100
Nagelmackers, Georges 163, 166, 167
Nahma (Jacht) 28
Namouna (Jacht) 170
Napoleon I., Kaiser der Franzosen 17, 66, 82, 84, 85, 133
Napoleon III., Kaiser der Franzosen 67, 87, 103, 122, 124, 133, 154, 172, 179, 202, 206, 207, 208
National City Bank 12, 97
Nationale (Hotel) 178
National Gallery (London) 139, 142, 206
National Gallery of Art (Washington) 99, 101, 138, 142, 144, 145, 146, 147, 148
Netherlands Trading Society 61
Neuman, Sigismund 78
Neville, Lady Dorothy 212
Newport Casino 111, 112, 196, 198
New Port Reading Room 111, 112
New Rush 75, 77
New York Central Railroad 43f., 45f., 58
New York Herald 23, 112, 170
New York Life Insurance Company 97
New York Public Library 28, 33, 120
New York Times 188
New Yorker 135
Niekerk, Schalk Jacobus van 75
Nikolaus I., Zar 87, 112
Nikolaus II., Zar 38, 78, 203, 205
Nixon, Richard 97
Nobel, Robert 60f.
»Nobs« 187
Northern Pacific Railroad 48, 51, 52, 97
Northrup, George W. 72
North Star (Jacht) 42, 168, 170

O
O'Brien, William S. 75
Ochre Court 118, 197
O'Connor, Harvey 22
Öl 57ff., 60ff., 63
Ogden, Henri A. 40
Ohio Life and Trust 96
Olivier, Fernande 161
Olivier (Maître d'hôtel) 175
Olmsted, Frederick Law 120
Olympic 167
Oppenheim, Moritz Daniel 82
Oppenheimer, Ernest 79
Oppenheimer, Harry 79
Oppenheimer, Bankhaus 83
»Orient-Express« 61, 111, 166
Ost-Bayerische Eisenbahn 53
Otranto, Duc d' 126
Our Crowd 88ff.
Owtschonnikow (Juwelier) 215

P
»Pacific Associates« 46f.
Pacific Railway Act 47
Packer, Asa 89, 91
Paderewski, Ignaci Jan 109
Paget, Mrs. Arthur 214
Palais de Marbre Rose 103, 104, 202
Pall Mall Gazette 32
Palm Beach Inn 121
Palmer, Berthe (Mrs. Potter) 14, 156, 157
Palmer, Potter 33
Patiala, Maharadscha von 181, 214
Patiño, Simon 202
Paul, James 194
Pawlowa, Anna 179
Paxton, Joseph 9, 14, 124, 128
Peabody, George 95f.
Pellegrini, Giovanni Antonio 118
Pennsylvania Railroad 58, 62ff., 94
Péreire, Émile 87
Petit Château de Blois 112, 114, 115, 189
Philadelphia Museum of Art 148
Phipps, Henry 63, 66
Picasso, Pablo 154, 157, 158, 159, 160, 161
Pinkerton, Detektivagentur 65
Pittsburgh Glass 100
Plaza (Hotel) 21, 115, 192
P&O 181, 182
Pocantico Hills 60
Poiret, Paul 109
Polesden Lacey 123
Ponce de León Hotel 120
Ponselle, Rosa 190
Pope, John Russell 142
Porgès, Jules 78, 124
Post, George Browne 115
Post, Majorie Merriweather 144
Priestley, Joseph 111
Pratt, Charles 59
Preziosi, Graf Amadeo 55
Proust, Marcel 174, 175, 202
Public Ledger 51
Pullman, George Mortimer 9, 163, 164, 165, 166

R
Rachmaninow, Sergej 159
Raffael 145, 148
Ramses II., Pharao 180
Randlords 78f.
Ramney, William Tyler 91
Reagan, Ronald 218
Reichmann, Brüder 12
Reinhardt, Max 134
Réjane, Gabrielle 192f.
Remington, Frederic 22, 51
Renoir, Pierre-Auguste 156, 157, 158, 161
Rhodes, Cecil 76f., 78f.
Rhodes, Herbert 76
Richardson, Henry Hobson 111
Richelieu, Armand Jean du Plessis, Herzog von 121
Ripley, William Z. 47
Ritz, César 122, 123, 174, 175
Ritz-Hotel (London) 79, 122, 174, 175, 177
Ritz-Hotel (Paris) 174
Robber Barons (»Raubritter«) 14, 35, 38, 45, 57, 64, 94, 98, 100, 202
Robinson, J. B. 122
Robinson, Lola 197
Rockefeller, Andrews & Flagler 57
Rockefeller, John Davison 13, 17, 28, 57ff., 61, 62, 70, 76, 82, 100, 104, 190
Rockefeller, William 58, 70, 190
Rockefeller Center 60, 147
Rockefeller Trust 59f.
Rogers, Henry 59, 70
Romano, Giulio 121
Roosevelt, Theodore 98
Rossini, Gioacchino 87
Rosenberg, Charles 81
Rothschild-Familie 12, 13, 19, 52f., 54, 61, 78, 81, 82ff., 86, 87f., 89, 92, 93, 124, 126, 128, 134, 135, 151, 177
Rothschild, Adolphe de 124
Rothschild, Albert de 126
Rothschild, Alice de 126

Rothschild, Alphonse de 86, 124
Rothschild, Amschel Meyer 53, 83, 84, 86
Rothschild, Anselm de 86, 87
Rothschild, Anthony 86, 124
Rothschild, Beatrix Ephrussi 126
Rothschild, Betty 109, 126, 154
Rothschild, Carl 53, 83, 84, 86
Rothschild, Dorothy 153
Rothschild, Edmond de 83, 153, 170, 218
Rothschild, Edouard de 89, 154
Rothschild, Ferdinand de 126, 153
Rothschild, Gutele 82, 83
Rothschild, Guy de 154
Rothschild, Hélène Betty 128
Rothschild, Jakob (James) de 53, 83, 84, 85, 87, 109, 124, 126, 128, 151, 154
Rothschild, Jimmy 153
Rothschild, Julie 124
Rothschild, Lionel Lord 86f., 128
Rothschild, Louis de 87
Rothschild, Meyer 86, 124
Rothschild, Meyer Amschel 83, 85, 124, 125, 128
Rothschild, Meyer Carl 86, 124
Rothschild, Nathan 52f., 83ff., 86, 153
Rothschild, Nathaniel 86, 128
Rothschild, Salomon von 53, 83, 84, 85, 87, 126
Roxburghe, Herzog von 199
Royal Dutch Company 61
Royal Dutch/Shell 60ff.
Royal Poinciana 121
Rubinstein, Anton 109
Rudd, Charles Dunell 77, 78
Rüppell & Harnier 84
Rüstung 66ff.
Russell, Charles W. 72
Ryan, Thomas Fortune 70f.
Ryerson, Martin A. 157

S
Sachs, Joseph 93
Sachs, Julius 93
Sachs, Sam 93
Sachs, Sophie 93
Sachs Collegiate Institute 93
St. Donat's 121
Saint-Gaudens, Augustus 115
St. Regis (Hotel) 30, 32, 192
Samuel, Marcus 61, 62
San Simeon 121
Santayana, George 137
Sapphire (Jacht) 170
Sargent, John Singer 137, 201
Savoy (Hotel) 175, 177
Schaljapin, Fjodor 109, 159, 178
Schiff, Jacob 38, 71, 94, 97
Schilensdorf 128
Schloß Enzesfeld 128
Schneider, Eugène 66, 202
Schtschukin, Sergej Iwanowitsch 158, 159ff.
Scott, Thomas A. 62f.
Sears, William T. 138
Seligman-Familie 89, 91f.
Seligman, Abraham 92
Seligman, David 89
Seligman, Fanny 89, 91
Seligman, Henry 92
Seligman, Isaac 92
Seligman, James (Jakob) 91f.
Seligman, Jesse 91f.
Seligman, Joseph 89, 91f., 94
Seligman, Leopold 92
Seligman, William (Wilhelm) 91f.
Shamrock (Jacht) 168, 170
Sharon Steel 100
Shell Transport & Trading Company 61
Shepheard's Hotel 179
Siemens, Friedrich 67
Simpson, Wallis Warfield 128
Sitting Bull, Häuptling 51
Skibo Castle 64
Skoda 66
Sloane, Mrs. Henry 193
Smith, Adam 218
Smith, W.H. 18
Solomon R. Guggenheim Museum 70
Southey, Richard 75
South Improvement Company 58
Spencer, Earl of 122
Stahl 62ff., 66ff.
Stalin, Josef W. 158, 161
Standard Oil Company 58, 59, 60, 61, 62, 64
Stanford, Leland 46f.
Stanislawskij, Konstantin 178
»Star of Africa« 75
»Star of Egypt« 166
Stein, George 190
Stein, Gertrude 157, 159, 160f.
Stein, Leo 157, 159, 160
Stewart, Alexander T. 12, 33, 185
Stillman, James 97, 98
Stotesbury, Mrs. Edward T. 165
Strathmore, Lord 52
Strawinskij, Igor 154
Suezkanal 82, 86, 179
Sutter, Johann August 71f.
»Swells« 187
Sykes, Sir Christopher 210

T
Talleyrand-Périgard, Helie de 199, 202
Taylor, Tommy 196
Tetrazzini, Luisa 174
Texas & Pacific Railroad 48
Texas Spindletop 100
Thatcher, Margaret 218
Thaw, Henry 111
Thomire, Pierre 112
Thomson, J. Edgar 64
Thyssen 66, 148
Tiffany, Louis Comfort 115, 164, 217
Tiffany & Co. 215, 216, 217
Tillander (Juwelier) 215
Times 32
Tissot, James Jacques Joseph 185
Titanic 25, 32, 70, 167
Tizian 138, 141, 145, 146, 147
Tocqueville, Alexis de 185
Toussaint, Jeanne 217
»Train Bleu« 166
Transsibirische Eisenbahn 71, 167
Tremont House 24
Trinity Church (Boston) 111, 112
Triple Mansion 112, 114, 115
Trubezkoj-Palais 158, 159f., 161
Tschaikowskij, Peter 177
Tugendhold, J. A. 159
Tut-ench-Amun, Pharao 179
Tweed, »Boss« 42
Tweedmouth, Lord 122
Twombly, Hamilton McKown 115
Twain, Mark 191

U
Udaipur, Maharadscha von 181
Union Iron Mills 63
Union Pacific Railroad 47f., 52, 92, 94
Union Saving Bank 99
Union Steel 100
Union Trust of Pittsburgh 99
United Metals Selling Company 70
United States Steel 63, 65, 66, 67, 70, 97, 141

V
Van Allen, Mr. & Mrs. 197
Vanderbilt-Familie 33, 112, 114, 116, 118
Vanderbilt, Alice 115
Vanderbilt, Alva 112, 114, 115, 116, 118, 126, 189, 197, 199
Vanderbilt, Consuelo 197, 201
Vanderbilt, Cornelius (»Commodore«) 9, 10, 17, 39ff., 42ff., 45f., 52, 53, 112, 114, 116, 156, 164, 168, 170, 185, 189
Vanderbilt, II. Cornelius 115, 116, 118
Vanderbilt, Florence Adèle 114
Vanderbilt, Frederick William 110, 112, 114
Vanderbilt, George Washington 118, 120
Vanderbilt, Louise 110, 114
Vanderbilt, Margaret 115
Vanderbilt, Sophia Johnson 45
Vanderbilt, William Henry 43, 112, 114f., 116, 190
Vanderbilt, William Kissam 28, 59, 114, 115, 116, 124, 177, 189, 199, 201
Vanderbilt jr., William K. 115
Vanderbilt University 46
Vanity Fair 54, 58, 76, 86
»Varnish« 164f.
Veblen, Thorstein 218
Velásquez, Diego 138
Vermeer, Jan 144
Vernet, Marie Augustine 206f.
Veronese, Paolo 142
Vever, Henri 215, 217
Victoria, Königin von England 68, 79, 86, 87, 124, 126, 168, 170, 172, 206, 207, 208, 212, 214
Victoria and Albert (I und II; königliche Jachten) 42, 168
Villa Hügel 68, 128, 130f.
Villard, Henry 51
Viollet-le-Duc, Eugène-Emmanuel 104
Visconti, Luchino 130
Vladimir, Großfürstin 216
Vollard, Ambroise 157, 158, 159, 160, 161
Vuitton, Louis 177

W
Waddesdon Manor 126, 153
Wadsworth Atheneum 148
Wagner, Richard 14
Wagner, Palace Car Company 164
Waldorf-Astoria-Hotel 29, 30, 31, 32, 165, 192
Waldorf Hotel 29f.
Wallace, Sir Richard 134
Wallace Collection 141
Warburg, Bankiers 94
Washington, George 96
Watson, George 170
Webb, Beatrice 122
Weir, John Ferguson 62
Welles, Orson 121
Wellington, Arthur Herzog von 82, 85, 128
Wernher, Sir Julius 78, 79, 122, 123
Wernher, Beit & Company 78
Westinghouse, Mrs. George 194
Westminster, Herzog von 33, 122
White, Stanford 110, 111f., 115, 121, 174
Whitehall 121
Whitney, William 70
Widener 154
Wildenstein (Galerie) 134, 139, 154, 177
Wildenstein, Georges 153
Wildenstein, Nathan 153
Wilhelm I., dt. Kaiser 67, 204
Wilhelm II., dt. Kaiser 68, 69, 79, 124, 131, 204, 210
Wilhelm IX., Landgraf von Hessen-Kassel 83, 84f., 86
Wilkenson, Sam 51
Williams, Tennie 45
Williams, Victoria 45
Winterhalter, Franz 206
Winter Palace Hotel 180
Woodlea 115
Woodruff Palace Car Company 63
Wolfe, Elsie de 109
Worth, Charles Frederick 109, 205ff
Wortley, Archibald Stuart 209
Wren, Christopher 114, 209
Wyk, Adriaan van 75
Wyllie, William Lionel 69
Wynton 121

Y
Ysaye, Eugène 109
Yznaga, Consuelo 189, 199, 214

Z
Zaharoff, Sir Basil 66
Zatzenstein, F. 145
Zeckendorf, William 12
Zimmerman, Helena 199
Zorn, Anders 89
Zuylen van Nyvelt, Baron van 128

Bildquellen

African Library ©, Kurckiles; 76 ganz rechts unten, 78 oben ganz rechts; Arcaid: 213; Agnew's, London: 140 unten rechts; Mrs. Vincent Astor: Umschlag, 26, 27; Avant-Garde Publishing House, Moskau: 158 unten, 159 unten, 160, 161; Beken of Cowes, Ltd: 169; Berenholz ©: 100 unten, 105, 106, 107; C. Bergholz, Genf: 124 ganz rechts; Bettmann Archive, New York: 9, 10, 11, 21, 22, 23 unten, 24 unten, 25 unten, 31 ganz oben, 41 ganz unten, 43 unten, 44 ganz oben, 45 Mitte und unten, 46 ganz rechts, 47 oben rechts, 48 ganz oben und ganz rechts, 51 unten, 54 ganz oben, 63 oben, 65 ganz oben und ganz unten, 67 oben, 72 unten und ganz rechts, 84 ganz oben (Harper's New Monthly Magazine, 1973), 90, 91 ganz oben, 93 ganz oben und rechts, 95, 96 oben, 99 oben, 111 ganz oben, 112 unten, 114 ganz links, 115 ganz oben, 118, 121 ganz unten, 133 ganz unten, 150, 157 ganz unten rechts, 167 unten rechts, 171 unten links, 182 ganz unten links, 186, 187 oben, 195; 197 unten, 201 unten; Bilderdienst, München: 131; The Biltmore Company: 41 ganz oben, 119; Boissed Collection: 172 ganz oben; Bridgeman Art Library, London: 8 (Victoria & Albert Museum), 38 unten, 46 ganz oben, 53 oben (National Railway Museums), 55 (Christie's), 69 unten, 79, 81 (Musée Carnavalet), 82 oben und unten, 92, 103: Cartier, Paris; 214 unten, 216, 217 (Christie's), 132, 133 oben, 141 ganz oben, 162 (Guildhall Library), 163 unten, 164 ganz oben (Guildhall Library), 167 oben rechts, 168 ganz oben, 176 (Musée Carnavalet), 178 ganz oben und unten, 179 oben Mitte, 180 ganz oben, 181 oben und unten (Paul Breman Collection), 182 oben (India Office Library) und unten links (National Army Museum), 190 oben, 202 links, 203 oben, 206 Mitte, 209 unten, 211, 212 unten; Brown Brothers: 15 oben, 29 oben, 31 unten, 64 oben und ganz rechts, 120 oben, 136 unten, 148 unten, 170 oben, 171 oben, 191 oben, 193 oben links und unten, 197 unten, 210 unten; Cape Archives ©: 76 rechts oben; Chicago Historical Society, 15 unten; Sterling and Francine Clark Art Institute, Williamstown, Mass.: 134 unten, 135, 138 unten; The Clayton Corporation, Pittsburgh: 66 oben, 141 Mitte und unten; Cliché Salaun: 175 oben; Compagnie Internationale des Chemins de Fer: 54 Mitte; Compagnie Internationale des Wagons-Lits: 166, 167 oben links; Courtauld Collection ©: 122 oben; Culver Pictures, New York: 23 oben, 24 ganz links, 28, 29 Mitte und unten, 32 unten, 33 unten, 39 oben, 41 Mitte, 43 oben, 44 ganz unten, 46 ganz unten, 47 oben links und unten (2), 48 ganz unten, 51 oben, 52 oben und rechts unten, 56, 57, 58, 59 oben und darunter, 60, 63 unten, 64 unten, 66 unten, 68 oben, 73, 74, 77 oben, 83, 84 ganz links, 85 unten, 97 ganz links, 98, 100 oben, 112 oben, 113, 114 unten, 115 unten, 126 oben, 159 oben, 165 ganz oben, 187 unten, 188 ganz oben, 189, 190 unten, 193 oben links, 198 unten, 199 unten, 201 oben, 208 unten, 210 oben; dpa Bild, München: 130 ganz oben und rechts oben; Duke of Marlborough: 200; Durand-Ruel, Paris: 156; Mary Evans Picture Library, London: 17 unten, 18 unten, 53 unten, 54 unten, 61 Mitte, 62 links unten, 75, 76 unten, 77 unten, 78 rechts Mitte, 86 unten links, 97 oben und ganz unten, 103 oben, 140 unten, 204, 207, 208 ganz links; The Frick Collection: 142, 143; Isabella Stewart Gardner Museum, Boston: 137 oben, 138 oben und ganz rechts; Giga ©: 177 (cav. Scarabello Giovanni); David Heald: 69 ganz rechts; Henry E. Huntington Library and Art Gallery, San Marino, California: 38 rechts, 47 links, 52 ganz unten, 139; Hearst San Simenon Historical Monument © (Foto: John Blades): 121 ganz oben und Mitte; Keystone, Hamburg: 130 rechts ganz unten; Keystone Collection, London: 174 unten; Samuel H. Kress Foundation, New York: 147 unten; Mrs. Noel Levine: 49, 180 ganz rechts; Maharaja of Bikaner Trust, 183; Metropolitan Museum of Art: 35 unten, 36/37, 62 unten, 149, 150 unten, 151; Mentmore Trust: 124 rechts, 125; Mansell Collection: 16 unten und oben, 17 ganz oben, 19 oben, 86 unten rechts, 124 ganz unten, 136 ganz links, 164 unten, 208 oben rechts, 212 ganz oben; National Gallery of Art, Washington: 144 oben, 145; New York Historical Society: 14, 40, 99 unten, 111; Pierpont Morgan Library: 148 oben und links (accession number 1958.24 and 1950.12), 151 (accession number M.1, FC); Museum of the City of New York: 12, 13, 14, 24 ganz oben, 33 oben (Wurtz Collection), 59 ganz rechts, 71 unten, 80, 108, 109, 136 ganz oben, 194 oben (2); Museum of the City of New York (Byron Collection): 20, 25 oben, 30, 31 Mitte, 191 unten, 192, 194 ganz unten; National Gallery of Art (Photographic Archives): 147 unten; National Monument of Record ©, London: 123; National Trust, Waddesdon Manor, Aylesbury, Bucks, England: 126, 152; Newport Historical Society: 111 Mitte, 198 oben und ganz links, 199 oben; Preservation Society of Newport: 116, 117, 196 oben; Preservation Society of Newport: 116, 117, 196 oben; Rizzoli: 120 unten; Roger-Viollet, Paris: 85 ganz rechts, 87, 89 links Mitte, 102, 104, 153, 170 oben, 172 ganz unten, 202 rechts, 205; Lord Rothschild: 84 rechts, 86 ganz rechts; Baron Guy de Rothschild: 35 links oben und links, 154, 155; Baron Edmond de Rothschild: 124 ganz rechts; Baron David de Rothschild: 127 (Foto: Delorme); Mrs. Thomas Fortune Ryan: 94 unten, 134 rechts; Royal Commission on Historical Monuments (Crown copyright), London: 124 ganz oben (Foto: E. Elerahon), 125; Sayford City Art Gallery (Foto: Entwistle, Thorpe & Co), Manchester: 140 ganz links; Scott Brown Photography, New York: 49, 180; Shelburne Museum, Inc.: 42 oben; Shell Photographic Services ©: 61 ganz rechts (2), 62 oben; Sotheby's: 184, 214 oben und Mitte, 215 rechts; Sotheby's, London: 89 oben; Studio Lourmel (Foto: Routhier), Paris: 155; Raleigh Treveman ©: 78 ganz links; Ullstein Bilderdienst, Berlin: 130 links unten; UPI Bettmann: 32 oben, 44 Mitte, 45 ganz oben, 67 unten, 68 unten, 96 unten, 110, 114 ganz oben, 121 unten links, 122 unten, 137 unten, 146 oben, 154 unten, 165 ganz links, 171 unten rechts, 196 unten, 209 oben, 213 oben; Marc Walter: 17 oben und oben links, 88 ganz rechts und unten, 163, 166, 172, 173, 174, 175, 176 links, 179 oben und links unten; Jeremy Whitaker MCSD, Hants, England: 200; Windsor Castle, courtesy Her Majesty the Queen: 16 oben; Baron und Baroness van Zuylen, Kasteel de Haar: 128, 129.

DANKSAGUNG

Mein größtes Bedauern gilt, wie jedem Leser dieses Buches wohl einleuchten wird, dem Umstand, daß ich nicht in der Goldenen Gründerzeit gelebt habe. Des weiteren bedaure ich, daß es niemand mehr gibt, den man hätte befragen können, um den endlosen Büchern, die über diese außergewöhnliche Epoche geschrieben wurden, zu einer Bestätigung zu verhelfen. Die eindrucksvollsten literarischen Chronisten jener Zeit waren natürlich Edith Wharton, Henry James und Marcel Proust, aber die meisten der in der Bibliographie am Schluß aufgeführten Titel wurden im nachhinein geschrieben. Viele Legenden über die Goldene Gründerzeit sind bis heute überliefert, aber unter den verschiedenen Kommentatoren gibt es endlose Diskrepanzen, was Fakten und Daten anbetrifft. Deshalb kann heutzutage ein gewissenhafter Schriftsteller nicht mehr tun, als die Hauptquellen zu lesen, seinem gesunden Menschenverstand zu vertrauen – und nach der italienischen Devise »Se non è vero, è ben detto« (»Wenn es nicht die Wahrheit ist, so ist es doch gut erfunden«, A. d. Ü.) das Beste zu hoffen. Die hier erwähnten Bücher sind nur die Spitze eines Eisbergs, und einige davon waren natürlich ergiebiger als andere. Von den ersten möchte ich vor allem die Werke einiger Autoren anführen, deren Arbeiten ich besonders nützliche Informationen verdanke: Stewart Holbrook, Matthew Josephson und Gustavus Myers über den allgemeinen Hintergrund der *Robber Barons* (»Raubritter«); Arthur Smith über die Astors; Wayne Andrews und Jerry Patterson über die Vanderbilts; Oscar Lewis über die »Großen Vier«; Anthony Allfrey über Maurice de Hirsch; James Bridge, Cotter Arundel und George Harvey über Frick und Carnegie; Bernt Engelmann und William Manchester über die Krupps; John Davis über die Guggenheims; die Herausgeber von Time-Life und Oscar Lewis über den »Goldrausch«; Geoffrey Wheatcroft über die »Randlords«; Virginia Cowles und Anka Muhlstein über die Rothschilds; Joseph Wechsberg über die Bankiers; Andrew Sinclair über J. P. Morgan; und Stephen Birmingham über »Our Crowd«. Hinsichtlich der Kapitel, wie sie ihr Geld ausgaben, gilt mein Dank vor allem Wayne Andrews für seine brillante Analyse der Architektur der Goldenen Gründerzeit; Robert King für Informationen über die Häuser der Vanderbilts; Dorothy de Rothschild für Informationen über Waddesdon Manor; Aline Saarinen und Pierre Cabane über die großen amerikanischen und europäischen Kunstsammler; Sam Hunter über Andrew Mellon und dessen Erwerb alter Meisterwerke von der Sowjetregierung; S. N. Behrman über Duveen; John Walker über Andrew Mellon und die National Gallery of Art; ferner Beverly Keane über die Moskauer Sammler Sergej Schtschukin und Iwan Morosow. Man könnte unmöglich über das amerikanische Gesellschaftsleben jener Zeit schreiben, hätten sich nicht drei bedeutende Beobachter dazu geäußert – Lucius Beebe, Stephen Birmingham und Cleveland Amory –; wohl das aufschlußreichste Dokument der ganzen Epoche überhaupt stammt allerdings von Consuelo Vanderbilt, die selbst eine führende Rolle in der damaligen Society spielte. Was die Struktur und die Eigenarten der Gesellschaft in Europa anbelangt, so habe ich mich ebensosehr auf Arno Mayer gestützt wie auf Ruth Brandons Berichte über das faszinierende Phänomen des gesellschaftlichen Aufstiegs von Amerikanern in Europa. Edward VII. wird von Virginia Cowles und Christopher Hibbert hervorragend geschildert, Charles Frederick Worth von Diane de Marly, und über die Juwelenbranche der Zeit gibt es keine bessere Quelle als Kenneth Snowman. Das Buch von Joe Thorndike erwies sich als ein unschätzbarer Vorläufer des vorliegenden Bandes. Schließlich möchte ich Joanne Polster für die Recherchen in Bibliotheken danken sowie dem reizenden Personal der New York Society Library, das mir den Zugang zu den Bücherbeständen gewährte.

Die Besorgung der Illustrationen war ein transatlantisches Unterfangen. Ich möchte Donna Thynne in London und Bernice Gelzer in New York für ihre Hilfe danken, ebenso Peter Simmons vom Museum of the City of New York, Ron Brenne von den Bettmann Archives und Allen Rubin vom Culver Picture Service. Dank auch denen, die großzügigerweise Fotografien aus ihren Archiven und anderen Quellen zur Verfügung stellten, darunter verschiedene Angehörige der Familie Rothschild, einschließlich Lord Rothschild in London, Baron Guy und Baron Éric in Paris und Baronin Edmond in Genf. Baronin Élie war eine Fundgrube nützlicher Informationen und eine perfekte Führerin zu den Aufbewahrungsorten der Familienschätze; Baronin Gabrielle van Zuylen hat mir großzügigerweise gestattet, Fotografien von Kasteel de Haar zu verwenden, noch ehe sie in dem offiziellen Buch über dieses glanzvolle Schloß Rothschildschen Ursprungs veröffentlicht werden. Mein wärmster Dank gilt ferner Seinen Gnaden, dem Herzog von Marlborough, dafür, daß er die Porträts seiner Großeltern Sunny und Consuelo zur Verfügung stellte, sowie Mrs. Vincent Astor für die Erlaubnis, das Gruppenfoto der Familie auf den Seiten 26/27 zu veröffentlichen. Äußerst hilfsbereit waren die Kuratoren von W. R. Hearsts San Simeon, von George Vanderbilts Biltmore, von der Clayton Foundation der Familie Frick sowie von der Newport Historical Society und der Newport Preservation Society. Das Museum of the City of New York erwies sich als ergiebige Quelle für Bilder aus der Zeit, desgleichen die New York Historical Society, die hoffentlich bald ein besser ausgepolstertes Nest für ihre reichhaltige Sammlung finden wird. Zu denen, die hinreißende Aufnahmen der damaligen Juwelierskunst zur Verfügung stellten, gehörten John Block von Sotheby's, Edward Green von Asprey's und das Personal von Cartier in Paris; ich bedaure aufrichtig, daß wir nicht mehr Abbildungen von ihren Schätzen bringen konnten. Alex Apsis von Sotheby's in New York spürte viele interessante Gemälde, die quer durch das Buch verwendet wurden, auf; Pierre Christian Brochet in Moskau besorgte die meisten Diapositive der großen modernen Bilder, die von den Moskauer Handelsfürsten gesammelt wurden und die nun in russischen Museen hängen, wo das Fotografieren stets ein Alptraum ist. Zu den Einrichtungen, ohne deren Unterstützung dieses Buch auf seine schönsten Darstellungen hätte verzichten müssen, gehören das Metropolitan Museum of Art, die National Gallery of Art in Washington, D. C., die Frick Collection, die Morgan Library und das Isabella Stewart Gardner Museum. Mr. und Mrs. Noël Levine haben verschiedene alte Fotografien aus ihrer vorzüglichen Sammlung zur Verfügung gestellt. Die schönste Entdeckung für mich war das Bild des großen Bankiers Otto Kahn, wie er nach eines Tages harter Arbeit für die Eisenbahn müde seine Zigarre pafft, während er zwischen Meisterwerken von Rembrandt und Patinir sitzt. Dieses aussagestarke Bild eines Wirtschaftskapitäns und Kunstsammlers wurde großzügigerweise von seiner Tochter, der immer hilfsbereiten Nin Ryan, zur Verfügung gestellt und wir sind stolz, es hier zum erstenmal veröffentlichen zu können. In meinen Dank an prominente Persönlichkeiten muß ich auch Seine Hoheit, den Maharadscha von Bikaner, einschließen, und zwar für das prachtvolle Bild auf Seite 183, das seinen Großvater und den Vizekönig von Indien mit erlegtem Wild zeigt.

Ich weiß nicht, wie ich meinem weitsichtigen, aufmerksamen Lektor, Daniel Wheeler, und dem genialsten aller Buchgestalter, Marc Walter, hinreichend danken soll. Zutiefst verbunden bin ich meinem alten Freund und Skikameraden, John Kenneth Galbraith, dafür, daß er das Manuskript gelesen, mein Buch mit seinem Vorwort ausgezeichnet und meine leicht ironische Haltung gegenüber den Superreichen geteilt hat. Und *last, but not least:* ohne meine vertrauensvollen Verleger – Gian-Franco Monacelli von Rizzoli, Rolf Heyne vom Münchner Wilhelm Heyne Verlag sowie Claire Howell und Chris Fagg von Cassell in London – hätte dieses Buch niemals das Licht der Welt erblickt.

Alexis Gregory

New York
im April 1993